Anna Katharina Emmerick

Geheimnisse des Alten und des Neuen Bundes

Nach der Heiligen Schrift und der «Nachfolge Christi» schätze ich die Schriften der Anna Katharina Emmerick am höchsten ... Ich habe vor Zeiten versucht, Dante zu lesen. Die Langeweile war unaussprechlich und hat mich förmlich zu Boden gedrückt. Selbst die berühmtesten Gesänge der «Göttlichen Komödie» können, neben die unbekanntesten Gesicht der Emmerick gehalten, kaum mehr als Mitleid erwecken.

Léon Bloy (1846-1917), französischer Schriftsteller

Clemens Brentano

ANNA KATHARINA EMMERICK

Geheimnisse des Alten und des Neuen Bundes

Aus den Tagebüchern des Clemens Brentano

Zusammengestellt von P. Karl Erhard Schmöger CSSR

Vorwort von Gerd-Klaus Kaltenbrunner

CHRISTIANA-VERLAG
im Fe-Medienverlag

Anna Katharina Emmerick

Gesammelte Werke in sechs Bänden

Eine Augenzeugin berichtet

Aufgeschrieben von Clemens Brentano

Band 1: Das Leben der heiligen Jungfrau Maria
Band 2: Das erste Lehrjahr Jesu
Band 3: Das zweite Lehrjahr Jesu
Band 4: Das dritte Lehrjahr Jesu
Band 5: Das bittere Leiden unseres Herrn Jesus Christus
Band 6: Geheimnisse des Alten und des Neuen Bundes

Herausgeber: Arnold Guillet †

Imprimatur: Würzburg, Wittig, Generalvikar, 24. September 1969

Neuausgabe: 3. Auflage 2024

VIA·VERITAS·VITA

im Fe-Medienverlag • Hauptstr. 22, D-88353 Kisslegg-Immenried
www.fe-medien.de

Satz und Layout: CHRISTIANA-VERLAG im Fe-Medienverlag

Druck: orth-druk, Bialystok (Polen) – Printed in EU

ISBN 978-3-7171-1297-6

Inhaltsverzeichnis

VORWORT

Von Gerd-Klaus Kaltenbrunner

Das Elend des größten Teils gegenwärtiger Theologie besteht nicht zuletzt darin, dass es ihr an der Doppelgabe gebricht, deren Kinder, Dichter und Mystiker teilhaftig sind: Schaukraft und Bildersinn. Infolge eines säkularen Bildersturms (verglichen mit dem der frühere zu Byzanz sich beinahe wie ein Dummejungenstreich ausnimmt) scheinen wir allesamt schrecklich blind geworden zu sein für die Botschaft der Bilder, die erhabene Bilderschrift der Bibel, der Liturgie, der Kirchenväter, der christlichen Mystik. Offenbart ist durch das Evangelium: Im Anfang war das Wort. Aber sobald das Wort vernehmlich spricht, sobald es ursprungsgemäß vernommen wird, bekundet es sich in Bildern und Gleichnissen.

Ein Bild sind die sechs Tage des Schöpfungswerkes im ersten, ein Bild ist die edelsteinerne Stadt im letzten Buch der Heiligen Schrift. Wir haben es dankbar hinzunehmen, dass es Gott gefiel, sich nicht durch Formeln, Ableitungen und Syllogismen zu erkennen zu geben, sondern in hinreißender Figürlichkeit. «Dieses alles sagte Jesus in Gleichnissen zur Menge, und ohne Gleichnisse sagte Er nichts zu ihnen.»[1]

Bilder und Gleichnisse sind Weinberg und Königsherrschaft, Eckstein und Hochzeitsmahl, Perle und Nadelöhr, Schlange und Taube, Fischernetz und Lilie des Feldes, Getreidekorn und Lamm, Hirt und Herde, Weg un Tür, Lampe und Schatz, Drache und Braut, Baum und Stadt. Das Wort schlechthin der Logos, spricht in Bildern und Sinnbildern, in Gleichnissen und Parabeln, zu den Menschen. Sie alle sind Anweisungen zum Sehen, Betrachten, Schauen. Das Wort, das Mensch geworden ist, bezeugt sich als Hort der Bilder. Alles Bildliche wurzelt in ihm, der Wohnstatt der Urbilder oder Ideen, in der Urgestalt von Ewigkeit zu Ewigkeit.

In Bildern lebte und webte Anna Katharina Emmerick (1774-1824), die Seherin von Dülmen. Ihre von Clemens Brentano festgehaltenen Schauungen besitzen das Siegel lauterer Truglosigkeit. Sie selbst ersehnte die Sammlung, Aufzeichnung und Mitteilung ihrer Gesichte, auf dass «vieles Verschlossenen und Versunkene» entdeckt, erweckt oder erkannt werden möge.[2]

Sie verstand die ihr zuteil gewordenen Bilder und Bildergeschichten als Wegweiser zu Christus, der, nach einem Wort des Apostels Paulus, «das Abbild des unsichtbaren Gottes» ist, «die Ikone Gottes»[3]. Anna Katharina Emmericks Visionen können uns die vielfach hieroglyphisch fremd gewordene Botschaft der Heiligen Schrift wieder nahebringen. Sie versetzen den sich in sie hineinbegebenden Leser in Wirklichkeiten, die einer hektisch betriebsamen Hochschultheologie ebenso unzugänglich bleiben müssen wie einer alles Wunderbare ins Gewöhnliche herabzerrenden Aufklärerei. Anna Katharina beweist nichts, sie weist hin. Sie winkt uns heran und zeigt auf lebende Bilder, indem sie immer wieder anhebt: «Ich sehe...»

Schon nach wenigen Seiten sind wir ihr anheim gegeben und verfallen. An ihrer Hand gehen wir in die von ihr geschauten Bilder hinein. Wir sehen mit ihrem begnadeten Seelenauge nie gesichtete Welten. Erzitternd und entzückt vor phantastisch scheinender Detailfreude, der auch Knöpfe und Hirtenstäbe bedeutsam sind, werden wir Zeugen heilsgeschichtlicher Ereignisse.

Gebannt folgen wir der christlichen Sibylle durch die Jahrtausende. Wir gewahren bald beseligt, bald erschauernd Schöpfungsfrühmorgen, Engelsturz, Paradiesesfülle, Urfrevel, Vertreibung aus Eden, Archebau, Sintflut, den babylonischen Turm lästerlicher Vermessenheit und vieles andere. Was in der Bibel meistens nur in lapidarer Knappheit gesagt wird, das schaut Anna Katharina in bisweilen epischer Breite. Immer wieder überrascht sie uns mit reizvollen Einzelheiten, die ihr Zeugnis so anziehend machen. Das Geringfügigste erscheint ihr wichtig als Mosaiksteinchen und Farbtupfer heiliger Historienbilder. Durch die Art, in der sie es erblickt und in der Brentano das ihm übermittelte Gesicht ausdrückt, gewinnt es eine faszinierende Aura. Sie hat es eben so geschaut.

Deshalb weiß sie, dass die Früchte am Baum des Lebens gelb und wie aufgehende Rosen waren. Deshalb vermag sie ein Bild Abrahams zu zeichnen, das uns diesen Erzvater leiblebendig vor Augen stellt: «Abraham war ungewöhnlich groß... Er hatte in seinem Wesen viel von den Sitten der Drei Könige und war in langes, weißes Wollenzeug mit Ärmeln gekleidet, woran ein geflochtener weißer Gürtel mit Quasten und nach rückwärts eine Art Kapuze niederhing. Auf dem Haupte trug er ein Käppchen und über der Brust ein Herzschild von Metall oder Edelstein. Er hatte einen langen Bart...

Wenn er irgendetwas hatte, was einem anderen wohlgefiel, besonders an Vieh, so gab er es ihm gleich; denn er war ein besonderer Feind von Neid und Habsucht...» Deshalb weiß sie Bescheid über den «bunten Rock mit roten Streifen», den Jakobs Lieblingssohn Joseph als Jugendlicher trug. Deshalb vermag sie zu berichten, dass Putiphars Frau mit einer Haut von gelbbraunem Seidenglanz prangte. Deshalb kennt sie auch Aseneth, die Joseph freite, von der es heißt, dass sie lockiges Haar hatte und einmal «eine schöne, hostienweiße, großzellige Honigwabe» fand.

Als ein Engel sie segnete, loderte der himmlisch leuchtende Honig auf. Moses' Stab glich oben einer Mispel. Mit ihm berührte der Führer seines Volkes den Felsen, als schriebe er Worte auf ihn, und sofort entquoll dem trockenen Stein frisches Wasser. Auf der höchsten Sprosse der den Himmel berührenden Leiter, die der Stammvater Israels schaut, steht«die reine Blume, die heilige Jungfrau». Nur ein einziger Mal ist in den historischen Büchern des Alten Testaments von dem Priesterkönig Melchisedech die Rede. Es sind insgesamt drei Zeilen.[4] die Emmerick-Schriften widmen der geheimnisvollen Gestalt an die fünfzehn Seiten, die zu den schönsten gehören.[5]

Wer will Gesichte und Geschichten dieses Schlages anfechten oder widerlegen? Sie sind im Grunde gar nicht zu bezweifeln. Man kann sie nur als hilfreiche Fingerzeige und Meditationsbilder annehmen oder um den Preis religiösen Banausentums links liegen lassen. Sie an der Elle gerade gängiger Bibelkritik zu messen, hieße, nach einem Wort Plutarchs, mit einem Docht und einem Lämpchen den Himmel und das Weltall verrücken zu wollen.

Anna Katharina Emmerick und ihr Dichter-Chronist Brentano sind, um es einmal ungewohnt auszudrücken, unverkennbare «Mexikaner» (denen Alexander von Humboldt einst nachgesagt hat, dass sie noch aus den unscheinbarsten Dingen ein Mysterium zu machen wissen). Der Gedanke, diese beiden so unterschiedlichen Menschen wären nie zusammengetroffen, lässt mich jäh erschrecken. Ihre Begegnung ist kein literaturgeschichtliches, sondern ein äonisches Ereignis. Unendlich kostbare Schätze geistlich-mystischer Art würden unwiederbringlich verloren gegangen sein, hätte Brentano die Schauungen der Nonne nicht aufgezeichnet und sozusagen für und zu uns übersetzt.[6]

Die Geheimnisse des Alten und des Neuen Bundes, die sie uns mit ehrfürchtiger Unbefangenheit enthüllt, sind schon einem aufgeweckten Kind zugänglich,. Sie bergen poetische Schönheiten, die sie als Denkmal visionärer Dichtung auch jenen teuer machen, die nicht auf ihrem Glaubensgrund stehen.

Sie sind bislang weitestgehend noch unerschlossene Brunnen fruchtbarer theologischer Nachdenklichkeit. In grandiosen Bildern enthüllen sie die verborgene Gegenwärtigkeit des Neuen Bundes im Alten Bund; das Advent-Mysterium von Ankunft und Wiederkunft; die Weisheit des von Petrus wiederholten Psalmistenwortes, das vor Gott ein Jahrtausend wie ein Tag ist[7]; die Berechtigung des beinahe verwegenen österlichen Jubels eines fast vergessenen Priester-Philosophen, der ein jüngerer Zeitgenosse Anna Katharina Emmericks und Brentanos war:

«Freut euch des Lebens! Doch um der Erbsünd nur;
Es gäb' ja des Lebens sonst gar keine Spur.
Freut euch des Lebens! Wenn ihr es sonst nur wisst:
Der Träger des Lebens sei Jesus Christ.»[8]

Anton Günther 1783-1863

Eindringlich erneuern sie die Lehre, die kein Geringerer als der Heilige Augustinus so formuliert hat: «dass die Sache selbst, welche jetzt christliche Religion genannt wird, auch bei den Alten war und vom Anbeginn des Menschengeschlechtes nicht fehlte, bis Christus im Fleische erschien; von da an begann die wahre

Religion, die eh und je gewesen, die christliche zu heißen.»[9] Melchisedech, Job (Hiob) und die Magier aus dem Osten waren keine Israeliten; dennoch hatten sie Anteil an der Offenbarung und gehören zur Gemeinschaft der Heiligen. Sie zählen mit zu den Auserwählten, die nicht aus einem einzigen Volk oder einer einzigen Rasse abstammen. Sogar von Zarathustra spricht Anna Katharina Emmerick mit erstaunlicher Hochachtung. Insgesamt ergeben ihre Gesichte, um Joseph Görres als Zeugen heranzuziehen, ein «gewaltiges Weltepos», einen «weltumkreisenden Ozean», der «aus verborgener Quelle hinströmt, an der Oberfläche die Pracht seiner Ufer und den ausgelegten Reichtum der Zeiten spiegelnd, innen aber durchsichtig bis zum Grunde den Blick in die Wunderwelt der Tiefe und den inneren Zusammenhang der Dinge öffnend.»[10]

Geistig herausragende Männer und Frauen anderer Völker haben sich von den mystagogisch-visionären Schriften Clemens Brentanos «nach den Gesichten und Betrachtungen» der münsterländischen Augustinerin nachhaltig beeinflussen lassen.

Stellvertretend für viele andere seien Ernest Hello, Paul Claudel, Joris-Karl Huysmans, Albert Béguin, Diana C. Wyssdom und Léon Bloy genannt, der einmal beinahe überschwänglich-maßlos bekannte: «Nach der Heiligen Schrift und der ‹Nachfolge Christi› schätze ich die Schriften der Anna Katharina Emmerick am höchsten... Ich habe vorzeiten versucht, Dante zu lesen. Die Langeweile war unaussprechlich und hat mich förmlich zu Boden gedrückt. Selbst die berühmtesten Gesänge der ‹Göttlichen Komödie› können, neben die unbekanntesten Gesichte der Anna Katharina Emmerick gehalten, kaum mehr als Mitleid erwecken.»[11]

Es ist ein Zeichen geistigen Tiefstandes, wenn in Anna Katharina Emmericks Vaterland späteren Generationen die Ahnung abhanden gekommen ist, was bilderstrotzendes Vermächtnis an theologischen, symbolischen, mystischen und poetischen Reichtümern enthält. Wenn immer mehr Menschen, die im christlichen Glauben aufwachsen sind, sich später enttäuscht und unbefriedigt von Christentum in seiner heutigen Gestalt abwenden, um dann meist unverstandenen Lehren fernöstlicher Herkunft oder einem verschwommen Mystizismus anzuhangen, dann ist diese bis zur Apostasie gehende Entfremdung mitverursacht durch religiöse Unbildung, durch Schwund pneumatischen Bildersinns, durch jenen spirituellen Analphabetismus, für den Hildegard von Bingen und Mechthild von Magdeburg, Katharina von Siena und Teresa von Avila, Angela von Foligno und Clara von Assisi, Juliana von Norwich und Birgitta von Schweden, Gertrud von Helfta und Anna Katharina Emmerick umsonst gelebt haben.

Infolge geistigen Erdrutsches und religiöser Erosion sind sie jener genuin christlich-abendländischen Überlieferung verlustig gegangen, ohne deren überströmende Lichtfülle und Bilderlust Glaubenskraft wie Lebenssinn verdorren. Insofern könnte eine Hinwendung zu dem, was uns Anna Katharina Emmerick durch Brentanos schöpferische Vermittlung hinterlassen hat, heilbringende Auswirkungen haben, die heute noch gar nicht abzuschätzen sind. Es kommt nur darauf an, dass wir uns endlich wieder von den Bildern und Gleichnissen, den Archetypen und Symbolen, in denen die Mysterien des Christentums sowohl ausgesagt als auch verborgen sind, aufs neue ansprechen lassen.

Es gilt, wieder in heiligen Bildern und Heiligenbildern ehrfürchtig lesen zu lernen, gemäß dem kirchlichen Tagesgebet am Fest des Ikonenverteidigers Johannes von Damaskus: «Allmächtiger ewiger Gott, du hast den seligen Johannes Damascenus im Kampf für die Verehrung heiliger Bilder mit himmlischem Wissen und staunenswürdiger Geisteskraft ausgerüstet. Verleihe uns nun auf seine Fürsprache und nach seinem Vorbild die Gnade, dass wir die Tugenden jener nachahmen, deren Bilder wir verehren und ihren Schutz erfahren.»

Heilige Bilder dieser Art sind auch die uns dank der Aufzeichnungen des Dichters Brentano überlieferten Gesichte der westfälischen Stigmatisierten Anna Katharina Emmerick. Im Hinblick auf sie gilt, leicht abgewandelt, das an den suchenden Augustinus ergangene Wort: «Nimm und sieh!»

Auf welch merkwürdigen Wegen dies geschehen kann, mag ein persönliches Bekenntnis andeuten. Es waren diese unvergesslichen Sätze, auf die mein Blick fiel, als ich, noch ein Kinde, vor etwa vierzig Jahren zum ersten Male etwas von Anna Katharina

Emmerick las, ihre Worte über den Abendmahlskelch, der auch in dem nun erneut vorliegenden Band mehrmals auftaucht:

«Der Kelch ... ist ein sehr wunderbares, geheimnisvolles Gefäß; seit langen Zeiten war er unter anderen alten kostbaren Geräten im Tempel gewesen, deren Gebrauch und Ursprung ebenso vergessen waren wie auch bei uns im Christentum manches altertümliche heilige Kleinod durch die Schicksale der Zeit in Vergessenheit kommt...

Auf einer Fläche, auf der man noch ein Täfelchen herausziehen konnte, stand das große Trinkgefäß und um dasselbe sechs kleine Becher... Der große Kelch selbst besteht aus dem Kelchbecher und dem Fuße, welcher später hinzugefügt worden sein muss; denn der Kelchbecher war von anderem Stoffe als der Fuß, nämlich von bräunlicher spiegelglatter Masse in birnenförmiger Gestalt. Er ist aber mit Gold überlegt und gefasst und hat zwei kleine Henkel, an welchen man ihn anfassen kann, denn er ist ziemlich schwer...

Der große Kelch ist bei Jakob dem Kleineren in Jerusalem geblieben, und ich sehe ihn noch irgendwo fest bewahrt liegen; er wird auch noch einmal wieder zutage kommen, wie er jetzt hier in Anna Katharinas Visionen. G.-K. K.) zutage gekommen ist...

Der große Kelch war schon bei Abraham; Melchisedech brachte ihn aus dem Lande der Semiramis, wo er verkommen war; er hatte ihn bei dem Opfer gebraucht, da er Brot und Wein vor Abraham opferte, und er hat ihn Abraham gelassen. Der Becher ist auch schon bei Noah gewesen, er stand ganz oben in der Arche... Auch in Ägypten ist er gewesen, auch Moses besaß ihn. Die Masse des Kelchbechers war dick wie ein Glocke; er war von etwas Natürlichem und wie gewachsen, nicht gehämmert. Ich habe ihn durchgesehen; nur Jesus wusste, wovon er war.»

Ob diese Worte sich auf die aus einem Stück gearbeitete und fast elf Kilogramm wiegende Achatschale in der Schatzkammer der Wiener Hofburg beziehen können; ob Clemens Brentano, der im Jahre 1813/14 in Wien geweilt hatte, sich an dieses zu den unveräußerlichen Erbgütern des Hauses Habsburg gehörende Prunkstück erinnerte, als er später in vierzig Foliobänden mit insgesamt mehr als sechzehntausend Seiten die Schauungen Anna

Katharinas festhielt – diese Fragen mögen hier offen gelassen bleiben.[12] Heilsbedeutsamer als noch so tiefsinnige Gralsesoterik und kunstgeschichtliche Spurenfahndung ist das Kreuz, «das wir immer noch schlagen können, ehe es uns erschlägt.»

«Wie ein Kreuz am Wege» steht, nach einem Wort Brentanos, die Seherin von Dülmen vor uns: als Erinnerungsmal, Wegweiser und Aufforderung zu Umkehr, Gebet und Meditation.[13]

Der Romantiker hatte in Dülmen die Inkarnation des Wunderbaren gesucht und begegnete einer leidenden, mit Christus mitleidenden Dulderin, die sich eingeborgen wusste in der tröstlichen Gewissheit Gottes, der lautere Liebe ist.

«Erschienen ist die Güte und Menschenfreundlichkeit Gottes, unsere Heilandes», heißt es in der Epistel der zweiten Messe am Weihnachtsfest, im traditionellen Hirtenamt. Die Vulgata spricht von der «humanitas», der griechische Text von der «philanthropia» Gottes.[14]

Diese Erfahrung der Ineinanderverschlungenheit von Kreuz und Liebe hat Clemens Brentano in solchem Maße geprägt, dass er fortan nicht mehr dichten, sondern nur noch «Schreiber» der Seherin sein wollte.

In den Marianne von Willemer, der Freundin Goethes, wohl 1827 gewidmeten Versen kommt die ihm durch Dülmen geschenkte Gewissheit zu ergreifendem Ausdruck:

Er, der die Schmerzen aller Schuld gelitten,
Er, der Unschuldige, der rein allein,
Für uns am Kreuz steht in der Dinge Mitten,
In ihm nur ist ein gut Zusammensein,
All andres Tun, all Lieben, Sehnen, Freuen,
All dieses bange Ringen nach Verein,
Ist andres nicht, als Trennen und Zerstreun...[15]

Gerd Klaus Kaltenbrunner

I.

Geheimnisse des Alten Bundes

EINLEITUNG

Anna Katharina erzählte von den Gesichten ihrer frühesten Jugend: Als ich in meinem fünften bis sechsten Jahre den ersten Artikel des Katholischen Glaubensbekenntnisses betrachtete: «Ich glaube an Gott Vater, den allmächtigen Schöpfer Himmels und der Erde», da kamen mir allerlei Bilder von der Erschaffung Himmels und der Erde vor die Seele. Ich sah den Sturz der Engel, die Erschaffung der Erde und des Paradieses, Adams und Evas und den Sündenfall. Ich dachte nicht anders, als dies sehe ein jeder Mensch so, wie die anderen Dinge um uns her, und so erzählte ich dann meinen Eltern, Geschwistern und Gespielen ganz unbefangen davon, bis ich merkte, dass man mich auslachte und fragte, ob ich ein Buch habe, worin das alles stehe.

Da fing ich nach und nach an, von diesen Dingen zu schweigen und dachte, es schicke sich wohl nicht, von solchen Sachen zu reden; ohne mir jedoch besondere Gedanken darüber zu machen. Ich habe diese Gesichte gehabt sowohl bei Nacht als auch bei hellem Tag, im Feld, im Haus, gehend, arbeitend, unter allerlei Geschäften.

Als ich einmal in der Schule ganz arglos anders, als es gelehrt wurde, von der Auferstehung sprach, und zwar mit Gewissheit und in der unbefangenen Meinung, das müsse jedermann auch so wissen wie ich, und gar nicht ahnend, dass dies eine persönliche Eigenschaft von mir sei, wurde ich von den Kindern mit Verwunderung ausgelacht und bei dem Magister verklagt, der mich ernstlich ermahnte, solche Vorstellungen mir nicht einzubilden.

Ich sah aber diese Gesichte stillschweigend fort, wie ein Kind, das Bilder betrachtet und sich dieselben auf seine Weise auslegt, ohne viel zu fragen, was dieses und jenes bedeute. Weil ich nun öfter die gewöhnlichen Heiligenbilder oder Darstellungen aus der biblischen Geschichte bald so, bald anders dieselben Gegenstände vorstellen sah, ohne dass dies irgendeine Änderung in meinem Glauben gemacht hätte, so dachte ich, die Gesichte, die ich habe, sind mein Bilderbuch und betrachtete dieses in allem Frieden und machte immer die gute Meinung dazu: Alles zur größeren Ehre Gottes!

Ich habe nie etwas in geistlichen Dingen geglaubt, als was Gott der Herr geoffenbart hat und durch die heilige katholische Kirche zu glauben vorstellt, es sei solches ausdrücklich geschrieben oder nicht. Und nie habe ich das, was ich in Gesichten gesehen, ebenso geglaubt.

Ich sah diese an, wie ich hie und da verschiedene Weihnachtskrippen andächtig betrachtete, ohne an der einen durch die Verschiedenheit der anderen gestört zu werden; und ich betete in einer jeden nur dasselbe liebe Jesuskindlein an, und so ging es mir auch bei diesen Bildern von der Schöpfung Himmels und der Erde und des Menschen; ich betete Gott den Herrn, den allmächtigen Schöpfer Himmels und der Erde, darin an.

DIE SCHÖPFUNG

I. Der Sturz der Engel

Zuerst sah ich einen unbegrenzten Raum voll Licht vor mir aufgehen und hoch in demselben wie eine lichtere Kugel gleich einer Sonne und in derselben, fühlte ich, sei die Einigkeit von Dreien. Ich nannte es in mir die Einstimmung und sah aus ihr wie eine Wirkung; da entstanden unter der Kugel wie ineinander liegende leuchtende Kreise, Ringe, Chöre von Geistern, unendlich leuchtend und kräftig und schön. Diese Lichtwelt stand wie eine Sonne unter jener höheren Sonne. Erst bewegten sich diese Chöre alle wie in Liebe aus der höheren Sonne. Auf einmal sah ich einen Teil aus allen Kreisen stillstehen in sich, versenkt in eigene Schönheit. Sie empfanden eigene Lust, sahen alle Schönheit in sich; sie besannen sich, sie waren bei sich.

Erst waren sie alle in höherer Bewegung außer sich; nun stand ein Teil still in sich. Und in demselben Augenblick sah ich diesen ganzen Teil der leuchtenden Chöre niederstürzen und sich verfinstern und die anderen gegen sie hindringen und ihre Räume ausfüllen, die nun kleiner waren; doch sah ich nicht, als ob sie dieselben aus der Figur des Bildes ausschweifend verfolgten. Jene standen still in sich, stürzten ab und die nicht stillgestandenen drangen in ihren Raum und alles dieses war zugleich.

Da sie niedergestürzt waren, sah ich unten eine Schattenscheibe entstehen, als sei dies ihr Aufenthalt; und ich wusste, sie seien in eine ungeduldige Form gefallen. Der Raum aber, welchen sie jetzt unten einnahmen, war weit kleiner, als der, den sie oben eingenommen hatten, so dass sie mir viel enger zusammengedrängt erschienen.

Seit ich diese als Kind hatte niederfallen sehen, war ich bei Tag und bei Nacht bange vor ihrem Wirken und dachte immer, sie müssten der Erde viel schaden. Sie sind immer rund um sie her; gut, dass sie keine Körper haben, sie würden sonst die Sonne verfinstern und man würde sie immer wie Schatten vor derselben schweben sehen; das wäre entsetzlich.

Gleich nach dem Sturze sah ich, dass die Geister der leuchtenden Ringe sich vor dem Gotteskreise demütigten, untertänig wurden und flehten, das Niedergestürzte möge wieder hergestellt werden.

Hierauf sah ich ein Bewegen und Wirken in dem Gottes-Lichtkreise, der bis dahin stille gestanden, und, wie ich gefühlt, auf dieses Bitten gewartet hatte.

Nach dieser Handlung der Geisterchöre ward ich inne, nun sollten sie fest bleiben und nicht mehr zerfallen können. Es wurde mir aber bewusst, dass dies Gottes Erklärung und ewiger Ausspruch gegen sie war: Bis diese gefallenen Chöre wiederhergestellt seien, so lange solle Streit sein. Und ich sah diese Länge für meine Seele ganz unendlich lang, ja wie unmöglich. Der Kampf aber solle auf Erden sein und dort oben solle kein Kampf mehr sein, das befestige Er.

Nach diesem Innewerden konnte ich kein Mitleid mehr mit dem Teufel haben; denn ich habe ihn aus freiem bösem Willen sich mit Gewalt niederstürzen sehen. Auch konnte ich nicht auf Adam so böse sein; ich hatte immer großes Mitleid mit ihm; denn ich dachte immer, es sei ja vorhergesehen.

2. Die Erschaffung der Erde

Gleich nach dem Flehen der gebliebenen Geisterchöre und nach der Bewegung in der Gottheit sah ich neben der Schattenscheibe, die unten entstanden war, zur Rechten nicht weit von einander getrennt, eine dunkle Kugel entstehen.

Nun heftete ich meine Augen mehr auf diese dunkle Kugel rechts von der Schattenscheibe und sah eine Bewegung in derselben, als würde sie größer und größer und sah lichtere Punkte aus der Masse hervordringen und sie wie helle Bänder umziehen und hie und da in breitere helle Flächen austreten; und zugleich sah ich die Gestalt des hervortretenden Landes sich gegen das Wasser abgrenzen. Dann sah ich in den lichten Stellen eine Bewegung, als würde in ihnen was lebendig. Und auf den Landflächen sah ich Gewächse hervordringen und zwischen diesen auch lebendiges Gewimmel entstehen. Ich dachte noch als Kind, die Pflanzen bewegten sich. Bisher war alles grau gewesen, nun wurde alles lichter, und ich sah wie Sonnenaufgang. Es war, als wie es am frühen Morgen ist auf der Erde, und als erwache alles aus dem Schlafe. Alles andere von dem Bilde verschwand mir. Der Himmel war blau, die Sonne zog an ihm hervor. Ich sah einen Teil der Erde allein von ihr beschienen und erleuchtet und diesen ganz herrlich und lustig und dachte, dies ist das Paradies.

Alles aber, wie es sich auf der dunklen Kugel veränderte, sah ich gleich einem Ausströmen aus jenem höchsten Gotteskreise. Es war, als die Sonne höher stieg, alles wie morgens im Erwachen; aber es war der erste Morgen; und doch wusste dies kein Wesen. Sie waren, als seien sie ewig da gewesen, sie waren in Unschuld. Wie die Sonne stieg, sah ich auch die Bäume und Pflanzen größer geworden und immer größer werdend. Das Wasser war heller und heiliger, alle Farben waren reiner und leuchtender, alles war unaussprechlich angenehm; es war auch keine Spur da, wie jetzt die Geschöpfe sind. Alle Pflanzen, alle Blumen und Bäume hatten andere Figuren; jetzt sieht alles ganz wüst und verkrüppelt dagegen aus, es ist jetzt alles wie ganz ausgeartet.

Oft wenn ich in unserem Garten Pflanzen oder Früchte sah, welche ich in südlichen Ländern ganz anders, groß, edel und schmackhafter gesehen, wie z.B. Aprikosen, dachte ich, was diese unsere Früchte gegen die Südfrüchte, das sind die Südfrüchte und noch viel schlechter gegen die Früchte des Paradieses.

Rosen sah ich darin, weiße und rote, und dachte dabei, sie bedeuten das Leiden Christi und die Erlösung. Auch sah ich Palmbäume und große breite Bäume, welche einen weiten Schatten warfen, wie ein Dach.

Ehe ich die Sonne sah, war alles ganz klein an der Erde, nachher größer und endlich ganz groß. Die Bäume standen nicht dicht. Ich sah von jeder Art der Gewächse, der größeren wenigstens, nur eines, und ich sah sie getrennt stehen, wie man auf Gartenbeeten die Gattungen erst aussetzt. Alles war übrigens ganz grün und auf eine

Art rein, unzerstört und unzerrissen, die gar nicht an menschliches Aufräumen und Reinigen erinnerte. Ich dachte noch, wie ist alles so schön, da noch keine Menschen da sind!

Es ist noch keine Sünde, keine Zerstörung, kein Zerreißen da gewesen. Hier ist alles heil und heilig; hier ist noch nichts geheilt und geflickt; hier ist alles rein und nicht gereinigt.

Die Fläche, die ich sah, war sanft und hügelig und durchaus mit Gewächsen überzogen; in der Mitte aber war eine Quelle, aus welcher sich Flüsse nach allen Seiten ergossen, deren einige wieder ineinander flossen. In diesen Gewässern bemerkte ich zuerst Bewegung und lebendige Tiere; dann aber sah ich die Tiere hie und da zwischen den Büschen und Sträuchern, wie aus dem Schlafe sich erheben und hervorgucken. Sie waren nicht scheu und ganz anders als jetzt; ja sie waren gegen die jetzigen Tiere schier wie Menschen; sie waren rein, edel, schnell, freudig und sanft. Es ist nicht auszusprechen, wie sie waren.

Die meisten Tiere waren mir fremd. Ich sah schier keine wie jetzt. Den Elefanten, Hirsch, das Kamel sah ich und besonders das Einhorn, welches ich auch in der Arche gesehen habe, wo es besonders liebevoll und sanft war. Es war kürzer als ein Pferd und hatte einen runderen Kopf. Ich sah keine Affen, keine Insekten und elende hässliche Tiere; ich dachte immer, diese seien eine Sündenstrafe. Ich sah viele Vögel und hörte den lieblichsten Gesang, wie am Morgen; aber ich hörte keine Tiere brüllen und sah keinen Raubvogel.

Das Paradies besteht noch immer. Es ist aber den Menschen ganz unmöglich, dahin zu gelangen. Ich habe gesehen, wie es noch in seinem Glanze besteht, hoch droben, schräg von der Erde abgesondert, wie die finstere Scheibe des Engelsturzes vom Himmel.

3. Adam und Eva

Ich sah Adam nicht im Paradiese erschaffen, sondern in der Gegend vom nachmaligen Jerusalem. Ich sah ihn glänzend und weiß aus einem gelben Erdhügel hervorgehen, wie aus einer Form. Die Sonne schien, und ich dachte, da ich als Kind dies sah, die Sonne scheint den Adam aus dem Berge heraus. Er wurde wie von der Erde geboren, die eine Jungfrau war. Gott segnete sie und sie ward seine Mutter. Er trat nicht plötzlich aus der Erde, es währte einige Zeit, bis er hervortrat. Er lag in dem Hügel auf seiner Linken, den Arm über den Kopf geschlungen, und war mit leichtem Nebel wie mit Flor bedeckt. Ich sah eine Figur in seiner Rechten und ward inne, dass es Eva sei, welche im Paradiese von Gott aus ihm hervorgezogen wurde. Gott rief ihn, und es war, als tue der Erdhügel sich auseinander, und Adam trat allmählich hervor. Es waren keine Bäume, sondern nur kleine Blumen umher. Auch die Tiere hatte ich in lauter Einheiten aus der Erde hervorkommen sehen und die weiblichen sich daraus absondern.

Ich sah, dass Adam weit hinweg nach einem hochliegenden Garten, dem Paradiese, getragen wurde. Gott führte ihm im Paradiese die Tiere vor. Adam nannte sie und sie folgten ihm und spielten um ihn. Alles war vor der Sünde ihm dienend. Eva war noch nicht aus ihm herausgebildet. Alle Tiere, die er benannt, folgten ihm später auf die Erde nach.

Ich sah den Adam im Paradiese, nicht weit vom Quell in der Mitte des Gartens, sich wie aus dem Schlafe zwischen Blumen und Kräutern emporheben. Er war weiß schimmernd; sein Leib aber hatte doch mehr dem Fleische, als einem Geiste ähnliches. Er wunderte sich über nichts, auch über sich selbst nicht, und ging, als sei er an alles gewöhnt, zwischen den Bäumen und Tieren umher, wie jemand, der seine Felder besieht.

Ich sah Adam an dem Hügel bei dem Baume am Wasser auf der linken Seite mit der Linken unter der Wange liegend. Gott senkte Schlaf auf ihn und er war entzückt in Gesichten.

Da zog Gott aus Adams rechter Seite Eva an der Stelle hervor, wo die Seite Jesu durch die Lanze eröffnet wurde. Ich sah Eva fein und klein. Sie ward schnell größer, bis sie vollkommen groß und schön war. Ohne den Sündenfall würden alle Menschen so in sanftem Schlafe geboren worden sein. Der Hügel wich auseinander, und ich sah an Adams Seite einen Fels wie von kristallförmigen Edelsteinen entstehen; an der Seite Evas aber ein weißes Tal wie mit feinem, weißem Fruchtstaube bedeckt.

Als Eva gebildet war, sah ich, dass Gott Adam etwas gab oder zufließen ließ. Es war, als flössen von Gott, in Menschenform erscheinend, aus Stirne, Mund und Brust und Händen Lichtströme und einigten sich zu einem Lichtballen, der in die rechte Seite Adams einging, aus welcher Eva genommen war. Adam empfing dies allein. Es war dies der Keim des Segens Gottes. In diesem Segen war eine Dreiheit; der Segen, den Abraham von dem Engel empfing, war eines, das in gleicher Form, doch nicht so leuchtend erschien.

Eva stand aufgerichtet vor Adam, und dieser gab ihr die Hand. Sie waren wie zwei Kinder, unaussprechlich schön und edel. Sie waren ganz leuchtend, mit Strahlen bekleidet wie mit einem Flor. Aus dem Munde Adams sah ich einen breiten Lichtstrom leuchten und auf seiner Stirne wie ein ernstes Antlitz. Um seinen Mund war eine Strahlensonne; um Evas Mund war dieses nicht. Das Herz sah ich ziemlich wie jetzt im Menschen, die Brust aber war mit Strahlen umgeben und mitten im Herzen sah ich eine leuchtende Glorie und darin ein kleines Bild, als halte es etwas in der Hand. Ich meine, es sei die dritte Person in der Gottheit dadurch bedeutet gewesen. Auch aus ihren Händen und Füßen sah ich Lichtstrahlen fließen. Ihre Haare fielen in fünf leuchtenden Strahlenbündeln vom Haupte nieder, zwei von den Schläfen, zwei hinter der Ohrengegend, einer am Hinterhaupte.

Ich habe immer die Empfindung gehabt, durch die Wunden Jesu seien Pforten des menschlichen Leibes geöffnet worden, welche durch den Sündenfall verschlossen worden waren, und dass Longinus an der Seite Jesu die Pforte der Wiedergeburt zum ewigen Leben geöffnet habe. Darum ist keiner in den Himmel eingegangen, ehe diese Pforte geöffnet war.

Die leuchtenden Strahlenbündel auf dem Haupte Adams sah ich als seinen Überfluss, seine Glorie, seinen Bezug auf andere Ausstrahlungen. Und diese Glorie stellt sich an den verklärten

Seelen und Leibern wieder her. Unsere Haare sind die gefallene, erloschene, erstarrte Glorie, und wie unser jetziges Haar zum Strahle, so verhält sich unser jetziges Fleisch zum Fleische Adams vor dem Falle. Die Strahlensonne um Adams Mund hatte Beziehung auf den Segen heiliger Nachkommenschaft aus Gott, welcher ohne den Sündenfall durch das Wort gewirkt haben würde. Adam reichte Eva die Hand; sie gingen von dem schönen Orte der Entstehung Evas durch das Paradies, alles betrachtend und Freude daran habend. Jener Ort war der höchste im Paradiese, alles war Glanz und Licht, daselbst mehr als irgendwo.

4. Der Baum des Lebens und der Baum der Erkenntnis

Mitten in dem leuchtenden Garten sah ich ein Wasser und in demselben eine Insel, die auf einer Seite mit dem Lande durch einen Damm zusammenhing. Diese Insel und auch der Damm waren voll schöner Bäume; aber in der Mitte der Insel stand ein schöner Baum, der alle anderen überragte und gleichsam beschützte. Seine Wurzel war der Boden der Insel. Er überdeckte die Insel und nahm von großer Breite leise bis zu einer feinen Spitze ab.

Seine Äste streckten sich gerade aus, und von diesen stiegen wieder Zweige wie kleine ähnliche Bäume in die Höhe. Die Blätter waren fein, die Früchte waren gelb und saßen in einer Blätterhülse wie eine aufgehende Rose. Der Baum hatte etwas wie die Zedern. Ich erinnere mich nicht, jemals Adam oder Eva oder ein Tier auf dieser Insel bei dem Baume gesehen zu haben, wohl aber sehr schöne, edle, weiße Vögel, welche ich in seinen Zweigen singen hörte. Dieser Baum war der *Baum des Lebens*.

Gerade vor dem Damm, der auf die Insel führte, stand der *Baum der Erkenntnis*. Der Stamm war geschuppt wie bei Palmen; die Blätter wuchsen unmittelbar vom Stamme aus, waren sehr groß und breit und von der Form wie Schuhsohlen. Vorne in den Blättern verborgen hingen die Früchte zu fünf in einer Traube beisammen, eine voraus und vier um ihren Stiel. Die gelbe Frucht hatte weniger die Gestalt von einem Apfel, sie war mehr birnen-

oder feigenartig gebildet, hatte fünf Rippen, und ihr Butzen glich einem Nabel. Das Innere der Frucht war weich wie bei den Feigen, von der Farbe braunen Zuckers, mit blutroten Adern durchzogen. Der Baum war oben breiter als unten, die Zweige senkten sich tief zur Erde nieder. Ich sehe die Gattung dieses Baumes noch in den heißen Ländern. Er senkt Schößlinge seiner Zweige zur Erde nieder, wo sie Wurzel fassen und zu neuen Stämmen emporschießen, welche wieder so fortwuchern, so dass ein solcher Baum oft große Strecken mit dichten Lauben bedeckt, unter welchen große Familien leben.

Eine Strecke zur Rechten des Baumes der Erkenntnis sah ich einen kleinen eirunden, sanft abhängigen Hügel von schimmernden roten Körnern und allerlei farbigen Edelsteinen. Er war gestuft mit Kristallformen. Um ihn her waren feine Bäume gerade hoch genug, dass man ungesehen auf dem Hügel sein konnte; auch Kräuter und andere Gewächse waren darum her. Diese Bäume und Gewächse hatten Blüten und Früchte, die kräftig und farbig waren.

Eine Strecke zur Linken des Baumes der Erkenntnis sah ich eine Vertiefung, ein kleines Tal. Es war wie von weißer, zarter Erde oder von Nebel, mit weißen Blümchen und Fruchtstaub bedeckt. Auch an dieser Seite waren mancherlei Gewächse, sie waren aber farbloser und hatten mehr wie Staub als Frucht.

Es war, als hätten die beiden Orte einen Bezug aufeinander, als sei der Hügel aus dem Tal genommen, oder als solle von ihm in das Tal gelegt werden. Sie waren wie Saat und Acker. Die beiden Orte erschienen mir heilig. Ich sah sie beide, besonders aber den Hügel leuchtend.

Zwischen ihnen und dem Baume der Erkenntnis waren mancherlei kleine Bäumchen und Büsche. Alles dieses, wie überhaupt die ganze Natur, war wie durchsichtig und von Licht. Diese beiden Orte waren die Aufenthaltsstellen der ersten Eltern. Der Baum der Erkenntnis war wie eine Absonderung zwischen ihnen. Ich meine, Gott hat nach der Schöpfung Evas ihnen diese Orte angewiesen. Ich sah sie anfangs auch wenig zusammen gehen. Ich sah sie ganz ohne Begierde, und jedes an seiner Stelle sich ergehen.

Die Tiere waren unbeschreiblich edel und leuchtend und dienten ihnen. Die Tiere hatten alle nach ihren Arten bestimmte

Aufenthaltskreise, Wohnungen, Wege und Absonderungen, und alle diese Kreise hatten ein großes Geheimnis des göttlichen Gesetzes und Zusammenhanges in sich.

DIE SÜNDE UND IHRE FOLGEN

1. Der Sündenfall

Ich sah, wie Adam und Eva zum ersten mal durch das Paradies wandelten. Die Tiere traten ihnen entgegen und begleiteten sie; sie hatten mehr mit Eva zu tun als mit Adam. Eva hatte überhaupt mehr mit der Erde und den Geschöpfen zu tun, sie schaute mehr nieder und um sich her und schien neugieriger. Adam war stiller und mehr zu Gott emporgerichtet. Unter allen Tieren aber war eines, das sich mehr an Eva anschloss, als alle; es war ein ungemein freundliches, schmeichelndes, geschmeidiges Tier; ich kenne keines, mit dem ich es vergleichen könnte.[16]

Es war ganz glatt und dünn und als habe es gar keine Knochen, seine Hinterfüße waren kurz und es lief aufrecht auf denselben. Es hatte einen spitzen Schweif an die Erde hängend; hoch oben nah am Kopfe hatte es kurze kleine Pfoten. Der Kopf war rund und ungemein klug; es hatte eine feine bewegliche Zunge.

Die Farbe seines Bauches, der Brust und des Halses war weißgelb, und den ganzen Rücken hinauf war es braun gewolkt, fast wie ein Aal. Seine Höhe war etwa die eines zehnjährigen Kindes. Es war immer um Eva herum und so schmeichelnd und zierlich, so beweglich und hin- und herzeigend, dass Eva großes Vergnügen an ihm hatte. Dieses Tier hatte aber für mich doch etwas Schreckliches, und ich sehe es immer noch deutlich vor Augen. Ich sah nicht, dass es Adam oder Eva berührten. Es war vor dem Falle zwischen Menschen und Tieren ein großer Abstand. Ich sah die ersten Menschen kein Tier berühren; waren die Tiere auch vertrauter zu den Menschen, so waren sie doch getrennter.

Als Adam und Eva wieder auf den glänzenden Ort zurückkehrten, trat eine leuchtende Gestalt, wie die eines ernsten Mannes mit weißglänzenden Haaren zu ihnen und schien ihnen, mit kurzen Worten umherzeigend, alles zu übergeben und etwas zu befehlen. Sie waren nicht scheu, sondern hörten ihn unbefangen an. Als er verschwand, schienen sie zufriedener, glücklicher, sie schienen mehr zu verstehen und mehr Ordnung in allem zu finden; denn sie fühlten nun Dank; Adam aber mehr als Eva, welche mehr an das Glück und die Dinge dachte, als an den Dank. Sie war nicht so in Gott, wie Adam, sie war mehr in der Natur mit ihrer Seele. Ich meine, sie sind dreimal durch das Paradies gewandelt.

Nun sah ich Adam dankend und bewundernd wieder auf dem leuchtenden Hügel, an dem er im Schlafe entrückt war, als Gott das Weib aus seiner Seite bildete. Adam stand allein unter den Bäumen. Eva sah ich dem Baume der Erkenntnis sich nahen, als wolle sie vorübergehen. Das Tier war wieder bei ihr und noch schmeichelnder und bewegter, und sie ward ganz eingenommen von der Schlange und hatte großes Wohlgefallen an ihr.

Die Schlange stieg nun an dem Baume so hoch, dass ihr Kopf dem der Eva gleich kam, sie hielt sich mit den Füßen an dem Stamme, wendete den Kopf gegen Evas Haupt, sprechend: wenn sie von der Frucht des Baumes essen würden, würden sie frei und keine Sklaven mehr sein und wissen, welches die Art ihrer Vermehrung sei. Sie hatten das Wort ihrer Vermehrung schon empfangen; aber ich vernahm, dass sie noch nicht erkannten, wie Gott es wolle, und dass, wenn sie es gewusst hätten und doch in die Sünde gefallen wären, die Erlösung nicht möglich sein würde.

Eva ward immer nachdenkender und begieriger nach dem, was das Tier sagte; es ging in ihr etwas vor, was sie niedriger machte; es ward mir bange. Nun schaute sie nach Adam, der noch ganz ruhig unter den Bäumen stand, und rief ihn, und er kam. Eva ging ihm entgegen und wieder zurück; es war ein Zögern, eine Unruhe in ihr. Sie ging wieder, als wolle sie an dem Baume vorüber; aber sie näherte sich ihm von der linken Seite und stand hinter ihm, von seinen langen, niederhängenden Blättern bedeckt.

Der Baum war oben breiter als unten und die breiten Blattzweige hingen tief gegen die Erde nieder. Es hing, wo Eva stand, eine besonders schöne Frucht.

Als Adam kam, fasste ihn Eva an dem Arme und zeigte nach dem sprechenden Tiere, und Adam hörte auch zu. Da sie ihn am Arme fasste, berührte sie ihn zum ersten Male; er berührte sie nicht, aber es ward finsterer um sie.

Ich sah, dass das Tier die Frucht zeigte, aber nicht wagte, sie der Eva zu brechen. Als aber Eva nach der Frucht gelüstete, brach sie das Tier und reichte sie ihr. Es war die mittelste schönste Frucht von fünf zusammenhängenden Früchten.

Ich sah, dass Eva nun Adam mit der Frucht nahte und sie ihm gab, und dass ohne dessen Einwilligung die Sünde nicht geschehen sein würde. Ich sah, als zerbreche die Frucht in der Hand Adams und als sehe er Bilder in derselben. Es war, als würden sie inne, was sie nicht wissen sollten.

Das Innere der Frucht war blutfarben mit Adern durchzogen. Ich sah, dass sie sich verfinsterten und in ihrer Gestalt sanken. Es war, als weiche auch die Sonne. Das Tier stieg vom Baume nieder, ich sah es auf allen Vieren weglaufen. Ein Essen der Frucht mit dem Munde wie jetzt, habe ich nicht gesehen; aber die Frucht verschwand zwischen ihnen.

Ich sah, dass Eva schon sündigte, indem die Schlange auf dem Baume saß, denn ihr Wille war bei ihr. Ich erfuhr dabei, was ich nicht vollkommen wiederzugeben vermag. Es war, als sei die Schlange die Gestalt und Figur ihres Willens, wie eines Wesens, womit sie alles machen und erreichen konnten. Hier hinein fuhr der Satan.

Durch das Genießen der verbotenen Frucht war die Sünde nicht vollendet; aber diese Frucht von dem Baum, der seine Zweige in die Erde senkt und immer wieder auf solche Weise neue Pflanzen auftreibt, die ebenso tun, auch nach dem Falle, enthielt den Begriff eigenmächtiger Fortpflanzung, eines sinnlichen, von Gott trennenden Einpflanzens in sich. So ging aus ihrem Genuss mit dem Ungehorsam das Trennen der Kreatur von Gott und das Pflanzen in sich und durch sich und die selbstische Begierde in die menschliche Natur. Der in der Nießung in sich aufgenommene Begriff der Frucht hatte als seine Folge die Umkehrung, die Erniedrigung der Natur und die Sünde und den Tod.

Der Segen heiliger und reiner Mehrung aus Gott und durch Gott, den Adam nach der Bildung Evas empfangen hatte, war wegen dieses Genusses ihm wieder entzogen worden; denn ich sah, als Adam seinen Hügel verließ, um zu Eva zu gehen, als greife der Herr hinter ihm her und als nehme Er ihm etwas hinweg; und es war mir, als werde das Heil der Welt daraus kommen.

Als ich einmal am Feste der heiligen unbefleckten Empfängnis ein Bild dieses Geheimnisses von Gott erhielt, sah ich in Adam und Eva das leibliche und seelische Leben aller Menschen miteingeschlossen und wie es durch den Fall verderbt und mit Bösem vermischt wurde, und die gefallenen Engel darüber Gewalt bekamen. Ich sah aber die zweite Person der Gottheit wie mit einer krummen Schneide herabkommen und dem Adam, bevor er in die Sünde willigte, den Segen nehmen. In demselben Augenblick sah ich aus Adams Seite die Jungfrau wie ein lichtes Wölklein zu Gott in die Herrlichkeit emporschweben.

Durch den Genuss der Frucht wurden Adam und Eva wie berauscht, und durch die Einwilligung in die Sünde ging eine große Veränderung mit ihnen vor. Es war aber die Schlange bei ihnen, sie waren von ihrem Wesen durchdrungen, und es kam das Unkraut unter den Weizen.

Es wurde die Beschneidung als Strafe und Sühne eingesetzt. Wie aus dem Weinstock der erste Zweig geschnitten wird, auf dass der Wein nicht wild, sauer und unfruchtbar werde, so musste es ähnlich am Menschen geschehen, als er wieder veredelt werden sollte. Als mir einmal die Heilung des Falles in Bildern gezeigt wurde, da sah ich Eva, aus Adams Seite hervorsteigend, schon den Hals nach der verbotenen Frucht hin verlängern und schnell nach dem Baume hineilen und ihn umfassen. Ich sah aber in einem Gegenbilde Jesus, von der unbefleckten Jungfrau geboren, gleich nach dem Kreuze laufen und seinen Stamm umfassen und sah, wie die durch Eva verfinsterte und sich zersplitternde Nachkommenschaft durch das Leiden Jesu gereinigt wurde, und dass mit den Schmerzen der Buße die finstere Eigenlust aus dem Fleische herausgearbeitet werden muss.

Die Worte der Epistel (Sonntag Lätare aus Gal 4,30.31), dass der Sohn der Magd nicht Miterbe sein solle, habe ich immer so verstanden, dass unter der Magd das Fleisch und die knechtische Unterwürfigkeit darunter gemeint sei. Die Ehe ist ein Stand der Buße und fordert Entsagung, Beten, Fasten, Almosengeben und die Absicht, das Reich Gottes zu mehren.

Vor der Sünde waren Adam und Eva ganz anders beschaffen, als wir elenden Menschen es jetzt sind. Mit der verbotenen Frucht aber nahmen sie ein Form- und Sache-Werden in sich auf, und was geistig war, ward Fleisch, Sache, Werkzeug, Gefäß. Sonst waren sie Eins in Gott, sie wollten sich in Gott; jetzt sind sie getrennt im eigenen Willen, und dieser Eigenwille ist Eigenlust, Sündenlust, Unreinheit. Durch den Genuss der verbotenen Frucht wendete sich der Mensch von seinem Schöpfer, und es war, als nehme er die Schöpfung in sich selber auf. Alle Kräfte und Wirkungen und Eigenschaften und deren Verkehr miteinander und mit der ganzen Natur wurden im Menschen zu körperlichen Sachen von allerlei Gestalten und Verrichtungen.

Zuvor war er aus Gott dem Herrn der ganzen Natur; jetzt war in ihm alles zur Natur geworden, er war ein von seinem Diener unterjochter und gefesselter Herr und muss nun mit ihm ringen und kämpfen. Ich kann es nicht recht aussprechen: es war, als hätte der Mensch den Grund und den Mittelpunkt aller Dinge vorher in Gott gehabt und nun in sich selbst hineingebracht, und das sei nun Meister über ihn geworden.

Ich sah das Innere, alle Organe des Menschen als in das Fleisch, ins Körperliche und Verwesliche gefallene Ebenbilder der Geschöpfe und ihres Verkehres miteinander von den Gestirnen bis zum kleinsten Tierchen. Und alles dieses wirkte in ihm, von allem diesem hing er ab und hatte damit zu tun und zu kämpfen und zu leiden. Ich kann es nicht klar sagen, eben weil ich auch ein Glied der gefallenen Menschheit bin.

Der Mensch ist erschaffen, um die Reihen der gefallenen Engel auszufüllen. Ohne den Sündenfall hätte er sich nur bis zur Vollzahl der gefallenen Engel vermehrt, und dann würde die Schöpfung vollendet gewesen sein. Hätten Adam und Eva nur eine Generation ohne Sünde erlebt, so wären sie nie mehr gefallen. Es ist mir gewiss, dass die Welt nicht eher untergehen wird, bis nicht die Zahl der gefallenen Engel erfüllt und aller Weizen aus der Spreu geerntet sein wird.

Ich hatte einmal ein unermessliches, zusammenhängendes Bild von aller *Sünde* und allem *Heil*. Ich sah alle Geheimnisse klar und deutlich und verstand sie, aber es ist mir unmöglich, das Ganze mit Worten wiederzugeben. Ich sah die Sünde vom Sturz der Engel und von Adams Fall an bis auf heute in ihren unzähligen Verzweigungen und sah alle Vorbereitungen der Heilung und Erlösung bis auf Jesu Ankunft und Tod. Jesus zeigte mir die ungemeine Vermischtheit und innere Unlauterkeit aller Dinge und alles, was Er von Anbeginn zur Reinigung und Wiederherstellung getan.

Im Sturz der Engel kamen viele böse Geister auf die Erde und in die Luft; ich sah vieles von ihrem Grimme verschiedener Art gesättigt und besessen.

Der erste Mensch war ein Ebenbild Gottes, er war wie der Himmel. Alles war eins mit ihm und in ihm; seine Form war ein Abdruck göttlicher Form. Er sollte die Erde und Geschöpfe haben und genießen, aber aus Gott und dankend. Er war aber frei und darum der Prüfung ausgesetzt, weshalb ihm verboten ward, von dem Baume zu essen. Anfangs war alles gleich und eben; als das Berglein, der schimmernde Hügel, auf dem Adam stand, aufstieg und sich erhöhte, und als das weiße, blütenstaubige Tal, an dem ich Eva stehen sah, sich senkte, nahte schon der Verderber.

Nach dem Fall war alles anders. Alle Formen des Schaffens waren erschaffen und zerstreuend in ihnen, alles Einige war uneins, aus eins ward viel, und sie nahmen nichts mehr aus Gott allein, sondern nur aus sich. Nun waren sie erst recht zwei und wurden drei und endlich eine Unzahl. Ebenbilder Gottes waren sie, und wurden nun Eigenbilder, welche Ebenbilder ihrer Sünde hervorbrachten. Sie waren nun mit dem Kreise der gefallenen Engel in Bezug. Sie empfingen aus sich und aus der Erde, mit denen beiden die gefallenen Engel Bezug hatten, und es entstand in der unendlichen Vermischung und Zerstreuung der Menschen mit sich und der gefallenen Natur eine unendliche Mannigfaltigkeit der Sünde, der Schuld und des Elends.

Mein Bräutigam zeigte mir alles das ganz klar, deutlich und verständlich, klarer, als man das tägliche Leben sieht, und ich meinte damals, es könne das ein Kind verstehen, und kann jetzt nichts mehr davon vorbringen. Er zeigte mir den Plan und die Wege der Erlösung von Anfang an, und alles, was Er getan. Ich erkannte auch, es sei unrichtig zu sagen, Gott habe nicht Mensch zu werden brauchen und nicht zu sterben für uns am Kreuze, Er habe es durch seine Allmacht anders machen können. Ich sah, dass Er es aus unendlicher Vollkommenheit und Barmherzigkeit und Gerechtigkeit tat; dass zwar kein Muss in Gott ist, aber dass Er tut, was Er tut, und ist, der Er ist.

Ich sah Melchisedech[17] als einen Engel und Vorbild Jesu als Priester auf Erden; insofern das Priestertum in Gott ist, war er ein Priester der ewigen Ordnung als Engel. Ich sah sein Vorbereiten, Gründen, Bauen, Sondern der Menschenstämme, sein Einleiten. Auch Henoch und Noe habe ich in ihrer Bedeutung und Wirkung gesehen; und neben allen diesen das wirkende Reich der Hölle und die tausendförmigen Erscheinungen und Wirkungen eines irdischen, fleischlichen, teuflischen Götzendienstes, und in allem dem gewisse ähnliche, aber verpestete, zur fortgesetzten Zerstreuung und Sünde führende und verführende, weil aus geheimer, innerer Notwendigkeit ähnliche Formen.

So sah ich alle Sünden und alle Einleitungen und Vorbilder der Herstellung, welche ihrer Art nach den Gotteskräften ebenso ebenbildlich waren, als der Mensch selbst Gottes Ebenbild war. So wurde mir von Abraham auf Moses, von Moses auf die Propheten alles gezeigt, und immer mit Bezug und Ebenbildern von allem in unserer nächsten Mitwelt. Hier trat zum Beispiel die Unterweisung ein, warum die Priester nicht mehr helfen und heilen, und warum es ihnen nicht mehr oder so verschieden gelingt.

Es wurde mir diese Gabe des Priestertums unter den Propheten gezeigt und die Ursache ihrer Form. Ich sah z.B. die Geschichte, wie Eliseus[18] dem Giezi seinen Stab gibt, ihn auf das tote Kind der Frau aus Sunam zu legen. In diesem Stabe aber war des Eliseus Kraft und Sendung geistlicher Weise inliegend. Er war sein Arm, die Fortsetzung seines Armes. Ich sah hier die innere Ursache des Stabes der Bischöfe, des Zepters der Könige und ihre Macht, so sie der Glaube trägt, der sie gewissermaßen mit dem Aussendenden verbindet und von allem anderen trennt.

Giezi aber glaubte nicht fest genug, und die Mutter glaubte, nur durch Eliseus selbst Hilfe erhalten zu können, und so waren zwischen des Eliseus Kraft aus Gott und dessen Stab Zweifel aus menschlichem Eigendünkel unterbrechend getreten, und der Stab heilte nicht. Ich sah aber Eliseus sich Hand auf Hand, Mund auf Mund, Brust auf Brust über den Knaben strecken und beten, und die Seele des Knaben in den Leib zurückkehren. Ich hatte auch die Erklärung dieser Form der Heilung, ihren Bezug und ihre Vorbildlichkeit auf Jesu Tod.

In Eliseus waren durch den Glauben und die Gabe Gottes alle Pforten der Gnade und Sühnung am Menschen eröffnet, die nach der Sünde verschlossen wurden: Haupt, Brust, Hände, Füße. Und er legte sich wie ein lebendiges, vorbildliches Kreuz über das tote, verschlossene Kreuz der Gestalt des Knaben und strömte durch sein Gebet und seinen Glauben das Leben, die Heilung wieder in ihn ein und sühnte und büßte für die Sünden der Eltern, welche sie mit Haupt, Herz, Hand und Fuß begangen und dadurch dem Knaben den Tod zugezogen hatten.

Ich sah bei allem dem immer Gegenbilder vom Kreuzestod und den Wunden Jesu, und wie in allem eine Harmonie ist. Seit Jesu Kreuzestod aber sah ich im Priestertum seiner Kirche im vollen Maße und überhaupt im glaubenden Christen diese Gabe der Herstellung und Heilung; denn insofern wir in ihm leben und mit ihm gekreuzigt sind, sind die Gnadenpforten seiner heiligen Wunden in uns eröffnet. Ich hatte vieles über Handauflegung und auch über Segenswirkung und Wirkung der Hand in die Ferne, und zwar wurde mir dieses mit dem Beispiel des Stabes (des Repräsentanten der Hand) von Eliseus erklärt.

Dass die heutigen Priester so selten heilen und segnen, wurde mir in einem Beispiel gezeigt, das auch aus der Ebenbildlichkeit, auf welcher alle solche Wirkungen mitbegründet sind, hergenommen war. Ich sah dreierlei Maler, welche Figuren auf Wachs eindrückten. Einer hatte schönes, weiches Wachs und war selbst sehr klug und geschickt; aber er hatte den Kopf voll von sich selbst und hatte das Bild Christi nicht in sich; und sein Bild ward nichts. Der andere hatte bleiches Wachs, aber er war lau und eigensinnig und machte gar nichts. Ein anderer war ungeschickt und arbeitete mit großem Ungeschick, aber mit Fleiß und Einfalt an ganz gelbem gemeinem Wachs, und seine Arbeit war ganz gut und ein redliches Ebenbild, wenn gleich mit rohen Zügen. So sah ich auch die vornehm redenden, mit Weltweisheit prahlenden Priester nichts wirken und manche arme Einfalt allein noch die Macht des Priestertums in Segnung und Heilung fortpflanzen.

Ich ging in diesem allem wie in die Schule, und mein Bräutigam zeigte mir, wie Er von seiner Empfängnis an bis zu seinem Tod gelitten und immer gesühnt und genuggetan habe, und ich sah dieses in lauter Bildern seines Lebens. Ich sah auch, wie durch Gebet und Aufopferung von Schmerzen für andere manche Seele, welche auf Erden gar nicht gearbeitet, noch in der Todesstunde zur Bekehrung gebracht und gerettet wird.

Ich sah auch, dass die Apostel über den größten Teil der Erde verbreitet wurden, um die Macht des Satans in derselben zu brechen und Segen hinzubringen, und dass jene Gegenden am heftigsten vom Feinde vergiftet waren, dass aber Jesus mit seiner vollkommenen Genugtuung den Menschen, die seinen Heiligen Geist empfingen und noch empfangen, diese Gewalt erworben und ewig gegründet hat. Und es wurde mir gezeigt, dass diese Gabe, die Erde und Gegenden der Macht des Satans zu entziehen durch Segnung, in dem Ausdruck: «Ihr seid das Salz der Erde», bezeichnet ist, und dass eben deswegen auch das Salz eine Ingredienz des geweihten Wassers ist.

Ich sah in diesem Bilde auch, wie der Zeremoniendienst des fleischlichen Weltlebens höchst skrupulös ausgeübt wird, dass der Fluch der umgekehrte Segen, und dass die Wunder im Reiche des Satans, dass Naturdienst, Aberglauben, Zauberei, Magnetismus, weltliche Wissenschaft und Kunst und alle Mittel, den Tod zu schminken, die Sünde zu schmücken und das Gewissen einzuschläfern, mit strenger, abergläubischer Gewissenhaftigkeit selbst von jenen ausgeübt werden, welche in den Mysterien der katholischen Kirche lauter Formen des Aberglaubens finden wollen, die auf jede andere Weise ebenso gut gefeiert würden, während diese Leute doch ihr ganzes weltliches Treiben und Leben in ähnlichen Formen höchst gewissenhaft feiern, so dass nur das Reich des Mensch gewordenen Gottes vernachlässigt werden soll. Und ich sah auch den Dienst der Welt vollkommen geübt, den Dienst Gottes aber ärgerlich versehen.

Nach dem Falle des Menschen zeigte Gott den Engeln, wie Er das Menschengeschlecht wiederherstellen werde. Ich sah den Thron Gottes, die Heiligste Dreifaltigkeit, eine Bewegung in ihren Personen. Ich sah die neun Chöre der Engel und wie Gott ihnen verkündigte, auf welche Art Er das gefallene Menschengeschlecht wiederherstellen wolle; und sah eine ganz unbeschreibliche Freude und Jubel in den Engeln darüber. Ich sah den leuchtenden Edelsteinfels des Adam vor dem Throne Gottes erscheinen, als werde er durch Engel dahin getragen; er war gestuft, er wuchs, er wurde ein Thron, ein Turm, er breitete sich aus, bis er alles umfasste. Die neun Chöre der Engel sah ich um ihn, und über den Engeln im Himmel sah ich das Bild der Jungfrau. Sie war Maria nicht in der Zeit, sie war es in der Ewigkeit, in Gott. Sie war etwas, das aus Gott ausging.

Die Jungfrau ging in den Turm, der sich öffnete, und sie verschmolz wie mit ihm. Ich sah auch aus der Heiligsten Dreifaltigkeit eine Erscheinung gegen den Turm ausgehen und in ihn eingehen. Zwischen den Engeln erblickte ich eine Art von Monstranz, an der sie alle mit erbauten und wirkten. Sie glich einem Turme mit mancherlei geheimnisvollem Bildwerk. Es standen zwei Figuren daran, welche sich auf der anderen Seite die Hände reichten. Sie wuchs und ward immer herrlicher.

Ich sah etwas aus Gott durch alle Chöre der Engel hindurch in die Monstranz eingehen, ein leuchtendes Heiligtum, das immer bestimmter wurde, je näher es derselben kam. Es erschien mir als der Keim des göttlichen Segens zur reinen Mehrung, welcher von Gott dem Adam gegeben, ihm aber wieder entzogen ward, da er im Begriffe stand, auf Eva zu hören und in den Genuss der verbotenen Frucht einzuwilligen; es war der Segen, den Abraham wieder erhielt, der dem Jakob genommen und durch Moses wieder in die Bundeslade gegeben wurde, den zuletzt Joachim, der Vater Mariä empfing, auf dass Maria so rein und unbefleckt empfangen würde, wie Eva aus der Seite des schlafenden Adam hervorgekommen.

Die Monstranz aber ging in den Turm über. Ich sah von den Engeln auch einen Kelch bereiten von der Gestalt des Abendmahlkelches, der auch in den Turm einging. An der äußeren rechten Seite des Turmes sah ich wie auf goldenem Wolkenrande Wein und Weizen, wie die Finger gefalteter Hände sich durcheinander senkend.

Daraus sprosste ein Zweig, ein ganzer Stammbaum, auf dessen Ästen in kleinen Figuren Männer und Frauen sich die Hände reichten. Seine letzte Blüte war die Krippe mit dem Kinde.

Ich sah nun in Bildern das Geheimnis der Erlösung als Verheißung bis herab zur Fülle der Zeit und sah auch Bilder der Gegenwirkung. Zuletzt sah ich über dem leuchtenden Felsen eine große herrliche Kirche, die Eine Heilige Katholische Kirche, welche das Heil aller Welt lebendig in sich trägt.

In allen diesen Bildern war ein wunderbarer Zusammenhang und Übergang. Selbst das Feindliche und das, was vom Übel war und durch die Engel hinweggeschoben wurde, musste zur Entfaltung des Heiles dienen. So sah ich den alten Tempel von unten aufsteigen; er glich der heiligen Kirche, hatte aber keinen Turm. Er war sehr groß, wurde aber von den Engeln beiseite geschoben und stand schief. Ich sah eine große Muschelschale[19] erscheinen, die in den alten Tempel eindringen wollte; aber sie wurde beiseite gedrängt.

Ich sah einen breiten, stumpfen Turm (eine ägyptische Pyramide) erscheinen, durch dessen zahlreiche Tore Gestalten wie Abraham und die Kinder Israel durchzogen. Er deutete auf deren Sklaverei in Ägypten. Diese Pyramide wurde weggeschoben, wie der andere treppenförmige ägyptische Turm, der die Sterndeuterei und Wahrsagerei bedeutete. Dann sah ich einen ägyptischen Tempel, der auch zurückgeschoben wurde und schief zu stehen kam.

Endlich sah ich ein Bild auf Erden, wie Gott dem Adam zu erkennen gab, dass eine Jungfrau erscheinen und das verlorene Heil ihm wieder bringen werde. Adam aber wusste nicht, wann dies geschehen werde; darum sah ich ihn später sehr traurig, als Eva ihm nur Söhne gebar, bis sie endlich eine Tochter erhielt.

Ich sah Noe und sein Opfer, bei dem er von Gott den Segen empfing. Dann hatte ich Bilder von Abraham, von seinem Segen und der Verheißung Isaaks. Ich sah diesen Segen von dem Erstgeborenen auf den Erstgeborenen übergehen und dies immer in einer sakramentalischen Handlung. Ich sah Moses und wie er in der Nacht vor dem Auszug aus Ägypten das Geheimnis erhielt, und wie nur Aaron davon wusste. Ich sah das Geheimnis in der Lade des Bundes, und dass nur die Hohenpriester und einzelne Heilige durch Offenbarung Gottes davon eine Kenntnis hatten.

So sah ich den Lauf des Geheimnisses herab durch die ganze Stammlinie Jesu Christi bis auf Joachim und Anna, dieses reinste und heiligste Ehepaar aller Zeiten, aus dem Maria als die unbefleckte Jungfrau geboren ward. Nun war Maria die Bundeslade des Geheimnisses.

3. Verweisung aus dem Paradies

Nach einer Weile sah ich Adam und Eva in großer Traurigkeit umherirren. Sie waren finster, gingen getrennt, als suchten sie etwas, das sie verloren hatten. Sie schämten sich voreinander. Mit jedem Schritt kamen sie tiefer abwärts; es war, als weiche der Boden, und wo sie gingen, ward es trüb, die Gewächse verloren ihren Glanz, wurden wie grau, und die Tiere flohen. Sie suchten aber große Blätter und machten sich einen Kranz um die Lenden und irrten immer getrennt.

Als sie ziemlich lange so geflohen, war der glänzende Ort ihres Ausgangs schon wie eine ferne Bergeshöhe, und sie verbargen sich getrennt unter Büschen einer dunkleren Ebene. Da rief sie eine Stimme aus der Höhe; sie kamen aber nicht zum Vorschein, wurden noch banger, flohen noch ferner, sich tiefer versteckend. Das tat mir sehr leid. Die Stimme aber war strenger; sie hätten sich gerne noch tiefer versteckt, aber sie wurden gezwungen, hervorzutreten.

Die ernste, glänzende Gestalt erschien; sie traten hervor mit gesenktem Haupt und sahen den Herrn nicht an; sie sahen aber einander an und beschuldigten sich. Nun wies Er ihnen noch tiefer eine Ebene an, wo Büsche und Bäume waren, und da wurden sie demütig und erkannten erst recht ihren elenden Stand. Als sie allein waren, sah ich sie beten. Sie sonderten sich voneinander ab, warfen sich auf die Knie, hoben die Hände empor, schrieen und weinten. Da ich dies sah, fühlte ich, wie wohltätig die Absonderung im Gebete ist.

Sie waren nun mit einem Gewand bedeckt. Es verhüllte den Leib bis über die Schultern und reichte bis zu den Knien. Um den Leib gürteten sie sich mit einem Streifen Bast. Während sie wieder flohen, schien das Paradies hinter ihnen wegzuziehen, wie eine Wolke. Es kam aber ein feuriger Ring vom Himmel, so wie man den Hof um die Sonne oder den Mond sieht, und legte sich um die Höhe, wo das Paradies gewesen.

Sie waren nur einen Tag im Paradies gewesen. Das Paradies sehe ich jetzt von fern wie eine Bank unter der Sonne, wenn sie aufgeht. Sie geht, wenn ich es sehe, am Ende der Bank rechts auf. Es liegt östlich vom Prophetenberg, ganz wo die Sonne aufgeht, und erscheint mir immer wie ein Ei schwebend über unbeschreiblich hellem Wasser, durch welches es von der Erde getrennt ist; und es ist, als sei der Prophetenberg ein Vorgebirge davon. Man sieht auf diesem wunderbar grüne Gegenden und dazwischen tiefe Abgründe und Schluchten voll Wasser. Ich habe schon Leute gesehen, die am Prophetenberg hinangestiegen; sie sind aber nicht weit gekommen.

Ich sah Adam und Eva auf der Buß-Erde ankommen. Es war ein unbeschreiblich rührender Anblick, die beiden büßenden Menschen auf der nackten Erde. Adam hatte einen Ölzweig aus dem Paradies mitnehmen dürfen, den er da pflanzte. Ich sah, dass nachher das Kreuz aus diesem Holz gezimmert wurde. Sie waren unbeschreiblich betrübt. Wie ich sie da sah, konnten sie das Paradies kaum mehr sehen. Sie waren immer abwärts gezogen, und es war auch, als wende sich was um, und sie kamen durch Nacht und Dunkel an dem traurigen Ort der Buße an.

4. Die Familie Adams

Es war die Gegend des Ölberges, wo ich Adam und Eva habe ankommen sehen. Das Land war anders als jetzt; aber es wurde mir gezeigt, dass es diese Gegend sei. Ich sah sie wohnen und büßen an jenem Ort des Ölberges, wo Jesus Blut geschwitzt. Sie bauten das Feld. Ich sah sie von Söhnen umgeben und in großer Betrübnis zu Gott schreien, Er möge ihnen auch Töchter bescheren. Sie hatten die Verheißung, der Same des Weibes solle der Schlange das Haupt zertreten.

Eva gebar in bestimmten Zwischenräumen Kinder; es war immer eine Anzahl von Jahren in Buße dazwischen hingegangen. So ward nach siebenjähriger Buße Seth[20], das Kind der Verheißung, in der Krippenhöhle von Eva geboren, und es wurde hier von einem Engel ihr gesagt, Seth sei der Same, den Gott ihr für Abel gegeben habe. Seth wurde lange hier verborgen und auch in der Säughöhle Abrahams versteckt, denn seine Brüder strebten ihm, wie die Brüder Josephs diesem, nach dem Leben.

Einmal sah ich etwa zwölf Menschen: Adam, Eva, Kain, Abel und zwei Schwestern und einige kleinere Kinder. Alle waren bekleidet, und zwar mit Fellen, wie ein Skapulier übergeworfen und gegürtet. Die Felle waren um die Brust weiter und dienten als Tasche; um die Beine waren sie länger und an den Seiten zugeheftet. Die Männer trugen kürzere Felle und hatten eine Tasche aufgeheftet, worin sie etwas steckten. Über die Schultern bis zum halben Arm waren diese Felle sehr weiß und fein und bei den Frauen unter den Armen einmal geheftet. Sie sahen in der Kleidung sehr schön und edel aus. Es waren Hütten da, etwas in die Erde vertieft und oben mit Pflanzen bedeckt. Es war eine ganz ordentliche Hauswirtschaft. Ich habe Felder mit niederen Obstbäumen, doch ziemlich stark, gesehen; auch war Getreide da, Weizenkörner, welche Gott dem Adam zur Aussaat gegeben.

Es ist mir nicht erinnerlich, Weizen und Weinstock im Paradies gesehen zu haben. Im Paradies war keine Frucht, die zur Speise zubereitet werden musste. Das Zubereiten ist Folge der Sünde und darum ein Sinnbild der Leiden. Gott gab Adam alles, was er säen musste. Ich erinnere mich auch, dass ich Männer gleich Engeln dem Noe etwas bringen sah, als er in die Arche ging, es schien mir ein Rebzweig, der in einem Apfel steckte.

Es wuchs von selbst auch eine Art wildes Getreide, zwischen welches Adam den edlen Weizen säen musste, dann besserte sich das wilde, es ging aber immer wieder zurück und wurde schlechter. Dieses wilde Korn stand in den ersten Zeiten ganz besonders gut und wie veredelt weiter gegen Morgen in Indien oder China, als noch wenige Menschen dort waren. Wo Wein und Fische sind, gerät es nicht.

Sie tranken Milch der Tiere und aßen auch Käse, den sie an der Sonne trockneten. An Tieren habe ich besonders Schafe gesehen. Alle Tiere, die Adam genannt hatte, sind auch gefolgt; aber sie flohen, und er musste die Haustiere erst wieder mit Futter an sich locken und gewöhnen. Ich sah auch Vögel umherlaufen, kleine Tiere, auch Springtiere. Es war eine ganz hausväterliche Ordnung. Ich sah die Kinder Adams in einer eigenen Hütte zum Speisen um einen Stein liegen, sah sie beten und danken.

Gott hatte Adam im Opfer unterrichtet, und er war Priester in seiner Familie. Kain und Abel waren es auch, und ich sah, dass die Vorbereitungen sogar in einer eigenen Hütte geschahen.

Sie hatten das Haupt bedeckt mit einer schiffartigen Haube von Blättern und Blattrippen geflochten: vorne stand sie etwas vor, dass man sie greifen konnte. Sie waren von glänzender, schöner, gelblicher Hautfarbe, wie Seide, und hatten rotgelbliche Haare, wie Gold. Adam trug die Haare auch lang. Er hatte anfangs einen kurzen, später einen langen Bart. Eva trug die Haare anfangs sehr lang, dann in Bündel gewickelt um den Kopf gewunden, wie eine Haube.

Das Feuer sah ich immer wie eine verdeckte Glut, wie unterirdisch. Sie empfingen es zuerst vom Himmel; Gott lehrte sie es brauchen. Es war ein gelber Stoff, wie Erde, wie eine Kohle, welche sie brannten. Kochen sah ich sie nicht. Ich sah sie anfangs an der Sonne dörren; sogar den Weizen zerquetscht unter einer geflochtenen Decke der Sonne in kleinen Gruben aussetzen. Das Getreide, das Gott ihnen brachte, war Weizen, Roggen und Gerste. Er unterrichtete sie im Anbau, wie Er sie auch in allem leitete. Große Flüsse, z.B. den Jordan, sah ich nicht; aber es sprangen

Quellen, die sie in Teiche leiteten. Vor Abels Tod wurde kein Fleisch gegessen.

Von dem Kalvarienberg hatte ich einmal das Bild, wie ein Prophet, der Gefährte des Elias, an diesem Ort, der damals ein Hügel mit Höhlen und gemauerten Grablagern war, sich in eine solche Höhle unter der Erde begab und in einem Steinsarg mit Gebeinen den Schädel Adams ergriff. Es stand die Erscheinung eines Engels bei ihm, der ihm sagte: «Dieses ist der Schädel Adams», und ihm verwehrte, denselben herauszunehmen. Es waren auf diesem Schädel dünne, gelbe Haare hie und da. Ich sah auch, dass durch die Erzählung des Propheten der Ort Schädelstätte genannt wurde. Senkrecht über diesem Schädel kam bei der Kreuzigung der Fuß des Kreuzes Christi zu stehen. Ich erhielt die Anschauung, dass diese Stelle die Mitte der Erde sei, und es wurde mir die Länge nach Morgen, Mittag und Abend mit Zahlen gesagt, die ich aber vergessen habe.

5. Kain – Kinder Gottes – Die Riesen

Ich sah, dass Kain[21] am Ölberg den Anschlag zu dem Morde Abels fasste und dass er nach der Tat hier verwirrt und bange herumging. Er pflanzte Bäume und riss sie wieder aus. Da sah ich die Erscheinung eines ernsten leuchtenden Mannes, der fragte: Kain, wo ist dein Bruder Abel? Kain sah ihn anfangs nicht; nun wendete er sich zu ihm und sagte: ich weiß es nicht; er ist mir nicht aufzuheben gegeben. Da aber Gott sprach, dass sein Blut von der Erde zu ihm schreie, wurde dem Kain banger; doch sah ich, dass er lange mit Gott disputierte. Gott sagte ihm auch, dass er verflucht sei auf der Erde, und dass sie ihm keine Frucht bringen und er hinwegfliehen solle. Da sprach Kain, so würde er überall getötet werden.

Es waren schon viele Leute auf der Erde. Kain war schon sehr alt und hatte Kinder und Abel auch, und es waren noch andere Brüder und Schwestern da. Gott aber sagte, nein, wer ihn erschlage, solle siebenfach gestraft werden. Er hatte auch ein Zeichen gemacht, dass er nicht erschlagen werden sollte. Seine Nachkommen wurden farbige Menschen.

Cham hatte auch Kinder, die bräuner waren als die Kinder Sems. Die edleren Menschen waren immer weißer. Die mit dem Male Bezeichneten hatten ähnliche Kinder, und durch das wachsende Verderbnis ging das Mal endlich auf den ganzen Leib über, und die Menschen wurden immer dunkler gefärbt. Doch waren im Anfang noch keine ganz schwarzen Menschen vorhanden; dies wurden sie erst allmählich. Gott wies ihm auch eine Gegend an, wohin er fliehen sollte. Und weil Kain sagte: so wirst du mich verhungern lassen, da mir die Erde verflucht ist, sagte Gott, nein! Er solle Fleisch der Tiere essen, und es solle ein Volk von ihm entstehen und auch noch Gutes von ihm kommen. Vorher aßen die Menschen kein Fleisch.

Kain ist nachher fortgezogen und hat eine Stadt gebaut, und nach seinem Sohne Henoch genannt.

Abel wurde im Tale Josaphat gegen den Kalvarienberg hin erschlagen. Es ist in dieser Gegend nachher noch mancherlei Mord und Unglück geschehen. Kain erschlug Abel mit einer Art Keule, mit der er beim Pflanzen weiche Steine und Erde zerschlug. Sie muss wohl von hartem Stein gewesen sein und der Griff von Holz, denn er war wie ein Haken gekrümmt.

Das Land vor der Sündflut darf man sich nicht so wie jetzt vorstellen. Es war das Gelobte Land bei weitem nicht so von Tälern und Schluchten zerrissen. Die Flächen waren weit größer und einzelne Berge viel sachter ansteigend.

Der Ölberg war damals nur eine sanfte Anhöhe. Auch die Krippenhöhle bei Bethlehem war da, eine wilde Felsenhöhle, doch die Umgebung war anders. Die Menschen waren größer, doch nicht unförmlich; man würde sie jetzt mit Verwunderung, doch nicht mit Schrecken ansehen. Sie waren weit schöner durch ihren Bau; unter den alten Marmorbildern, welche ich an manchen Orten in Räumen unter der Erde liegen sehe, sind noch solche Gestalten.

Kain zog alle seine Kinder und Kindeskinder nach jener Gegend, die ihm angewiesen war, und diese teilten sich dann wieder. Ich habe von Kain selbst nichts Abscheuliches mehr gesehen, und seine Qual schien, dass er sehr hart sich abarbeiten musste und ihm persönlich nichts gedeihen wollte. Ich sah ihn auch von seinen Kindern und Kindeskindern geschmäht und verachtet und überhaupt schlecht behandelt; doch folgten sie ihm im Ganzen als dem Oberherrn, aber als einem, der verflucht ist. Ich sah, dass Kain nicht verdammt, aber streng bestraft wurde.

Einer seiner Nachkommen war Tubalkain; von diesem kamen mannigfache Künste und auch die Riesen. Ich habe oft gesehen, dass bei dem Sturz der Engel eine gewisse Anzahl einen Moment der Reue hatten und nicht so tief fielen, als die anderen, und dass diese später auf einem einsamen, ganz hohen und unzugänglichen Gebirge, das bei der Sündflut ein Meer geworden ist, ich meine das Schwarze Meer, einen Aufenthalt erhielten. Diese hatten eine Freiheit, auf die Menschen zu wirken, insofern sie sich von Gott entfernten. Nach der Sündflut sind sie von da verschwunden und in die Luft versetzt worden; erst am Jüngsten Tage werden sie in die Hölle verstoßen werden.

Ich sah die Nachkommen Kains immer gottloser und sinnlicher werden. Sie zogen an jenem Bergrücken immer mehr hinan; und die gefallenen Engel nahmen viele dieser Frauen in Besitz und regierten sie ganz und lehrten sie alle Künste der Verführung. Ihre Kinder waren sehr groß, hatten allerlei Fertigkeiten und Gaben und machten sich ganz zu Werkzeugen der bösen Geister. So entstand auf diesem Gebirge und weit umher ein arges Geschlecht, das durch Gewalt und Verführung auch die Nachkommen Seths in seine Lasterwelt hineinzuziehen suchte. Da kündigte Gott dem Noe die Sündflut an, der während seines Bauens von diesem Volke entsetzlich zu leiden hatte.

Ich habe viel von dem Riesenvolk gesehen, wie sie ungeheure Steine ganz leicht den Berg hinaufschleppten, immer höher und höher drangen und ganz erstaunliche Dinge vermochten. Sie liefen gerade an Wänden und Bäumen hinauf, wie ich es auch sonst an anderen Besessenen gesehen habe. Sie konnten alles und die wunderbarsten Sachen, aber lauter Gaukeleien und Künstlichkeiten, die mit Hilfe des Teufels geschehen. Mir sind darum alle Taschenspielereien und Wahrsagerkünste so zuwider. Sie konnten allerlei Bilder von Stein und Metall machen; aber von Gottes Wissenschaft hatten sie keine Spur mehr und suchten doch allerlei, das sie anbeteten. Ich habe gesehen, dass sie plötzlich aus dem ersten besten Stein ein wunderliches Bild machten und es anbeteten, auch irgendein greuliches Tier, oder sonst eine nichtswürdige Sache.

Sie wussten alles, sahen alles, bereiteten Gift, trieben Zaubereien und alle Laster. Die Weiber erfanden die Musik; ich sah sie herumziehen, um die besseren Stämme zu verführen und mit in ihre Greuel zu ziehen. Ich sah, dass sie keine Wohnhäuser oder Städte hatten, sondern sie bauten sich dicke, runde Türme von glimmerigen Steinen, an denen unten kleinere Anbauten waren, die in große Höhlen führten, worin sie ihre Greuel trieben. Auf den Dächern dieser Anbauten konnte man rings herumgehen, und in den Türmen stiegen sie hinauf und sahen durch Rohre weit in die Ferne; aber nicht wie durch Fernrohre, sondern es war mit satanischer Kunst. Sie sahen, wo andere Ortschaften lagen und zogen hin, überwanden alles und machten alles frei und gesetzlos; überall führten sie diese Freiheit ein. Ich sah, dass sie Kinder opferten und lebendig in die Erde begruben. Gott hat diesen Berg in der Sündflut vertilgt.

Henoch[22], der Vorfahre Noes, hat wider sie gelehrt. Er hat auch viel geschrieben und war ein sehr guter Mann und Gott sehr dankbar. Er hat an vielen Orten im freien Felde Altäre von Stein aufgerichtet, wo die Früchte gerieten, und hat Gott gedankt und geopfert, und er besonders hat die Religion auf die Familie Noe herab erhalten. Er ist in das Paradies versetzt und ruht am Tor des Ausgangs, und noch ein anderer (Elias), woher er vor dem Jüngsten Tage wiederkommen wird.

Auch Chams Nachkommen hatten nach der Sündflut ähnliche Verbindungen mit feindlichen Geistern und darum so viele Besessene, Zauberer und weltlich mächtige und wieder große, wilde, freche Menschen. Auch Semiramis[23] ist aus der Ehe von Besessenen gekommen; sie konnte alles, nur nicht selig werden.

Es entstanden so noch andere Leute, die später von den Heiden für Götter gehalten wurden. Die ersten Frauen, welche von den bösen Geistern sich regieren ließen, waren sich dessen bewusst; die anderen aber wussten es nicht; sie hatten es in sich wie Fleisch und Blut, wie die Erbsünde.

6. Noe und seine Nachkommen – Die Stammführer Hom und Dsemschid

Ich sah Noe[24], einen alten kindlichen Mann in einem langen weißen Gewande, in ein Obstbaumfeld gehen und mit einem krummen beinernen Messer die Bäume beschneiden. Es kam eine Wolke vor ihn, in welcher eine Menschengestalt erschien. Noe kniete, und ich sah, dass er inne ward, Gott wolle alles vertilgen, und er solle einen Kasten bauen. Ich sah Noe sehr traurig darüber und ich sah ihn beten um Verschonung. Er begann seine Arbeit nicht gleich, und noch zweimal erschien ihm der Herr und befahl ihm, den Bau anzufangen, sonst würde er auch mit vertilgt werden. Ich sah ihn dann mit seiner Familie aus dieser Gegend hinwegziehen nach dem Lande, wo Zoroaster, der Glanzstern, nachher gelebt hat. Zoroaster, auch Zarathustra, war ein altpersischer Prophet. Seine Herkunft und seine Lebensdaten sind unbekannt. Er war bekannt als Gesetzgeber. Er wohnte in hoher, waldreicher und mehr einsamer Gegend und lebte mit den vielen Leuten, welche mit ihm zogen, unter Zelten. Er hatte auch einen Altar, vor dem er opferte. Noe und seine Familie bauten keine festen Häuser, weil sie an die Verheißung der Sündflut glaubten; das gottlose Volk aber rings umher hatte schon gemauerte Gehöfte, Grundlagen von dicken Steinwällen und allerlei Bauten für die Dauer und zum Widerstand.

Es war in jener Zeit ein schreckliches Treiben auf Erden. Die Menschen verübten alle Laster, selbst die unnatürlichsten. Jeder nahm und raubte, was ihm gefiel, und sie verwüsteten einander Häuser und Felder und raubten Weiber und Jungfrauen. Je weiter sich die Stammverwandten Noes vermehrten, umso verdorbener und boshafter wurden sie, und sie beraubten und ärgerten auch ihn. Die Menschen aber waren in diesen schlechtesten Sitten nicht als rohe, wilde Menschen, sondern sie waren so aus Lasterhaftigkeit; denn sie lebten ganz bequem und hatten alles geordnet. Sie trieben die schändlichste Abgötterei, jeder machte sich einen Götzen aus dem, was ihm dazu am besten gefiel. Sie suchten durch teuflische Künste die Kinder Noes zu verführen.

Mosoch, der Sohn Japhets und Enkel Noes, wurde so zu Fall gebracht, da er auf dem Felde arbeitend, den Saft einer Pflanze getrunken hatte, von dem er berauscht wurde. Es war kein Wein, sondern Saft einer Pflanze, den sie bei der Arbeit in kleinem Maße genossen und deren Blätter und Früchte sie auch kauten. Mosoch wurde der Vater eines Sohnes, der Hom[25] genannt wurde.

Als das Kind geboren wurde, bat Mosoch seinen Bruder Thubal, sich desselben anzunehmen, damit seine Schmach verborgen bleibe; und Thubal tat es aus Liebe. Es wurde das Kind mit dem Stängel und den Sprossen der Schleimwurzel Hom vor Thubals Zelthütte von seiner Mutter gelegt, welche dadurch ein Recht auf sein Erbe zu erlangen hoffte; aber die Flut war schon nahe, und es war aus mit dem Weibe. Thubal nahm das Kind zu sich und ließ es in seinem Hause aufziehen, ohne seine Herkunft zu verraten. So geschah es, dass das Kind in die Arche kam. Thubal gab ihm den Namen der Wurzel Hom, weil sie als das einzige Abzeichen bei ihm lag. Das Kind ist nicht mit Milch, sondern mit jener Wurzel ernährt worden. Diese Pflanze wird, wo sie gerade in die Höhe wächst, wohl mannshoch; wo sie aber kriecht, da treibt sie Schößlinge mit weichen Spitzen, wie die Spargel, der untere Teil ist hart. Sie dient als Nahrung und Ersatz der Milch. Sie wächst aus einem Knollen oder Zwiebel, hat über der Erde eine Krone von wenigen braunen Blättern. Ihr Stängel wird ziemlich dick und sein Mark wird als Mehl gebraucht, das zu Brei gekocht, dünn gestrichen, auch gebacken wird. Wo sie gedeiht, wuchert sie auf Stunden Weges fort. Ich sah diese Pflanze auch in der Arche.

Es ging eine lange Zeit über dem Bau der Arche hin, bis sie endlich fertig wurde. Noe stellte das Bauen oft viele Jahre lang ein. Dreimal wurde er von Gott neuerdings ermahnt; dann nahm er wieder Gehilfen an, ließ aber in Erwartung, Gott werde verschonen, die Arbeit immer wieder einschlafen, bis er endlich den Bau fertig machte.

Ich sah, dass an der Arche wie auch am Kreuz, viererlei Holz gewesen: Palm-, Ölbaum-, Zedern- und Zypressenholz, und ich sah sie das Holz fällen und bereiten gleich auf dem Platz, und wie Noe selbst das Holz auf seinen Schultern auf den Bauplatz trug, so wie Jesus sein Kreuz getragen. Der Bauplatz war ein Hügel, von einem Tal umgeben. Erst wurde unten der Grund gelegt. Die Arche war hinten rund, der Grund hohl wie eine Mulde und wurde verpicht. Die Arche hatte zwei Stockwerke, die Pfosten standen zwei übereinander. Sie waren hohl, es waren keine runden Baumstämme, sie waren etwa im Durchschnitt länglich rund und hatten inwendig ein weißes Mark, das faserig nach der Mitte zuging. Die Stämme hatten Rinnen oder Absätze, die großen Blätter wuchsen rings wie Schilf herum ohne Äste. (Wahrscheinlich eine Palmengattung.) Ich sah, dass sie mit Stempeln das Mark herausstießen. Alles andere schnitten sie zu dünnen Brettern.

Als Noe alles hingetragen und geordnet hatte, begannen sie zu bauen. Der Grund ward gelegt und verpicht, die erste Reihe von Pfosten ward aufgestellt und die Löcher verpicht, worin sie zu stehen kamen. Dann kam der zweite Boden, darauf wieder eine Reihe von Pfosten, dann der dritte Boden und das Dach.

Die Zwischenräume zwischen den Pfosten wurden mit den dünnen Brettern von bräunlichem und gelblichem Holz kreuzweise zugeflochten und alle Ritzen und Löcher mit Wolle von Bäumen und Pflanzen und einem weißen Moos, das um gewisse Bäume viel wuchs, zugestopft, und dann inwendig und auswendig mit Pech überstrichen. Sie war oben auch rund zugewölbt; über der halben Höhe in der Mitte der Seite war die Tür und an beiden Seiten dieser Tür zwei Fenster, in der Mitte des Daches eine viereckige Öffnung. Als sie ganz verpicht war, glänzte sie wie ein Spiegel in der Sonne.

Nun arbeitete Noe noch lange ganz allein darin an den Abteilungen für die Tiere. Jedes hatte einen aparten, vom anderen getrennten Raum, und es waren zwei Gänge durch die Mitte der Arche. Hinten im runden Teil der Arche war ein Altar von Holz, dessen Platte einen Halbkreis bildete. Es war eine Absonderung von Teppichen herum. Vor dem Altar war ein Becken mit Kohlen, was ihre Feuerung war. Da waren auch rechts und links Scheidewände für ihr Lager. Sie trugen nun allerlei Gerät und Kasten herein, viele Sämereien und Gewächse und Stauden in Erde an die Wände der Arche, welche ganz grün waren davon. Ich sah sie auch Reben mit armlangen, großen, gelben Trauben hereintragen.

Es ist nicht zu sagen, welche Leiden Noe unter dem Bauen hatte durch die Bosheit und Tücke der Arbeitsleute, die er mit Vieh bezahlte. Sie verachteten und verspotteten ihn auf alle Weise und nannten ihn einen Narren. Sie arbeiteten um guten Lohn, hörten aber nicht auf zu lästern. Niemand wusste, für wen Noe den Kasten baute, und er litt viel Hohn deswegen. Ich sah, wie er fertig war und dankte, und wie Gott ihm erschien und sagte, er solle nach den vier Weltgegenden die Tiere mit einer Rohrpfeife rufen.

Je näher die Zeit des Gerichtes kam, desto finsterer ward der Himmel. Es war eine ungeheuere Bangigkeit auf Erden; es schien keine Sonne mehr, und ein schwerer Donner rollte immer. Ich sah Noe mit einer Rohrpfeife ein Stück Weges nach den vier Weltgegenden gehen und pfeifen, und sah nun die Tiere ordentlich und paarweise Männchen und Weibchen auf einer Brücke, welche an der Tür lag und nachher aufgezogen wurde, hineingehen, die großen Tiere, weiße Elefanten und Kamele gingen voran. Alle Tiere waren bange wie vor einem Gewitter; sie gingen mehrere Tage lang herbei. Die Vögel flogen fortwährend durch die offene Luke hinein; die Wasservögel aber gingen unten in den Bauch des Schiffes, die Landtiere in den mittleren Raum. Die Vögel unter dem Dach saßen auf Stangen und in Käfigen. Vom Schlachtvieh kamen immer sieben Paare hinein.

Wenn man die fertige Arche von ferne auf der Höhe einsam liegen sah, so sah sie bläulich glänzend aus, als komme sie aus den Wolken. Ich sah die Zeit der Sündflut nahe. Noe hatte sie den Seinen schon verkündet. Er nahm Sem, Cham und Japhet mit ihren Frauen und Abkömmlingen mit. Es waren Enkel von fünfzig bis achtzig Jahren, und von diesen kleine und große Kinder in der Arche. Alle, die an ihr gebaut und gut und frei von Abgötterei geblieben waren, kamen hinein. Es waren über hundert Menschen, was schon wegen der vielen Tiere notwendig war, denen täglich Futter gegeben und ausgereinigt wurde.

Ich kann nicht anders sagen, ich sehe es immer, dass auch die Kinder von Sem, Cham und Japhet mit in der Arche waren; ich sehe viele Mägdlein und Knaben darin, alle Nachkommen Noes, die gut waren. In der Schrift stehen auch keine Kinder Adams außer Kain, Abel und Seth, und doch sehe ich noch viele dazwischen und immer paarweise, Knaben und Mägdlein.

Ähnlich werden auch im ersten Brief Petri 3,20 nur acht Seelen als in der Arche befindlich erwähnt, nämlich die vier Stammpaare, aus denen nach der Sündflut die Erde bevölkert wurde. Auch Hom sah ich in der Arche. Dieses Kind lag in einer Mulde von Bast, mit einem Fell darin festgebunden. Ich sah viele solche Wiegenkinder in diesen Bastmulden auf den Wässern der Sündflut schwimmen[26].

Als die Arche sich im Wasser erhob und viele Menschen ringsumher auf Bergen und hohen Bäumen wimmerten, auch Leichname und Bäume angeschwommen kamen, waren Noe und die Seinigen schon darin. Ehe Noe mit seinem Weib, seinen drei Söhnen und ihren Weibern in sie einzog, flehte er noch zu Gott um Erbarmen. Sie zogen die Brücke nach sich und schlossen die Tür. Alles ließ er zurück, selbst nahe Verwandte und ihre kleinen Kinder, welche während des Baues sich von ihm entfernt hatten.

Es brach ein schreckliches Gewitter herein, die Blitze stürzten wie Feuersäulen nieder und die Regenstrahlen waren so dicht wie Bäche. Die Höhe, auf der die Arche stand, ward bald eine Insel. Das Elend war so groß, dass ich hoffe, es werden sich doch noch viele Menschen bekehrt haben. Ich sah einen schwarzen Teufel in schrecklicher Gestalt mit spitzem Rachen und langem Schweif durch das Wetter hin und her fahren und die Menschen zur Verzweiflung treiben. Kröten und Schlangen suchten hie und da ihre Winkel in der Arche. Mücken und Ungeziefer habe ich nicht gesehen; das ist nachher den Menschen zur Plage entstanden.

Ich sah Noe in der Arche Rauchopfer bringen; sein Altar war mit Weiß über Rot bedeckt. Er hatte in einem gewölbten Kasten mehrere Gebeine Adams, welche er beim Gebet und Opfer auf dem Altar aufstellte. Ich sah auch über dem Altar den Kelch des Abendmahles, welcher während des Baues dem Noe von drei Gestalten in langen, weißen Gewändern, wie die drei Männer, welche zu Abraham kamen und ihm die Geburt eines Sohnes verkündeten, gebracht worden war.

Sie kamen aus einer Stadt, die bei der Sündflut zugrunde ging, und sprachen zu Noe, er sei ein so ruhmvoller Mann, da sei etwas Geheimnisvolles, das er mitnehmen solle, damit es in der Flut nicht verloren gehe. In dem Kelche lag ein Weizenkorn, groß wie ein Sonnenblumenkern, und ein Rebzweig. Noe steckte beides in einen gelben Apfel, den er in den Kelch legte, auf dem kein

Deckel war. Es musste der Zweig herauswachsen. Nach der Trennung beim Turmbau sah ich den Kelch bei einem Nachkommen Sems im Lande der Semiramis, dem Stammvater der Samanen, die durch Melchisedech nach Kanaan versetzt wurden und den Kelch dahin mitbrachten.

Ich habe die Arche schweben und viele Leichname schwimmen sehen. Sie ließ sich auf einem hohen Gebirge weit gegen Morgen von Syrien nieder, das einsam liegt und sehr felsig ist[27]. Sie hat lange da gestanden. Ich sah schon Land hervorgetaucht; es lag Schlamm darauf mit Grün wie mit Schimmel überdeckt.

Im Anfang nach der Sündflut aßen die Menschen Muscheln und Fische; Brot und Vögel aber, als sie sich schon vermehrt hatten. Sie pflanzten Gärten, und der Boden war so fruchtbar, dass der Weizen, den sie säten, so starke Ähren hatte, wie das türkische Korn; auch die Homs- oder Schleimwurzel wurde von ihnen angebaut. Das Zelt Noes stand, auf die Art wie später das Zelt Abrahams, in der Ebene, und rings in der Umgegend hatten Noes Söhne ihre Zelte.

Ich sah die Verfluchung Chams[28]; Sem und Japhet aber empfingen von Noe, da sie vor ihm knieten, den Segen, wie ich später Abraham diesen Segen dem Isaak übergeben sah. Den Fluch, den Noe über Cham aussprach, sah ich wie eine schwarze Wolke gegen diesen fahren und ihn verfinstern. Er war nicht mehr so weiß wie zuvor. Seine Sünde war die einer Sakramentsschändung, wie die eines Menschen, der in die Arche des Bundes dringen wollte. Ich sah von Cham ein sehr verdorbenes Geschlecht herstammen, das immer tiefer in die Verfinsterung geriet. Ich sehe die schwarzen, heidnischen und ganz stupiden Völker als Abkömmlinge von Cham, und dass ihre Farbe nicht durch die Sonne, sondern aus dem finstern Ursprung der verdorbenen Rasse entstanden ist.

Es ist nicht möglich auszusprechen, wie ich die Völker sich mehren und ausbreiten und auf alle Art sich verfinstern sah, und wie aus ihnen doch wieder mancher lichte Faden ausströmte und das Licht suchte.

Als Thubal, der Sohn Japhets, sich mit seinen Kindern und den Kindern seines Bruders Mosoch von Noe das Land, wohin sie ziehen wollten, anweisen ließ, waren sie fünfzehn Familien stark. Die Kinder Noes wohnten schon sehr weit umher, und auch die

Familien Thubals und Mosochs waren entfernt von Noe. Als aber die Kinder Noes sich drängten und uneinig wurden, wollte Thubal sich noch weiter entfernen, um nichts mit den Kindern Chams zu tun zu haben, welche schon in Gedanken des Turmbaues waren. Thubal und die Seinen folgten nicht, als sie zum Turmbau später berufen wurden, wie auch die Kinder Sems sich weigerten.

Thubal kam mit seiner Schar vor die Zeltwohnung Noes, auf dass er ihm das Land anweise. Noe wohnte auf einem Gebirge zwischen dem Libanon und Kaukasus; er weinte, denn er liebte dieses Geschlecht, das frömmer und besser war. Er zeigte ihnen eine Gegend gegen Nordost und befahl ihnen die Gebote Gottes und das Opfer und ließ sich versprechen, dass sie die Reinheit der Abstammung bewahren und nicht mit den Kindern Chams sich vermischen sollten. Er gab ihnen Gürtel und Brustgewänder mit, die er in der Arche gehabt, dass die Familienhäupter bei dem Gottesdienst und der Verehelichung sich damit bekleideten, um vor Unsegen und übler Nachkommenschaft bewahrt zu werden.

Der Gottesdienst Noes bei dem Opfer erinnerte mich an das Heilige Messopfer. Er bestand in Gebet und Antworten, Noe wandelte am Altar hin und her und verbeugte sich. Er gab ihnen auch eine lederne Tasche mit einem Gefäß aus Bast, worin eine goldene Büchse in Gestalt eines Eies, in welchem wieder drei kleine Gefäße waren. Auch die Knollen oder Zwiebeln der Schleimpflanze erhielten sie von ihm und Schriftrollen von Bast oder Fellen, auf denen Zeichen standen, und runde Holzstöcke, in welche Zeichen eingeschnitten waren.

Die Leute waren sehr schön, von rötlich gelber, glänzender Farbe. Sie trugen Felle mit Wolle und Gürtel, nur die Arme waren unbekleidet. Ich sah, dass sie sich diese Felle, kaum dass sie den Tieren abgezogen waren, noch blutig über die Glieder schlugen, und dass sie ihnen so dicht anlagen, dass ich anfangs meinte, die Leute seien behaart. Sie hatten aber eine Haut wie Atlas. Sie hatten außer den Sämereien nicht viele Päcke bei sich, als sie weg nach einer hohen Gegend gegen Nordost zogen. Kamele sah ich nicht bei ihnen, aber Pferde, Esel und breitgehörnte Tiere wie Hirsche. Ich sah sie an einem hohen Berg hin übereinander in niederen langen Hütten wohnen, die wie Lauben an den Berg angebaut waren, an dem ich sie auch graben, pflanzen und Bäume in langen Reihen setzen sah. Die andere Seite des Berges war kalt, und später wurde auch die ganze Gegend viel kälter, so dass einer der Enkel Thubals, der Stammführer Dsemschid, sie gegen Südwest weiterführte. Alle, welche Noe gesehen und von ihm Abschied genommen hatten, starben, bis auf wenige hier. Die mit Dsemschid Ziehenden waren alle hier geboren, und sie nahmen die wenigen Greise, welche den Noe noch gekannt hatten, mit sich und trugen sie sehr sorgsam in Körben ruhend.

Als Thubal mit den Familien von Noe schied, da sah ich jenes Kind des Mosoch, den Hom[29], das mit in die Arche gekommen war, auch darunter. Hom war schon erwachsen. Ich sah ihn nachmals ganz verschieden von den anderen und groß wie einen Riesen, sehr ernst und eigen. Er trug ein langes Mantelkleid und war wie ein Priester. Er sonderte sich ab und brachte viele Nächte allein auf dem Gipfel des Gebirgsrückens zu. Er sah nach den Sternen und trieb Zauberei und war durch den Teufel in Gesichten, die er in eine Ordnung und Lehre brachte, durch welche er die Lehre Henochs trübte. Der böse Trieb aus seiner Mutter vermischte sich in ihm mit der reinen Erblehre Henochs und Noes, an welche die Kinder Thubals sich hielten.

Hom brachte durch seine Offenbarungen und Gesichte falsche Wendungen und Deutungen in die alte Wahrheit. Er klügelte und studierte, sah nach den Sternen und hatte Gesichte, welche ihm vom Teufel verunstaltete Figuren der Wahrheit zeigten, die durch ihre Ähnlichkeit mit der Wahrheit seine Lehre und Abgötterei zur Mutter der Ketzereien machten. Thubal war ein guter Mann. Homs Treiben und seine Lehre gefiel ihm nicht, und es tat ihm weh, dass einer seiner Söhne, der Vater Dsemschids, dem Hom anhing. Ich hörte Thubal klagen: «Meine Kinder sind nicht einig, ich wollte, ich wäre bei Noe geblieben.»

Hom leitete von dem Berge, an dem sie wohnten, zwei Quellen nieder, die sich zu einem Fluss vereinigten, der nach kurzem Lauf zu einem breiten Strom wurde, über den ich sie bei ihrem Wegzug unter Dsemschid ziehen sah. Hom empfing von seinen Anhängern beinahe göttliche Verehrung. Er brachte ihnen die Lehre bei, dass Gott im Feuer sei. Auch mit dem Wasser hatte er viel zu tun und besonders mit der Schleimwurzel, von der er seinen Namen hatte. Er pflanzte sie und teilte sie als heilige Nahrung und Arznei mit Feierlichkeit aus, so dass zuletzt eine religiöse Handlung daraus entstand. Ihren Saft oder Brei trug er in einem braunen Gefäß, wie ein Mörser, bei sich. Ihre Zelthaken waren von dem gleichen Metall. Diese wurden von den Leuten eines anderen Stammes gemacht, welche fern von ihnen an einem Gebirge lebten und im Feuer arbeiteten. Ich sah sie an Bergen, aus denen bald hier, bald dort Feuer hervorbrach, und ich meine, dass jenes Gefäß von herausfließendem Metall oder Gestein war, das in einer Form von ihnen aufgefangen wurde.

Hom war nicht verheiratet und wurde nicht sehr alt. Er verkündete viele Gesichte über seinen Tod, an die er selber, wie später Derketo, und seine Anhänger glaubten. Ich sah ihn aber schrecklich sterben, dass nichts von ihm zurückblieb, indem der böse Feind ihn mit sich nahm. Darum glaubten seine Anhänger, er sei wie Henoch an einen heiligen Ort entrückt worden. Der Vater Dsemschids wurde von ihm unterrichtet, er hinterließ ihm seinen Geist, damit er an seine Stelle trete.

Dsemschid[30] wurde durch seine Weisheit der Führer seines Stammes, der sich schnell mehrte und ein ganzes Volk war, als es von Dsemschid immer weiter nach Süden geführt wurde. Dsemschid war sehr vornehm erzogen worden und hatte Homs Lehre empfangen. Er war unbeschreiblich lebendig und rasch, viel tätiger und auch besser als Hom, der mehr finster und steif war. Er brachte Homs Lehre und Religion recht in Ausübung, setzte noch mancherlei dazu und sah auch viel nach den Sternen. Das Volk, das ihm anhing, hatte schon das heilige Feuer[31] und zeichnete sich auch mit einem Rassezeichen.

Die Menschen hielten sich damals ganz rassenweise zusammen und gingen nicht so durcheinander wie jetzt. Dsemschid sah besonders auf Reinerhaltung und Veredelung der Geschlechter und trennte und verpflanzte sie, wie er für gut befand. Die Menschen waren ganz frei und doch sehr untertänig. Die wilden Stämme, die ich jetzt noch in fernen Ländern und Inseln sehe, sind mit der Schönheit und dem edlen, einfachen und doch ganz gewaltigen Wesen dieser ersten Rassen gar nicht zu vergleichen. Sie sind auch bei weitem nicht so geschickt, so stark und gewandt. Dsemschid baute auf seinen Zügen Grundlagen von Zeltstädten, zeichnete Felder ab, machte lange Straßen von Stein und setzte da und dort so und so viele Menschenpaare hin mit Tieren und Bäumen und Pflanzen. Er umritt ganze Strecken Landes und hieb mit seinem Instrument, das er immer in der Hand hatte, in die Erde, und gleich waren seine Leute da und gruben und hackten und machten Zäune und Gräben. Er war erstaunlich streng und gerecht. Ich sah ihn als einen alten großen, sehr hageren, gelbroten Mann auf einem kleinen, gelb und schwarz gestreiften, erstaunlich schnellen Tier, das einem Esel mit feinen Beinen glich. Er umritt ein Stück Land, wie bei uns arme Leute in der Heide nachts Feld umgehen und es sich zum Anbau zueignen. An einzelnen Punkten hielt er still und schlug mit seinem Haken ein, oder steckte eine Stange in die Erde; dann wurde hier angesiedelt. Dieses Instrument, welches später die goldene Pflugschar Dsemschids genannt wurde, war wie ein lateinisches armlanges Kreuz mit einer Klinge, die herausgezogen mit dem Schaft einen rechten Winkel bildete. Damit machte er Risse in die Erde. Er trug dieses Zeichen auch an der Seite seines Rockes abgebildet, wo man sonst die Taschen hat. Es erinnerte an das Zeichen, welches Joseph und Aseneth in Ägypten immer trugen und mit dem auch sie das Feld maßen; doch war dieses mehr wie ein Kreuz und hatte oben einen Ring, in welchen es eingelegt werden konnte.

Dsemschid trug einen Mantel, der von vorne nach rückwärts fiel. Von dem Gürtel bis zu den Knien hingen vier Lederlappen, zwei hinten und zwei vorne, die an den Seiten streifenweise zusammengehalten und unter den Knien geheftet waren. Die Füße waren mit Leder und Riemen umwunden. Auf der Brust trug er ein goldenes Schild. Er hatte mehrere solche Brustschilde, welche er bei feierlichen Gelegenheiten wechselte. Seine Krone war ein runder Reif von Gold mit Zacken, nach vorne aber mit einem höheren Bügel, wie ein Horn, und es spielte an der Spitze desselben wie ein Fähnchen.

Er sprach sehr viel von Henoch und wusste, dass er von der Erde entnommen worden und nicht gestorben sei. Er lehrte, Henoch habe alles Gute und alle Wahrheit dem Noe übergeben, welchen er den Vater und Bewahrer alles Guten nannte. Von Noe aber sei alles auf ihn selber übergegangen. Dsemschid hatte ein goldenes, eiförmiges Gefäß umhängen, in welches, wie er sagte, das von Noe in der Arche bewahrte und auf ihn gekommene Gute eingeschlossen sei. Wo er auf seinen Zügen die Zelte aufschlug, da wurde das goldene Gefäß auf eine Säule gestellt und darüber auf zierlichen Stangen mit allerhand geschnitzten Figuren ein Zeltdach wie ein Tempelchen errichtet. Das Gefäß hatte eine durchbrochene Krone als Deckel, und wenn Dsemschid Feuer machte, nahm er etwas heraus und warf es in das Feuer. Das Gefäß war in der Arche gewesen, und Noe hatte das Feuer darin aufbewahrt. Nun wurde es das Heiligtum Dsemschids und seiner Leute. Wenn es aufgestellt wurde, brannten Feuer darum her, welche sie anbeteten und vor denen sie Tiere opferten. Dsemschid lehrte, der große Gott wohne im Lichte und im Feuer und habe Untergötter und dienende Geister.

Alles Volk unterwarf sich ihm; er setzte Männer und Frauen mit Herden da und dort hin, und ließ pflanzen und bauen. Sie durften nicht nach ihrem Willen sich verbinden, er behandelte sie wie Herden und teilte nach seinen Absichten den Frauen den Mann zu. Er selbst hatte mehrere Frauen und eine sehr schöne von besserem Stamme, von der er einen Sohn hatte, der sein Nachfolger ward. Er baute auch große runde Türme, die man auf Stufen bestieg, um nach den Sternen zu sehen. Die Frauen, welche abgesondert und untertänig waren, hatten kurze Röcke, um die Brust und den Oberleib ein Geflecht von Riemen, hinten hing etwas Zeug nieder, und um den Hals über die Schultern bis über die Knie hing eine unten runde, breite Bahn; sie war über Schultern und Brust mit Zeichen oder Buchstaben verziert. Aus allen Ländern, die er gegründet hatte, ließ er gerade Bahnen in der Richtung nach Babel zu machen.

Wo er hinzog, war noch niemand; er hatte kein Volk zu vertreiben, es ging alles ganz friedlich her; es war nur ein Bauen und Ansiedeln. Sein Stamm war rotgelb, glänzend von Farbe wie Ocker; es war ein schöner Schlag Menschen. Alle Stämme wurden gezeichnet, um reine und vermischte Abstammung zu kennen. Er kam mit seinen Leuten über ein hohes Eisgebirge, ich weiß nicht mehr durch welche Kunst, ziemlich glücklich hinüber; viele aber blieben stecken. Sie hatten Pferde oder Esel, und Dsemschid ritt auf einem kleinen, gestreiften Tier. Eine Naturveränderung trieb sie aus ihrem Lande, es war so kalt; jetzt ist es wieder wärmer dort. Er traf auf seinem Zug hie und da auf hilflose Stämme, teils der Tyrannei einzelner Oberhäupter entlaufen, teils in großer Not auf irgendeinen Führer harrend. Sie unterwarfen sich ihm gerne; denn er war milde und brachte Getreide und Segen. Es waren bedrängte Vertriebene, die so wie Job beraubt und gehetzt worden waren. Ich sah solche, die ohne Feuer waren und ihr Brot auf heißen Steinen an der Sonne bereiteten. Als Dsemschid ihnen Feuer brachte, war er ihnen wie ein Gott. Er fand auch einen Stamm, welcher Kinder opferte, die ihnen nicht schön genug und etwas missgestaltet waren. Sie gruben sie halb ein und machten Feuer um sie. Er schaffte dies ab und befreite solche Kinder und ließ sie in einem Zelthaus von Frauen großziehen. Hernach brauchte er diese Kinder wieder als Knechte hie und da.

Dsemschid war anfangs südwestlich gezogen und hatte den Prophetenberg zur Linken im Süden; hernach wendete er sich südlich und hatte ihn links im Morgen. Ich meine, dass er nachher über den Kaukasus gekommen ist. Damals, als alles dort von Menschen wimmelte und rege war, war in unseren Ländern alles Morast, Wald und Wüste; gegen Morgen zu hie und da ein kleiner, verirrter Haufen. Der Glanzstern (Zoroaster), der viel später ist, war ein Nachkomme von dem Sohne Dsemschids und erneuerte seine Lehre. Dsemschid schrieb auf Tafeln von Stein und Bast allerlei Gesetze; ein langer Buchstabe bedeutete manchmal einen ganzen Satz. Diese Sprache ist noch von der Ursprache, sie hat Berührung mit der unsern. Dsemschid traf noch in die Zeit von Derketo und ihrer Tochter, der Mutter von Semiramis. Bis Babel selbst kam er nicht; aber sein Lauf kam in diese Richtung.

Ich sah die Geschichte Homs und Dsemschids, als Jesus vor den heidnischen Philosophen in Lanifa auf Cypern lehrte. Diese hatten vor Jesus von Dsemschid als von einem ältesten weisen Könige gesprochen, der hoch oben hinter Indien hervorgekommen sei und mit einem goldenen Dolch, den er von Gott erhalten, so viele Länder geteilt und bevölkert und überall Segen verbreitet habe. Sie fragten Jesum über ihn und allerlei Wunder, die sie von ihm erzählten. Jesus sagte ihnen, dass Dsemschid ein natürlich-kluger und sinnlich-weiser Mann und Völkerführer gewesen sei, der einen Stamm, als die Völker sich nach der Trennung beim Turm von Babel zerstreuten, geführt, und Länder nach gewissen Ordnungen mit ihm besetzt habe, und dass es solche Führer gegeben habe, welche übler gehaust hätten als er, weil seine Rasse nicht so verfinstert gewesen sei. Er zeigte ihnen aber auch, welche Fabeln auf seine Rechnung geschrieben würden, und wie er ein falsches Nebenbild und Irrbild des Priesters und Königs Melchisedech sei. Er sagte ihnen, auf diesen zu schauen und auf Abrahams Stamm; denn als die Ströme der Völker sich bewegten, habe Gott den besseren Familien den Melchisedech gesendet, dass er sie führe und verbinde und ihnen Länder und Wohnstätten bereite, auf dass sie rein erhalten und nach ihrem Werte der Annäherung an die Gnade der Verheißung fähiger oder unfähiger würden. Wer Melchisedech gewesen, das möchten sie selbst denken; aber das sei die Wahrheit, er sei ein frühes Vorbild künftiger, jetzt so naher Gnade der Verheißung gewesen, und sein Opfer von Brot und Wein, welches er gebracht, werde erfüllt werden und vollendet und werde bestehen bis ans Ende der Welt.

7. Turmbau zu Babel

Der Turmbau von Babel war das Werk der Hoffart. Die Bauleute wollten ein Werk nach ihrem Verstande machen, um den Führungen Gottes zu widerstehen. Als der Kinder Noes sehr viele geworden waren, taten sich die Kunstfertigsten und Stolzesten aus ihnen zusammen und gedachten, ein Werk so groß und fest hervorzubringen, dass man es zu ewigen Zeiten bewundern und von den Erbauern als den kunstreichsten und gewaltigsten Menschen sprechen sollte. An Gott dachten sie nicht dabei, nur an ihre eigene Ehre, sonst hätte Gott, wie mir bestimmt erklärt wurde, sie ihre Arbeit vollenden lassen. Die Semiten waren nicht bei dem Bau. Sie wohnten in ebenem Land, wo Palmbäume und ähnliche edle Früchte wuchsen, mussten aber, da sie nicht so weit entfernt waren, doch einiges zum Bau liefern. Nur die Abkömmlinge von Cham und auch von Japhet waren mit dem Bau beschäftigt und nannten die sich weigernden Semiten ein dummes Volk. Die Semiten waren überhaupt nicht so zahlreich wie die anderen, und unter ihnen war der Stamm Hebers und Abrahams wieder besonders ausgeschieden. Auf Heber, der nicht beim Turmbau war, hatte Gott sein Auge geworfen, um ihn und seine Nachkommen aus der allgemeinen Verwirrung und Verderbtheit zu einem heiligen Volk abzusondern. Darum gab ihm Gott auch eine neue heilige Sprache, welche kein anderes Volk besaß, damit sein Stamm sich abgesondert halten sollte. Es ist dies die hebräische oder chaldäische reine Sprache.

Die erste Muttersprache, welche Adam, Sem und Noe redeten, ist eine andere und ist nur noch in einzelnen Mundarten vorhanden. Ihre ersten reinen Töchter sind die Sprache der Baktrier, der Zend und die heilige Sprache der Inder. In diesen Sprachen sind noch Wörter ganz wie in dem tiefen Plattdeutsch meiner Heimat. In dieser Sprache ist auch das Buch geschrieben, das ich im heutigen Ktesiphon am Tigris liegen sehe. Heber lebte noch zu der Zeit der Semiramis. Sein Großvater Arpharad war der auserwählte Sohn des Sem, voll tiefer Einsicht und Weisheit; aber es sind viele abgöttische Dienste und Zauberei von ihm abgeleitet worden. Die Magier führten ihre Quelle auch auf ihn zurück.

Der Turm wurde auf einer Anhöhe, welche ungefähr zwei Stunden im Umkreis hatte und aus einer sehr großen mit Feldern, Gärten, Bäumen bedeckten Ebene aufstieg, erbaut. Zu den Grundmauern des Turmes, d.i. bis zur Höhe seines ersten Absatzes, führten ringsum von allen Seiten aus der Ebene fünfundzwanzig sehr breite, aufgemauerte Straßen. Es waren fünfundzwanzig Stämme, welche bauten, und jeder Stamm sollte seine eigene Straße nach dem Turm haben, und in der Richtung der Straße in der ferneren Umgebung die eigene Stadt, um sich bei Gefahren nach dem Turm zu retten. Der Turm sollte auch zum Tempel ihres abgöttischen Dienstes werden. Die gemauerten Straßen waren da, wo sie in der Ebene ihren Anfang nahmen, ziemlich weit voneinander entfernt, kamen sich aber da, wo sie ringsum an dem Turm anlangten, so nahe, dass der Zwischenraum zwischen den einzelnen nicht größer mehr war, als die Breite einer großen Straße. Vor ihrer Endigung in den Turm waren sie durch Querbogen verbunden, und hier führte zwischen je zwei Straßen ein etwa zehn Schuh breites Tor in die Basis des Turmes. Hatten die sanft aufsteigenden Straßen eine gewisse Höhe erreicht, so wurden sie zuerst von einfachen großen Bogenstellungen, und näher dem Turme kommend von doppelt übereinander stehenden Bogenstellungen unterzogen, so dass man am Umkreis des Turmes durch diese Bogen unter allen Straßen hinweg rund um die erste Basis des Turmes herumgehen konnte. Da, wo die Bogenstellungen unter den Straßen von der einen zur anderen quer durchliefen, waren Straßenflächen horizontal.

Diese sanft aufsteigenden Straßen waren teils wie die Wurzeln eines Baumes, die stützende Widerlage zur Befestigung der Fundamente des ungeheuren Baues, teils dienten sie als Wege, um die großen Lasten und Baumaterialien von allen Seiten auf die erste Höhe des Turmes zu bringen.

Zwischen diesen ausgestreckten Wurzeln des Turmes waren Zeltlager mit gemauertem Unterbau. Sie waren von den Straßen durchschnitten, und an manchen Stellen ragten die Zeltgiebel über die Straßen hinaus. Aus jedem Zeitlager führten Stufeneinschnitte auf die Höhe der Straßen, und im Umkreis des Turmes konnte man durch die Bogenstellungen durch alle Zeltlager unter den Steinwegen wegziehen.

Außer den Bewohnern dieser Zeltlager lebten andere in den vielen Gewölben und Räumen, die sich auf beiden Seiten unter den Steinwegen befanden. Es war ein ungeheures Gewimmel um und über das Ganze, es war wie ein großer Ameisenhaufen. Kamele, Elefanten und Esel in Unzahl zogen mit breiten und schweren Lasten ringsum auf und nieder und konnten zu mehreren aneinander vorübergehen. Es waren Futter- und Abladeplätze unterwegs und auch Zelthäuser auf den ebenen Stellen der Wege und ganze Gewerke. Ich sah Tiere, die ohne Führer den Weg beladen hinauf- und hinabzogen.

Die Tore an der Basis des Turmes führten in eine ungeheure Menge von Hallen, in Labyrinthe von Gängen und Kammern. Man konnte an dieser Unterlage des Turmes selbst von allen Seiten auf eingeschnittenen Treppen hinauf. Von dem ersten Absatz des Turmes an führte der Weg äußerlich schneckenförmig um das vieleckige Gebäude. Auch hier bestand das Innere aus ungeheuer festen Kellern und verwickelten Kammern und Gängen. Der Bau wurde von allen Seiten zugleich in der Richtung nach dem Mittelpunkt in Angriff genommen, wo anfänglich noch ein großes Zeltlager stand. Sie bauten mit Ziegeln; schleppten aber auch große behauene Steine herbei. Die Oberfläche der Straßen war ganz weiß und glänzte in der Sonne; es war ein wunderbarer Anblick in der Ferne. Der Turm war mit großer Kunst angelegt, und es wurde mir gesagt, dass er zustande gekommen wäre und noch stehen und ein schönes Andenken an die Kraft der Menschen sein würde, wenn sie ihn zu Gottes Ehre erbaut hätten. Sie dachten aber nicht an Gott dabei, sondern es war ein Werk des eigenen Übermutes. Inwendig in den Gewölben mauerten sie mit andersfarbigen Steinen ganz groß die Namen und das Lob derjenigen in die Pfeiler, welche beim Bauen Großes geleistet hatten. Sie hatten keine Könige, sondern nur Stammväter, und diese regierten wieder alles nach gemeinsamem Rat. Die Steine waren künstlich gemacht, und alles griff und schloss aneinander. Es arbeitete alles mit. Es waren Kanäle und Zisternen zum Wasserbedarf gegraben. Die Weiber traten Ton mit den Füßen. Die Männer hatten die Arme und Brust bei der Arbeit unbekleidet. Die Vornehmeren trugen eine kleine Mütze mit einem Knopf. Die Frauen hatten schon sehr früh das Haupt verhüllt.

Der Bau wurde so hoch und groß, dass es durch den Schatten auf der einen Seite ganz kalt, und auf der anderen durch den Widerschein sehr heiß war. Sie hatten dreißig Jahre gebaut und waren an dem zweiten Absatz, hatten ihn schon umfangen und mauerten im Innern die turmähnlichen Säulen auf und mit bunten Steinen ihre Namen und Geschlechter hinein, als die Verwirrung losbrach. Es war keine erhabene Bildhauerarbeit an dem Bau, aber vieles wurde mit farbigen Steinen eingelegt, und hie und da wurden auch Figuren in Nischen eingehauen. Ich sah unter den Führern und Meistern des Baues einen Gesandten Gottes, Melchisedech, auftreten, der sie über ihr Tun zur Rede stellte und die Strafe Gottes ankündigte. Nun begann die Verwirrung. Viele, die anfänglich in Ruhe fortgearbeitet hatten, rühmten sich nun ihrer

Geschicklichkeit und Verdienste am Bau, machten Partei und nahmen diese und jene Vorrechte in Anspruch. Dagegen erhob sich Widerspruch, Befeindung, Aufruhr. Es wurden nur zwei Stämme für die Unzufriedenen gehalten, sie sollten niedergehalten werden; nun fand sich aber, dass alle uneins waren. Sie wurden untereinander handgemein und erschlugen sich. Sie verstanden sich nicht mehr, trennten und zerstreuten sich über den ganzen Erdkreis. Ich sah das Geschlecht Sems mehr gegen Mittag ziehen, wo Abrahams Heimat war, und sah einen Mann desselben, der gut war, nicht hinwegziehen, sondern um seines Weibes willen unter den Bösen zu Babel bleiben. Und dieser ist der Stammvater der Samanen, welche sich immer getrennt hielten und später einzeln unter der grausamen Semiramis durch Melchisedech nach dem Gelobten Lande verpflanzt wurden. Da ich als Kind das Bild vom Turmbau hatte, konnte ich es nicht fassen und verwarf es immer. Ich hatte ja nichts gesehen als unsere Hütte, wo die Kühe zum Schornstein hinausgingen (d.i., wo das Tor auch dem Rauch zum Ausgang diente), und die Stadt Coesfeld; manchmal glaubte ich sogar, es müsste der Himmel sein. Ich hatte aber das Bild immer wieder in der gleichen Weise, später und auch heute noch, und sah, wie der Turm zu Jobs Zeiten aussah.

Einer der Hauptführer bei dem Turmbau war Nimrod[32], der nachmals als Götze unter dem Namen Belus verehrt wurde. Er ist der Stammvater der auch als Göttinnen verehrten Derketo und der Semiramis. Nimrod erbaute aus den Steinen des Turmes die Stadt Babylon, und Semiramis führte den Bau zu Ende. Er legte auch den Grund von Ninive[33], gemauerte Grundlagen für Zeltwohnungen.

Er war ein großer Jäger und Tyrann. Es gab damals wilde, grausame Tiere in Unzahl, welche große Verwüstungen verursachten. Die Jagdzüge gegen sie waren so großartig wie Kriegszüge. Wer recht wilde Tiere erlegte, wurde wie ein Gott verehrt. Nimrod trieb auch Menschen zusammen, die er sich unterwarf Er trieb Götzendienst, war voll Grausamkeit und Zauberkünste und hatte viele Nachkommen. Er ist gegen zweihundertsiebzig Jahre alt geworden. Er war von gelblicher Farbe und führte von früher Jugend an ein sehr wildes Leben und war ein Werkzeug des bösen Geistes und dem Sterndienst sehr ergeben. Von den Figuren und mannigfachen Bildern, welche er in den Planeten und Gestirnen erblickte und aus denen er über dies und jenes Volk und Land weissagte, suchte er Nachbildungen zu fertigen und machte diese dann zu Götzen. So haben die Ägypter die Figur der Sphinx von ihm, wie auch die vielarmigen und vielköpfigen Götzenbilder empfangen. Siebzig Jahre lang war Nimrod mit diesen Götzengesichtern und der Einrichtung des abgöttischen Dienstes und der Götzenopfer und mit der Einsetzung der Götzenpriester beschäftigt. Durch seine teuflische Weisheit und Gewalt hatte er sich die Stämme unterworfen, welche er dann zum Turmbau führte. Als die Sprachverwirrung entstand, rissen sich viele Stämme von ihm los, und die wildesten zogen unter Mesraim nach Ägypten. Nimrod aber erbaute Babylon, unterjochte alles ringsumher und gründete das babylonische Reich. Unter seinen vielen Kindern waren auch Ninus und die als Göttin verehrte Derketo.

8. Derketo

Von Derketo[34] bis Semiramis sah ich drei Geschlechter, und eine die Tochter der anderen. Ich sah Derketo, ein großes, gewaltiges Weib, in Tierfelle mit vielen hängenden Riemen und Tierschweifen gekleidet, und einer Mütze von Vogelfedern auf dem Haupt, mit vielen anderen Weibern und Männern aus der Gegend von Babylon hervorbrechen. Sie war in stetem Prophezeien, Sehen, Stiften, Opfern und Herumstreifen begriffen. Sie trieben einzelne Geschlechter mit ihren Herden mit sich fort, weissagten gute Wohnplätze, türmten hohe Steine auf, die oft ungeheuer waren, opferten und trieben alle Laster. Alles zog sich zu ihr hin; sie war bald hier, bald dort und wurde überall verehrt und hatte in spätem Alter eine Tochter, welche nachher ihre Rolle fortspielte.

Ich sah dieses ganze Bild mehr in einer Ebene, wodurch der Anfang dieses Greuels bedeutet wurde. Ich sah sie zuletzt als ein altes furchtbares Weib in einer Stadt am Meere wieder am Wasser ihre Zauberei treiben und in einem teuflisch ekstatischen Zustand allem Volk verkünden, dass sie für alle sterben und sich opfern wolle. Sie könne nicht bei ihnen bleiben, sie werde sich aber in einen Fisch verwandeln und als solcher immer in ihrer Nähe sein. Sie ordnete auch den Dienst an, den man ihr erweisen sollte, und stürzte sich vor allem Volk ins Meer. Es waren bei allen diesen Prophezeiungen Geheimnisse und allerlei Bedeutungen vom Wasser und dergleichen. Ich sah auch, dass sich bald nachher ein Fisch erhob, und dass das Volk ihn mit allerlei Opfern und Greueln begrüßte, und dass aus allem dem Zeug der Derketo eine ganze Abgötterei wurde.

Nach ihr sah ich eine andere, ihre Tochter, auf einem niederen Berg erscheinen. Dies deutete auf einen schon gewaltigeren Zustand. Es war dies noch unter Nimrods Zeiten; sie waren aus einem Geschlecht. Diese Tochter sah ich in ähnlichem Treiben wie Derketo, doch noch ungestümer und wilder. Sie war meist mit großen Scharen jagend und herumziehend oft hundert Meilen weit, gegen die Tiere fechtend, dazwischen opfernd, zaubernd und weissagend. Es wurden dabei allerlei Plätze gegründet und Götzendienerei eingerichtet. Diese sah ich gegen ein Nilpferd kämpfend ins Meer stürzen.

Ihre Tochter Semiramis sah ich auf einem hohen Berge mit allen Reichtümern und Schätzen der Welt umgeben, als wenn der Teufel sie ihr zeige und gäbe, und sah sie den ganzen Greuel dieser Rasse in Babylon vollenden. In den ersten Zeiten waren solche Zustände ruhiger und bei Vielen; später wurden sie in Einzelnen ganz gewaltig. Diese wurden nun Führer und Götter der anderen und gründeten allerlei Götzendienste auf ihre Gesichte; wirkten auch äußerlich hie und da allerlei Kunst, Gewalt und Erfindung; denn sie waren voll des bösen Geistes. Hieraus entstanden ganze Stämme, erst von Herrschern und Priestern zugleich, später nur Priester-Geschlechter.

Ich habe in der ersten Zeit mehr Weiber als Männer solcher Art gesehen, und diese waren überall in einem inneren Zusammenfühlen, Wissen und Wirken. Vieles, was man von ihnen sagt, sind unvollkommene Darstellungen ihrer ekstatischen oder magnetischen Äußerungen über sich, ihren Ursprung und ihr Treiben, teils von ihnen selbst, teils von anderen Teufels-Somnambulen über sie ausgesprochen. Auch die Juden hatten in Ägypten viele geheime

Künste; Moses aber rottete sie aus und war der Seher Gottes. Bei den Rabbinern aber blieb vieles davon als Sache der Gelehrten; später ward es bei einzelnen Völkern ein niedriges, armes Treiben und spukt noch im Hexenwesen und als Aberglauben. Es ist aber alles aus demselben Baume des Verderbens gewachsen, aus dem einen niederen Reich. Ich sehe alle ihre Bilder dicht über oder gar unter der Erde. Es ist auch im Magnetismus ein Element davon.

Jenen ersten Götzendienern war das Wasser sehr heilig; alle ihre Dienste übten sie beim Wasser, und der Anfang der prophetischen und Visionszustände war immer ein Sehen ins Wasser. Sie hatten bald eigens geweihte Teiche dazu. Später wurden diese Zustände bleibend, und sie sahen auch ohne Wasser ihre bösen Gesichte. Ich habe bei dieser Gelegenheit von ihren Gesichten gesehen, und es ist ganz kurios; es ist dann, als wenn unter dem Wasser die ganze Welt nochmals wäre mit allen Dingen, die oben sind; aber alles ganz in einen finstern, bösen Kreis gehüllt.

Es steht Baum unter Baum, Berg unter Berg, Wasser unter Wasser. Ich sah, dass diese zauberischen Weiber alles so sahen, Kriege, Völker, Gefahr usw.; wie solche Gesichte auch jetzt gesehen werden, nur, dass sie alles gleich taten und wahr machten, was sie sahen. Sie sahen: Dort ist ein Volk, das könnt ihr unterjochen, jenes überfallen, dort eine Stadt bauen. Sie sahen ausgezeichnete Männer und Weiber, und wie sie dieselben überlisten sollten; ja allen den Teufelsdienst, den sie trieben, sahen sie voraus. So sah die Derketo voraus, dass sie sich ins Wasser stürze und ein Fisch werde und tat es auch. Selbst ihre Greuel sah sie im Wasser voraus und übte sie dann.

Die Tochter der Derketo lebte schon mehr in einer Zeit, da man große Dämme baute und Wege machte. Sie streifte bis nach Ägypten hinein, und ihr ganzes Leben war ein Ziehen und jagen. Ihr Anhang gehört zu jenen, die Job in Arabien so sehr beraubten. In Ägypten kam dieses alles recht in eigenes festes Wesen, und man war so darin versunken, dass viele solche Hexen auf kuriosen Sitzen vor allerhand Spiegeln in Tempeln und Kammern saßen, und dass alle ihre Gesichte, während sie noch darin begriffen waren, von Hunderten von Menschen, denen Priester immer die Sachen berichteten, in steinerne Wände von Höhlen gehauen wurden.

Es ist auch seltsam, dass ich alle solche Hauptwerkzeuge der Finsternis in einer unbewussten Gemeinschaft zueinander sah, und dass ich an verschiedenen Orten von Verschiedenen aus ihnen dieselben oder ähnliche Händel treiben sah, nur mit einigem Unterschied der Landesart und bösen Bedürfnissen der Völker.

Einige Völker waren jedoch nicht so tief in diesen Greueln und der Wahrheit näher; z.B. jene, aus denen die Familie Abrahams, das Geschlecht Jobs und der Drei Könige herkommen, wie auch die Sterndiener, in Chaldäa und die den Glanzstern (Zoroaster) hatten.

Als Jesus Christus auf die Erde kam, und als die Erde mit seinem Blut begossen ward, nahm die wilde Kraft dieses Treibens sehr ab, und es wurden diese Zustände matter. Moses war von Kindesbeinen an ein Sehender, aber ganz in Gott; und folgte immer dem, was er sah.

Derketo und ihre Tochter Semiramis wurden sehr alt nach Art jener Zeit. Sie waren gewaltige, große, mächtige Menschen, die uns jetzt schier einen Schrecken machen würden. Sie waren unbegreiflich kühn und stürmend und frech und handelten mit einer ungemeinen Sicherheit immer in ihrem bösen Geiste vorhersehend; sie fühlten sich ganz erwählt und als Götter. Sie waren ganz eine Wiederholung jener noch rasenderen Zaubermenschen auf dem hohen Gebirge, welche durch die Sündflut umkamen.

Rührend ist es zu sehen, wie die gerechten Altväter sich mitten durch diese Greuel auch mit vielen Offenbarungen Gottes, aber unter stetem Kampf und Leiden durchwinden mussten, und wie das Heil auf verborgenen, mühsamen Wegen endlich zur Erde kam, während jenen Teufelsdienern alles äußerlich gelang und zu Diensten war.

Als ich dieses alles sah und den ungeheuren Wirkungskreis um diese Göttinnen und den großen Dienst, den sie über der Erde hatten, und daneben die kleine Schar Mariä, mit deren Vorbild in der Wolke des Elias die Philosophen auf Zypern ihre Lügengräuel zusammenbringen wollten, und Jesum, die Erfüllung aller Verheißung, arm und geduldig lehrend vor ihnen stehen und dem Kreuze entgegengehen – ach! das war mir sehr traurig, und war doch nichts als die Geschichte der Wahrheit und des Lichtes, das in die Finsternis geleuchtet, und das die Finsternis nicht begriffen hat bis auf den heutigen Tag.

Aber unendlich ist die Barmherzigkeit Gottes. Ich habe gesehen, dass in der Sündflut sehr viele Menschen durch Schrecken und Angst sich bekehrt haben und ins Fegefeuer gekommen sind, die Jesus bei der Höllenfahrt erlöst hat. Es blieben sehr viele Bäume in der Sündflut auf ihren Wurzeln stehen, die ich nachher wieder grünen sah, die meisten aber sind verschlammt und verschüttet worden.

9. Semiramis[35]

Die Mutter der Semiramis war in der Gegend von Ninive geboren. Dieselbe erschien äußerlich spröde, insgeheim aber war sie sehr ausschweifend und grausam. Der Vater der Semiramis war ein syrischer Mann und wie ihre Mutter in den greulichsten abgöttischen Götzendienst verwickelt. Er wurde nach ihrer Geburt umgebracht, was auch mit Wahrsagerei zusammenhing. Semiramis wurde in der Ferne zu Askalon in Palästina geboren und dann von Götzenpriestern bei Hirten in einer Wüste erzogen. Semiramis war als Kind viel auf einem Berg allein, und ich sah Götzenpriester und auch ihre Mutter auf den Jagdzügen bei ihr. Ich sah auch den Teufel in allerlei Gestalten mit ihr spielen, wie Johannes in der Wüste mit Engeln umging. Ich sah auch Vögel mit bunten Flügeln bei ihr, die ihr allerlei kuriose Spiele brachten. Ich weiß nicht mehr alles, was mit ihr getrieben wurde; es war die greulichste Abgötterei. Sie war schön, voll Verstand und allen Weltkünsten, und alles gelang ihr.

Sie wurde zuerst auf Weissagerei hin die Frau eines Herdenaufsehers des Königs von Babel und dann die Frau des letzteren selber. Dieser hatte ein Volk, weiter gegen Norden, bezwungen und einen Teil davon als Sklaven in sein Land geschleppt, welche, nachdem Semiramis die Regierung später allein führte, sehr von ihr gequält wurden und bei ihren unbegreiflichen Bauten mitarbeiten mussten. Semiramis wurde von ihrem Volk für eine

Göttin gehalten. Ihre Mutter habe ich noch wildere Jagden machen sehen. Sie zog mit einem kleinen Kriegsheer auf Kamelen, gestreiften Eseln und Pferden umher; ich sah sie auch einmal in Arabien gegen das Rote Meer zu eine große Jagd halten, da Job dort in seiner Stadt wohnte. Diese jagenden Frauen waren sehr behände und saßen wie Männer zu Pferde. Sie waren vollständig bekleidet bis herab zu den Knien, von wo die Beine mit Riemen geschnürt waren. Unter den Füßen hatten sie Sohlen mit je zwei hohen Absätzen, auf welchen Figuren mit Farben eingezeichnet waren. Sie trugen kurze Leibröcke aus feinen, bunten Federn in den verschiedensten Farben und Mustern. Über Brust und Arme kreuzte sich Riemenwerk mit Federn besetzt, die Schultern deckte ein Kragen, ebenfalls aus Federn mit blinkenden Steinen und Perlen besät. Den Kopf bedeckte eine Art Hut aus roter Seide oder Wolle; vor dem Gesicht hatten sie zwei Hälften eines Schleiers, um mit der einen oder anderen gegen Staub und Wind sich zu decken. Auch einen kurzen Mantel hatten sie überhängen. Die Jagdwaffen waren Spieß, Bogen und Pfeil; an der Seite hatten sie einen Schild.

Die wilden Tiere hatten sich entsetzlich vermehrt. Die Jagenden trieben sie aus großen Strecken zusammen und erlegten sie; es wurden auch Gruben gemacht und bedeckt, um darin die Tiere zu fangen und mit Kolben und Beilen zu töten. Die Mutter der Semiramis sah ich auch das Tier jagen, welches Job unter dem Namen Behemoth[36] beschreibt; auch Tiger, Löwen und ähnliche. In diesen ersten Zeiten sah ich keine Affen. Auch auf dem Wasser sah ich Jagden; überhaupt wurden an den Gewässern Abgötterei und viele Greuel getrieben. Die Mutter war äußerlich nicht so ausschweifend wie Semiramis; doch hatte sie ein teuflisches Wesen und war von furchtbarer Kraft und Tollkühnheit.

Was war das für eine schreckliche Sache, im Kampf mit dem gewaltigen Riesentier (einem Nilpferd) ins Meer zu stürzen! Sie saß auf einem Dromedar und verfolgte das Tier, da stürzte sie mit dem Dromedar ins Meer. Sie wurde als Göttin der Jagd und Wohltäterin der Menschen verehrt.

Semiramis kam von einem ihrer Jagd- oder Kriegszüge aus Afrika heimkehrend auch nach Ägypten, welches Reich von Mesraim, dem Enkel Chams, gegründet wurde, der bei seiner Ankunft schon einzelne zerstreute Haufen von unedleren Nebenstämmen dort vorfand. Ägypten ist von mehreren Volksstämmen bevölkert worden, und es hatte bald dieser, bald jener Stamm die Oberhand.

Als Semiramis nach Ägypten kam, bestanden vier Städte. Die älteste war Thebä, wo ein mehr schlanker, leichter und behänderer Stamm lebte als um die Stadt Memphis, wo die Bewohner kurz untersetzt waren. Es lag auf dem linken Nilufer, über den eine lange Brücke führte. Auf dem rechten Ufer lag das Schloss, wo zu Moses Zeit die Tochter Pharaos wohnte. Die dunkleren Bewohner mit wollichten Haaren waren schon in den ersten Zeiten Sklaven und haben nie in Ägypten regiert. Die zuerst hineinkamen und Thebä erbauten, sind (glaube ich) über Afrika gekommen; die anderen kamen übers Rote Meer und da, wo die Israeliten hereinkamen. Eine dritte Stadt hieß Chume und später Heliopolis. Sie liegt weit oben von Thebä herab.

Als Maria und Joseph mit Jesus nach Ägypten flüchteten, sah ich um diese Stadt noch außerordentlich große Gebäude. Weiter unten als Memphis, nicht sehr weit vom Meer, lag die Stadt Sais; ich meine, sie ist noch älter als Memphis. Jede dieser vier Städte hatte einen eigenen König. Semiramis wurde in Ägypten sehr verehrt und mehrte mit ihren Anschlägen und Teufelskünsten dort die Abgötterei. Ich sah sie in Memphis, wo Menschenopfer in Übung waren, Pläne machen, Sterndeuterei und Zauberei treiben. Den Stier Apis[37] sah ich noch nicht, aber Götzenbilder mit einem Kopf, gleich der Sonne, und einem Schweif. Sie gab hier auch den Plan der ersten Pyramide an, welche auf dem östlichen Ufer des Nils nicht fern von Memphis erbaut wurde, wobei das ganze Volk mithelfen musste. Als der Bau vollendet war, sah ich Semiramis mit ein paar hundert Leuten wieder dahin kommen. Es war die Einweihung, und Semiramis wurde schier göttlich verehrt.

Die Pyramide kam auf einen Ort zu stehen, wo Wasser und Sumpf war. Es wurde eine Unterlage von erstaunlichen Pfeilern, wie eine große, breite Brücke gebaut, über welcher sich die Pyramide erhob, so dass man unter ihr, wie in einem großen Säulentempel, umhergehen konnte. Es befanden sich viele Räume, Gefängnisse und weite Gemächer darin, und ebenso enthielt die Pyramide bis zu ihrer Spitze viele große und kleinere Räume mit Fensteröffnungen, aus welchen ich Bahnen von Tuch hängen und wehen sah.

Rings um die Pyramide waren Bäder und Gärten. In diesem Bau war der eigentliche Sitz der ägyptischen Abgötterei, Sterndeuterei, Zauberei und der greulichen Vermischungen. Es wurden Kinder und Greise geopfert. Sternseher und Zauberer wohnten in der Pyramide und hatten dort ihre teuflischen Gesichte. Bei den Bädern war eine große Anstalt, um das schlammige Nilwasser zu reinigen. Auch später sah ich ägyptische Weiber in größter Üppigkeit in diesen Bädern, welche mit den schändlichsten Greueln des Götzendienstes zusammenhingen. Diese Pyramide hat nicht sehr lange gestanden; sie ist zerstört worden.

Das Volk war erschrecklich abergläubisch und die Götzenpriester in solcher Finsternis und Wahrsagerei, dass sie in Heliopolis sogar die Traumgesichte der Leute sammelten und aufzeichneten und dabei immer nach den Sternen sahen. Es standen immer mehr magnetische Personen mit teuflischen Gesichten auf, die Wahres und Falsches untereinander mengten; und darnach wurde der Götzendienst eingerichtet und sogar die Zeitrechnung gemacht.

So sah ich, dass die Götzen Isis[38] und Osiris[39] nichts anderes sind als Aseneth und Joseph, deren Ankunft in Ägypten die Sterndeuter aus ihren dämonischen Gesichten vorausgesehen und in ihre Religion aufgenommen hatten. Als sie kamen, wurden sie abgöttisch verehrt, und ich sah, wie Aseneth darüber weinte und dagegen schrieb.

Unsere jetzigen Gelehrten, welche über Ägypten schreiben, sind in großem Irrtum, weil sie so vieles bei den Ägyptern für Geschichte, für Erfahrung und Wissenschaft halten, was sich doch nur auf falsche Visionen und Sterndeuterei gründet, wobei die Leute so dumm und viehisch bleiben können, wie die Ägypter es in Wirklichkeit gewesen sind. Die Gelehrten aber halten dergleichen dämonische Eingebungen und solches Treiben für unmöglich, verwerfen es und schätzen darum die Ägypter für älter, weil sie früher schon so tiefsinnige und gelehrte Dinge gehabt haben sollen. Ich sah aber, wie sie schon bei der Ankunft der Semiramis in Memphis in allerhand Hoffart und Verwirrung mit ihren Zeitrechnungen gewesen sind. Sie wollten immer als das älteste Volk erscheinen und machten eine Menge verwirrter Zeiten und Königsgeschlechter. Sie kamen dadurch ganz außer alle wahre Zeitrechnung, und da sie mehrmals ihre Berechnungen änderten, wussten sie fast keinen Bescheid mehr. Dazu kam, dass sie jeden Irrtum durch große Gebäude und durch große Inschriften zu verewigen suchten, wodurch die Verwirrung erst recht fest wurde.

So rechneten sie lange Zeit die Alter der Vorfahren und Nachkommen so nacheinander, als wäre der Todestag des Vaters der Tag der Entstehung des Sohnes. Die Könige, die mit den Priestern immer über die Zeitrechnung stritten, schoben Vorfahren ein, die nie gelebt hatten; auch wurden die vier gleichnamigen Könige, welche zu gleicher Zeit in Thebä, Heliopolis, Memphis und Sais regierten, nacheinander aufgezählt.

Ich sah auch, dass einmal ein Jahr zu 970 Tagen gerechnet, dann wieder Jahre wie Monate gezählt wurden. Auch sah ich einen Götzenpriester eine Zeitrechnung machen, wo für 500 Jahre immer 1100 herauskamen. Ich habe diese falschen Zeitberechnungen und das Treiben der Götzenpriester unter der Sabbatslehre in Aruma gesehen, wo Jesus vor den Pharisäern von dem Beruf Abrahams und seinem Aufenthalt in Ägypten und dabei gegen die ägyptische Zeitrechnung sprach. Jesus sagte den Pharisäern, dass jetzt die Welt 4028 Jahre bestehe; und als ich Jesus dies aussprechen hörte, war Er selber einunddreißig Jahre alt. Ich sah in jenen Zeiten auch Leute, welche den Seth als einen Gott sehr hoch verehrten und weite, gefährliche Reisen an sein vorgebliches Grab machten, das sie in Arabien glaubten. Es ist mir, als leben noch von diesen Leuten, und als ziehen sie durch türkisches Gebiet, wo sie gerne durchgelassen werden, noch zu diesem Grab.

10. Melchisedech[40]

Ich habe Melchisedech oft gesehen; aber nie als einen Menschen, sondern immer als ein Wesen anderer Art, als einen Engel und Gesandten Gottes. Ich habe keinen bestimmten Wohnort, keine Heimat, keine Familie, keinen Zusammenhang von ihm je gesehen; ich habe ihn nie essen, trinken oder schlafen sehen und bin nie auf den Gedanken gekommen, dass er ein Mensch sei. Er war gekleidet wie kein Priester damals auf Erden, sondern wie ich die Engel im himmlischen Jerusalem erblicke, und wie ich nachher durch Moses auf Gottes Befehl die Priesterkleider herstellen sah. Ich habe Melchisedech da und dort auftreten, vermitteln und einrichten sehen in Sachen, welche Völker betrafen; zum Beispiel bei Siegesfesten der damals so fürchterlichen Kriege.

Wo er auftrat, und wo er war, übte er eine unwiderstehliche Gewalt aus durch seine Persönlichkeit. Niemand widerstand ihm, und doch brauchte er keine heftigen Mittel, und alle Menschen, die doch Götzendiener waren, ließen gerne seine Entscheidung, seinen Rat gelten. Er hatte keinen seinesgleichen, keinen Genossen, er war ganz allein; manchmal hatte er zwei Boten, die er annahm; sie waren Läufer, weiß und kurz gekleidet, und pflegten irgendwo seine Ankunft zu verkünden; dann entließ er sie wieder. Was er brauchte, hatte er, ward ihm.

Die Menschen, von denen er etwas annahm, entbehrten es nicht oder gaben es ihm mit Freude. Man schätzte sich glücklich, wo er war, und fürchtete ihn ehrerbietig. Die Bösen schwätzten über ihn und demütigten sich doch vor ihm. Es ging ihm, dem Wesen einer höheren Art, unter diesen heidnischen Großen, teils gottlosen und sinnlichen Menschen, wie es noch heutzutage jedem ausgezeichneten frommen Menschen geht, der fremd irgendwo auftritt und Gutes verbreitet.

So sah ich ihn am Hofe der Semiramis zu Babylon. Sie hatte hier eine unbeschreibliche Pracht und Größe; sie ließ durch Sklaven die größten Bauwerke aufführen und bedrückte dieselben viel ärger als Pharao die Kinder Jakobs in Ägypten. Es war auch der grässlichste Götzendienst daselbst; Menschen wurden geopfert und bis an den Hals eingegraben. Alle Wollust, Pracht, Reichtum und Kunst war vollauf, und alles grenzte an das Unmögliche. Semiramis führte auch große Kriege mit ungeheuren Kriegsheeren, aber fast immer gegen Völker nach Osten; gegen Abend zu kam sie nicht viel, gegen Mitternacht waren dunkle, finstere Völker.

Es war aber in ihrem Land ein zahlreicher Menschenstamm aus dem nach dem Turmbau in Babel zurückgebliebenen semitischen Stamm nach und nach entstanden. Sie lebten als ein Hirtenvölklein unter Zelten, hatten Viehzucht und feierten ihren Gottesdienst bei Nacht in einem oben offenen Zelt oder unter freiem Himmel. Sie hatten viel Segen. Alles gedieh ihnen, und ihr Vieh war immer ganz besonders schön.

Diesen Stamm wollte das teuflische Weib ausrotten und hatte schon einen großen Teil vertilgt. Aus dem Segen, der auf dem Stamm lag, erkannte Semiramis, dass Gott barmherzige Absichten mit ihm habe, darum wollte sie als ein Werkzeug des Teufels ihn erdrücken. Als die Not des Stammes am größten war, sah ich den Melchisedech dort auftreten. Er kam zu Semiramis und begehrte, dass sie diesen Stamm ziehen lasse. Er verwies ihr auch ihre Greuel; sie widerstand ihm nicht, und er führte den gedrückten Stamm in verschiedene Scharen geteilt gegen das Gelobte Land zu.

Melchisedech hatte bei Babylon zur Wohnung ein Gezelt und hier brach er dem guten Stamme das Brot, wodurch sie erst die Kraft erhielten auszuziehen. In Kanaan wies er ihnen da und dort Plätze zum Anbau an, und sie bekamen verschiedenes Land an Güte. Sie selber wurden von ihm nach ihrer Reinheit verteilt, auf dass sie sich nicht mit anderen vermischen sollten. Ihr Name lautet wie Samanen oder Semanen. Einzelnen von ihnen wies Melchisedech die Gegend am nachmaligen Toten Meer zur Ansiedlung an; ihre Stadt aber ging mit Sodom und Gomorrha zugrunde. Semiramis hatte den Melchisedech mit großer Ehrfurcht und mit geheimem Schrecken vor seiner Weisheit aufgenommen. Er erschien vor ihr als der König des Morgensterns, d.i. des fernsten Morgenlandes.

Sie bildete sich ein, er könnte sie zur Ehe begehren; er aber redete sehr streng mit ihr, verwies ihr ihre Greuel und verkündete ihr die Zerstörung der bei Memphis erbauten Pyramide. Sie erschrak und war sehr kleinlaut. Ich sah die Strafe, die über sie kam. Sie wurde wie ein Vieh und war lange Zeit eingesperrt. Man warf ihr aus Verachtung Gras und Stroh in eine Krippe; nur ein Diener hielt bei ihr aus, der ihr Speise reichte. Sie wurde wieder frei, aber trieb ihr Unwesen aufs neue fort. Sie kam endlich auf schreckliche Art um; es wurden ihr die Eingeweide aus dem Leibe gerissen. Sie ist hundertsiebzehn Jahre alt geworden.

Melchisedech wurde wie ein Prophet, wie ein Weiser, wie ein Mensch höherer Art betrachtet, dem alles gelinge. Es gab damals und auch später mehrere solche Erscheinungen von Persönlichkeiten einer höheren Ordnung, und sie waren den Völkern jener Zeit ebenso wenig fremd als es die Engel dem mit ihnen verkehrenden Abraham waren. Es wirkten aber auch böse Erscheinungen neben den guten, wie neben den wahren die falschen Propheten. Die Ausführung des Stammes hatte Ähnlichkeit mit der Geschichte und Ausführung der Israeliten aus Ägypten; doch waren jener lange nicht so viele als dieser.

Von den nach dem Gelobten Land von Melchisedech verpflanzten Samanen sah ich drei Männer in der Nähe des Tabor am sogenannten Brodberge in Höhlen wohnen, lang vor Abrahams Ankunft. Sie waren von braunerer Farbe als Abraham, waren mit Fellen bekleidet und banden ein großes Blatt gegen die Sonne auf den Kopf Sie führten in der Weise des Henoch ein heiliges Leben, hatten eine einfache geheime Religion und Offenbarungen und einfache Gesichte. Es war in ihrer Religion, dass Gott sich mit den Menschen verbinden wolle, und dass sie dazu alles mögliche vorbereiten müssten. Sie opferten auch, indem sie von ihrer Speise den dritten Teil an der Sonne verzehren ließen, oder vielleicht legten sie es für andere Hungernde hin, welches ich wohl auch gesehen habe. Diese Leute sah ich ganz einsam und abgesondert von der noch nicht sehr großen Menge der Einwohner des Landes leben, die weit getrennt in einzelnen Orten wohnten, welche in der Art der festen Zeltstädte gebaut waren. Ich sah diese Männer in den verschiedenen Teilen des Landes umhergehen, Brunnen graben, einzelne Wildnisse ausrotten und Grundsteine an einzelnen Stellen legen, wo später Städte gebaut wurden. Ich sah sie von ganzen Gegenden die bösen Geister aus der Luft hinwegtreiben und sie in andere schlechte, sumpfige, neblige Orte verbannen.

Ich sah da wieder, dass die bösen Geister sich mehr in solchen schlechten Gegenden aufhalten. Ich sah diese Männer oft mit diesen Geistern ringen und gegen sie kämpfen. Ich wunderte mich anfangs, wie an den Stellen, wo sie die Steine hinlegten, welche doch ganz wieder überwuchsen und verwilderten, Städte entstehen sollten, und sah doch in einem Bilde eine Menge von Orten, die über ihre Steine gebaut worden sind, z.B. Saphet, Bethsaida, Nazaret, wo sie an der Stelle arbeiteten, auf welcher später das Haus stand, in welchem die Botschaft des Engels an Maria geschah, Gatepher, Sephoris, in der Gegend von dem nachmaligen Hause Annas bei Nazaret, Meggido, Naim, Ainon, die Höhlen von Bethlehem und bei Hebron; auch Michmethath sah ich sie gründen, und viele andere Orte, die ich vergessen habe.

Auf diesem Berge aber sah ich sie alle Monate mit Melchisedech zusammenkommen, der ihnen ein großes viereckiges Brot brachte, welches wohl drei Quadratschuh groß, ziemlich dick und in sehr viele kleine Abteilungen geteilt war. Es war bräunlich und in der Asche gebacken. Ich sah Melchisedech immer allein zu ihnen kommen, manchmal sah ich ihn das Brot ganz leicht tragen, als schwebe es in seiner Hand; manchmal, wenn er ihnen nahte, hatte er es schwer auf seinem Nacken. Ich glaube, es war dieses, weil er, ihnen nahend, wie ein Mensch erscheinen sollte. Sie betrugen sich gegen ihn sehr ehrerbietig und warfen sich auf das Angesicht nieder.

Er lehrte diese Männer auch den Weinstock bauen am Tabor, und sie streuten an vielen Stellen des Landes allerlei Samen von Gewächsen aus, die er ihnen gab, und die noch jetzt dort wild wachsen. Ich sah sie vom Brot täglich einen Teil mit dem braunen Spaten abstechen, mit dem sie arbeiteten. Sie aßen auch Vögel, die ihnen in großer Menge zuflogen. Sie hatten Feiertage und kannten die Sterne, sie feierten den achten Tag mit Opfer und Gebet und einige Tage des Jahreswechsels. Ich sah sie auch in dem noch sehr unwegsamen Lande mehrere Wege bahnen nach den Orten, wo sie die Steine gegründet, die Brunnen gegraben, die Pflanzen gesät hatten, so dass nachher die einziehenden Menschen, diesen Wegen folgend, sich von selbst an den Brunnen und fruchtbringenden, bequem gemachten Plätzen ansiedelten.

Ich sah sie bei ihren Arbeiten oft von Scharen böser Geister umgeben, sie konnten sie sehen, und ich sah, wie sie dieselben mit Gebet und Befehl nach sumpfigen, wüsten Orten verbannten, und wie sie wichen, und wie die Männer in ihrer Arbeit ruhig fortfahrend räumten und reinigten.

Nach Kana, Meggido, Naim machten sie Wege, auch veranlassten sie auf diese Weise die Geburtsorte der meisten Propheten. Von Abelmehola und Dothaim legten sie den Grund und machten den schönen Bade-Brunnen von Bethulia. Melchisedech zog noch fremd und einzeln im Lande umher, und man wusste nicht, wo er sich aufhielt. Diese Leute waren alt, aber noch sehr rasch. Am nachmaligen Toten Meer und in Judäa waren schon Städte, auch einige oben im Lande, in Mitten aber noch nicht. Diese Leute haben sich selbst ihr Grab gemacht und sich hineingelegt. Der eine bei Hebron, der eine am Tabor, der andere in den Höhlen nicht weit von Saphet. Sie waren im allgemeinen das für Abraham, was Johannes für Jesus gewesen. Sie bereiteten und reinigten das Land und die Wege und säten gute Früchte und führten das Wasser hervor für den Stammvater des Volkes Gottes; Johannes aber bereitete die Herzen zur Buße und zur Wiedergeburt in Jesus Christus. Sie taten für Israel, was Johannes für die Kirche.

Ich habe auch an anderen Orten einzelne solche Männer gesehen, sie waren von Melchisedech dahin versetzt. Ich habe Melchisedech oft gesehen, wie er lange vor der Zeit der Semiramis und Abrahams im Gelobten Land, da es noch ganz wüst war, erschien, als ordne er das Land, als bezeichne und bereite er einzelne Stellen. Ich sah ihn ganz einsam und dachte dabei: was will dieser Mann so früh hier, es ist ja noch gar niemand da! So sah ich ihn an einem Berg einen Brunnen bohren; es war die Quelle des Jordan. Er hatte einen langen feinen Bohrer, der wie ein Strahl in den Berg eindrang. So sah ich ihn an verschiedenen Orten der Erde Quellen öffnen.

In den ersten Zeiten vor der Sündflut sah ich die Flüsse nicht so wie jetzt hervorquellen und fließen; ich sah aber sehr viel Wasser von einem hohen Berg im Morgen herabkommen.

Melchisedech nahm viele Orte des Gelobten Landes durch Bezeichnung in Besitz. Er maß die Stelle des Teiches Bethesda aus. Er legte einen Stein, wohin der Tempel kommen sollte, eher als Jerusalem war. Ich sah ihn die zwölf edlen Steine, welche im Jordan lagen, wo die Priester mit der Bundeslade bei dem Durchzug der Kinder Israels standen, als Körner pflanzen, und sie sind gewachsen. Ich habe Melchisedech immer allein gesehen, außer wo er mit Versöhnung, Ausscheidung und Führung von Familien und Völkerstämmen zu tun hatte.

Ich habe auch gesehen, dass Melchisedech ein Schloss bei Salem baute. Es war aber mehr ein Gezelt mit Gallerien und Treppen umher, in der Art wie das Schloss des Mensor in Arabien. Nur die Grundlage war sehr fest von Steinen. Ich meine zu Johannes' Zeiten noch die vier Ecken gesehen zu haben, wo die Hauptpfähle drin standen. Es hatte nur ein sehr starkes steinernes Fundament, das wie eine überwachsene Schanze aussah, da Johannes seine kleine Binsenhütte darauf stehen hatte. Jenes Zeltschloss war ein Ort, wo sich viele fremde und durchziehende Leute aufhielten, eine Art freier, köstlicher Herberge bei dem angenehmen Wasser. Vielleicht hat Melchisedech, den ich immer wie einen Ratgeber und Führer von hin und her ziehenden Völkern und Stämmen gesehen habe, dies Schloss gehabt, sie dort zu beherbergen oder zu belehren. Es hatte aber damals schon einen Bezug auf die Taufe.

Melchisedech hatte hier seinen Punkt, von wo aus er zu seinen Bauten nach Jerusalem, zu Abraham und sonst hinzog. Er sammelte und verteilte hier auch Familien und Leute, die sich da und dort ansiedelten. Es war dies noch vor dem Opfer von Brot und Wein, welches, meine ich, in einem Tal gegen Mittag von Jerusalem geschah. Er baute Salem, ehe er in Jerusalem baute. Wo er wirkte und baute, war es, als lege er den Grundstein einer künftigen Gnade, als lenke er die Aufmerksamkeit auf einen Ort, als beginne er etwas Künftiges.

Melchisedech gehört zu jenem Chor der Engel, welche über Länder und Völker gesetzt sind, die zu Abraham und den Patriarchen kamen und ihnen Botschaften brachten. Sie stehen den Erzengeln Michael, Gabriel und Raphael gegenüber.

11. Job

Der Vater des Job, ein großer Stammführer, war ein Bruder Phalegs, des Sohnes Hebers. Kurz vor seiner Zeit war die Zerstreuung des babylonischen Turmbaues. Er hatte dreizehn Söhne, deren jüngster Job, und wohnte mitternächtlich vom Schwarzen Meer, in der Gegend eines Gebirges, wo es auf der einen Seite warm, auf der anderen kalt und voll Eis ist. Job ist ein Vorfahre Abrahams, dessen Mutter eine Urenkelin von Job war, welche in die Familie Hebers heiratete. Job kann noch zur Zeit der Geburt Abrahams gelebt haben. Er hat an verschiedenen Orten gewohnt und seine Leiden an drei verschiedenen Orten ausgehalten. Das erste Mal hatte er neun, dann sieben, dann zwölf Jahre Ruhe, und immer traf ihn das Leiden auf einer anderen Wohnstelle. Er wurde nie so ganz zugrunde gerichtet, dass er gar nichts mehr gehabt hätte; er wurde nur gegen vorher ganz arm, indem er aus dem übrig Gebliebenen alle seine Schulden bezahlte.

Job konnte nicht im Hause seiner Eltern bleiben; er hatte eine andere Gesinnung. Er betete den alleinigen Gott an in der Natur, besonders in den Sternen und in dem Wechsel des Lichtes. Er redete immer von den wunderbaren Werken Gottes und hatte einen reineren Gottesdienst. Er zog mit den Seinen nördlich vom Kaukasus. Hier war eine sehr elende Gegend und viel Moor, und ich meine, es wohnt jetzt ein Volk dort mit platten Nasen, hohen Backenknochen und kleinen Augen.

Hier fing Job zuerst an, und es gelang ihm alles. Er sammelte allerlei arme, verlassene Menschen, die in Höhlen und Büschen wohnten und nichts zu leben hatten als Vögel und andere Tiere, die sie fingen und deren Fleisch sie roh aßen, bis Job sie dasselbe zubereiten lehrte. Er baute mit ihnen das Land, und sie gruben selbst alles um. Job und seine Leute trugen damals nur wenig Bekleidung. Sie wohnten in Zelten. Job hatte schon hier bald große Herden, worunter viele gestreifte Esel und andere gefleckte Tiere. Es wurden ihm einmal drei Söhne, ein andermal drei Töchter zugleich geboren.

Er hatte hier noch keine Stadt, sondern lebte hin und her ziehend auf seinen Feldern, welche in einer Ausdehnung von sieben

Stunden sein Eigentum waren. Sie bauten in dieser Moorgegend kein Getreide, sondern ein dickes Schilf, das auch im Wasser wuchs und ein Mark enthielt, das sie als Brei und auch geröstet aßen. Das Fleisch dörrten sie anfänglich in Gruben an der Sonne, bis Job das Kochen einführte. Auch viele Kürbisarten pflanzten sie zur Nahrung.

Er war unbeschreiblich sanft, lieb, gerecht und wohltätig und half allem armen Volke. Auch war er sehr keusch, war mit Gott sehr vertraut und Er erschien ihm oft durch einen Engel oder weißen Mann, wie sie es nannten. Diese Engelserscheinungen waren wie leuchtende Jünglinge, doch ohne Bart. Sie trugen lange weiße Gewänder voll herabfließender Falten oder Streifen, es war nicht zu unterscheiden. Sie waren gegürtelt und nahmen Speise und Getränke zu sich. Job wurde in seinen Leiden von Gott durch solche Gestalten getröstet, und sie richteten über seine Freunde, Brudersöhne und Verwandten. Er betete keine Götzen an, wie die anderen Leute umher, welche sich allerlei Tierbilder machten und sie anbeteten. Er hatte sich aber ein Bild des allmächtigen Gottes ersonnen und verfertigt.

Es war die Figur eines Kindes mit Strahlen um den Kopf, die Hände hielt es untereinander und hatte in der einen Hand eine Kugel, worauf Wasserwellen und ein Schiffchen abgebildet waren. Ich meine, es sollte die Sündflut vorstellen, von welcher Job oft mit seinen zwei vertrautesten Knechten sprach und auch von der Weisheit und Barmherzigkeit Gottes. Die Figur war glänzend wie von Metall; er konnte sie überall mitnehmen. Er betete und opferte Körner davor, die er verbrannte. Der Dampf stieg wie durch einen Trichter in die Höhe. Hier überkam den Job sein erstes Unglück. Es war immer ein Gefecht und Streiten zwischen jedem Leiden, denn er war von vielen bösartigen Stämmen umgeben, und er zog nachher mehr auf das Gebirge, den Kaukasus, wo er wieder neu anfing und wo ihm alles wieder gedieh. Hier fingen er und seine Leute schon an, sich mehr zu bekleiden, und sie wurden schon viel vollkommener im Leben.

Von diesem seinem zweiten Wohnplatz aus kam Job mit einem großen Zug nach Ägypten, wo damals fremde Hirtenkönige aus dem Vaterlande Jobs einen Teil des Landes beherrschten.

Nachmals wurden diese von einem ägyptischen König wieder vertrieben. Job hatte für den Sohn eines dieser Hirtenkönige die Braut nach Ägypten zu begleiten, welche mit ihm verwandt war. Er brachte reiche Geschenke mit und hatte wohl dreißig Kamele und viele Knechte. Als ich ihn hier in Ägypten sah, war Job ein kräftiger großer Mann von angenehmer gelbbrauner Farbe und rötlichen Haaren; Abraham war von mehr heller Farbe; die Leute in Ägypten aber waren schmutzig braun.

Job war sehr ungern in Ägypten, und ich sah, dass er mit Sehnsucht gegen Morgen nach seinem Vaterland zurückschaute, welches südlicher als das hinterste Land der Drei Könige lag. Ich hörte ihn vor seinen Knechten klagen, dass er lieber mit den wilden Tieren als mit den Menschen hier in Ägypten leben möchte; denn er war sehr betrübt über den schrecklichen Götzendienst daselbst. Sie opferten einem hässlichen Götzen mit emporgehobenem Ochsenkopf und breitem offenen Maul lebendige Kinder, welche sie dem Götzen in seine glühend gemachten Arme legten.

Der Hirtenkönig, für dessen Sohn Job die Braut nach Ägypten geführt hatte, wollte ihn gerne zurückbehalten und wies ihm Matarea zum Wohnort an. Der Ort war damals ganz anders wie später, als die Heilige Familie daselbst sich aufhielt, doch sah ich, dass Job auf derselben Stelle, wie die letzteren, wohnte, und dass der Brunnen Mariä schon ihm von Gott gezeigt wurde. Als Maria diesen Brunnen fand, war er nur verdeckt, aber unten schon ausgemauert.

Job gebrauchte auch den Stein bei dem Brunnen zu seinem Gottesdienst. Die Gegend um seinen Wohnort befreite er durch Gebet von wilden und giftigen Tieren. Er hatte hier Gesichte von dem Heil der Menschheit und auch von den Prüfungen, die ihm noch bevorstanden. Er eiferte sehr gegen die Schändlichkeiten des ägyptischen Volkes und die Menschenopfer, und ich glaube, dass sie abgestellt wurden.

Als er wieder in sein Vaterland zurückgekehrt war, traf ihn das zweite Unglück. Und als das dritte nach zwölf Jahren Ruhe über ihn kam, wohnte er mehr südlich und von Jericho aus gerade gegen Morgen. Ich glaube, es war ihm diese Gegend nach seinem zweiten Leiden gegeben worden, weil man ihn überall sehr liebte und ehrte wegen seiner großen Gerechtigkeit, Gottesfurcht und

Wissenschaft. Er hatte hier wieder von neuem angefangen in einem sehr ebenen Lande. Auf einer Höhe, die fruchtbar war, liefen allerlei edle Tiere, auch Kamele, wild, und man fing sie sich da heraus, wie bei uns die wilden Pferde in der Heide.

Auf dieser Höhe baute er sich an, wurde sehr reich und baute eine Stadt; so sehr nahm er zu. Die Stadt war auf steinernen Grundlagen oben mit Zeltdächern; und als er wieder ganz in Flor war, überfiel ihn das dritte Leid, da er so entsetzlich krank ward. Als er auch dieses mit großer Weisheit und Geduld überstanden hatte, wurde er wieder ganz gesund und bekam noch viele Söhne und Töchter. Ich meine, er ist ganz spät gestorben, als ein anderes Volk da eindrang.

Wenngleich die Geschichte im Buche Job ganz anders erzählt ist, so sind doch noch sehr viele wirkliche Reden von Job darin, und ich meine, ich wollte sie alle unterscheiden. In der Geschichte von den Knechten, wie sie so schnell hintereinander kommen, ist zu bemerken, dass die Worte «und als er noch davon redete», bedeuten: und als das letzte Leiden im Gedächtnis der Menschen noch nicht ganz getilgt war.

Dass der Satan vor Gott tritt mit den Kindern Gottes und den Job verklagt, das ist auch nur so zusammengezogen dargestellt. Es war damals viel Verkehr böser Geister mit den abgöttischen Menschen, und sie erschienen ihnen wohl in Gestalt von Engeln. So wurden hier die bösen Nachbarn gegen Job aufgehetzt, sie verleumdeten Job; sie sagten, er diene Gott nicht recht, er habe alles vollauf, er habe leicht gut sein. Da wollte nun Gott zeigen, dass Leiden oft nur Prüfung sind usw. Die Freunde, die um Job herum sprechen, bezeichnen die Betrachtung der ihm Befreundeten über seine Schicksale. Job erwartete sehnsüchtig den Erlöser und trug zum Stamm Davids bei, er verhält sich zu Abraham durch Abrahams Mutter, die aus seinen Nachkommen war, wie die Vorfahren Annas zu Maria.

Seine Geschichte und seine Gespräche mit Gott wurden weitläufig von zweien seiner treuesten Knechte, welche wie Rentmeister waren, aufgeschrieben, und zwar aus seinem Munde, wie er es ihnen selbst erzählte. Diese beiden Diener hießen Hai und Uis oder Ois. Sie schrieben auf Rinden. Diese Geschichte wurde gar heilig gehalten bei seinen Nachkommen und kam von Geschlecht auf Geschlecht bis auf Abraham; auch in der Schule der Rebecca wurden die Kananiterinnen daraus unterrichtet wegen der Unterwürfigkeit unter die Prüfungen Gottes.

So kam diese Geschichte durch Jakob und Joseph zu den Kindern Israels nach Ägypten, und Moses zog sie zusammen und richtete sie zum Gebrauch der Israeliten in ihrer Bedrückung in Ägypten und ihren Beschwerden in der Wüste anders ein; denn sie war viel weitläufiger, und es war vieles darin, was sie nicht verstanden hätten und was ihnen nicht gedient haben würde. Salomo aber arbeitete sie nochmals ganz um, ließ vieles weg und setzte vieles hinzu von dem Seinigen. Und so ward diese wahre Geschichte zu einem Erbauungsbuch, voll der Weisheit Jobs, Mosis und Salomos, und man konnte schwer die eigentliche Geschichte Jobs herausfinden; denn sie war auch in Länder- und Volksnamen dem Lande Kanaan näher gebracht, wodurch man glaubte, Job sei ein Edomiter.

12. Abraham[41]

Abraham und seine Voreltern waren ein eigener Schlag von großen Menschen. Sie führten ein Hirtenleben und waren eigentlich nicht zu Ur in Chaldäa zu Hause, sondern waren da hingezogen. Diese Leute hatten eine eigene Gewalt und Gerechtigkeit. Sie nahmen hie und da Gegenden ein, wo sich gute Weide fand; sie steckten sich die Grenzen ab, richteten Steine zu einem Altar auf, und das abgegrenzte Land war dann ihr Eigentum. In seiner Jugend ist dem Abraham etwas Ähnliches wie dem Kinde Moses geschehen, indem seine Amme ihm das Leben rettete. Es war dem Oberhaupt des Landes prophezeit worden, dass ein wunderbares Kind werde geboren werden, das ihm gefährlich sein würde. Er traf Maßregeln dagegen.

Die Mutter Abrahams hielt sich darum verborgen, und Abraham wurde in derselben Höhle geboren, in der ich Seth von Eva hatte verbergen sehen. Abraham wurde von seiner Amme Maraha hier auch heimlich erzogen. Sie lebte als arme Sklavin in der Wildnis arbeitend und hatte ihre Hütte nahe bei der Höhle, welche nach ihr Milchhöhle genannt wurde, und wo sie auch von Abraham auf ihre Bitten zuletzt begraben wurde.

Abraham war ungewöhnlich groß; seine Eltern nahmen ihn aus der Höhle wieder zu sich, da er als ein Kind gelten konnte, das schon vor jener Prophezeiung geboren war. Er kam aber doch in Gefahr wegen seiner frühzeitigen Klugheit. Die Amme flüchtete mit ihm und verbarg ihn wieder geraume Zeit in der Höhle. Es wurden damals viele Kinder seines Alters ermordet. Abraham hatte diese Amme sehr lieb und führte sie später bei seinen Zügen auf einem Kamel mit sich. Er wohnte mit ihr auch in Sukkoth. Sie war bei ihrem Tode hundert Jahre alt, und Abraham bereitete ihr das Grab in der weißen Steinmasse, welche wie ein Hügel die Höhle verengte. Die Höhle wurde ein Ort der Andacht, besonders für Mütter. In dieser ganzen Geschichte war ein geheimes Vorbild auf die früheste Verfolgung, welche Maria mit dem Jesuskind zu erleiden hatte, welche sich auch in dieser Höhle vor den Soldaten des Herodes verborgen hielt, als sie nach dem Kinde suchten.

Der Vater Abrahams wusste viele Geheimnisse und hatte viel Gnade. Die Leute seines Stammes hatten die Gabe, Gold in der Erde zu finden, und er verfertigte daraus kleine Götzenbilder ähnlich jenen, welche Rachel dem Laban entwendete. Ur ist ein Ort nördlich in Chaldäa. Ich sah in dieser Gegend an vielen Orten, auf Bergen und in der Ebene, weißes Feuer aufsteigen, als brenne der Erdboden. Ich weiß aber nicht, ob dieses Feuer natürlich oder von Menschen gemacht war.

Abraham war ein großer Sternkundiger; er sah auch Eigenschaften der Dinge und Einflüsse der Sterne auf Geburt; er sah allerhand in den Sternen; aber er lenkte alles auf Gott und folgte in allem Gott und diente Gott allein. Er lehrte in Chaldäa auch andere diese Wissenschaft; aber er führte alles auf Gott zurück.

Ich sah, dass er von Gott in einem Gesicht den Befehl erhielt, fortzuziehen. Gott zeigte ihm ein anderes Land, und Abraham trieb, ohne zu fragen, am anderen Morgen alle seine Leute zum Aufbruch an und zog fort. Darnach sah ich, dass er seine Zelte aufgeschlagen hatte in einer Gegend des Gelobten Landes, welche mir da herum schien, wo nachmals Nazaret stand. Abraham erbaute hier selbst einen länglichen Altar von Steinen und ein Zelt darüber. Als er vor dem Altar kniete, kam ein Glanz vom Himmel auf ihn, und ein Engel, ein Bote Gottes, trat vor ihn, der mit ihm sprach und ihm eine durch und durch leuchtende Gabe überbrachte. Der Engel sprach mit Abraham, und dieser empfing das Geheimnis des Segens, das Heiligtum des Himmels, öffnete sein Gewand und legte es auf seine Brust. Mir wurde aber gesagt, dieses sei das Sakrament des Alten Bundes. Abraham kannte seinen Inhalt noch nicht, er war ihm verhüllt, wie uns der Inhalt des Heiligsten Sakramentes. Es war ihm aber als Heiligtum und als ein Unterpfand der verheißenen Nachkommenschaft gegeben.

Der Engel war ganz auf die Art wie jener, welcher der heiligen Jungfrau die Empfängnis des Messias verkündigte; er war auch so sanft und ruhig in seiner Verrichtung und nicht so schnell und eilend, wie ich andere Engel in ihren Geschäften sehe. Ich meine, Abraham hat das Geheimnis immer bei sich getragen. Der Engel sprach mit ihm auch von Melchisedech, der das Opfer vor ihm feiern werde, welches nach der Ankunft des Messias erfüllt werden und zu ewigen Tagen dauern werde.

Abraham nahm darnach aus einem Kasten fünf große Gebeine, die er auf dem Altar in Kreuzform aufstellte. Es brannte Licht davor, und er opferte. Das Feuer brannte wie ein Stern und war in der Mitte weiß und nach den Spitzen rot.

Ich sah Abraham auch in Ägypten mit Sara[42]. Er kam wegen Hungersnot dahin, aber auch um einen Schatz zu holen, der durch eine Verwandte Saras dahin gekommen war. Es war ihm dies von Gott befohlen. Der Schatz war ein aus zusammengereihten dreieckigen Goldstücken bestehendes Stammregister von den Kindern Noes und besonders von Sem bis auf seine Zeit. Es hatte ihn eine Schwestertochter von Saras Mutter mit nach Ägypten entführt, welche mit dem Hirtenvolk von Jobs Geschlecht, d.i. mit verwilderten Seitensprossen desselben, nach Ägypten gekommen war und dort wie eine Magd gedient hatte. Sie hatte diesen Schatz wie Rachel die Götter Labans entführt.

Es war dieser Stammbaum wie eine Waagschale samt ihren Schnüren gemacht. Die Schnüre nämlich bestanden aus aneinander gereihten dreieckigen Stückchen mit einzelnen Nebenlinien. Auf allen waren mit Figuren und Buchstaben die Namen der Stammglieder von Noe und besonders von Sem an geschrieben, und wenn man die Schnüre niederließ, lag alles in der Schale beisammen. Ich habe auch gehört, aber vergessen, wieviel Sekel, so hieß eine Summe, das Ganze betrug. Das Stammregister war in die Hände der Priester und des Pharao gekommen, welche allerlei daran bei ihren ewigen Rechnungen aber nicht richtig herausstudiert hatten. Als Pharao mit schweren Plagen heimgesucht wurde, beriet er sich mit seinen Götzenpriestern und gab darnach dem Abraham alles, was er verlangte.

Als Abraham wieder in das Gelobte Land zurückgekehrt war, sah ich Loth bei ihm im Zelt und Abraham zeigte mit der Hand ringsumher. Er hatte in seinem Wesen viel von den Sitten der Drei Könige und war in langes, weißes Wollenzeug mit Ärmeln gekleidet, woran ein geflochtener weißer Gürtel mit Quasten und nach rückwärts eine Art Kapuze niederhing. Auf dem Haupte trug er ein Käppchen und über der Brust ein Herzschild von Metall oder Edelstein. Er hatte einen langen Bart.

Ich kann nicht sagen, wie gütig und freigebig er war. Wenn er irgend etwas hatte, was einem anderen wohlgefiel, besonders an Vieh, so gab er es ihm gleich; denn er war ein besonderer Feind von Neid und Habsucht.

Loth war beinahe ebenso gekleidet; er war aber nicht so groß wie Abraham und auch nicht so edel. Er war zwar gut, aber doch etwas habsüchtig. Ich sah aber ihre Knechte oft streiten und sah, wie Loth abzog; aber er zog in Nebel. Über Abraham sah ich Licht und sah ihn nachher seine Zelte abbrechen und umherziehen, und dass er einen Altar von Feldsteinen erbaute und ein Zelt darüber. Die Leute waren gar geschickt, aus rohen Steinen etwas aufzubauen, und es legte der Herr wie der Knecht die Hand an.

Dieser Altar war in der Gegend von Hebron, dem späteren Wohnort von Zacharias, dem Vater des Täufers. Die Gegend, wo Loth hingezogen war, war eine sehr gute Gegend, wie alles dies Land gegen den Jordan zu. Ich sah auch, wie die Städte der Gegend, wo Loth wohnte, geplündert wurden, und wie Loth mit Hab und Gut fortgeschleppt wurde. Und ich sah, wie ein Flüchtling dies

Abraham sagte, und dieser betete und mit allen seinen Knechten auszog und die Feinde überfiel und seinen Bruder frei machte, und wie dieser dankte und es ihm leid tat, von Abraham fortgezogen zu sein. Die Feinde und die Kriegführenden überhaupt und besonders die Riesen, welches ungewöhnlich große Leute waren und alles mit Gewalt und rohem Trotze erzwangen, und denen es auch wieder so abgejagt wurde, waren nicht wie Abrahams Leute gekleidet. Sie waren enger und kürzer gekleidet, hatten mehr Kleidungsteile und besonders viele Knöpfe, Sterne und Zieraten.

13. Melchisedechs Opfer von Brot und Wein

Melchisedech sah ich mehrmals bei Abraham. Er kam auf die Art, wie sonst oft Engel zu Abraham kamen. Einmal befahl er ihm ein dreifaches Opfer von Tauben und anderen Vögeln und weissagte über Sodoma und Loth, und dass er wieder zu ihm kommen werde, um Brot und Wein zu opfern; auch sagte er, um was Abraham zu Gott beten sollte. Dieser war voll Ehrfurcht vor Melchisedech und voll Erwartung des verheißenen Opfers; darum erbaute er einen sehr schönen Altar und umgab ihn mit einer Laubhütte.

Melchisedech ließ dem Abraham, als er zum Opfer von Brot und Wein herannahte, durch Boten seine Ankunft als des Königs von Salem melden. Abraham zog ihm entgegen, kniete vor ihm und empfing seinen Segen. Es war dies in einem Tal mittäglich von dem fruchtbaren Tal, das sich nach Gaza hinzieht.

Melchisedech kam von dem nachmaligen Jerusalem her. Er hatte ein graues, sehr schnelles Tier mit kurzem, breitem Hals bei sich, das breit beladen war. Auf der einen Seite trug es ein Gefäß mit Wein, das an der Seite, wo es gegen den Leib des Tieres lag, flach war; auf der anderen Seite trug es einen Kasten, worin ovalrunde, flache, nebeneinander stehende Brote und derselbe Kelch, den ich später bei der Einsetzung des Heiligen Sakramentes beim Abendmahl sah, und Becher von der Gestalt kleiner Fässchen waren. Diese Gefäße waren nicht von Gold oder Silber, sondern durchsichtig wie von bräunlichem Edelstein; sie schienen mir gewachsen, nicht gemacht.

Melchisedech machte den Eindruck wie der Herr in seinem Lehrwandel. Er war sehr schlank und groß, ungemein ernst und sanft. Er trug ein langes Gewand, so weiß und licht, dass es mich an das weiße Gewand erinnerte, das um den Herrn bei seiner Verklärung erschien. Das weiße Kleid Abrahams war ganz trübe dagegen. Er trug auch einen Gürtel mit Buchstaben, wie später die jüdischen Priester, und ich sah, dass er wie diese eine gefaltete Mütze bei dem Opfer auf dem Haupte trug. Seine Haare waren glänzend gelb, wie lichte lange Seide, sein Angesicht leuchtend.

Der König von Sodoma war, als Melchisedech nahte, schon bei Abraham im Gezelt, und ringsumher waren viele Menschen mit Tieren, Säcken und Kisten. Alle waren sehr still und feierlich und voll Ehrerbietung gegen Melchisedech, dessen Gegenwart sie ernst machte. Er trat an den Altar, auf dem eine Art Tabernakel war, wo hinein er den Kelch stellte; auch eine Vertiefung war an ihm, ich meine, für das Opfer.

Abraham hatte wie immer bei dem Opfer Gebeine von Adam auf den Altar gestellt, welche Noe in der Arche gehabt hatte. Sie flehten vor ihnen, Gott wolle die Verheißung des Messias erfüllen, die Er dem Adam gegeben. Melchisedech legte über den Altar zuerst eine rote Decke, die er mitgebracht, und über diese eine durchsichtige weiße. Seine Feier erinnerte mich an die Heilige Messe. Ich sah ihn Brot und Wein emporheben, opfern, segnen und brechen. Dem Abraham reichte er den nachmaligen Abendmahlskelch zum Trinken; die anderen tranken aus den kleineren Gefäßen, welche von Abraham und den vornehmsten Anwesenden dem ganzen Volke gereicht wurden, wie auch die gebrochenen Brote. Sie erhielten größere Bissen als in der ersten Zeit bei dem heiligen Abendmahl. Ich sah die Bissen leuchtend; sie waren nur geweiht, nicht konsekriert. Die Engel können nicht konsekrieren. Alle wurden erweckt und zu Gott erhoben.

Melchisedech reichte dem Abraham Brot und Wein zum Genuss, und er empfing feineres leuchtenderes Brot als die anderen. Er erhielt große Kraft und solche Stärke des Glaubens, dass er sich später nicht weigerte, den Sohn der Verheißung auf Gottes

Befehl zu opfern. Er prophezeite und sprach die Worte aus: Das ist nicht, was Moses auf Sinai den Leviten gibt. – Ich weiß nicht, ob Abraham auch selber das Opfer von Brot und Wein dargebracht hat, aber das weiß ich, dass der Kelch, aus dem er trank, derselbe ist, in welchem Jesus das Heiligste Sakrament eingesetzt hat.

Als Melchisedech den Abraham bei der Opferung von Brot und Wein segnete, da weihte er ihn zum Priester. Er sprach über ihn die Worte: «Es spricht der Herr zu meinem Herrn, setze dich zu meiner Rechten. Du bist ein Priester ewig nach der Ordnung des Melchisedech. Der Herr hat geschworen und es wird ihn nicht gereuen.» Er legte Abraham die Hände auf, und dieser gab ihm nachher den Zehnten; und ich erkannte die große Bedeutung, dass Abraham nach dieser Weihe den Zehnten gab. Es ist mir aber die Ursache dieser Wichtigkeit nicht mehr erinnerlich[43]. Ich sah auch, dass David, als er diesen Psalm verfasste, ein Gesicht von der Weihe Abrahams durch Melchisedech hatte und des letzteren Worte prophetisch wiederholte. Die Worte «setze dich zu meiner Rechten» haben eine eigene Bedeutung.

Wenn mir in Bildform die ewige Zeugung des Sohnes aus dem Vater gezeigt wird, da sehe ich den Sohn aus der Rechten des Vaters hervorgehen in einer Lichtform, welche von einem Dreieck, wie man das Auge Gottes abbildet, umgeben ist, in dessen oberer Spitze ich den Heiligen Geist erblickte. Doch ist dieses unaussprechlich.

Die Eva sah ich aus der Rechten Adams hervorsteigen, und dass die Altväter den Segen in der Rechten trugen und dass sie die Kinder, denen sie den Segen gaben, zur Rechten stellten. Jesus hat den Lanzenstich in seine Rechte empfangen, und die Kirche wächst aus dieser seiner Rechten hervor. In die Kirche eingehend, gehen wir in Jesu rechte Seite ein und sind in ihm mit seinem himmlischen Vater vereinigt.

Ich meine, dass Melchisedechs Sendung auf Erden mit diesem Opfer und der Weihe Abrahams erfüllt war; denn ich sah ihn nachher nicht mehr. Den Kelch mit den sechs Bechern hinterließ er dem Abraham.

14. Abraham empfängt das Sakrament des Alten Bundes

Abraham saß betend vor seinem Zelt unter einem großen Baum, an dem die Heerstraße vorbeiführte. Er saß hier oft, um den Reisenden Gastfreundschaft zu erweisen. Er sah betend nach dem Himmel und hatte die Erscheinung Gottes wie in einem Sonnenstrahl, welcher ihm die Ankunft der drei weißen Männer verkündigte. Danach opferte er ein Lamm auf dem Altar, und ich sah ihn davor in Entzückung auf den Knien um das Heil der Menschen flehen. Der Altar stand rechts von dem großen Baum in einem oben offenen Gezelt; weiter rechts vom Baum stand ein zweites Zelt, worin die Opfergerätschaften bewahrt wurden und wo Abraham sich zumeist aufhielt, wenn er mit seinen umher wohnenden Hirten zu tun hatte. Entfernter davon lag auf der anderen Seite der Heerstraße das Zelt der Sara und ihrer Hauswirtschaft; die Frauen wohnten immer abgesondert.

Das Opfer Abrahams war schier vollendet, als er die drei Engel in die Heerstraße eintreten sah. Sie wandelten gleich weit hintereinander mit geschürzten Kleidern. Abraham eilte ihnen entgegen, sprach vor ihnen sich beugend zu Gott und führte sie vor das Gezelt des Altares, wo sie die Gewänder niederließen und dem Abraham zu knien befahlen.

Ich sah die wunderbare Handlung, welche nun an Abraham, der in Entzückung war, durch die Engel vorging, in sehr kurzer Zeit, wie alles, was in solchem Zustande geschieht, vor sich gehen.

Ich sah, dass der erste Engel dem knieenden Abraham verkündete, Gott wolle aus seinen Nachkommen eine unbefleckte, sündlose Jungfrau hervorgehen lassen, welche als unversehrte Jungfrau die Mutter des Erlösers sein werde. Er selber aber solle nun empfangen, was Adam durch die Sünde verloren habe. Nun reichte ihm der Engel einen leuchtenden Bissen und ließ ihn aus einem kleinen Becher eine lichte Flüssigkeit trinken. Hierauf fuhr er segnend mit seiner Rechten vom Haupte Abrahams gerade hernieder, dann von seiner rechten und von seiner linken Schulter bis unter die Brust, wo sich die drei Linien des Segens vereinigten.

Hierauf reichte der Engel mit beiden Händen etwas Leuchtendes wie ein Wölkchen gegen die Brust Abrahams, das ich in ihn übergehen sah, ich hatte die Empfindung, als empfange er das Heilige Sakrament.

Der zweite Engel verkündete dem Abraham, er solle das Geheimnis dieses Segens auf dieselbe Weise, wie er es empfangen, vor seinem Tode dem Erstgeborenen Saras übergeben, und dass sein Enkel Jakob der Vater von zwölf Söhnen sein werde, von denen zwölf Stämme kommen sollten. Der Engel sagte auch, dass dem Jakob dieser Segen wieder genommen werden solle; und nachdem Jakob zu einem Volke geworden sein würde, solle der Segen in die Arche des Bundes als ein Segen des ganzen Volkes, der durch Gebet erhalten werde, wieder gegeben werden. Er zeigte ihm, dass wegen Gottlosigkeit der Menschen dieses Geheimnis aus der Arche an die Propheten und zuletzt an einen Mann übergehen werde, welcher der Vater der Jungfrau werden solle. Ich hörte auch in dieser Verheißung, dass den Heiden durch sechs Prophetinnen und durch Sternbilder das Heil der Welt aus der Jungfrau solle verkündigt werden.

Alles dieses ward Abraham in dem Gesicht inne; und er sah auch die Jungfrau am Himmel erscheinen und ihr zu Rechten einen Engel schweben, der mit einem Zweig ihren Mund berührte. Aus dem Mantel der Jungfrau sprosste darnach die Kirche hervor.

Der dritte Engel verkündete Abraham die Geburt von Isaak. Ich sah Abraham so erfreut über die verheißene heilige Jungfrau und das Gesicht, das er von ihr gehabt, dass er an Isaak gar nicht dachte, und ich meine, dass die Verheißung der Jungfrau ihm auch später den Befehl Gottes, Isaak zu opfern, erleichterte. Nach dieser heiligen Handlung sah ich erst das Bewirten der Engel und das Lächeln der Sara. Ich sah Abraham auch den Engeln das Geleit geben und für Sodoma flehen.

Als Abraham aus seiner Entzückung zurückkam, führte er die Engel unter den Baum, stellte Schemel um denselben, auf welche die Engel sich niederließen, da er ihnen die Füße wusch. Nun eilte Abraham in das Zelt der Sara, dass sie ein Mahl bereite, welches sie darnach verschleiert auf halbem Wege entgegenbrachte. Nach dem Mahl begleitete Abraham die Engel eine Strecke Weges, und da sie von der Geburt eines Sohnes zu ihm sprachen, lachte Sara, welche dieses hörte, da sie sich hinter den Zeltverzäunungen genaht hatte. Ich sah sehr viele Tauben zahm wie Hühner vor den Zelten. Das Mahl bestand aus solchen Tauben, runden Broten und aus Honig.

Abraham hatte schon früher bei seinem Auszug aus Chaldäa das Geheimnis des Segens durch einen Engel empfangen; aber noch verhüllt und mehr als ein Unterpfand der Erfüllung der Verheißung, dass er der Vater eines zahllosen Volkes werden solle. Jetzt aber wurde das Geheimnis durch die Engel in ihm erweckt, und er darüber erleuchtet.

15. Jakob[44]

Rebekka wusste, dass Esau keinen Strahl aus dem göttlichen Geheimnis hatte. Esau war tölpisch, rau und faul; Jakob sehr behänd, klug und mehr auf die Art der Mutter. Isaak hielt mehr auf Esau als den Erstgeborenen. Dieser zog viel auf die Jagd. Rebekka dachte hin und her, wie sie dem Jakob das Recht und den Segen zuwenden sollte. Das Abkaufen der Erstgeburt lehrte sie den Jakob; es war Gemüse mit Fleisch und grüne Blätter wie Lattich. Esau kam müde; Jakob schmeichelte ihm, und so erhielt er das Abtreten der Erstgeburt.

Isaak war schon sehr alt und blind, er fürchtete zu sterben und wollte Esau seinen Segen geben. Rebekka, die wusste, dass Jakob ihn haben sollte und haben müsse, konnte Isaak nicht dazu bereden. Sie war darum sehr bekümmert und ging ganz unruhig umher; und als Isaak sich nicht länger wollte hinhalten lassen und Esau, der in der Nähe war, hereinrief, musste sich Jakob verstecken, dass Esau ihn nicht sah; und Rebekka schickte Jakob fort, ein Böckchen von der Herde zu holen; denn Isaak befahl dem Esau, ein Wild zu töten. Kaum war Esau fort, so war das Gericht schon fertig.

Die guten Kleider Esaus, die nun Rebekka dem Jakob anlegte, waren eine solche Jacke, wie dieser selbst trug, nur steifer und auf der Brust bunt gestickt. Esau war auf den Armen dicht schwarz wollicht und ebenso auf der Brust wie ein Fell; deshalb wickelte sie Jakob die Felle um die Arme und legte sie ihm auf die Brust, wo die Jacke geschlitzt war. Nur durch die Arbeit war diese Jacke von den gewöhnlichen verschieden; an der Seite war sie offen, der Hals wurde durch ein Loch gesteckt, das in weiches, bräunliches Leder geschnitten war. An den Seiten wurde sie mit Riemen zusammengebunden; wurde ein Gürtel umgelegt, so diente dieser zugleich als Tasche. Darunter waren die Arme bloß, die Jacke hatte keine Ärmel, die Brust war frei, die Kopfbinde und Schürze waren bräunlich oder grau.

Ich sah, wie Isaak den Jakob auf der Brust, wo Esau voll Haare war, und an den Händen betastete, und wie er etwas taumelig und trüb war und zweifelte; aber weil der Augenblick da und es Gottes Wille war, glaubte er dennoch, es sei Esau und gab Jakob den Segen, den er von Abraham und Abraham von dem Engel empfangen hatte. Er hatte aber zuvor etwas Geheimnisvolles mit Rebekka bereitet, was zum Segen gehörte; es war dies ein Getränk in einem Becher.

Die Kinder wussten nichts davon, und nur der, welcher den Segen hatte, erfuhr das Geheimnis, das ihm dennoch, wie uns das Heilige Sakrament, ein Geheimnis blieb. Das Gefäß war an einer Seite platter als an der anderen. Es war durchsichtig und schimmernd wie Perlmutter; es war mit etwas Rotem gefüllt, und ich hatte die Empfindung, es sei wie Blut, wie von Isaaks Blut. Rebekka war bei der Bereitung.

Als Isaak Jakob segnete, war dieser allein bei ihm. Er musste die Brust entblößen und stand vor Isaak. Der Vater führte die segnende Hand von der Stirne gerade nieder bis zum Schoße Jakobs und von der rechten Schulter eben dahin, dann ebenso von der linken Schulter. Darauf legte er ihm die Rechte auf das Haupt und die Linke in die Herzgrube; dann musste Jakob das Gläschen austrinken, und endlich war es, als wenn ihm Isaak alles, alle Gewalt und Kraft gebe, indem er mit beiden Händen wie etwas aus seinem Leibe nahm und in den Leib Jakobs hingab. Ich fühlte, dieses sei seine Kraft und der Segen. Bei allem diesem betete Isaak laute Worte. Isaak richtete sich segnend vom Lager auf; er ward begeistert unter dem Segen, und es strahlte Glanz von ihm.

Als er Segenslinien zog, hatte Jakob die Hände halb erhoben geöffnet wie die Priester beim *Dominus Vobiscum*. Wenn der

Vater bloß betete, hatte Jakob die Hände auf der Brust gekreuzt. Als Isaak den Segen übergab, empfing ihn Jakob und kreuzte die Hände unter der Brust wie einer, der etwas fasst. Die Hände auf Kopf und Magengegend legte ihm Isaak am Schluss auf. Das Gläschen, woraus er getrunken, bekam er auch. Als aber der Segen vollendet war durch die Übergabe, sah ich Isaak vor Anstrengung oder wirklichem Hin- und Übergeben und Nicht-mehr-Haben einer Kraft ganz ohnmächtig. Jakob aber sah ich blühend, kräftig, voll Leben und mächtig geworden.

Nun kam Esau zurück. Als Isaak den Übertrag des Segens auf einen anderen merkte, ward er nicht unwillig; er erkannte Gottes Willen. Esau aber ward ganz wütend, er raufte sich die Haare; doch schien es mehr Neid gegen Jakob als Leid um den Segen.

Beide Söhne waren große Männer, als der Segen gegeben wurde. Esau hatte schon zwei Frauen, die seinen Eltern nicht lieb waren. Beide waren über vierzig Jahre alt. Wie aber Rebekka den Zorn Esaus sah, sendete sie Jakob heimlich zu ihrem Bruder Laban fort. Ich sah ihn fortgehen. Er hatte bis auf den Gürtel eine Jacke und bis auf die Knie eine Schürze, unter den Füßen Sohlen und um den Kopf eine Binde gewickelt. Ein Hirtenstab in der Hand, ein Säckchen mit Brot von der Schulter hängend, unter dem anderen Arm eine Flasche, war alles, was er hatte. So sah ich ihn unter den Tränen der Mutter forteilen. Isaak segnete ihn auch noch und befahl ihm, dorthin zu gehen und dort ein Weib zu nehmen. Die Eltern hatten viel auszustehen mit Esau, und besonders hatte Rebekka vieles Leid.

Ich sah Jakob auf seiner Reise nach Mesopotamien an dem Orte schlafen, wo nachher Bethel[45] erbaut wurde. Die Sonne war untergegangen; er legte sich einen Stein unter sein Haupt und entschlief auf dem Rücken liegend, gerade ausgestreckt. Sein Stab ruhte ihm im Arme. Ich sah dann auch die Leiter, die er im Traume sah und von der in der biblischen Geschichte gesagt ist «welche auf der Erde stand und mit der Spitze bis in den Himmel reichte». Ich sah aber diese Leiter von dem auf der Erde liegenden Jakob bis zu dem Himmel emporsteigen. Ich sah sie wie einen lebendigen Stammbaum seiner Nachkommenschaft. So wie man die Stammbäume abbildet, sah ich unten an der Erde, als wachse aus dem Leibe des schlafenden Jakob eine grüne Rebe, die sich in drei Stämme teilte, welche sodann als gerade Stämme wie eine dreiseitige Pyramide zu einer Spitze bis in den Himmel empor reichten. Die drei Stämme waren untereinander nach den drei Seiten hin durch gewachsene Zweige verbunden, welche die Sprossen einer dreiseitigen Leiterpyramide bildeten. Ich sah diese Leiter von vielen Erscheinungen umgeben; ich sah die Nachkömmlinge Jakobs auf der Leiter aufsteigend, welche die Geschlechtslinie Jesu nach seiner Menschheit bildeten. Sie stiegen von einer Seite oft nach einer anderen übertretend und stiegen einander vor. Einige blieben zurück und andere von der anderen Seite überstiegen diese, je nachdem der Keim der Menschheit Jesu durch die Sünde getrübt und wieder durch Enthaltung gereinigt wurde; bis endlich die reine Blume, die heilige Jungfrau, in welcher Gott Mensch werden wollte, auf der höchsten Spitze der Leiter den Himmel berührte. Ich sah über ihr den Himmel offen und die Herrlichkeit Gottes. Gott sprach von da aus mit Jakob.

Ich sah wie Jakob, als er am Morgen erwachte, zuerst eine runde Unterlage von Steinen machte, darauf einen platten Stein legte und auf diesem den Stein aufrichtete, den er unter sein Haupt gelegt hatte, da er schlief. Ich sah auch, dass er ein Feuer machte und etwas opferte, auch etwas in das Feuer auf dem Stein goss. Er betete kniend. Ich glaube, er machte das Feuer, wie die Drei Könige, durch Reiben.

Dann sah ich Jakob auf der Reise zu Laban[46] mit seinem Stabe in der Hand noch an mehreren Orten wie zu Bethel. Ich sah ihn auf dieser Reise abermals zu Ainon, wo er auch schon früher gewesen und daselbst eine Zisterne, die später der Taufbrunnen Johannis wurde, erneuert hatte. Ich sah, dass er schon damals an der Stelle Mahanaim betete, Gott möge ihn doch schützen und ihm auch seine Kleider erhalten, damit er bei seiner Ankunft in Mesopotamien nicht so schlecht aussehe und Laban ihn doch anerkennen möge. Ich sah, dass er damals schon zwei Scharen auf seinen beiden Seiten schwebend erblickte, gleich zwei Lagern, als ein Zeichen: so sei er geschützt, so mächtig werde er werden. – Auf der Rückkehr sah er die Erfüllung von diesem Gesicht. Dann sah ich ihn weiter östlich wieder auf die Mittagsseite des Flusses Jabok kehren und eine Nacht an der Stelle zubringen, wo er nachher mit dem Engel gerungen. Auch hier hatte er ein Gesicht.

Bei der Rückkehr Jakobs aus Mesopotamien stand Jakobs Lager östlich von der Lage des nachmaligen Jabesch-Gilead. Ich sah, wie sein Schwiegervater Laban ihm nachsetzte, weil ihm seine Götzenbilder entführt worden waren, und wie er ihn einholte und es hier wegen der Götzenbilder viel Streitens mit Worten zwischen ihnen gab. Jakob wusste nicht, dass Rachel sie heimlich mitgenommen hatte. Als diese merkte, dass ihr Vater Laban, der das ganze Lager nach seinen Götzenbildern durchsuchte, nun auch bald zu ihrem Zelte kommen werde, versteckte sie die entwendeten Götzenbilder, welche etwa fünf einen halben Arm lange Wickelpuppen von Metall waren, unter einem sehr großen Haufen von Streu für die Kamele, der nicht weit von ihrem Gezelte am Abhang des Tales südlich vom Jabok aufgehäuft lag, und setzte sich verhüllt darauf, als sei sie krank und abgesondert.

Es saßen gleich ihr noch mehrere andere Frauen auf diesem Streuhaufen. Auf einem ähnlichen, noch größeren Streuhaufen habe ich den aussätzigen Job sitzen sehen. Der Haufen Rachels war von der Größe eines vollen Erntewagens. Sie führten viel Streu auf den Kamelen mit sich und nahmen unterwegs oft noch mehr dazu. Rachel hatte sich lange an diesen Götzenbildern geärgert und sie bloß mitgenommen, um ihren Vater davon los zu machen.

Jakob hatte Boten zu Esau geschickt, vor dem er sich fürchtete; und diese kamen wieder und sagten, dass Esau mit vierhundert Mann nahe. Da teilte Jakob sein ganzes Gefolge in zwei Haufen, und den ersten Herdenhaufen in mehrere, die er dem Esau entgegenschickte. Er führte diese auch bis Mahanaim, und da sah er jenes Gesicht wieder, das er bei seinem Auszug gesehen, die Heerlager der Engel, und sagte: «Mit meinem Stabe bin ich ausgezogen und bin um zwei Heere reicher geworden.» Er verstand nun jenes frühere Gesicht.

Als alles über den Jabok war, setzte Jakob in der Nacht auch seine Weiber und Kinder hinüber und blieb allein. Er ließ sich sein Zelt auf der Stelle errichten, wo er bei seinem Auszuge aus Palästina Gottes Angesicht gesehen. Er wollte in der Nacht da beten. Sein Zelt ließ er von allen Seiten zumachen und hieß seine Knechte sich entfernen. Ich sah ihn da ganz herzlich zu Gott schreien und ihm alles vorstellen, besonders seine große Angst vor Esau. Das Zelt war oben offen, damit er besser zum Himmel beten konnte.

Ich sah nun, wie Jakob mit dem Engel rang; es geschah in einem Traumgesicht. Er stand auf und betete. Da kam in einem Licht von oben eine große, glänzende Gestalt vor ihn und begann mit ihm zu ringen, und es war, als wolle die Erscheinung ihn aus dem Zelte hinausdrängen. Sie drängten sich im Zelte hin und her, nach allen Richtungen. Die Erscheinung tat, als wolle sie Jakob nach allen Weltgegenden verdrängen, und Jakob wendete sich immer wieder in die Mitte des Zeltes. Es war dies wie ein Vorbild, dass Israel, von allen Seiten bedrängt, nicht aus dem Gelobten Lande werde verdrängt werden.

Als aber Jakob sich abermals nach der Mitte des Zeltes wendete, griff der Engel in seine Hüfte. Ich sah dies geschehen, da Jakob, der im Gesichte gerungen, sich auf sein Lager legen wollte oder auf dasselbe niedersank. Indem der Engel Jakobs Hüfte berührt und damit getan hatte, was er wollte, sagte er zu Jakob, der ihn noch immer festhielt: «Lasse mich, denn die Morgenröte bricht an!» Nun aber erwachte Jakob aus dem Gesichte und dem Kampfe und sah den Engel Gottes noch vor ihm stehen, und er sagte: «Nein! Ich lasse dich nicht, ehe du mich segnest»; denn er fühlte ein Bedürfnis des Segens Gottes, weil er sich schwächer fühlte und Esaus Ankunft ihm bevorstand. Da sprach der Engel zu ihm: «Wie heißest du?» Das gehörte schon zum Segen.

Abram wurde auch beim Segen Abraham genannt. Er sagte: «Jakob.» Da sprach der Engel: «Du sollst Israel heißen, denn du hast mit Gott und Menschen gerungen und bist nicht unterlegen.» Jakob fragte nun: «Wie heißest du?» Und der Engel sagte: «Warum fragst du mich, wie ich heiße?» Das hieß so viel als: Kennst du mich nicht? Hast du mich nicht schon früher erfahren? Und Jakob kniete vor ihm und empfing den Segen. Der Engel segnete ihn, wie Abraham von Gott gesegnet wurde, und wie er diesen Segen weiter auf Isaak und dieser auf Jakob übertragen hatte, in drei Linien. Dieser Segen ging besonders auf Geduld und Ausdauer. Nun verschwand der Engel, und Jakob sah die Morgenröte und nannte diese Stelle Phanuel[47]. Er ließ sein Zelt abbrechen und ging über den Jabok zu seiner Familie. Da ging ihm die Sonne auf, und er hinkte an der rechten Seite, denn er war da entkräftet.

Als Esau weggezogen war, zog Jakob mit all den Seinen nach Manahaim und nahm die Gegend von Sukkoth bis zum Hügel Ainon mit seinen Herden und Knechten ein. Er selbst wohnte zehn Jahre zu Ainon; nachher erstreckte sich seine Ansiedlung von Ainon gegen Abend bis über den Jordan nach Salem, und er hatte seine Gezelte bis wo Sichem gewohnt und kaufte dort ein Feld.

Ich sah Dina mit ihren Mägden dort spazieren gehen und mit den Sichemiten sprechen aus Neugierde. Ich sah, dass Sichem freundlich mit ihr tat, dass ihre Mägde zurückgingen und dass Sichem sie mit in die Stadt nahm. Da kam großes Leid über sie und Mord und Totschlag über die Sichemiten. Sichar war damals eine noch nicht große Stadt von Quadersteinen erbaut und hatte nur ein Tor.

Abraham, Isaak und Jakob, die Altväter, waren an der rechten Seite ihres Leibes etwas stärker als an der anderen. Man merkte es jedoch nicht. Sie trugen ihre Kleider weit und schützend. Es lag ihnen in dieser Seite eine Fülle wie eine Geschwulst. Es war ein Heiligtum, ein Segen, ein Geheimnis darin. Es hatte die Gestalt einer Bohne mit einem Keime; es war leuchtend. Der Erstgeborene empfing es von seinem Vater, darum hatte er so großen Vorzug.

Jakob empfing das Geheimnis statt Esau, weil die Mutter wusste, dass er gezeichnet dazu war. Durch die Berührung des Engels ward dem Jakob der Segen genommen. Er brachte ihm keine Wunde bei; es war wie ein Verdorren jener Fülle. Er war nachher nicht mehr so sicher und auf Gottes Schutz hinlebend. Früher war er einer, der durch ein Sakrament in sich gestärkt ist; nachher war er gedemütigter, sorglicher und hatte mehr Not. Er fühlte wohl, dass ihm jener Segen genommen war, darum ließ er den Engel nicht, bis er ihn durch Segnung gestärkt hatte. Erst Joseph erhielt durch einen Engel den Segen wieder, als er sich im Kerker des Pharao von Ägypten befand.

16. *Joseph und Aseneth*[48]

Als Joseph nach Ägypten verkauft wurde, war er sechzehn Jahre alt. Er war mittelgroß, sehr schlank, geschmeidig, beweglich mit Leib und Seele. Er war ganz anders als seine Brüder. Jedermann musste ihn lieben. Hätte der Vater ihn nicht so vorgezogen, die Brüder hätten ihn lieben müssen. Ruben war auch geschmeidiger als die anderen; aber Benjamin war ein sehr großer, plumper Mensch, doch gutmütig und leitsam. Joseph trug das Haar in drei Teile gescheitelt: zu beiden Seiten je einen Teil, ein dritter hing im Nacken lang und kraus hernieder. Als er Herrscher über Ägypten wurde, trug er das Haar geschoren, später aber wieder lang.

Mit dem bunten Rock hatte Jakob dem Joseph auch Gebeine von Adam übergeben, ohne dass Joseph wusste, was es war. Jakob gab sie ihm als ein schützendes Kleinod, weil er wohl wusste, dass seine Brüder ihn nicht liebten. Joseph hatte die Gebeine auf der Brust in einem Säckchen von Leder hängen, das oben rund war. Da seine Brüder ihn verkauften, zogen sie ihm nur seinen bunten Rock und sein gewöhnliches Kleid aus; er hatte aber auf dem bloßen Leibe noch eine Binde und eine Art Skapulier über die Brust, worunter er jenes Säckchen hängen hatte.

Der bunte Rock war weiß mit breiten roten Streifen; auf der Brust hatte er drei schwarze Querschnüre, in der Mitte mit gelber Verzierung. Er war nach oben weit gegürtet, dass er etwas hineinschieben konnte, unten war er eng, hatte aber an der Seite Einschnitte, um beim Gehen Raum zu lassen. Er ging bis herab und war hinten etwas länger und vorne offen. Josephs gewöhnliches Kleid ging nur bis über die Knie.

Joseph war dem Pharao und seinem Weibe schon bekannt, ehe er ins Gefängnis kam. Er besorgte die Geschäfte Putiphars so vollkommen, und Putiphar machte während Josephs Aufenthalt in seinem Hause alles so gut bei Pharao und war so gesegnet, dass Pharao seinen Diener sehen wollte. Pharaos Weib, welches sehr heilsbegierig und anbetend war und wie alle Ägypter sehr nach neuen Göttern verlangend, erstaunte so über den wunderbaren, geistreichen, weisen Fremdling, dass sie ihn innerlich wie einen Gott verehrte und zu Pharao immer sagte: Dieser Mann ist von unseren Göttern gesendet, er ist kein Mensch wie wir. Er kam darum in das vornehme Gefängnis, wo er später Aufseher über die anderen wurde. Sie beweinte ihn sehr, da er als ein Verbrecher gefangen wurde, dass sie sich in ihm geirrt; und als er frei wurde und an den Hof kam, war sie ihm immer sehr gut. Derselbe Becher, den er dem Benjamin einpackte, war das erste Geschenk von ihr. Ich kenne ihn gut, er hatte zwei Henkel und keinen Fuß. Er war wie von einem Edelstein oder einer durchsichtigen Masse, die ich nicht kenne, und war ganz geformt wie der obere Teil des Abendmahlkelches. Er war auch unter den Gefäßen, welche die Kinder Israel mit aus Ägypten nahmen, und wurde in der Bundeslade bewahrt.

Joseph war sieben Jahre im Kerker und hat daselbst in der größten Betrübnis das Geheimnis Jakobs auf dieselbe Art wie die Altväter erhalten und auch ein Gesicht von großer Nachkommenschaft.

Putiphars Frau kenne ich gut. Ich habe auch gesehen, wie sie Joseph verführen wollte; nach seiner Erhöhung aber tat sie Buße, ward fromm und keusch. Sie war eine große, starke Frau von gelbbrauner wie Seide glänzender Hautfarbe. Sie trug ein farbiges Kleid und darüber ein feines mit Figuren durchbrochenes Gewand, wodurch das untere wie durch Spitzen durchschimmerte.

Joseph war viel mit ihr, weil ihm alles von seinem Herrn übergeben war. Als er aber merkte, dass sie vertraulicher wurde, schlief er nicht mehr in dem Hause seines Herrn, wenn dieser nicht da war. Sie suchte ihn oft bei seiner Arbeit, wenn er etwas schrieb. Ich sah sie einmal sehr unschicklich gekleidet zu ihm kommen, als er im Winkel eines Saales stand und schrieb. Sie schrieben auf Rollen an abhängigen Flächen, vor denen man stehen und sitzen konnte, die an den Wänden waren. Sie sprach mit ihm, und er antwortete; sie ward aber damals frech. Da drehte er sich um und eilte weg. Sie fasste nach seinem Mantel, und er ließ ihn im Stich.

Ich sah Joseph bei dem Götzenpriester Putiphar in Heliopolis, bei welchem Aseneth, die Tochter Dinas und des Sichemiten, als eine Prophetin und Götzenschmückerin mit sieben anderen Mägdlein lebte. Er hatte sie in ihrem fünften Jahre von ihrer Amme, mit welcher sie von Jakob an das Rote Meer geflüchtet worden war, damit seine Söhne das Kind nicht ermordeten, gekauft. Sie besaß den Geist der Weissagung und galt dem Putiphar als eine

Prophetin. Joseph kannte sie; er wusste nicht, dass sie seine Nichte war. Sie war ein ganz ernstes, die Zurückgezogenheit suchendes Wesen und hasste bei ihrer großen Schönheit die Männer. Sie hatte tiefsinnige Gesichte und kannte den ägyptischen Sterndienst, hatte aber eine geheime Ahnung von der Religion der Patriarchen; Zauberei sah ich nicht von ihr. Sie sah in Gesichten das ganze Geheimnis des Lebens, der Fortpflanzung, der Zukunft und des Auszuges Israels, ja den ganzen Zug durch die Wüste. Sie schrieb viele Rollen voll auf die Blätter einer Wasserpflanze und auf Häute mit wunderlichen Buchstaben, welche wie die Köpfe von Tierchen und Vögeln waren. Diese Bücher wurden schon zu ihren Lebzeiten von den Ägyptern missverstanden und zu argen Greueln missbraucht. Aseneth war sehr betrübt über das Missverstehen, das der Teufel angestellt, und weinte sehr viel. Sie hatte mehr Gesichte als irgendein Mensch ihrer Zeit und war voll wunderbarer Weisheit. Sie tat aber alles ganz still hin und gab allen Rat. Sie konnte auch weben und sticken und war so voll Weisheit, dass sie auch das Verderben der Wahrheit durch die Menschen erkannte und war darum so ernst, zurückhaltend und stille.

Ich sah, dass Aseneth durch das Missdeuten ihrer Gesichte und Schriftrollen die Veranlassung wurde zu ihrer abgöttischen Verehrung als Isis und Joseph zu der als Osiris. Vielleicht hat sie deshalb soviel geweint; sie hat auch Schriftrollen dagegen geschrieben, dass man sie eine Mutter aller Götter nennen werde.

Wenn Putiphar opferte, ging Aseneth auf einen Turm, wo sie wie in einem Gärtchen war, und sah bei Mondlicht nach den Sternen. Sie kam in Entzückung und sah alles in den Sternen sehr klar und sah die Wahrheit in den Bildern, weil sie von Gott auserwählt war. Ich habe aber Götzenpriester gesehen, welche die greulichsten Dinge sahen, da sie in ganz fremde, teuflische Welten gezogen wurden. Durch diese teuflischen Gesichte wurden die geheimen Eröffnungen der Aseneth in die Greuel der Abgötterei verunstaltet.

Aseneth hatte vieles in Ägypten eingeführt. Sie ließ viele nützliche Tiere kommen, z.B. Kühe; sie lehrte auch die Bereitung von Käse, ebenso Weberei und manche unbekannte Kunst. Sie heilte auch viele Krankheiten. Von Joseph wurde der Pflug in Ägypten eingeführt, den er selber zu führen verstand. Eine Sache war mir recht wunderbar. Aseneth ließ von den vielen geschlachteten Opfertieren das Fleisch in großen, unter freiem Himmel eingegrabenen Kesseln lange kochen, bis es eine Masse wie Leim wurde, welche auf Kriegszügen und bei Hungersnot zur Nahrung diente. Darüber waren die Ägypter sehr froh und erstaunt.

Als Joseph Aseneth bei dem Götzenpriester sah, nahte sie ihm und wollte ihn umarmen. Es war dies keine Frechheit, sondern eine Art Weissagung, eine prophetische Handlung; darum geschah sie vor dem Götzenpriester. Aseneth war wie heilig gehalten. Ich sah aber, dass Joseph sie mit vorgestreckter Hand zurückschob und ernste Worte zu ihr sprach. Da sah ich sie sehr erschüttert sich in ihre Stube zurückziehen und in Trauer und Buße leben.

Ich sah Aseneth in ihrem Gemach, sie stand hinter einem Vorhang, ihre Haare hingen lange und reich nieder und waren am Ende gelockt. Sie hatte auf der Magenhöhle ein wunderbares, in die Haut eingedrücktes Zeichen. In einer Figur, wie eine herzförmige Schale, stand ein Kind mit ausgebreiteten Armen, das in der einen Hand eine kleine Schale, in der anderen einen Becher oder Kelch hielt. In der Schale waren drei weiche aus der Hülse brechende Ähren und die Figur einer Taube, die nach der Traube in dem Kelch auf der anderen Hand des Kindes zu picken schien. Dem Jakob war dies Zeichen bekannt; dennoch musste er Aseneth fortschaffen, um sie vor dem Zorne seiner Söhne zu bewahren.

Als er aber zu Joseph nach Ägypten kam, und dieser ihm alles vertraute, erkannte er seine Enkelin an diesem Zeichen. Auch Joseph hatte ein solches Mahlzeichen einer Traube mit vielen Beeren auf der Brust.

Nun sah ich einen Engel erscheinen in sehr festlichem Gewande, mit einer Lotosblume in der Hand. Er grüßte Aseneth; sie schaute nach ihm und verhüllte sich. Er befahl ihr, nicht mehr zu trauern und sich festlich zu schmücken und begehrte Speise von ihr. Sie ging und kehrte geschmückt zurück und brachte auf einem leichten niederen Tischchen Wein und kleine platte Brote in Asche gebacken. Sie war nicht scheu, ganz einfältig und demütig so wie Abraham und andere Altväter bei heiligen Erscheinungen; da der Engel mit ihr sprach, entschleierte sie sich. Er begehrte Honig von ihr; da sagte sie, sie habe keinen Honig wie andere Jungfrauen, die ihn aßen. Darauf sprach der Engel, sie werde Honig zwischen den Götzenbildern finden, die in dem Gemach in verschiedenen Gestalten, in gewickelten Bildern mit Tierköpfen und mit nach unten geschlungenen Schlangenleibern standen.

Da fand sie nun eine schöne, hostienweiße, großzellige Honigwabe und stellte sie vor den Engel, der sie davon essen hieß. Er segnete den Honig, und ich sah ihn leuchten und zwischen beiden auflodern. Ich kann die Bedeutung dieses himmlischen Honigs nicht mehr ganz aussprechen; denn wenn man solche Dinge sieht, weiß man alles, weil man die Dinge wirklich weiß; jetzt aber scheint einem der Honig wieder das, was man Honig heißt, ohne dass man weiß, was Blumen, Bienen und Honig eigentlich sind.

Ich kann nur so viel sagen: Aseneth hatte wirklich nur Brot und Wein und keinen Honig in sich, und sie kam durch diesen Honig erst vom Götzendienst ab, und das Israelitische (das Heil des Alten Bundes) fand in ihr einen Aufgang. Es war dabei, dass sie vielen helfen solle, dass viele wie Bienen um sie bauen sollten. Sie sagte selbst, sie wolle nun keinen Wein mehr trinken, der Honig sei ihr nötiger. In Midian bei Jethro sah ich vielen Honig, viele Immen.

Der Engel segnete die Honigwabe nach allen Weltgegenden mit seinem Finger; dies bedeutete, dass sie mit ihrem Dasein, ihrer Vorbildlichkeit und mit dem Geheimnisse ihres Inhaltes so vielen sollte eine Mutter und Führerin sein. Als man nachher sie selbst göttlich verehrte und sie mit so vielen Brüsten abbildete, war dies auch ein Missverstehen ihrer eigenen Gesichte, wie sie so viele ernähren sollte.

Der Engel sagte ihr auch, dass sie die Braut Josephs sei und mit ihm verbunden werden solle. Er segnete sie auch wie Isaak den Jakob und der Engel Abraham segnete. Die drei Segenslinien aber wurden über sie zweifach gezogen, einmal zur Herzgrube, das zweite Mal zum Schoße.

Ich hatte später ein Bild, wie Joseph wieder zu Putiphar kam, Aseneth zum Weibe zu begehren, und erinnere mich nur, dass er wie der Engel eine Lotosblume in Händen trug. Er wusste von ihrer großen Weisheit, aber ihre beiderseitige Verwandtschaft war ihm ein Geheimnis und so war es auch für Aseneth.

Ich sah auch, dass der Sohn Pharaos Aseneth liebte und dass sie sich verborgen halten musste; dass in diesem Handel es durch Juda verhindert wurde, sonst hätten Dan[49] und Gad[50], von Pharaos Sohn dazu aufgehetzt, der sich mit ihnen in einen Hinterhalt legte, den Joseph umgebracht. Ich meine, Juda hatte eine göttliche Warnung in einem Gesichte und sagte Joseph, dass er auf einem anderen Wege reisen solle. Ich erinnere mich, dass auch Benjamin sich in dieser Sache ein Verdienst erworben und Aseneth verteidigt hat. Dan und Gad erlitten eine Strafe, es starben ihnen Kinder. Sie waren auch von Gott gewarnt, ehe noch jemand etwas davon wusste.

Joseph und Aseneth trugen wie der Götzenpriester Putiphar ein heilig gehaltenes Zeichen der höchsten Gewalt, wenn sie sich dem Volke zeigten, in der Hand. Der obere Teil dieses Zeichens war ein Ring, der untere ein lateinisches Kreuz, ein T. Es diente als Siegel, und wenn Korn gemessen und abgeteilt wurde, wurden die Haufen durch Eindrücke damit bezeichnet; ebenso die Kornhäuser und Kanalbauten, auch das Steigen und Fallen des Nils wurde damit angezeichnet. Schriften wurden damit gestempelt, nachdem sie zuvor mit rotem Pflanzensaft bestrichen waren. Wenn Joseph ein Amtsgeschäft hatte, lag das Zeichen, das Kreuz in den Ring eingeschlagen, auf einem Teppich neben ihm. Es schien mir auch wie ein Abzeichen des noch in Joseph eingeschlossenen Geheimnisses der Bundeslade.

Aseneth hatte auch ein Instrument wie eine Rute, womit sie, im Gesichte wandelnd, da, wo es zuckte, in die Erde schlug und Wasser und Quellbrunnen fand. Es war unter dem Einfluss der Gestirne gemacht.

Bei festlichen Aufzügen fuhren Joseph und Aseneth auf einem blinkenden Wagen. Aseneth trug ein ganz goldenes Brustschild, das unter den Armen den ganzen Leib umschloss. Auf dem Schilde waren viele Figuren und Zeichen. Ihr Kleid fiel bis über die Knie, von da an waren die Beine bewickelt. Auf dem Rücken trug sie einen weiten Mantel, der nach vorne über den Knien zusammengehalten war. Die Schuhe hatten aufwärts gebogene Schnäbel wie Schlittschuhe. Der Kopfputz, wie ein Helm, bestand aus bunten Federn und Perlen.

Joseph trug einen engen Leibrock mit Ärmeln und darüber ein Brustschild von Gold mit Figuren, um die Lenden kreuzten sich Streifen mit goldenen Knoten, über den Rücken fiel ein Mantel, und sein Kopfschmuck war auch von Federn und Geschmeiden.

Als Joseph nach Ägypten kam, wurde an Neu-Memphis gebaut, das ungefähr sieben Stunden nördlich vom alten Memphis lag. Zwischen beiden Städten war auf Dämmen eine Landstraße mit Alleen; da und dort waren zwischen Bäumen Figuren von gar ernsthaft und traurig aussehenden weiblichen Götzenbildern, welche Leiber wie Hunde hatten und auf Steinplatten saßen. Sonst gab es keine schönen Gebäude, aber ungeheuer lange Wälle und künstliche Steinberge (Pyramiden) voll von Gewölben und Kammern. Die Wohnungen waren leicht, mit einem Oberbau von Holz. Es gab noch große Wälder und Moräste dazwischen. Der Nil hatte bei der Flucht Mariä nach Ägypten schon seinen Lauf verändert.

Die Ägypter beteten allerlei Tiere, Kröten, Schlangen, Krokodile an. Sie sahen ganz ruhig zu, wenn ein Mensch von einem Krokodil gefressen wurde. Bei Josephs Ankunft war der Stiergott noch nicht in Verehrung; dieser Dienst kam aber bald darauf durch den Traum des Pharao von den sieben fetten und mageren Kühen in Aufnahme. Sie hatten vielerlei Götzenbilder, manche wie Wickelkinder, andere wie Schlangen gewunden, darunter solche, die verkürzt und verlängert werden konnten. Manche Götzenbilder waren mit Brustschildern geschmückt, auf welchen Pläne von Städten und der Lauf des Nils wunderlich eingezeichnet waren. Diese Schilder wurden nach den Bildern gemacht, welche die Götzenpriester auf ihren Türmen in den Sternen sahen, wonach sie dann die Städte und Kanäle bauten. Auf solche Art wurde Neu-Memphis gegründet.

Die bösen Geister müssen damals eine andere, mehr körperliche Macht gehabt haben; denn ich sah die ägyptische Zauberei mehr aus der Erde, aus der Tiefe kommen. Wenn ein Götzenpriester sein Zauberwerk begann, sah ich allerlei hässliche Tiergestalten aus dem Erdboden um den Zauberer hervorkommen und in einer schwarzen Dampflinie in seinen Mund eingehen. Er wurde davon berauscht und hellsehend.

Es war aber, als gehe mit jedem eingezogenen Geist eine verschlossene Welt in ihm auf, und er sah nun Nahes und Fernes, die Tiefen der Erde, Länder und Menschen, geheime und verborgene Dinge, d.i. alles, worauf jene Geister einen Bezug hatten. Die spätere Zauberei erschien mir immer, als stehe sie mehr unter dem Einfluss von den Geistern aus der Luft. Das, was die Zauberer durch diese Geister sahen, erschien wie ein Blendwerk, eine Spiegelung, welche die Geister vor ihnen machten.

Ich konnte hinter diesen Gestalten wegsehen, sie waren wie Schatten, und als schaue man hinter den Vorhang.

Wenn die ägyptischen Götzenpriester in den Sternen lesen wollten, so gingen Fasten und Reinigungen vorher, sie hüllten sich in Säcke und bestreuten sich mit Asche, und während sie auf einem Turm nach den Sternen schauten, wurde geopfert. Die Heiden jener Zeit hatten eine getrübte Kenntnis von den Religionsgeheimnissen des wahren Gottesdienstes, welche von Seth, Henoch, Noe und den Patriarchen dem auserwählten Volke überliefert wurden; darum waren so mannigfache Greuel in ihrem Götzendienst, durch welche der Teufel, wie später durch die Ketzereien, der reinen, ungetrübt bewahrten Offenbarung Gottes an die Menschen entgegenwirkte. Darum wurde von Gott das Geheimnis der Bundeslade mit Feuer umhüllt, um es zu bewahren.

Die Frauen in Ägypten sah ich zu Josephs Zeit noch ähnlich gekleidet wie Semiramis.

Jakob war, als er zu Joseph nach Ägypten kam, auf demselben Weg durch die Wüste gezogen, wo Moses später nach dem Gelobten Lande zog. Er hatte gewusst, dass er Joseph wieder sehen würde, es lag ihm dieses dunkel auf dem Herzen. Schon als er nach Mesopotamien ging, hatte er da, wo er den Stein aufrichtete, nicht da, wo er die Leiter sah, ein Gesicht von seinen künftigen Söhnen, und dass einer in der Gegend, wo Joseph verkauft wurde, versinke und wie ein Stern im Süden wieder aufgehe. Er sagte darum, als sie ihm den blutigen Rock brachten und ihm das Vorgesicht, das er ganz vergessen hatte, wieder aufging: Ich will Joseph beweinen, bis ich ihn wiederfinde.

Jakob hatte zuerst durch Ruben ausforschen lassen, welches Weib Joseph habe, hatte ihm aber noch nicht gleich geoffenbart, dass sie seine Nichte sei. Er wurde aber gut Freund mit Putiphar, und dieser, nachdem er viel mit ihm zusammen war, nahm die Beschneidung an und diente dem Gotte Jakobs.

Jakob wohnte von Joseph etwa eine Tagreise entfernt, und da er krank wurde, fuhr Joseph zu ihm. Jakob fragte ihn manches von Aseneth, und da er das Zeichen auf ihrer Brust erfahren hatte, sagte er Joseph mit den Worten: «Das ist Fleisch von deinem Fleische, das ist Bein von deinem Beine», wer Aseneth sei. Joseph war so gerührt, dass er ohnmächtig ward, und als er nach Hause kam, sagte er es seinem Weibe, und sie weinten beide herzlich darüber.

Jakob wurde nachher viel kränker, und Joseph war wieder bei ihm. Jakob setzte seine Füße vom Lager nieder, und Joseph musste die Hand unter seine Hüfte legen und ihm schwören, ihn in Kanaan zu begraben, und als er schwur, betete Jakob den Segen in Joseph an. Er wusste, dass Joseph den Segen von dem Engel empfangen hatte, der ihm selber entzogen worden war. Joseph trug diesen Segen in seiner Rechten bis zu seinem Tode. Er blieb auch in seinem Leichnam, bis er in der Nacht vor dem Auszug der Israeliten von Moses erhoben und mit den Überresten Josephs in die Lade des Bundes als das Heiligtum des auserwählten Volkes gebracht wurde.

Ein Vierteljahr nach dem Besuch starb Jakob. Es wurde nach seinem Tod über ihn ein Totenurteil gehalten, worin er sehr gelobt und geliebt wurde.

Aseneth hatte dem Joseph zuerst Manasse und Ephraim und im ganzen achtzehn Kinder geboren, darunter mehrere Zwillinge. Sie starb drei Jahre vor Joseph und ward von jüdischen Frauen einbalsamiert. Solange Joseph noch am Leben war, stand ihr Leib in seinem künftigen Grabmonument. Die Ältesten des Volkes hatten aber etwas von ihren Eingeweiden an sich genommen, welches in einer kleinen Figur von Gold bewahrt wurde. Weil aber die Ägypter auch danach trachteten, wurde es den jüdischen Hebammen anvertraut und von einer derselben am Kanal in einer verpichten Rohrbüchse im Schilfe verborgen. In der Nacht des Auszuges brachte eine Amme aus dem Stamme Asser dies Geheimnis dem Moses. Sie hieß Sara.

Joseph wurde bei seinem Tode durch Juden in Anwesenheit von Ägyptern einbalsamiert, und es geschah die Vereinigung der Leiber Josephs und Aseneths nach den Aufzeichnungen, welche Aseneth aus ihren Gesichten gemacht und den Juden zurückgelassen hatte. Auch die ägyptischen Priester und Sterndeuter, welche Joseph und Aseneth unter ihre Gottheiten aufnahmen, hatten Kenntnis von diesen Aufzeichnungen und eine Ahnung von der hohen Bedeutung und dem Segen Josephs und Aseneths für Israel; welchen Segen sie aber an sich zu reißen und Israel zu erdrücken suchten. Darum wurden die Israeliten, die nach Josephs Tod sich erstaunlich vermehrten, von Pharao so geplagt.

Die Ägypter wussten auch, dass die Israeliten ohne die Gebeine Josephs nicht aus dem Lande ziehen würden; darum raubten sie die Leiche Josephs mehrmals und brachten sie zuletzt ganz in ihren Besitz. Das gemeine Volk der Juden wusste nur von der Leiche Josephs, nicht aber von dem Geheimnis ihres Inhalts, das nur wenigen bekannt war. Das ganze Volk aber war in großer Niedergeschlagenheit, als den Ältesten bekannt wurde, dass ihnen das Heiligtum, auf welchem die Verheißung ruhte, entwendet sei.

Moses, am Hofe Pharaos in aller ägyptischen Weisheit erzogen, besuchte sein Volk und kannte die Ursache seiner Trauer. Als er den Ägypter erschlug, fügte es Gott, dass er als Flüchtling zu Jethro[51] kam, weil dieser durch seine Verbindung mit der Sibylle Segola ihm zur Entdeckung des geraubten Geheimnisses behilflich werden konnte. Moses hatte auch auf Geheiß Gottes die Sephora[52] geheiratet, um diesen Zweig in Israel einzusammeln.

Segola war die natürliche Tochter des Pharao aus einer jüdischen Mutter und, wenngleich im ägyptischen Sterndienste erzogen, den Juden sehr zugetan. Sie war es, welche zuerst dem Moses, da er noch am Hof erzogen wurde, entdeckt hatte, dass er kein Sohn des Pharao sei. Aaron musste nach dem Tode seiner ersten Frau eine Tochter dieser Segola heiraten, damit die Vertrautheit der Mutter mit den Israeliten umso größer würde. Die Kinder dieser Ehe zogen mit den Israeliten aus; Aaron aber musste sich wieder von ihr scheiden, damit das aaronische Priestertum aus rein jüdischem Stamme entspringen konnte. Die von Aaron geschiedene Tochter Segolas heiratete wieder, und ihre Nachkommen wohnten zur Zeit unseres Heilandes zu Abila, wohin ihre Mumie durch sie gebracht worden war.

Segola war sehr erleuchtet und vermochte sehr viel bei Pharao; sie hatte an der Stirne eine Erhöhung wie solche oft in alter Zeit prophetische Menschen an sich hatten. Sie war vom Geiste getrieben, den Israeliten viele Vergünstigungen und Geschenke zu verschaffen.

In der Nacht, da in Ägypten der Engel des Herrn die Erstgeburt schlug, ging Segola verhüllt mit Moses, Aaron und drei anderen Israeliten nach zwei Grabhügeln, welche durch einen Kanal getrennt, aber mit einer Brücke verbunden waren.

Der Kanal mündete zwischen Memphis und Gosen in den Nil. Der Eingang in das Grabmonument lag unter der Brücke tiefer als der Wasserspiegel, zu welchem von der Brücke Stufen hinabführten. Segola ging mit Moses allein hinab und warf den Namen Gottes auf einem Zettel in das Wasser, welches nun wich und den Eingang in das Monument freilegte. Sie stießen an den Stein, der die Pforte bildete und sich nach innen öffnete. Nun riefen sie auch die anderen zu sich herab. Hier band ihnen Moses die Hände mit seiner Stola zusammen und ließ sie schwören, das Geheimnis zu bewahren. Nach dem Eid band er ihre Hände los. Nun gingen alle in das Grabgewölbe, wo sie Licht hervorzogen. Man sah noch allerlei Gänge und Totenbilder drinstehen.

Der Leib Josephs und die mit ihm vereinigten Überreste von Aseneth lagen in einem ägyptischen Stiersarg von Metall, der wie gescheuertes Gold glänzte. Sie hoben den Rücken, welcher den Deckel bildete, ab. Moses nahm das Geheimnis aus dem hohlen Leibe Josephs, hüllte es in Tücher und reichte es Segola, die es vor sich mit ihrem Gewand verhüllend trug. Die übrigen Gebeine wurden auf einem Stein mehr zusammengeschoben, in Tücher eingeschlagen und von den Männern fortgetragen. Nun, da sie das Heiligtum hatten, konnte Israel aus dem Lande ziehen. Segola weinte, Israel war voll Freude.

Moses verbarg in der Spitze seines Stabes, der gelblich von der Gestalt einer Mispel und mit Blättern umgeben war, eine Reliquie vom Leibe Josephs. Dieser Stab war ein anderer als der Hirtenstab, den Moses vor Gott zu Boden werfen musste, wo er sich in eine

Schlange verwandelte; er war ein Rohr, aus welchem die obere und untere Spitze heraus- und hineingeschoben werden konnte. Mit der unteren Spitze, welche mir von Metall schien und die Form eines spitzen Stiftes hatte, berührte Moses den Felsen, als schreibe er Worte auf ihn. Der Fels öffnete sich unter der Spitze, und Wasser drang hervor. Auch wo Moses mit der Spitze seines Stabes auf den Sand Zeichen machte, floss Wasser heraus. Der mispelförmige oberste Teil des Rohrstabes konnte aus- und eingeschoben werden, und vor ihm teilte sich das Rote Meer.

Von Josephs Tod bis auf den Auszug Israels aus Ägypten sind es etwa hundertsiebzig Jahre nach unserer Art zu rechnen. Sie hatten dort eine andere Rechnung, andere Wochen und Jahre. Es ist mir dies oft erklärt worden; allein ich kann es nicht wiederholen.

Solange die Israeliten in Ägypten lebten, hatten sie statt eines Tempels nur Gezelte. Sie richteten Steine auf, gossen Öl darüber, opferten Getreide und Lämmer, sangen und beteten.

17. Die Arche des Bundes

Noch in derselben Nacht, da Moses das Heiligtum an sich gebracht, wurde der sargähnliche goldene Kasten hergerichtet, in welchem sie bei dem Auszug das Heiligtum mit sich führten. Er musste so groß sein, dass ein Mensch darin ruhen konnte; denn es sollte eine Kirche werden und ein Leib. Es war in der Nacht, da sie die Türen mit Blut bezeichneten; ich dachte bei ihrer schnellen Arbeit an dem Kasten an das heilige Kreuz, das auch so eilends in der Nacht vor dem Tode Jesu gezimmert wurde. Der Kasten war von Goldblech und von der Figur eines ägyptischen Mumiensarges. Er war oben breiter als unten und hatte oberhalb das Bild eines mit Strahlen umgebenen Angesichtes; an den Seiten waren die Armlängen und die Lage der Rippen angedeutet.

In diesen Sargkasten wurde, etwa in der Mitte seiner Länge, ein goldenes Kästchen hineingestellt, welches das von Segola aus dem Grabgewölbe getragene Heiligtum enthielt. In den untersten Teil kamen heilige Gefäße und die Becher der Patriarchen, welche

Abraham von Melchisedech empfangen und mit dem Segen auf die Erstgeborenen vererbt hatte. Dies war der erste Inhalt und die erste Gestalt der Lade des Bundes, welche mit einer roten und darüber mit einer weißen Decke verhüllt wurde.

Erst am Berg Sinai wurde die hölzerne in- und auswendig übergoldete Lade verfertigt, in welche der goldene Mumiensarg mit dem Heiligtum hineingestellt wurde. Er reichte ungefähr bis zur halben Höhe der Lade herauf und war nicht so lang wie die Lade, denn an seinem oberen und unteren Ende war noch Raum für zwei kleinere Behälter, in welchen sich Reliquien von Jakob und Josephs Familie befanden und wohin später auch der Stab Aarons kam. Als die Bundeslade in dem Tempel auf Sion aufgestellt wurde, wurde sie im Inneren verändert, indem der goldene Mumiensarg herausgenommen und mit einer ähnlichen kleineren Figur von weißer Masse vertauscht wurde.

Ich habe schon als Kind die Bundeslade oft gesehen und alles, was in ihr und über ihr war und wie immer mehr in sie hineinkam. Sie legten alle größeren Heiligtümer hinein, welche sie erhielten; sie muss aber nicht sehr schwer gewesen sein; denn sie konnte leicht getragen werden.

Die Lade war länger als breit und ebenso hoch als breit. Sie hatte unten eine vorspringende Fußleiste; ihr oberer Teil war mit einer eine halbe Elle breiten kunstreichen Goldverzierung eingefasst von verschiedenen Farben, Blumen, Schnörkeln, Angesichtern, Sonnen und Sternen. Alles war prächtig, doch nicht sehr hervorspringend gearbeitet und reichte mit seinen Spitzen und Blättern nur wenig über den oberen Rand der Lade hinaus. Unterhalb dieser Einfassung waren an den Ecken der zwei Langseiten Ringe, wodurch die Tragstangen gesteckt wurden. Der übrige Teil der Lade war mit allerlei Figuren von verschiedenfarbigem Akazienholz in Gold sehr schön eingelegt.

In der Mitte der Lade war eine kleine, nicht bemerkbare Tür, damit der Hohepriester, wenn er allein im Allerheiligsten war, das Heiligtum zum Segnen und Weissagen aus der Lade nehmen und wieder hineintun konnte. Diese Tür schob sich in zwei Teile rechts und links nach innen und war so groß, dass der Hohepriester gut in das Innere der Lade greifen konnte. Wo die Tragstangen über die Tür liefen, waren sie leicht ausgebogen. Wurden die beiden Türen zurückgeschoben, so ging auch der goldene Behälter, worin das Heiligtum mit feinen Tüchlein umgeben bewahrt wurde, wie ein Buch auf, das aufgeschlagen wird.

Über dem Deckel der Lade erhob sich der Gnadenthron. Es war dies eine hohle, auch mit Goldblech überzogene Platte, in der heilige Gebeine lagen. Sie war so groß wie der Deckel und nur wenig über denselben vorspringend. An ihren beiden Breitseiten war sie je mit vier Schrauben aus Sittimholz (Akazienholz), welche in die Lade gingen, so über dem Deckel befestigt, dass man dazwischen durchsehen konnte. Die Schrauben hatten oben goldene Fruchtknöpfe; die vier äußeren Schrauben fassten in die vier Ecken der Lade, die vier inneren gingen in das Innere.

An jeder Breitseite des Gnadenthrones war ein Ausschnitt, in welchem je ein goldener Cherubim von der Größe eines Knaben befestigt war. In der Mitte des Gnadenthrones aber war eine runde Öffnung, durch welche ein Rohr durch den Deckel in die Lade führte; man konnte es zwischen Gnadenstuhl und Deckel sehen. Diese Öffnung war mit einem goldenen Korb wie mit einer Krone umgeben, welche oben durch Querspangen an eine Stange schloss, welche von dem Heiligtum im Innern der Lade durch das Rohr und die Krone emporstieg und in sieben Spitzen wie die Blätter einer Blume auslief.

An diese Stange fassten untereinander die rechte Hand des einen und die linke des anderen Cherub, während hinter der Stange der rechte Flügel des einen und der linke des anderen sich ausgebreitet berührten. Die beiden anderen Flügel legten sie nur wenig ausgebreitet über ihre Schultern, ohne sich zu berühren, und ließen von der Vorderseite der Lade die Ansicht der Krone in der Mitte der Tafel frei. Unter diesen Flügeln streckten sie die Arme mit warnender Hand vor. Die Cherubim knieten nur mit einem Bein in dem Ausschnitt der Tafel, das andere hielten sie schwebend ausgestreckt. Ihr Angesicht war mit dem Ausdruck der Bewegtheit nach außen gewendet, als tragen sie heilige Scheu vor dem Glanz um die Krone. Sie trugen nur um die Mitte des Leibes ein Gewand. Auf weiteren Zügen wurden sie von der Lade abgenommen und besonders getragen.

Ich sah, dass oben auf den wie Blumenblätter sich ausbreitenden Spitzen der Stange Lichter oder Flammen brannten, welche die Priester anzündeten. Es war eine braune Masse, ich meine ein heiliges Harz, das sie dazu gebrauchten. Sie hatten es in Büchsen. Ich habe aber auch oft gesehen, dass aus der Krone große Lichtstrahlen an der Stange hinaufschossen und ähnliche Ströme vom Himmel in die Krone hinein, und dass auch seitwärts Lichtstrahlen in feinen Fäden hervorbrachen und dadurch anzeigten, wohin zu ziehen sei.

An dem unteren Teil der Stange im Inneren der Lade waren Haken, von denen der goldene Behälter mit dem Heiligtum und über demselben die beiden Gesetzestafeln schwebend gehalten wurden. Vor dem Heiligtum hing, ohne den Boden der Lade zu berühren, ein goldenes geripptes Gefäß, mit Manna gefüllt.

Wenn ich seitwärts in die Lade sah, konnte ich vor demselben den Altar, das Heiligtum, nicht erblicken. Ich erkannte die Lade des Bundes immer als eine Kirche und das Heiligtum als den Altar mit dem Heiligsten Sakrament, und so sah ich dann das Gefäß mit Manna als die Lampe vor dem Altar an.

Ging ich als Kind in die Kirche, so habe ich mir immer dies und jenes nach der Bundeslade erklärt, und das Geheimnis in ihr war mir das, was bei uns das Heiligste Sakrament ist; nur war es mir nicht so gnadenvoll, sondern streng und ernst; es machte mir einen mehr finstern, schauerlichen Eindruck, aber doch einen sehr heiligen, geheimnisvollen. Es war mir immer, als sei in der Bundeslade alles, was heilig, und all unser Heil sei in ihr wie in einem Knäuel eingewickelt und wie im Werden; das Heiligtum in der Lade aber sei das Geheimste. Es schien mir die Grundlage des Heiligsten Altarssakramentes und dieses seine Erfüllung. Ich kann es nicht aussprechen. Es war das Geheimnis so verborgen wie Jesus bei uns im Heiligsten Sakrament.

Ich fühlte, dass nur wenige Hohepriester wussten, was es war, und dass nur die Frommen aus ihnen auf höhere Erleuchtung es kannten und gebrauchten. Vielen war es unbekannt, und sie gebrauchten es nicht, wie uns so viele Gnaden und Wunder der Kirche unbekannt und verloren werden, und wie unser ganzes Heil verlorengehen würde, wenn es auf menschliche Verstandeskräfte und Willen gebaut wäre. Es ist aber auf den Felsen gebaut.

Der Zustand und die Blindheit der Juden kommt mir immer zum Weinen traurig vor, da sie doch alles im Keime gehabt, aber die Frucht nicht erkennen wollten. Zuerst hatten sie das Geheimnis: es war das Zeugnis, die Verheißung, darauf kam das Gesetz und dann die Gnade. Als ich den Herrn in Sichar lehren sah, fragten ihn die Leute, wo denn das Geheimnis der Bundeslade hingekommen sei. Er antwortete ihnen, davon hätten die Menschen vieles empfangen, und es sei nun in sie übergegangen. Daraus allein schon, dass es nicht mehr da sei, wäre zu erkennen, dass der Messias geboren sei.

Ich sah das Geheimnis, das Heiligtum in einer Form, in einer Art Hülle als einen Inhalt, ein Wesen, eine Kraft. Es war Brot und Wein, Fleisch und Blut, es war der Keim des Segens vor dem Sündenfall; es war das sakramentalische Dasein der vorsündlichen Fortpflanzung, welches den Menschen in der Religion bewahrt wurde und ihnen durch Frömmigkeit eine immer mehr sich reinigende Stammlinie möglich machte, die in Maria endlich vollendet wurde, um den lang ersehnten Messias aus dem Heiligen Geist zu empfangen. Noe, der den Weinberg pflanzte, hatte die Zubereitung: Hierin aber war schon die Versöhnung und der Schutz. Abraham hatte es empfangen in jenem Segen, den ich ihm als eine Sache, eine Wesenheit übergeben sah. Es blieb ein Familiengeheimnis; daher das große Vorrecht der Erstgeburt.

Vor dem Auszug aus Ägypten empfing Moses das Geheimnis wieder, und so wie es zuvor das Religionsgeheimnis der Familien gewesen war, so ward es jetzt das Geheimnis des ganzen Volkes. Es trat in die Bundeslade wie das Heiligste Sakrament in den Tabernakel und die Monstranz.

Als die Kinder Israel das goldene Kalb anbeteten und in große Verirrung gerieten, zweifelte Moses an der Kraft des Heiligtums und wurde gestraft, nicht in das Gelobte Land einzugehen. Wenn die Bundeslade in die Gewalt der Feinde fiel, so wurde, wie in jeder Gefahr, das Geheimnis als der Vereinigungspunkt von Israel von dem Hohenpriester herausgenommen; und dennoch blieb die Lade so heilig, dass die Feinde durch Strafen Gottes gezwungen wurden, dieselbe zurückzugeben. Nur wenige kannten das Geheimnis und seine Teilhaftwerdung. Oft verdarb ein Mensch den daraus empfangenen Strahl zur reinen Stammlinie des Messias wieder durch Verunreinigung, und die Annäherung des Heilandes oder vielmehr des reinen Gefäßes, das ihn aus Gott empfangen sollte, ward dadurch der Menschheit lange hinausverzögert, aber sie konnten sich durch Buße wieder reinigen.

Ich weiß nicht bestimmt, ob bei dem Inhalt dieses Sakramentes nur eine göttliche Grundlage und eine übernatürliche priesterliche Füllung durch eine Art Konsekration stattfand, oder ob es ganz und unmittelbar sich aus Gott herstellte; doch glaube ich das erstere, denn ich weiß gewiss, dass Priester es oft zurücksetzten und das Heil verhinderten und dafür schwer, ja mit dem Tode bestraft wurden. Wenn das Geheimnis wirkte und das Gebet erhört ward, so leuchtete es, so wuchs es und schimmerte rötlich durch die Hülle. Der Segen mehrte und minderte sich in verschiedenen Zeiten nach der Andacht und Reinheit der Menschen. Durch Gebet, durch Opfer und Buße schien er zu wachsen.

Vor dem Volke sah ich es nur bei dem Durchgang durchs Rote Meer und bei der Anbetung des goldenen Kalbes von Moses gebraucht, aber verhüllt. Es wurde aus dem goldenen Behälter von ihm herausgenommen und so überdeckt wie das Heiligste Sakrament am Karfreitag und ebenso getragen oder vor der Brust gehalten zum Segen oder zum Banne, als wirke es in die Ferne. Moses hat dadurch viele Israeliten an sich gehalten und von Abgötterei und dem Tode errettet.

Ich sah aber öfter, dass der Hohepriester es allein, wenn er im Allerheiligsten war, gebrauchte und es nach einer Seite hin bewegend, wie eine Gewalt, einen Schutz, ein Abhalten hervorbrachte, oder einen Segen, eine Erhörung, eine Wohltat, eine Strafe. Er fasste es nicht mit bloßen Händen an.

Das Heiligtum wurde von ihm zu heiligen Zwecken auch in Wasser getaucht, und dieses Wasser als ein Segen zum Trinken gereicht.

Die Prophetin Debbora, Hanna, die Mutter Samuels in Silo, und Emerentia, die Mutter der hl. Anna, tranken von diesem Wasser. Durch diesen heiligen Trank war Emerentia zur Empfängnis der hl. Anna vorbereitet. Die hl. Anna trank nicht von diesem Wasser. Der Segen war in ihr.

Joachim empfing durch einen Engel das Geheimnis aus der Bundeslade. Und so wurde Maria unter der goldenen Pforte des Tempels empfangen, und mit ihrer Geburt ist sie selber die Lade des Geheimnisses geworden. Der Zweck desselben war erfüllt, und die hölzerne Lade im Tempel war nun ohne Heiligtum.

Als Joachim und Anna sich unter der goldenen Pforte begegneten, umgab sie Licht und Glanz, und die heilige Jungfrau ward ohne Erbsünde empfangen. Es war ein wunderbares Tönen um sie wie eine Stimme Gottes. Dies Geheimnis der unbefleckten Empfängnis Mariä in Anna können die Menschen nicht fassen, und darum bleibt es ihnen verborgen.

Die Geschlechtslinie Jesu hatte den Keim des Segens zu der Menschwerdung Gottes empfangen; Jesus Christus aber setzte das Sakrament des Neuen Bundes als die Frucht, als die Erfüllung desselben ein, um die Menschen wieder mit Gott zu vereinigen.

Als Jeremias bei der babylonischen Gefangenschaft die Bundeslade am Berge Sinai mit anderen heiligen Sachen verbergen ließ, war das Geheimnis nicht mehr darin, nur die Hüllen desselben wurden mit der Bundeslade durch ihn vergraben. Er kannte seinen Inhalt und seine Heiligkeit und wollte davon offen wie auch von den Greueln seiner Misshandlung zum Volke sprechen; aber Malachias hielt ihn davon ab und nahm das Geheimnis an sich. Durch ihn kam es nachmals an die Essener und durch einen Priester wieder in die nachgemachte Bundeslade. Malachias war wie Melchisedech ein Engel, ein Gesandter Gottes; ich sah ihn nicht als einen gewöhnlichen Menschen. Er erschien als Mensch wie Melchisedech, nur abweichend von diesem, so wie es für seine Zeit angemessen war.

Kurz nach Daniels Abführung nach Babylon sah ich ihn gleich einem verirrten, etwa siebenjährigen Knaben in einem rötlichen Gewand mit einem Stab in der Hand zu einem frommen Ehepaar nach Sapha im Stamme Zabulon kommen. Sie hielten ihn für ein von den weggeführten Israeliten verlorenes Kind und behielten ihn bei sich. Er war sehr lieblich, übermenschlich geduldig und sanft, dass ihn alle liebten und er ohne Widerspruch lehren und handeln konnte. Er hatte vielen Verkehr mit Jeremias und hat ihm in größten Gefahren mit Rat geholfen. Er war es auch, durch den Jeremias aus dem Kerker in Jerusalem befreit wurde. Die von Jeremias am Sinai verborgene alte Bundeslade ist nicht mehr aufgefunden worden. Die nachgemachte Bundeslade war nicht mehr so schön, und es war nicht mehr alles in ihr. Der Stab Aarons kam zu den Essenern auf Horeb, wo auch ein Teil des Heiligtums bewahrt wurde. Das Geschlecht, das Moses zur näheren Behütung der Bundeslade bestellt hatte, bestand bis in die Zeit des Herodes.

Am jüngsten Tag wird alles erscheinen, und da wird das Geheimnis erklärt werden zum Schrecken aller, die es missbraucht haben.

KOMMENTAR

Von Bernard Pattloch †

Im September des Jahres 1818 fand die erste Begegnung der stigmatisierten Augustiner-Nonne Anna Katharina Emmerick[53] mit dem Dichter Clemens Brentano in Dülmen statt. Man muss es eine Fügung des Himmels nennen, dass ausgerechnet Brentano, der ein bewegtes Leben hinter sich hatte und nun im vierzigsten Lebensjahr stand, als Werkzeug Gottes bei der Aufzeichnung der Visionen und Gesichte der schwerkranken Seherin die entscheidende Rolle spielen sollte.

Brentano hat diese Aufgabe übrigens sofort erkannt und übernommen, er wirft sich voll Eifer und Enthusiasmus auf diese, seine neue Lebensaufgabe, die ihn bis zu seinem Tod im Jahre 1842 nicht wieder loslassen sollte. Auch Anna Katharina sieht in Brentano, dem «Pilger», wie sie ihn in ihren Schauungen bezeichnet, das von ihr von Gott erflehte Werkzeug, durch das die ihr von Gott eingegebenen Mitteilungen aufgezeichnet werden können. Daher begrüßt sie ihn bereits kurz nach ihrer Bekanntschaft:

«Ich muss mich oft selbst darüber wundem, dass ich mit Ihnen so vertraut reden und vieles mitteilen kann, worüber ich mich vor anderen sonst nicht zu äußern pflege. Sie waren mir vom ersten Augenblick nicht fremd; ich kannte Sie, ehe Sie zu mir kamen. Oft ist mir in Vorgesichten meines Lebens ein Mann mit dunkler Gesichtsfarbe als bei mir schreibend gezeigt worden; darum musste ich, als Sie zum ersten Male in meine Stube traten, denken: ach, da ist er ja[54]!»

Das gute Verhältnis zu dem «Pilger» wurde bald durch Intrigen und Schwierigkeiten mit Verwandten und Bekannten der Stigmatisierten getrübt. Brentano verließ Dülmen und kehrte erst im Mai 1819 zurück. Der Dichter war unglücklich über die vielerlei Störungen, die es bei der Aufzeichnung der Betrachtungen gab, über den Unverstand der Umgebung der Anna Katharina Emmerick und über die Schwierigkeiten, aus Bruchstücken von Schauungen das Wesentliche auszusondern und zusammenzutragen. Oft wollte er verzweifeln, aber die fromme Nonne tröstete ihn und wies in einer visionären Schau auf die Bedeutung seiner Arbeit hin. «Jeden Abend werde ich erinnert, noch diese oder jene Betrachtung zu machen, und so geschah es mir auch am gestrigen Abend. Ich hatte die Nacht hindurch eine Ermahnung über mich und besonders viel über den Pilger. Es muss noch viel an ihm gebessert werden; und es ist mir gesagt worden, wie wir ihn durch unseren Umgang besser und dadurch leichter und nützlicher machen könnten. Da ich nun über mein Verhalten zu dem Pilger nachsann, inwiefern ich seiner Aufgabe und auch der meinen genugtun und auf welche Weise wir größere Mitteilung zu reicherem Gedeihen gewinnen könnten, da erhielt ich, wir sollten gegenseitig miteinander Geduld haben in den Leiden, die noch über uns kommen werden, und dass der Pilger das Sakrament in meiner Intention empfangen solle, denn dadurch werde die geistige Gemeinschaft eine größere. Tue, was du kannst, im übrigen aber lass den Pilger[55].»

Brentano berichtet in einem Brief an die Dichterin Luise Hensel über seine Besuche am Krankenbett der Stigmatisierten:

«Was würdest du bei folgendem sagen, was ich täglich bei dem Bett unserer lieben Herzensfreundin erlebe, und was allerdings mehr ist für uns, als ihre Wunden und deren Bluten am Freitag und ihre Nahrungslosigkeit? Oft, wenn ich ihr im Taulerus[56] vorlese, oder mit ihr oder dem Priester oder Arzt an ihrem Bett von Kirchen- und Glaubenssachen spreche, sinkt sie in Schlaf.

Dies ist nicht der natürliche Schlaf, sondern ihre Seele verlässt beinahe ganz ihren Körper, der dann stundenlang, auch mehrere Stunden lang, so starr wird, dass du sie beim Kopf wie eine Bildsäule grad in die Höhe richten kannst; ihre Arme, ihre Hände, wie sie grad beim Einschlafen ruhig liegen, erstarren und sind, ohne sie zu zerbrechen, nicht aus ihrer Lage zu bringen: Man könnte sie hin- und herwerfen, sie würde nicht erwachen[57].»

In vielen Gesprächen mit dem Dichter konnte die Begnadete diesen immer näher an die christliche Lehre heranführen. Brentano, dessen Rückkehr zur Kirche erst kurz zuvor erfolgt war, schreibt denn auch:

«Jetzt erkenne ich, was die Kirche ist, dass sie unendlich mehr ist als eine Vereinigung von gleichgesinnten Menschen. Ja, sie ist der Leib Jesu Christi, der als ihr Haupt wesentlich mit ihr verbunden ist und ununterbrochen mit ihr verkehrt! Jetzt erkenne ich, welch unermesslichen Schatz von Gnaden und Gütern die Kirche von Gott besitzt, der nur von ihr und in ihr empfangen werden kann[58].»

In verschiedenen Schauungen wird Anna Katharina auf die Arbeit Brentanos hingewiesen. So sagt sie einmal:

«Ich weiß, dass ich schon lange gestorben wäre; denn ich habe jetzt ein Bild gehabt, ich wäre schon längst gestorben, wenn nicht durch den Pilger alles bekannt werden müsste. Er muss alles aufschreiben; denn die Prophezeiung, d.h. die Verkündigung der Gesichte, ist meine Bestimmung. Und wenn der Pilger erst alles in Ordnung hat und mit allem fertig ist, wird er auch sterben[59].»

Die dem Leser hier unterbreiteten Schauungen über die Geheimnisse des Alten Bundes, über das Paradies, die Erschaffung der ersten Menschen, die Sintflut und die Erzväter gehören zu den ersten Gesichten der jungen Anna Katharina. Sie berichtet in späteren Jahren darüber:

«... Ich habe diese Gesichte gehabt sowohl bei Nacht als auch am hellen Tag im Feld, im Haus, gehend, arbeitend, unter allerlei Geschäften... Ich habe nie aus den Evangelien, aus dem Alten Testament etwas lebendig behalten, denn ich habe alles selbst gesehen mein ganzes Leben hindurch, und zwar alle Jahre wieder ganz genau und pünktlich unter denselben Umständen, wenngleich manchmal andere Szenen.

Oft bin ich an Ort und Stelle mit den Zuhörern selbst gewesen, und ich habe der Handlung wie eine Mitwandelnde, den Ort verändernd, beigewohnt; doch bin ich nicht jedes Mal auf derselben Stelle gestanden; denn öfter war ich über die Szene emporgehalten und sah auf sie nieder. Anderes, besonders das Geheimnisvolle daraus, sah ich innerlich in einem mir Bewusstwerden, einzelnes in Bildern aus der Szene heraus. Ich hatte in allen Fällen das Durchsehen durch alles, so dass kein Körper den anderen decken konnte, ohne dass dadurch eine Verwirrung entstanden wäre.

Als Kind und ehe ich ins Kloster ging, hatte ich hauptsächlich viele Gesichte aus dem Alten Testamente, nachher seltener und immer mehr aus dem Leben des Herrn.[60]»

Clemens Brentano war es nicht mehr gegeben, das gesamte umfangreiche und doch lückenhafte Material über die «Geheimnisse des Alten Bundes» zu ordnen und herauszugeben. Die Schaffenskraft des Dichters erlahmte bald nach dem Tod der Anna Katharina Emmerick im Jahre 1824, und nur noch das «Bittere Leiden unseres Herrn Jesus Christus» und das «Leben der heiligen Jungfrau Maria» konnte er bis zu seinem Tod vollenden.

Pater Carl Erhard Schmöger CSSR von der Kongregation des allerheiligsten Erlösers (Redemptoristen) machte sich an die mühevolle Arbeit des Sammelns und Herausgebens, wobei er sich der Hilfe des P. Johannes Kapistran von Kaltern bediente. So konnte er im Jahre 1882 die Schauungen der Seherin über das Alte Testament herausgeben.

Leider brechen die Betrachtungen mit der Zeit des ägyptischen Josephs und der Schaffung der Bundeslade ab. Trotzdem erscheinen die Aufzeichnungen über die Erschaffung der Welt und die Zeit der Patriarchen so interessant, dass wir sie hier nach dem nur wenig gekürzten Text von P. Schmöger bringen.

Aschaffenburg, im Juli 1969, Bernard Pattloch †

II.

Geheimnisse des Neuen Bundes

DIE ENGEL

1. Schutzengelfest

(Die folgenden Gesichte, welche in die Natur und Tätigkeit sowohl der guten als der bösen Engel einen überraschenden Einblick gewähren, hatte Anna Katharina am Fest der heiligen Schutzengel im Jahre 1820. Sie erzählte:)

Ich sah eine irdische Kirche und viele mir bekannte Menschen darin. Über derselben sah ich viele andere Kirchen, in welche man wie in die Stockwerke eines Turmes hineinsah. Alle diese Kirchen waren mit Chören von Engeln angefüllt und jede mit einer anderen Art. In der höchsten Höhe sah ich die heilige Jungfrau vor dem Throne der Heiligsten Dreifaltigkeit von der höchsten Ordnung umgeben.

Unten sah ich die Kirche; hinauf war es wie ein Himmel über dem anderen von lauter Engeln. Oben war eine unbeschreibliche Ordnung und Tätigkeit; unten in der Kirche war alles über die Maßen schläfrig und nachlässig; das fühlte man besonders, weil es das Engelfest war, und weil die Engel jedes Wort, das die Priester bei der Heiligen Messe träge und zerstreut sprachen, so unbeschreiblich schnell hinauf zu Gott brachten und alle Mängel zu Gottes Ehren gut machten.

Ich sah in der Kirche eine wunderbare Tätigkeit der Schutzengel neben den Menschen. Ich sah, wie sie andere Geister von ihnen scheuchten, indem sie ihnen bessere Gedanken zuführten, ihnen rührende Bilder vorstellten. Die Schutzengel gelüsten nach Gottes Befehl; das Gebet ihrer Schützlinge macht sie noch eifriger ...

(Später sagte sie:)

Die bösen Geister sind nicht durchsichtig und lieblich wie die Engel; sie schimmern zwar auch, aber es ist nur ein trüber äußerer Glanz wie ein Widerschein. Sie sind entweder faul, müde, träumerisch, schwermütig oder heftig, zornig, wild, fest, starr oder leicht gaukelnd. Es ist, als seien sie Leidenschaften. Sie sind farbig, und ich habe dieselben Farben an ihnen bemerkt, welche ich bei Leiden und Gemütskämpfen durch die Menschen ziehen sehe, und welche ich in der Glorie der Märtyrer verklärt aus ihnen hervorstrahlen und sie leuchtend umgeben sehe. Es ist, als würden die Leidenschaften, durch Schmerzen aus ihnen getrieben, ihnen zur Siegesfarbe. Diese Geister haben scharfe, schneidende, heftige, eindringende Gesichter; sie sind außerordentlich andringend auf die menschliche Seele, wie Insekten auf gewisse Gerüche und Pflanzen. Sie erwecken im Menschen allerlei Gelüste und Gedanken. Sie sind über ihrer ganzen Gestalt wie mit feinen Stacheln, mit Ausstrahlungen, mit Reiz bedeckt; sie selbst bringen keine Sünde, keine Tat hervor, sie trennen aber den Menschen von göttlichen Einflüssen, sie öffnen ihn der Welt, betäuben ihn mit sich selbst, binden, drücken ihn an die Erde auf verschiedene Weise, und wenn er ihnen nachgibt, geht er in Finsternis, und nun naht der Teufel und drückt wie ein Siegel auf, es wird eine Tat, eine Sünde, es wird wie eine Geburt – es ist eine Trennung vom Göttlichen geschehen.

Ich sah besonders, wie die Kasteiung und das Fasten den Einfluss dieser Geister sehr schwächt und die Nähe und Tätigkeit des Schutzengels stärkt, und wie besonders der Empfang der Heiligen Sakramente ihnen widersteht. Ich sah, dass gewisse Neigungen und Abneigungen des Menschen Gelüste und unwillkürlicher Ekel mit diesen Influenzen zusammenhängen, und dass besonders der Ekel vor gewissen Tieren, besonders Ungeziefer und Insekten, eine geheimnisvolle Bedeutung aus ihnen hat; und dass die Insekten, welche uns besonders zuwider sind, Bilder der Sünden und Leidenschaften sind, zu welchen wir durch den Zusammenhang mit diesen Geistern am meisten geneigt sind.

Ich habe auch erkannt, man solle sich immer bei dem Ekel vor Ungeziefer an seine Sünden und bösen Eigenschaften erinnern, deren Gestalt sie hätten. Ich sah solche Geister in der Kirche manchen Leuten allerlei Schmuck und Tand vorhalten und sie nach allerlei Begierden hinwenden; dann sah ich oft wieder den Schutzengel mitten durch sie durchdringen und den Menschen aufrichten. Ich kann die unendliche Mannigfaltigkeit solcher Bilder gar nicht aussprechen. Ich sah, dass die Großen auf Erden auch Geister von größerer Gewalt dieser Gattungen haben, und sehe auch wieder Engel von großer Gewalt gegen sie auftreten.

Ich hatte einen Blick auf die Schweiz und sah, wie der Teufel da in vielen Regierungen gegen die Kirche agiert. – Ich sah auch Engel, welche das irdische Gedeihen befördern und etwas über Früchte und Bäume ausstreuen. Ich sah auch Engel über Ländern und Städten schützend und wehrend, auch sie verlassend.

Ich kann nicht sagen, wie unzählige Geister ich gesehen. Die Luft würde sich verfinstern, so sie Körper hätten. Wo diese Geister großen Einfluss auf den Menschen haben, sehe ich auch immer Nebel und Nacht. Ich sehe oft, dass ein Mensch einen anderen Schutzengel erhält, wenn er eines anderen Schutzes bedarf. Ich habe bei mehreren Gelegenheiten einen anderen Führer gehabt.

(Während Anna Katharina dies erzählte, wurde sie plötzlich entrückt; nach einiger Zeit sprach sie seufzend:)

Es ist so weit, so weit, wo diese herkommen, diese heftigen, hartnäckigen, grausamen Geister, welche da niederstiegen!

(Wieder zu sich gekommen, teilte sie mit:)

Ich ward unendlich hoch emporgetragen und sah viele heftige, hartnäckige, unbeugsame Geister nach der Gegend hinsteigen, wo jetzt die Unruhe und der Krieg naht. Diese Geister kommen zu den Großen und machen das Annähern von Seelen an sie schier unmöglich. Ich habe aber auch die heilige Jungfrau ein ganzes Heer von Engeln nach der Erde erflehen sehen, und sie schwebten hinab; und gegen jene festen, unbeugsamen Geister ist ein großer feuriger Engel mit einem flammenden Schwert ausgegangen. Die Geister sind es, welche das Annähern an Große für Seelen schier unmöglich machen.

(Einige Stunden danach sprach sie in der Ekstase:)

Ach, wer das sehen könnte! Ein großer, feuriger Engel schwebte vom Throne Gottes nieder über die Stadt Palermo, wo der Aufruhr herrscht, und sprach Worte der Züchtigung, und ich sah unten in der Stadt Menschen tot niederfallen.

Die Menschen erhalten, so sie in ihrem Innern wachsen, Schutzengel einer höheren Ordnung. Die Könige und Fürsten haben auch Schutzengel einer höheren Ordnung. Die vier geflügelten Engel Elohim, welche die göttlichen Gnaden austeilen, heißen Raphiel,

Etophiel, Salathiel, Emmanuel. Es ist eine weit größere Ordnung selbst der bösen Geister und der Teufel als auf Erden. Wo ein Engel weicht, tritt gleich ein Teufel an die Stelle mit seinem Wirken...

In einem von den Körpern sind sie ganz trüb und traurig, im anderen hitzig und heftig, im anderen leicht, im anderen genau und vorsichtig. Sie wirken auf alles, was auf Erden lebt, und auf die Menschen in der Stunde der Geburt.

(Alle diese Dinge sprach sie wie ein unschuldiges Kind, das etwa seine Gärten beschreibt.)

Wie ich noch des Nachts», sagte sie, «als ein kleines Wicht im Schnee auf dem Felde kniete und mich über alle die schönen Sterne freute, betete ich zu Gott: Du bist nun doch mein rechter Vater und hast so schöne Dinge im Haus, nun musst du sie mir auch zeigen! Und Er zeigte sie mir alle. Er nahm mich bei der Hand und führte mich überall hin, und das war ganz natürlich; denn ich schaute alles so herzlich froh an und sah auf gar nichts anderes.

(Am 2. September 1822 erzählte sie:)

Ich kam über steile Höhen in einen schwebenden Garten. Da sah ich zwischen Mitternacht und Morgen, wie die Sonne am Horizont, die Gestalt eines Mannes aufsteigen mit langem, bleichem Angesicht. Sein Kopf schien mit einer spitzen Mütze bedeckt. Er war mit Bändern umwickelt und hatte einen Schild auf der Brust, dessen Inschrift ich vergessen. Er trug ein mit bunten Bändern umwickeltes Schwert und schwebte mit langsamem Taubenflug über der Erde, wickelte die Bänder los, bewegte sein Schwert hin und her und warf die Bänder auf schlafende Städte. Und die Bänder umfingen sie wie Schlingen. Auch fielen Blattern und Beulen von ihm nieder in Russland, in Italien und Spanien. Um Berlin lag eine rote Schlinge, von da kam es zu uns. Nun war sein Schwert nackt, blutig rote Bänder hingen vom Griff, es träufelte Blut auf unsere Gegend; der Flug war Zickzack, die Bänder wie Kaldaunen (Kutteln).

11. September: Es steigt ein Engel auf zwischen Morgen und Mittag mit einem Schwert, und er hat am Griff des Schwertes wie eine Scheide voll Blut, die er hier und da ausgießt, und er kommt bis hierher und gießt Blut aus in Münster auf dem Domplatz.

(Am 29. September 1820 erzählte Anna Katharina:)

Ich hatte viele wunderbare Gesichte von Erscheinungen und Festen des heiligen Erzengels Michael. Ich war an vielen Orten in der Welt und sah seine Kirche in Frankreich auf einem Meerfelsen und sah ihn als Patron von Frankreich. Ich sah, wie er dem frommen König Ludwig zum Sieg verhalf, der sich auf eine Offenbarung der Mutter Gottes an Michael gewendet hatte und dessen Bild in einer Fahne trug. Der König errichtete einen Ritterorden zu Ehren des heiligen Erzengels. Ich sah, wie er jetzt das Tabernakel aus seiner Kirche dort hinwegnahm und emportrug.

Ich sah auch eine Erscheinung von ihm in Konstantinopel und manche andere, welche ich nicht mehr weiß. Ich sah auch das ganze Wunder der Michaelskirche auf dem Berge Gargano und sah ein großes Fest dort, wo ich viele fremde geschürzte Pilger mit Knöpfen an ihren Stäben hinwandern sah. Hier diente der Engel am Altare mit anderen. (Sie erzählte das Wunder von Gargano im allgemeinen, wie es sonst berichtet wird; nur sagte sie, der Ort des Kirchenbaues sei durch die Abbildung einer Gestalt, die einen Kelch trug, am Felsen bezeichnet gewesen.)

Ich war hierauf mit ihm in Rom, wo auch eine Kirche wegen einer Erscheinung von ihm gebaut worden war, ich glaube von Papst Bonifazius, und zwar auf Offenbarung der Mutter Gottes. Ich folgte dem Engel überall; er schwebte über mir groß und herrlich. Er hatte ein Schwert und war vielfach gegürtet wie mit Schnüren. Es war bei dieser Michaelskirche ein Streit von sehr vielen Menschen; der größte Haufen bestand aus Katholiken, die nicht viel wert waren, auch aus Sekten und Protestanten. Es war, als stritten sie um den Gottesdienst; der Engel kam herab und jagte den großen Haufen mit seinem Schwerte hinweg, und es blieben etwa nur noch vierzig Menschen übrig, und es ward der Gottesdienst ganz einfach gehalten. Nachher nahm der Engel das Tabernakel mit dem Heiligsten oben beim Knopf und schwebte von dannen. Mein Führer gebot mir zu folgen, und ich wandelte immer unter dem schwebenden Engel hin nach Morgen. Ich bin auch bis an den Ganges gekommen und dann mehr gegen Mitternacht; und nun ging es immer mehr hinab, und es ward immer kälter und wüster und trüber, bis wir an eine unendliche Eisfläche kamen. Es ward mir da sehr bang in der Wüstenei; es kamen aber da noch andere Seelen zu mir, um mir Mut zu machen, meine Mutter, Antrienchen, der alte Söntgen und mehrere. Wir kamen da an eine große Mühle, durch welche wir durch mussten. Als ich aber hier ankam, blieben die Seelen meiner Freunde zurück. Das Eis brach immer unter meinem Weg, und das Wasser dampfte, und es war mir bang, mein Führer gab mir oft die Hand.

Das Wasser, von welchem die Mühle getrieben wurde, kam unter dem Eise hervor; es war warm. Diese Mühle war voll von Regenten und anderen großen Herren aus allen Zeiten und Ländern. Sie mussten eine Menge von Kröten, Schlangen und anderen ekelhaften, giftigen Tieren und Gold, Silber und allerlei Kostbarkeiten zermahlen, welche dann in das Wasser fielen und unschädlich nach dem festen Lande zurückflossen. Diese Tiere und Dinge strömten ihnen immerfort vom festen Lande wieder zu. Sie arbeiteten in der Mühle wie Mahlknechte und mussten Ungeziefer immer unter den Mühlstein mit Besen fegen, sonst wurden sie davon sehr bedrängt. Sie lösten sich in der Arbeit ab. Es schien mir dieses als eine Art Bußort für solche Fürsten, welche viele schlechte Verwicklungen angezettelt und üble Verhältnisse in die Welt gebracht hatten, deren Folgen hier in der Welt noch fortleben, die darum nicht eher selig werden können, als bis die Folgen ihrer Handlungen aus der Welt getilgt sind. Diese nun kamen als so hässliche Tiere zu ihnen gelaufen, und sie mussten sie zerstören, damit sie sich nicht weiter fortpflanzten. Das Wasser, in welches dies alles zermahlen wurde, war warm und floss in die Welt zurück und war ganz unschädlich. Wir mussten mitten durch die Mühle, und es nahte uns einer und fegte das Ungeziefer schnell unter den Mühlstein, dass wir vorüber konnten. Er sprach mit mir und erklärte mir diesen Ort und sagte, wie sehr sie sich freuen, dass wir hier durchkommen und etwas von der großen Eismasse, über die wir gehen würden, lostreten, denn sie müssten hier so lange mahlen, bis dies Eis alles zerschmolzen sei.

Als wir weiterzogen, kamen wir über das Eismeer, wie durch einen Hohlweg, denn es hatte tiefe Risse, und dann stiegen wir an einem Eisberge lang in die Höhe und freuten uns, dass wir doch eine ziemliche Spur für die armen Mahlenden hinter uns ließen.

Aufsteigend sah ich immer den Erzengel Michael über mir schweben, der Himmel ward immer heller und schöner blau, und ich sah die Sonne und andere Himmelskörper wie Gesichter. Er hat mich in die ganze Erde und durch alle himmlischen Welten geführt. Ich sah unzählige Gärten darin schweben und sah die Früchte und ihre Bedeutungen. Ich hoffe, dass sie mir noch einmal erschlossen werden, und dann will ich mir einige Arzneien ausbitten und einige Geheimnisse, fromme Leute zu heilen.

Ich sah Chöre von Heiligen und sah oft hier und da einen Heiligen stehen mit seinen Unterscheidungszeichen und in seiner Welt. Wir kamen, immer höher schwebend, in eine unbeschreiblich wunderbare, herrliche Welt wie in eine Kuppel empor. Wir sahen sie wie eine blaue Scheibe, um die ein Ring von Licht war, auf welchem Ringe wieder neue Lichtringe waren und auf jedem dieser Ringe ein Thron. Alle diese Kreise waren voll verschiedener Arten von Engeln, und von den Thronen der neun Ringe stiegen Bogenlinien von allerhand Farben, Früchten, Edelsteinen und kostbaren Gaben Gottes in die Höhe und bildeten eine Kuppel, über welcher wieder drei Engelsitze oder Throne waren, deren mittelster Michael war, und hier schwebte er mit dem Tabernakel der Kirche hin und stellte ihn über die Kuppel.

Jeder der drei Engel, Michael, Gabriel, Raphael, stand über dem Wirkungsbogen von drei der neun Engelschöre unter ihnen. Außerdem bewegten sich vier lichte, ganz mit Flügeln bekleidete große Engel im Kreise um diese drei immerwährend. Sie sind die Elohim und heißen Raphiel, Etophiel, Emmanuel und Salathiel und sind die Verwalter oder Ausspender der überflüssigen Gnaden Gottes und streuen sie nach den vier Gegenden der ganzen Welt in die Kirche aus. Sie empfangen dieselben von den drei Erzengeln. Raphael und Gabriel waren in langen weißen Gewändern, mehr geistlich erscheinend. Michael hatte einen Helm mit einem Strahlenkamm auf dem Haupt. Sein Oberleib war wie gerüstet und mit Schnüren gegürtet; bis an die Knie ging sein Gewand wie eine krause Schürze. In einer Hand hatte er einen langen Stab, worauf ein Kreuz, unter dem ein Fähnchen mit einem Lamme war; in der anderen Hand ein flammend Schwert. Seine Füße waren auch geschnürt. Über dieser Kuppel sah ich eine noch höhere Welt. Ich sah in derselben die Allerheiligste Dreifaltigkeit als drei Gestalten: den Vater als einen hohenpriesterlichen Alten, welcher dem Sohne zu seiner Rechten die Weltkugel reichte; dieser hatte das Kreuz in der anderen Hand. Zur Linken des Vaters stand eine geflügelte Lichtgestalt. Um sie war ein Ring von 24 Ältesten, welche auf Stühlen saßen. Die Cherubim und Seraphim stehen mit noch vielen anderen um den Thron Gottes in beständigem Lobgesang.

In der Mitte über Michael stand Maria, welche unzählige Kreise von lichten Seelen, von Engeln und Jungfrauen um sich hatte. Durch Maria hindurch geht die Gnade aus Jesus über auf die drei Erzengel. Ein jeder der Erzengel aber strahlt dreierlei Gottesgaben auf drei Engelchöre von den neun unteren Chören; und diese wirken dieselben wieder weiter in die ganze Natur und Geschichte.

Als das Tabernakel dastand, sah ich es durch Ausflüsse von oben durch Maria und mit mannigfaltiger Einwirkung aus allen Himmeln und durch tätige Arbeit aller englischen Chöre wachsen und erst eine Kirche und dann eine große leuchtende Stadt werden, welche sich nach und nach niedersenkte. Es war, als senke sie sich in einem Bogen auf die Erde nieder, und ich weiß nicht, wie das war; aber ich sah ganze Scharen von Menschen wie mit dem Kopf zuerst, als drehe sich die Erde, worauf sie standen, gegen mich annahen, und dann standen sie auf einmal auf den Füßen im neuen Jerusalem, welches diese neue Stadt war, die sich über das alte Jerusalem niederließ und mir auf die Erde zu kommen schien.

Als ich das neue Jerusalem hatte niedersteigen sehen, schloss sich dieses Gesicht, und ich sank immer weiter in Dunkelheit und bewegte mich nach Haus. Ein Bild sah ich noch von einer ungeheuren Schlacht. Das ganze Feld war voll Dampf, sie schossen überall aus Gebüschen, welche voll Soldaten lagen. Der Ort lag niedrig, in der Ferne lagen große Städte. Ich sah den hl. Michael mit einer großen Schar Engel niederkommen und die Streitenden auseinander treiben. Das wird aber erst geschehen, wenn alles schon verloren scheint. Es wird ein Führer den hl. Michael anrufen, und dann wird der Sieg niederkommen.

DIE GEMEINSCHAFT DER HEILIGEN

(1. Sehr mannigfach und lehrreich sind die Gesichte, welche Anna Katharina über dieses wunderbare Geheimnis unseres heiligen Glaubens, über den inneren lebendigen Zusammenhang aller Glieder des geheimnisvollen Leibes Jesu Christi gehabt und bei verschiedenen Gelegenheiten erzählt hat. Wir beschränken uns darauf, unseren Lesern folgendes hierüber mitzuteilen. Anna Katharina äußerte sich:)

Wenn ich die Gemeinschaft der Heiligen im Lichte (des Schauens) sehe und all ihr Wirken und Lieben, ihr Ziehen und Weben ineinander und durcheinander, und wie einer für und in dem anderen und jeder alles und doch ein einzelner ist in dem unendlichen Glanze des Lichtes, so empfinde ich eine unaussprechliche Freude und Klarheit. Ich sehe dann nahe und ferne dunkle Gestalten, die Menschen. Ich werde mit unwiderstehlicher Liebe zu ihnen hingezogen, für sie zu rufen, zu flehen zu Gott und den Heiligen, die in so süßer, liebender Bemühung zu helfen bereit sind, dass mir das Herz vor Liebe springen möchte. Und da fühle ich lebendiger und deutlicher als der Tag, dass wir alle in der Gemeinschaft der Heiligen leben und im beständigen Verkehr mit ihnen sind. Und dann bin ich voll Schmerzen, dass die Menschen so blind sind und hart. Ich rufe kühn zum Heiland: «Du hast alle Macht, alle Liebe! Du kannst alles, lasse sie doch nicht verderben! Sieh doch auf dein kostbares Blut!»

Und da zeigt Er mir, wie Er sich die rührendste Mühe um sie gibt. Sieh nur, spricht er, wie ich nahe bin, zu helfen, zu heilen, und wie sie mich zurückstoßen! Und da fühle ich seine Gerechtigkeit wie die Gnade in gleicher Süßigkeit und Liebe ...

(2. Das Geheimnis der Gemeinschaft der Streitenden mit der Triumphierenden Kirche tritt uns ganz besonders in jenen Gesichten deutlich vor Augen, in welchen der gottseligen Anna Katharina der Rechnungsabschluss gezeigt wurde, welcher alljährlich am Ende des Kirchenjahres zwischen beiden stattfindet. Sie erzählte hierüber am 3. Dezember 1821:)

Ich hatte ein großes Bild vom Rechnungsabschluss zwischen der irdischen und himmlischen Kirche von diesem Jahr. Ich sah die himmlische Kirche nicht als ein Gebäude, sondern als einen Inbegriff von Erscheinungen. Die Heilige Dreifaltigkeit sah ich oben und alles aus ihr strömend. Jesus stand zur Rechten, auch Maria etwas tiefer. Zur Linken sah ich die Chöre aller Märtyrer und Heiligen. Um Jesus her sah ich alle seine Leidensinstrumente und nachher sein Leben, Lehren und Leiden in einer Reihe aufeinander folgender Bilder, und zwar lauter Handlungen, welche Geheimnisse der Barmherzigkeit Gottes und Akte unserer Erlösung in sich enthalten und die Grundlage von Kirchenfesten der Streitenden Kirche sind.

Ich sah mit diesen Bildern in der Triumphierenden Kirche die Grundlage und den ewigen Gnadenquell aller Hauptpunkte des erlösenden zeitlichen Lebens Jesu als ewig zu uns dringend und uns erquickend, indem die Streitende Kirche in den Kirchenfesten sie geheimnisvoll feiernd in Anspruch nahm, dafür dankte und durch Opfer und Empfang des Heiligen Sakramentes an der Gemeinde erneuerte. Ich sah die Ausströmungen und Wirkungen von der Heiligen Dreifaltigkeit und dem Leiden Christi ganz unendlich und auf alles.

Ich sah aber alle Kirchenfeste der Geheimnisse aus dem Leben Jesu bis zur Sendung des Heiligen Geistes und erhielt, dass die Kirche an dem heutigen Tag, als der Erneuerung ihres Arbeitskreises, den Heiligen Geist auf alle ihre reinen und vorbereiteten Glieder erhalte, wenn sie darum flehen, und dass jeder, der an Liebe und Eifer das zu ersetzen begehrt, was abgehen könnte, um diesen Heiligen Geist allgemein zu empfangen, und der Leiden um Jesu willen erträgt und sie mit dessen Verdiensten vereinigend zu diesem Zwecke für die Kirche aufopfert, dass jeder ihr Ströme des Heiligen Geistes niederflehen kann, soviel seine Liebe und seine Selbstaufopferung in dem Opfer Jesu vermag.

Ich sah danach die Ausgießung des Heiligen Geistes übergehend in die Wirkungen der Apostel, Jünger, Märtyrer und aller Heiligen und sah, wie sie um Jesu willen leidend in Jesu und seinem Leibe der Kirche litten und dadurch lebendige Adern des Gnadenstromes seines versöhnenden Leidens wurden; ja, da sie in Jesus litten, litt

Jesus in ihnen, und aus Jesus war ihr Verdienst, das sie auf die Kirche niederbrachten. Ich sah, welche Menge Bekehrungen durch die Märtyrer geschahen; sie waren wie Kanäle, mit Schmerzen aufgerissen, welche das lebendige Blut der Erlösung zu tausend Herzen führten. Ich sah diese Marter, Lehr-, Bet- und Bußbilder auch, wie sie in der himmlischen Kirche als das Wesen vielfacher Kirchengnaden erschienen, die der Streitenden Kirche zugute kamen und in den Festtagen der Heiligen erneuert oder in Besitz genommen wurden.

Ich sah die Leiden in Bildern kurz und sah ihre zeitlichen Wirkungen und durch die Ewigkeit ihres Inhaltes und ihres Wertes aus Jesu Leiden ihre ewigen Wirkungen in der Kirche, und zwar durch den verbindenden Kanal der Feste, des lebendigen Glaubens, des Gebets, der Andacht und gottseliger Werke.

Ich sah, welche unsäglichen Schätze und Gnaden die Kirche hat, und wie übel einzelne Glieder mit ihnen wirtschaften. Es ist, als wenn ein herrlicher Garten über einem verwüsteten Lande stände und tausend und tausend Schätze niedersenkte, die unten nicht empfangen würden, so dass die Felder verwüstet und die Schätze verschleudert blieben.

Ich sah die irdische Kirche, d.h. die irdische Gemeinschaft der Gläubigen, die Herde Christi in ihrem zeitlichen Zustande auf Erden, ganz dunkel und wüst; und wie ich da oben in der Höhe den vollkommenen Jahreskreis der Gnadenausteilung gesehen, so sah ich unten die Trägheit, den Unglauben und die Gottlosigkeit im Empfange. Alles war so schläfrig und leichtsinnig gefeiert, dass die Gnaden, welche in dieser Feier empfangen werden sollten, auf die Erde fielen und viele Schätze der Kirche zu Schulden wurden. Ich sah dieses im allgemeinen und in unzähligen Bildern. Ich sah auch, dass alle solche Versäumnis durch Schmerzen gesühnt werden müsse, indem sonst die Streitende Kirche nicht mit der Triumphierenden für dieses Jahr abrechnen könnte und noch mehr fallen müsste.

Ich sah aber, wie die heilige Jungfrau die Ausgleichung besorgte, und das war der Schluss jener Arbeit, welche ich am St. Katharinentag in dem Hochzeitshaus mit der heiligen Jungfrau unternommen hatte, welche in der Form eines mühsamen Einsammelns von allen Früchten und Kräutern und aller schweren Bereitung stand, und auch wieder in unzähligen Bildern von Kirchenwäsche und Reinigungen. Es ist dies schwer zu beschreiben, denn die ganze Natur und die Menschen sind so gefallen und in einem solchen gebundenen und verschlossenen Zustand, dass die Bilder, in welchen ich dort etwas ganz Wesentliches tue und ohne Verwunderung auch verstehe, was ich tue, sobald ich erwacht im natürlichen Zustande bin, mir so seltsam vorkommen als jedem anderen Wachenden.

So musste ich z.B. Honig aus Disteln pressen mit meinen Händen und musste diesen Honig zur Ausgleichung der Kirchenrechnung der heiligen Jungfrau bringen, welche ihn wieder beim Kochen brauchte und in einem erhöhten Zustande denen in der Speise zukommen ließ, welchen er fehlte. Dies aber bedeutete so viel als: Es ist von den Kirchengliedern während des Kirchenjahres von jener Gnade Gottes, welche durch Fleiß aus vielen Formen seiner Liebe gesammelt und zu einer erquickenden Süßigkeit bereitet werden sollte, vieles versäumt, verderbt und verschwendet worden, und viele Seelen, welche dieser also zubereiteten Gnade bedurft hätten, sind darum verschmachtet und verwildert.

Der Herr aber hatte aus der Triumphierenden Kirche alles dazu gegeben, und die Streitende muss sich nun ausweisen und muss die Gaben mit Zinsen und Wucher ersetzen. So fehlt ihr also in der Abrechnung über die Anwendung und Verwaltung der Schätze der Triumphierenden Kirche so viel Honig; denn jene Gnade war aus Gott das, was in der Körperwelt als Honig erscheint, und dieser Honig muss herbei.

Was aber in der Zeit der Blumen bei sorgsamer Bienenzucht mit leichter Mühe gesammelt werden konnte, wird, verabsäumt, jetzt mit Pein und Mühe herbeigeschafft. Die Blumen sind verschwunden, und nur die Distel steht noch da. Ein Glied des Kirchenleibes wird vom barmherzigen Jesus gebraucht und bringt seine Pein und Schmerzen zum Opfer für die Versäumnisse der anderen und drückt mit blutenden Händen aus den stachlichsten Disteln den Honig heraus; und die heilige Jungfrau, die Mutter der Kirche, wendet in dem Kochen diesen Honig dahin, wo die Gnadengabe, die unter dem Honig begriffen ist, von der Kirche verschuldet worden ist in diesem Jahr. Auf diese Weise war meine Marter während dieser Tage und Nächte unter den mannigfaltigsten Arbeitsbildern gefasst, und ich sah beide Kirchen und sah mit der Tilgung der Schuld die untere aus dem Dunkel hervorsteigen.

Ich sah auch ebenso, wie ich die Glieder der Triumphierenden Kirche gesehen, die Glieder der Streitenden. Wirkend für die Kirche, selbst auf die Weise, wie ich arbeite, sah ich mit mir sieben Personen, drei Frauen und drei Männer, die Stigmatisierte von Cagliari, die Rosa Maria Serra und eine sehr kranke Person mit großen Leibesgebrechen, den Franziskaner in Tirol, den ich oft mit mir in selber Intention gesehen habe, dann einen jungen Geistlichen in einem Hause, wo noch mehrere Priester sind in einer gebirgigen Gegend. Es muss dieser eine ausgezeichnete Seele sein, er hat unaussprechliches Leid über den Zustand der Kirche und hat ganz ungemeine Schmerzen durch die Gnade Gottes zu ertragen. Alle Abend schreit er mit herzlichem Gebet zu Gott, Er wolle ihn doch für alle Mängel, die heute in der Kirche geschehen, leiden lassen.

Der dritte war ein vornehmer, verheirateter Mann mit vielen Kindern, einer sehr bösen, verkehrten Frau und einem großen Hauswesen; er lebt in einer großen Stadt, in welcher Katholiken, Protestanten, Jansenisten[61] und Freigeister sind. Es ist alles bei ihm in der größten Ordnung, er ist sehr wohltätig gegen die Armen und erträgt sein Leid mit der bösen Frau auf eine sehr edle Weise.

Es ist in jener Stadt eine abgesonderte Judenstraße, von einem Ende zum anderen mit Toren geschlossen, es ist viel Gewerbe darin. Meine Arbeiten geschahen meist im Hochzeitshause und im Garten desselben.

Als ich mit meiner Arbeit fertig war, sah ich neben dem Heiland zwei große Tafeln aufgestellt, wo alles Versäumte und Getilgte darauf stand. Es war mir aber nun auch alle meine Arbeit figürlich vorgestellt, und ich sah da alles Verlorene, auf der einen Seite die schönsten Kronen, Ornate und Blumen, auf der anderen zerrissene Kränze, halbfertige schlechte Gewänder und allerlei zerstücktes Gemüse und Kraut.

Ich sah auf der einen Seite ein Ziergerüst der herrlichsten Gaben Gottes, auf der anderen einen elenden Schutt- und Scherbenhaufen. Als ich diesen elenden Ersatz sah, der nichts war als ein Zusammentragen von Trümmern, wozu ich auch alle Kraft von ihm erhalten; als ich sah, was zerschlagen, zerrissen, verunreinigt war, überfiel mich eine entsetzliche Traurigkeit; ich sank auf mein Gesicht und weinte zwei Stunden lang mit solcher Heftigkeit, dass es mir war, als zerrinne das Herz in der Brust.

Ich sah aber, dass alles dieses Stückwerk hinter Jesus erschien, und dass es so hinter seinem Rücken lag. Als ich so weinte, nahte mir der barmherzige Heiland und sagte:

«Nur diese Tränen haben noch gefehlt. Ich ließ dich aber dieses sehen, damit du nicht denkst, es sei durch dich etwas getan; nun aber habe ich es auf meine Schultern genommen.» Alle sechs anderen Gehilfen sah ich ebenso weinen und vom Heiland ebenso getröstet werden.

Ich sah nun die heilige Jungfrau sich der Kirche nähern und ihren Mantel über sie breiten und sah viele Arme, Kranke und Krüppel die Kirche wie heraufdrängen, und so stieg sie hell und leuchtend empor und ging in die andere über, oder vielmehr die andere vereinigte sich mit ihr. Ich sah aber Jesus und die Apostel im höheren Chor der Kirche erscheinen und sah das Abendmahl als eine neue Stärkung austeilen und sah aus Abrahams Schoß viele Seelen, auch von Fürsten und Königen, in die Kirche eingehen.

Ich sehe überhaupt manche Seele, welche auf Erden schon für heilig gehalten wird, noch im Reinigungsort und nicht in der Anschauung; andere sehe ich nach einem oder zwei Tagen Reinigung gerade zum Himmel fahren.

Ich sah aber in diesem Bilde auch das Fegefeuer als die Leidende Kirche und sah ein düsteres weites Gewölbe, wohinein die Seelen ihrer Haft entlassen schienen. Es war ein roter Kerzenschein darin und wie ein Altar, und ich sah einen Engel kommen und die Seelen mit einer Darreichung erquicken. Dieses ist einige mal im Jahre; aber mit dem Engel weicht alles Kirchliche von dannen.

Ich erfuhr auch, dass die Armen Seelen, welche sich selbst nicht helfen können, doch für die Kirche beten. Wenn ich ein solches allgemeines Kirchenbild sehe, dann sehe ich immer zwischen Abend und Mitternacht eine tiefe schwarze Lücke, wo gar kein Lichtstrahl hineinfällt; und es ist mir, als sei dort die Hölle.

Ich sah nun ein großes Fest in der Kirche, auch viele, welche sich mit ihr vereinigten. Ich sah auch noch viele Kirchen oder vielmehr Bethäuser mit Wetterfahnen darauf und sah, dass die Leute ohne Ordnung und Zusammenhang mit der himmlischen Kirche nur dann und wann zusammenliefen wie Bettler, wo Brot ausgeteilt wird, aber ohne folgenden Zusammenhang mit der Triumphierenden oder Leidenden Kirche. Sie waren in keinem gegründeten und erwachsenen kirchlichen Bau eines Verbandes der Streitenden, Leidenden und Siegenden Kirche und empfingen nicht den Leib des Herrn im Abendmahl, sondern nur Brot.

Diejenigen aber, welche unschuldig im Irrtum fromm und heftig nach Jesu Leib verlangten, wurden geistlich, doch nicht durch dieses Abendmahl erquickt; die gewöhnlich ohne heftige Liebe Kommunizierenden empfingen nichts, wo das Kirchenkind noch eine große Stärkung erhält.»

DIE TRIUMPHIERENDE KIRCHE

(Am 1. November 1819 erzählte Anna Katharina:)

Ich habe eine große Reise mit meinem Führer gemacht. Es ist nicht auszusprechen, wie solches Wandeln ist. Ich denke dann nicht daran, wer und wie ich bin. Ich ziehe ruhig mit ihm durch die Orte hin, schaue und bin zufrieden. Wenn ich frage, bekomme ich Antwort, und kriege ich keine, bin ich auch zufrieden.

Wir zogen über die Stadt mit den Marterplätzen (Rom), übers Meer, durch wüste Länder, bis hin, wo das Haus Annas und Marias gestanden; und hier kam ich von der Erde empor. Ich sah die unzähligen Scharen der Heiligen in unendlicher Mannigfaltigkeit. Und doch war in innerer Seele und Empfindung alles eins. Alle lebten und bewegten sich in einem Leben der Freude, und alle durchdrangen und spiegelten sich ineinander. Der Raum war wie eine unendliche Kuppel voll von Thronen, Gärten, Palästen, Bogen, Blumenkränzen, Bäumen, und alles war mit Bahnen und Wegen, die wie Gold und Edelsteine schimmerten, verbunden. Oben in der Mitte war unendlicher Glanz, der Sitz der Gottheit. Die Heiligen waren nach ihren geistlichen Verbindungen geschart. Alle Ordensgeistlichen standen nach ihren Orden zusammen und waren in diesen wieder nach ihren persönlichen Kämpfen geordnet, erhöht oder tiefer gestellt. Die zusammen Gemarterten standen beieinander, nach dem Grade ihres Sieges wieder gewürdigt. Die Stände aber, welche auf Erden keine geistliche Weihe hatten, waren nach ihrem inneren geistlichen Streben geordnet. Aus allen Ständen, nach ihrem heiligenden Streben geordnet, war dieses ihr Orden. Sie waren in wunderbarer Ordnung in die Gärten und Wohnungen verteilt. Die Gärten waren unaussprechlich leuchtend und lieblich. Ich sah Bäume mit kleinen gelben, leuchtenden Früchten.

Diejenigen, welche durch Ähnlichkeit des heiligenden Strebens in Genossenschaft waren, hatten als übernatürliches Ordenskleid eine gleichförmige Glorie; sonst waren sie durch einzelne Siegeszeichen verschieden. Sie trugen Kronen und Kränze, in den

Händen Zweige, und waren aus allen Ständen und Gegenden gemischt. Ich sah auch einen mir bekannten Priester, der mir sagte: «Deine Sache ist noch nicht aus!»

Ich sah auch große Scharen von Soldaten in römischer Kleidung und viele mir bekannte Leute. Alle sangen zusammen, und ich sang mit ein süßes Lied. Ich sah auch auf die Erde herab und sah sie wie ein kleines Fleckchen Land zwischen dem Wasser liegen, um mich war alles unermesslich. Ach, das Leben ist so kurz, so ein kleines Endchen; und man kann so viel gewinnen, dass ich nicht trauern darf! Gerne will ich freudig alles Leid von Gott annehmen!

(Am 1. November 1820 erzählte sie:)

Ich hatte sehr deutlich ein unbeschreiblich großes, herrliches Bild, vermag es aber nicht auszusprechen. Ich erblickte einen unabsehbaren Tisch, rot und durchsichtig weiß überdeckt und mit den mannigfaltigsten Gerichten besetzt. Die Gefäße waren wie von Gold und hatten am Rande blaue Buchstaben. Es waren allerlei zusammengestellte Früchte und Blumen; sie lagen nicht tot und gebrochen, sie waren lebendig und wachsend; denn sie waren genossen, doch ewig da. Ihre Erscheinung war der Genuss ihres Begriffs. Bischöfe und unter ihnen alle Arten Seelsorger waren Verwalter und Diener des Tisches.

Rings um diese Tafel saßen und standen in Chören nach vielfacher Ordnung alle Scharen der Heiligen auf Thronen und in Halbkreisen. Stand ich an dem großen Tische, so sah ich diese unzähligen Chöre ihn alle umgeben und alles wie in einem Garten. Nahte ich aber einem einzelnen Chore oder sah ich nach diesem, so sah ich diesen in einem einzelnen Garten, und ich sah in diesem einen eigenen Tisch, und dass uns dieser Tisch der Ausfluss, der Genuss jenes großen Tisches aller war.

Und in allen diesen Feldern und Gärten und Beeten und Gewächsen und Zweigen und Blüten und Früchten lebte alles wieder, was in jenem lebte. Das Genießen der Früchte war kein Essen, sondern ein Innewerden derselben. Alle die Heiligen aber standen mit ihren Attributen. Viele Bischöfe hatten Kirchen auf den Händen, weil sie Kirchen gegründet; andere trugen nur Stäbe, weil sie allein gehütet. Es standen auch viele Bäume voll von Früchten bei den Heiligen, und ich war so begierig, den armen Menschen etwas davon zu geben, dass ich sie schüttelte[62], und sah, wie viele Früchte auf einzelne Gegenden der Erde fielen. Ich sah auch die Heiligen alle zusammen, jeden Chor nach seiner Art und Kraft, mancherlei an Gerüsten, Zierden, Blumen und Kränzen heranbringen, um am Ende der Tafel einen Thron zu bauen. Und all dieses geschah in einer unaussprechlichen Ordnung; es geschah wie in einer Natur ohne Mangel, Sünde und Tod. Es wuchs aus ihrem Wesen und Tun ohne Verabredung; und Wächter und geistige Soldaten hüteten den Tisch indessen.

Ich sah nun vierundzwanzig alte Männer sich auf köstliche Stühle um den Thron setzen; sie hatten teils Harfen, teils Rauchfässer, sie lobsangen und räucherten. Und nun sah ich eine Erscheinung auf den Thron schräg aus der Höhe niederkommen, wie ein alter Mann mit dreifacher Krone und weit ausgebreitetem Mantel. Auf seiner Stirn war eine dreieckige Lichtmasse und in derselben ein Spiegel von allem, was umher war. Es war, als sendete alles sein Bild hinein oder empfange es heraus. Aus seinem Munde ging eine Lichtbahn, in welcher ich eine Menge Worte sah. Ich unterschied Buchstaben und Zahlen, die ich ganz einfältig ansah; ich habe sie vergessen.

Etwas tiefer vor seiner Brust sah ich einen gekreuzigten Jüngling unaussprechlich leuchtend, und aus den Wunden, welche große Glorien waren, strömten regenbogenfarbige Strahlenbahnen heraus. Diese umfassten alle Heiligen mit einem großen Ringe, und die verschiedenen Glorien der Heiligen hatten nach ihren verschiedenen Farben einen Anteil in diesen Lichtergüssen und spielten darin ganz unaussprechlich in einer Ordnung und Freiheit.

Ich sah aber aus diesen Strahlenströmen der Wunden wie einen Regen von verschiedenfarbigen Tropfen nach der Erde niederfallen, und sie waren wie lauter Edelsteine. All dieses hatte viele Bedeutungen und Wahrheiten, denn ich hatte Erkenntnisse von dem Werte, der Kraft, den Geheimnissen und Farben der Edelsteine dabei und von allen Farben überhaupt. Ich sah aber zwischen dem Kreuz und dem Auge der Stirn den Heiligen Geist in einer geflügelten Erscheinung und sah Lichtstrahlen von dem Auge und von dem Kreuze zu dieser Gestalt.

Ich sah vor dem Kreuze etwas tiefer die heilige Jungfrau und viele Jungfrauen um sie. Ich sah einen Ring von Päpsten, Aposteln und Jungfrauen um die halbe Höhe des Kreuzes. Alle diese Erscheinungen und alle Heiligen und alle die unzähligen Engel in weiteren Ringen waren in steter Bewegung ineinander ganz einig und mannigfaltig. Die Vorstellung war übrigens weit reicher und größer als ein Sternenhimmel und doch ganz klar und deutlich; aber ich kann es nicht beschreiben.

(Die folgenden Bilder von dem Leben und der Glorie des hl. Ignatius, des hl. Franziskus Xaverius und des hl. Aloysius veranschaulichen uns die Macht der Fürbitte der Heiligen und zeigen, wie wichtig es ist, in allen Anliegen des Leibes und der Seele die Heiligen andächtig um ihre Hilfe anzurufen.

Am 18. Juni 1820 erzählt Anna Katharina:)

Ich hatte in meinen Schmerzen die Reliquie bei mir, welche mir Overberg[63] gesendet. Ich sah sie leuchten, und da ich um ihre Erkenntnis betete, sah ich von oben einen Heiligen, leuchtend und mit weißer Glorie umgeben, zu mir niederkommen, und ich sah, wie immer, das Licht von seinem Gebein mit dem Lichte der Erscheinung ineinander strömen und fühlte oder hörte innerlich die Worte: «Das ist von meinem Gebein. Ich bin Ignatius!»

Ich hatte hierauf abermals eine lange Nacht voll entsetzlicher Peinigung, aber unter der Form der genugtuenden Schmerzen. Es war, als werde mir langsam ein Messer in die Brust gestoßen, kreuzweise damit geschnitten und herumgewühlt; zugleich hatte ich die heftigsten Schmerzen in den Wunden. Ich musste laut wimmern und klagen und schrie endlich um Erbarmen und bat, der Herr möge mich doch nicht mehr leiden lassen als ich ertragen könne. Ich fürchtete, ich möchte ungeduldig gelitten haben. Ich genoss aber auf mein Flehen eine Erscheinung des Herrn in der Jünglingsgestalt meines Bräutigams und empfing unaussprechlichen Trost. Er sagte mir in wenigen Worten, die ich nicht so wiedergeben kann: «Ich habe dich auf mein Brautbett der Leiden gelegt und dich mit Gnaden der Leiden und mit Schätzen der Versöhnung und mit Kleinodien der Wirkung überhäuft. Du musst leiden! Ich verlasse dich nicht. Du bist an den Weinstock gebunden, du sollst nicht verlorengehen!»

Das war es etwa, was ich in der Annäherung des Herrn mit so viel Trost empfand, und nun litt ich den übrigen Teil der Nacht mit ruhiger Geduld, bis ich gegen Morgen noch einmal ein Gesicht von dem hl. Ignatius erhielt. Ich sah sein Gebein wieder leuchten und rief den lieben Heiligen, den ich nun kannte, an und hielt sein Gebein liebend und ehrend. Ich rief zu ihm durch das süße Herz Jesu und sah die Erscheinung des Heiligen wie das erste Mal niedersteigen, das Licht sich vereinen, und hörte die Worte: ‹Das ist von meinem Gebein!› Ich hatte auch Trost von ihm; er sagte mir, wie er alles aus Jesus empfangen habe, und er versprach mir, mein Freund zu sein, mir in meiner Arbeit zu helfen und mir meine körperlichen Krankheiten zu erleichtern und befahl mir, seine Andacht im folgenden Monat zu feiern. Nach dieser tröstlichen Erscheinung verschwand der Heilige wieder emporsteigend, und ich sah einige Bilder aus seinem Leben.

Ich glaubte, ich liege in einem Bettchen am Eingang einer Kirche; der Chor war von dem übrigen Teil durch ein Gitter getrennt. Ich sah mehrere, doch nicht viele Leute darin; ich sah im Chor etwa zwölf Männer von den Gesellen Ignatii, worunter ich Xaverius und Faber[64] mit ihren Namen kannte. Es war, als seien sie reisefertig, als wollten sie bald irgendwohin. Ich sah noch nicht alle als Priester; sie trugen zwar Kleider auf die Art wie Ignatius, doch nicht ganz übereinstimmend. Es schien sehr früh morgens, es war noch düster, die Lichter brannten auf dem Altar. Ich sah Ignatius noch nicht ganz zur Messe angekleidet, doch mit der Stola über der Schulter, von einem anderen begleitet, der das Weihwasser trug, zwischen seinen Gefährten durch die Kirche herabkommen und den Segen mit dem Weihwedel aussprengen. Ich bereitete mich auch, ihn zu empfangen, und er kam wirklich bis zu meinem Bettchen heran und besprengte mich reichlich, und ich ward in dem Augenblick mit Süßigkeit und Erquickung durch meinen vor Schmerzen matten Körper durchgossen.

Als er wieder hinaufgegangen war in die Sakristei, kam er nachher im Messgewand heraus und trat an den Altar, die Messe zu lesen. Diese Messe dauerte viel länger als unsere gewöhnlichen Messen, und ich erhielt innerlich, dass Ignatius immer fast eine Stunde zur Heiligen Messe gebraucht. Einmal sah ich plötzlich eine Flamme über seinem Haupt wie einen dichten Busch emporlodern und sah einen von den Zwölfen auf ihn zueilen mit ausgebreiteten Armen, als wolle er ihn anfassen oder ihm helfen. Als er aber zu ihm kam, sah er sein Gesicht leuchten und wich ehrerbietig zurück. Ich sah aber, dass Ignatius, ganz von Tränen überronnen, von seinen Gesellen vom Altar zurückgeführt wurde, weil er so erschüttert schien, dass er kaum gehen konnte.

Ich sah danach die Männer, die ich in der Stadt am Meer gesehen, bei dem Papst einführen. Der Papst saß neben einem behängten Tisch, auf dem Schriften und Schreibzeug waren, auf einem prächtigen Stuhl in einem großen Saal. Er hatte ein Mäntelchen um, ich glaube rot; ein rotes Käppchen weiß ich gewiss. An der Tür standen andere Geistliche, und die Ignatiusgesellen traten ein und fielen vor dem Papst nieder. Einer sprach für alle; ich weiß nicht mehr, ob Ignatius dabei war. Ich sah auch, dass der Papst sie segnete und ihnen Papiere gab.

Ich sah noch andere Bilder aus dem Leben des hl. Ignatius. Ich sah ihn einem schlechten Priester eine so reumütige Generalbeichte seines verflossenen Lebens ablegen, dass dieser in Tränen zerfloss und sich besserte. Ich sah ihn auf der Reise seine Gefährten plötzlich verlassen und abseits nach einem Hause gehen, wo ein Mensch schlechten Leidenschaften nachging. Ich sah diesen Menschen herausfliehen und Ignatius ihm nacheilen und seine Knie umarmend ihn um sein Seelenheil bitten. Ich sah, wie dieser sich besserte und ihm folgte. Ich sah ihn einsam im Bettleraufzug durch wüstes, dunkles Gebirgsland ziehen und den Teufel ihm in Gestalt eines dünnleibigen Drachen und am Kopfe dicht und kraus entgegentreten. Ignatius stieß ihm seinen Stock in den Hals, und Feuer schoss heraus; dann spießte er ihn fest, zog seinen Stock zurück und ging ruhig seines Weges fort.

(Am Abend desselben Tages fand der Pilger die Kranke mit halblauter Stimme das Offizium des hl. Ignatius in Latein und ohne Buch betend. Als sie geendet, erzählte sie ihm:)

Ich habe von Ignatius solche Linderung und Liebe empfangen, und ich sah ihn von so feuriger Liebe zu Jesus durchdrungen, dass ich mich zu ihm wendete, ihn innig zu verehren. Da trat auf einmal sein Bild aus der Höhe in einer Bahn von Licht vor mich;

aus seinem Herzen glänzte der heiligste Name Jesus gleich einer Sonne. Als ich nun mein Gebet zu ihm beginnen wollte, strömten mir aus dem Bilde alle Worte und Antiphonen zu, und ich empfang eine große Süßigkeit in dieser Gabe des Gebets.

(Sie schloss ihre Andacht mit der bekannten *Oratio recitanda ante imaginem sancti Ignatii*[65]. Als in der Nacht darauf die Pein in ihrem Herzen mit neuer Heftigkeit sich einstellte, nahm sie ihre Zuflucht wieder zu Ignatius, der sie stärkte, dieselben mit Geduld zu ertragen. Sie erhielt auch ein Gesicht, aus dem sie am anderen Tage dem Pilger folgendes mitteilte:)

Ich sah Ignatius und Xaverius in ihrer innigen Herzensverbindung in Jesus Christus. Ich sah sie überall Trost und Linderung verbreiten, sah sie lehren und helfen und verzweifelnden Kranken dienen. Indem ich diese ihre Tätigkeit und ihre so große Wirksamkeit unter den Völkern betrachtete, wendete sich mein Herz zu ihnen, und ich sagte: «Habt ihr in eurem Leben als gebrechlichen Menschen aus Gottes Kraft so geliebt und geholfen, o, so müsst ihr ja jetzt noch viel mächtiger helfen, da ihr ganz in Licht und Liebe steht! Seht, da ist euer heilig Gebein, das auf Erden so sehr für eure Mitmenschen gearbeitet! O, so helft nun auch; wirket und gießet Gnade aus, ihr vollkommenen Gefäße am Brunnen der Gnade!»

Nun verschwanden mir die irdischen Bilder, und ich sah die beiden Heiligen nebeneinander in der Höhe in einer Lichtwelt stehen. Ignatius hatte eine ganz weiße Glorie, Xaverius hatte einen rötlichen Schein, er hatte etwas vom Märtyrerlicht. Indem ich sie aber sah und Licht und Leben durch sie auf mich niederströmte, ward meine ganze Seele lebendiger, und es war, als wenn ich ihnen das Licht und den Trost, den sie mir aus Gott niedergossen, in einer großen und innigen Fülle des Gebetes wiedergäbe. Denn ebenso, wie ich gestern das Gebet zu Ignatius empfangen hatte, erhielt ich innerlich einen Zufluss von Worten der Liebe und Freude und rief alle Kreaturen zum Lobe und Flehen an; und mein Herz wuchs und ward vielfach sich ergießend, und ich flehte und lobte alle Chöre der Heiligen durch, und sie wurden nah und fern bewegt, und mein Gebet war doch alles zu Gott durch unsern Herrn Jesus Christus und zu unserem Herrn Jesus Christus durch die heilige

Mutter Gottes und zur heiligen Mutter Gottes durch alle Heiligen und zu allen Heiligen durch Ignatius und Xaverius.

Es war aber nicht anders, als wenn ich wüsste, welche Blumen, Gerüche und Farben und Edelsteine und Perlen und Früchte meinem Gott am liebsten und am reinsten wären, und als machte ich mit unendlichem Zufluss dieser Geschöpfe in großer Innigkeit einen Kranz, eine Pyramide, einen Thron daraus und reichte sie ihm hinauf, und als fließe mir dies alles von oben zu, und zwar in dem Lichte, das ich aus beiden Heiligen empfange.

(Als der Pilger[66] ihr nachmittags ein altes Lied auf die beiden Heiligen vorlas, worin alle Kreaturen zu ihrem Lobe aufgefordert werden, sagte sie:) So, so gerade habe ich zu ihnen hinaufgebetet.

Unter diesem Jubel des Gebetes und des Lobes und Hilfeflehens trat das Gesicht mehr in meiner Seele auseinander. Es war aber nicht so, es war, als ginge ich durch die Erscheinung der beiden Heiligen in das himmlische Jerusalem hinein. Ich kann aber die Freude und Wonne und Herrlichkeit gar nicht aussprechen, welche ich hier sah. Es war hier nicht, als wenn ich das himmlische Jerusalem mit seinen Mauern und Toren als eine am Gipfel des Lebensweges daliegende Stadt erblickte, sondern ich war mitten darin wie in einer großen Licht- und Glanzwelt.

Man sieht da keinen Himmel über sich, sondern es laufen die Straßen auf- und abwärts ganz unendlich nach allen Richtungen; und doch ist alles regelmäßig und in Ordnung und in unendlicher Harmonie und Liebe. In der Mitte, in der Höhe, sehe ich in unbegreiflichem Lichte die Allerheiligste Dreifaltigkeit und die vierundzwanzig Ältesten um sie her, und unter ihr in einer eigenen Lichtwelt die Chöre der Engel. Ich sehe aber alle Heiligen in ihren Ordnungen, Orden und Genossenschaften in ihren eigenen Palästen, Thronen und Zusammenstellungen, und die, welche mich gerade beschäftigen, die ich verehre oder deren Gebeine ich bei mir habe, sehe ich deutlicher, oder vielmehr, ich bin ihnen näher, gehe durch sie zu den anderen.

Ich sah auch die Wirkung der Heiligen auf eine wunderbare Weise. Als ich sie anflehte, sah ich, dass sie sich zu der Heiligsten Dreifaltigkeit wendeten, und dass die Strahlen von dieser zu ihnen ausgingen; und ich sah, dass die Heiligen dann zu einigen wunderbaren Bäumen und Stauden gingen, welche an einzelnen Orten zwischen den Palästen standen, und dass sie Früchte und Tau und Honig von denselben niedersendeten. Ich sah aber die Engel dabei wirken; sie waren schnell wie Blitze, schnell hin und her bewegt, und als brächten sie den Segen nieder und als mehrten sie, was jene erflehten.

Ich sah Ignatius und Xaverius Gutes zu meiner Gegend und zu allem, für was ich sie anrief, herabsenden. Ich sah sie auch ungemein viel Tau und Honig nach weit entfernten Landen senden. Ich sehe dann einzelne Bilder von Notleidenden, die erquickt sind, die innig werden, ich sehe plötzlich Menschen gerührt sich besinnen, ich sehe in dunkeln, fernen Landen Licht erwachen, dies Licht um sich greifen; ich sehe Betende in diesem Lichte sich sammeln. Ich sehe zwar die Heiligen immer wohltätig wirken, besonders dahin, wo ihre Gebeine ruhen, welche in demselben Lichte und gleicher Farbe leuchten wie sie selbst und immer wie ein Teil von ihnen erscheinen; vor allem aber dahin, wo sie angefleht werden.

Ich sah viele heilige Männer um Ignatius herum: Franziskus Borgias, Karolus Borromäus, Aloysius, Stanislaus Kostka, Franziskus Regis; ich sah sehr viele. Ich sah auch den da.

(Unter diesen Worten zeigte Anna Katharina gerade vor sich hin, als weise sie auf eine plötzlich vor ihr stehende Erscheinung. Der Pilger verstand sie im ersten Augenblick nicht und glaubte, sie meine den hl. Franziskus von Assisi; allein sie sah den hl. Franziskus Salesius vor sich, angeregt durch seine in der Nähe befindliche Reliquie.)

Ich sah ihn aber nicht bei Ignatius, sondern wieder in einem anderen Chor von Bischöfen. Ich sah unbeschreiblich viele, die ich kannte, und näherte mich vielen im Gebet. Anfangs, da ich besonders auf Ignatius schaute, sah ich sie ferner, doch auch alle lieblich bewegt und freundlich, aber ich kam endlich von einem zum anderen.

Die Wege zwischen den Palästen waren mit Perlen in allerlei Gestalten und Figuren und Sternen belegt, und ich dachte da in meiner Einfalt, denn da dachte das dumme Fleisch mit: nu gick es, dat sinn de Steernkes, de man up de Erd seit. – Ich habe auch Augustinus und alle seine Ordensreiche gesehen und auch den

Bischof Ludgerus, der hatte eine Kirche auf der Hand, wie man ihn abbildet. So sah ich viele und alle mit vielen Zeichen bei sich, die ich kannte und nicht kannte. Ich sah auch den hl. Joachim und die hl. Anna, gewiss weil heute Dienstag ist, wo ich die heilige Mutter Anna immer verehre. Sie hatten beide einen grünenden Zweig in der Hand, und da ich nicht wusste, was das bedeute, kriegte ich eine innere Mahnung, es sei dies ihre Sehnsucht nach dem Messias, es sei dieses, dass Er aus ihrem Stamme entsprossen im Fleische. Ich hatte auch ein Bild von ihrer Sehnsucht auf Erden, ihrem Flehen, ihrer Abtötung und Reinigung.

So habe ich die ganze Nacht hindurch meine Schmerzen in dem Troste dieser Anschauung getragen. Ich kann nicht sagen, welche herrlichen Dinge ich gesehen, und welche Wahrheit und Klarheit von allem; die Gestalten und Erscheinungen waren nicht zufällig zusammengestellt, alles war eins und wie gewachsen, und eines erklärte das andere und lebte und liebte im anderen. Während des ganzen Bildes war mein Herz voll Freude und mein Mund voll Lobgesang.

(Sie war bei dieser Erzählung ganz bewegt und bis zu Tränen der Freude gerührt, während sie körperlich todesschwach war.

Am 21. Juni fand sie der Pilger voll Freude über den hl. Aloysius, dessen Fest sie in einer himmlischen Kirche gefeiert hatte. Sie erzählte darüber:)

Ich war in der geistlichen Festkirche. Es war eine große Feier mit vielen Prozessionen. Weißgekleidete Mägdlein mit Lilien in der Hand trugen die Mutter Gottes auf einem Thron; Knaben, auch einerlei gekleidet, trugen den hl. Aloysius, welcher über sein schwarzes Ordenskleid ein weißes Chorhemd mit goldenen Fransen trug; auch hatte er, wie die anderen Knaben, eine Lilie in der Hand.

Aloysius ward auf einem Thron über den Altar gesetzt, und über ihm war der Thron der Mutter Gottes; er hatte sich mit ihr verlobt. Ich sah die Kirche in der Höhe sich mit heiligen Chören füllen; um Aloysius sah ich Ignatius, Xaverius, Borgias, Borromäus, Stanislaus, Regis und noch sehr viele heilige Jesuiten, höher hinauf noch viele andere heiligen Ordensleute. Sonst war die Kirche voll von Seelen von Jünglingen und Jungfrauen und Kindern, welche am Beispiel des hl. Aloysius entzündet Gnade vor dem Herrn gefunden. Es waren lauter Selige in der Kirche.

Nachdem Aloysius mit Kränzen und Kronen und allerlei Ehre geehrt worden war, diente er den anderen wieder, denn dies ist immer bei solchen Festen. Der Geehrte wird nach der Ehre immer Diener. Ich kann die Herrlichkeit dieses Festes gar nicht beschreiben, es war ein Kirchenfest der Keuschheit und Unschuld, der Demut und Liebe. – Ich sah auch sein Leben. So erblickte ich ihn als ein noch kleines Knäblein allein in einem großen Saal, wo allerhand Waffen an der Wand hingen, auch eine Soldatentasche. Ich sah, dass der Knabe zu ihr ging, an ihr etwas losschnallte und eine breite, lange Büchse herausarbeitete. Er war scheu dabei; es war, als sei es etwas zum Schießen. Ich sah ihn damit fortgehen und bald wiederkommen und heftig weinen und die Büchse wieder in die Tasche stecken, als reue ihn seine Mauserei. Er weinte heftig und legte sich unter der Tasche an die Wand.

Dann sah ich eine große Frau hereinkommen, die ihn zu trösten schien. Sie führte ihn fort, und er weinte immer, auch als sie ihn zu seinem Vater und zur Mutter brachte, welche in einer schönen Stube saßen. Er erzählte seinen Fehler und weinte immerfort. Ich sah, dass man ihm nachher einen Mann zugesellte, der immer bei ihm war. Ich sah ihn in seiner Kindheit lange krank im Bett und unbeschreiblich geduldig, und wie alle Diener ihn liebten. Ich sah, wie sie ihn krank auf den Armen trugen, und wie er blass und fieberkrank immer lieblich lächelte.

Ich sah ihn an einem anderen Ort, aber auch in einem vornehmen Hause. Er war ein sanfter, ernster Knabe. Ich sah, dass viele Geistliche um ihn waren, und dass er in ihrer Mitte saß und sprach, und dass sie alle sehr erbaut zuhörten. Es war, als sei es, dass er zum Heiligen Sakrament vorbereitet werde, und dass er, von Gott erleuchtet, sie wieder belehre. Ich sah ihn in dieser Zeit in einer wunderbaren Andacht und Sehnsucht. Wo er war und ging, sah ich ihn sich nach der Gegend wenden, wo das Heiligste Sakrament in der Kirche stand.

Ich sah, dass er sich oft einen Kelch mit einer Hostie oder eine Monstranz an die Wand zeichnete und davor mit unaussprechlicher Andacht betete, und wenn jemand kam, es geschwind auslöschte. Ich dachte dabei an die hl. Barbara, welche ich dies in ihrem Kerker auch habe tun sehen. Ich sah ihn dann, wie er das heilige Abendmahl in der Kirche empfing, und sah die heilige Hostie leuchtend vor ihm und als eile sie in seinen Mund. Ich sah ihn, als er im Kloster war, und sah seine Zelle sehr klein, außer seinem Bett wenig Raum. Ich sah oft, wie er sich geißelte, betete, und sah ihn leuchtend. Es wurde mir gesagt, seine größte Sünde sei gewesen, dass er nach tagelangem Gebet ein Ave lang zerstreut gewesen. Er ließ keinen seiner Gefährten zu sich. Ich sah, dass sie ihn sehr liebten, ihm bis zur Tür folgten, und wie er sie nicht zu sich ließ, damit sie seine Armut nicht erleben sollten.

Ich sah ihn von Jugend auf immer die Augen niederschlagen und nie einem weiblichen Wesen ins Gesicht schauen. Es war dies keine falsche Scheinheiligkeit, sondern eine Enthaltung, die ihn rein hielt. Ich habe mich oft verwundert darüber, wenn ich es früher in Lebensbeschreibungen gelesen.

(Wie heilsam es ist, die in der Taufunschuld verstorbenen seligen Kinder anzurufen, erhellt aus dem folgenden Gesicht, in welchem Anna Katharina in ihren Bedrängnissen einst von seligen Jugendgespielen Trost und Hilfe empfing. Sie erzählte eines Tages:)

Selige Gespielen meiner Jugend holten mich ab. Wir gingen nach unsern alten Spielplätzen und von da zur Krippe. Der Esel stand vor der Höhle. Ich holte einen Tritt, stieg auf und setzte mich auf ihn und sagte den Kindern: «So hat die Mutter Gottes darauf gesessen.»

Der Esel ließ sich streicheln und um den Hals fassen. Da gingen wir an die Krippe und beteten. Die Kinder reichten mir danach eine Menge Äpfel, Blumen und einen Rosenbusch mit Dornen umgeben. Immer wies ich sie wieder ab. Sie fragten mich, warum ich sie denn in meiner Not nie anrufe; sie wollten mir auch schon viel helfen; die Menschen riefen die Kinder so wenig an, und sie vermöchten doch viel bei Gott, besonders die gleich nach der Taufe verstorbenen. Ein solches Kind war auch dabei; es sagte mir, dass ich ihm seinen glücklichen Tod erfleht habe, und wenn dies die Eltern wüssten, sie sollten böse auf mich sein. Ich erinnerte mich, dass es mir nach der Taufe gebracht worden war; ich hob es in die Höhe und betete von ganzem Herzen, Gott möge es doch lieber im Stande seiner Unschuld zu sich nehmen, ehe es sie verlieren könnte. Es dankte mir nun, dass ich ihm den Himmel erbeten, es wolle auch für mich beten. Die Kinder haben mir gesagt, besonders solle man doch beten, dass die Kinder nicht ohne Taufe sterben; wenn man darum flehe, so sende Gott gerne Hilfe. Ich habe oft Bilder von so erflehter Hilfe.

(Später rief sie in der Ekstase nach dem Beichtvater, flehte um sein Gebet und sprach:)

Es sterben in diesem Augenblick an 5'000 Menschen. Es sind viele Priester darunter. Man muss beten, sie kommen im Tale Josaphat alle wieder zu uns, sie gedenken es uns. Gott gebe ihnen die ewige Ruhe, und der Herr leuchte ihnen!

Es ist eine erstaunliche Menge in den verschiedensten Lagen. Ich stehe auf einem Bogen über der Erde. Von vielen Punkten kommen wie Strahlen zu mir, und durch sie sehe ich die Lage und Umstände der Sterbenden wie durch eine Röhre. Einige sterben ganz verlassen.

DIE LEIDENDE KIRCHE

Die Armen Seelen

Im Bisherigen war schon mannigfaltig von dem tiefen Mitleiden gegen die Armen Seelen die Rede, welches Anna Katharina ohne Unterlass zu Gebet und jeder Art von Opfern und Liebeswerken für sie hinriss; nun sollen aber auch ihre umfassenderen Anschauungen von den verschiedenen Leidenszuständen der Abgeschiedenen und einzelne Hilfsarbeiten für dieselben hier zusammengestellt werden, damit der Leser ein möglichst vollständiges Bild ihrer unermesslichen Tätigkeit gewinnen möge.

(Als der Pilger[67] das erste Fest Allerheiligen und Allerseelen in ihrer Nähe zubrachte, und sie ihn die allgemeine Gleichgültigkeit gegen Verstorbene teilen sah, welche sich so leicht mit der Vorstellung beruhigt, als wären diese unserer Hilfe nicht mehr oder nicht in dem hohen Grade bedürftig, wie sie es doch in Wirklichkeit sind, da jammerte sie oftmals:)

Es ist traurig, wie jetzt so wenig den Armen Seelen geholfen wird. Und ihr Elend ist doch so groß, sie selber können sich gar nicht helfen. Wenn aber jemand für sie betet, etwas für sie leidet, ein Almosen für sie spendet, das kommt ihnen augenblicklich zugute. Sie sind dann so froh, so selig wie ein Verschmachtender, dem ein frischer Trunk gereicht wird.

(Und nahm sie wahr, dass ihre Worte auf den Pilger Eindruck machten, so wies sie ihn auch darauf hin, welche Kraft der Tröstung und Hilfe in verdienstlichen Handlungen liege, die in reiner Absicht für die Armen Seelen aufgeopfert werden, wie in den Übungen ernster Selbstverleugnung, der Abtötung des Eigenwillens, der Überwindung verkehrter Neigungen und Affekte, in Akten der Geduld, Sanftmut, gründlicher Demütigung, herzlicher Vergebung, wahrhaftigen Wohlwollens und dergleichen.

«Ach», pflegte sie zu sagen, «es haben die Armen Seelen so viel zu leiden wegen ihrer Nachlässigkeit, wegen bequemer Frömmigkeit, wegen Mangels an Eifer für Gott und das Heil des Nächsten. Wie soll ihnen geholfen werden, wenn nicht durch genugtuende Liebe, welche für sie jene Tugendakte aufopfert, die sie selbst im Leben besonders vernachlässigt hatten? Die Heiligen im Himmel können nicht mehr für sie büßen und genugtun; das haben sie von den Kindern der Streitenden Kirche zu erwarten. Und wie sehr sehnen sie sich danach! Sie wissen, dass kein guter Gedanke, kein ernster Wunsch, den ein Lebender für sie hat, ohne Wirkung ist; und doch, wie wenige kümmern sich um sie! Ein Priester, der sein Brevier mit Andacht in der Meinung betet, die Versäumnisse damit gutzumachen, für welche die Armen Seelen noch zu büßen haben, vermag unglaubliche Tröstung zu bereiten. Ja die Kraft des priesterlichen Segens dringt bis in das Fegefeuer und erquickt wie Himmelstau die Seelen, denen er in festem Glauben gesendet wird. Wer dies alles so sehen könnte wie ich, der würde gewiss nach Kräften zu helfen suchen.»

Am meisten bedauerte sie jene Verstorbenen, welche von den Überlebenden über Gebühr gelobt und um natürlicher Eigenschaften und Vorzüge willen bis zum Himmel erhoben werden; oder von welchen die Überlebenden aus weichlicher, überspannter Liebe den Gedanken nicht ertragen können, als seien sie noch im Stande der Peinen und der Läuterung; denn solche sah sie als die ärmsten und verlassensten Seelen.

«Unmäßiges Lob», äußerte sie oft, «sehe ich immer als eine wesentliche Beraubung und Zurücksetzung dessen, dem das unverdiente Lob gespendet wird.»

Als einmal Anna Katharina mit dem durch solche Hinweisungen tief bewegten Pilger sich in eine längere Unterredung über das Verhältnis der Überlebenden zu den Abgestorbenen einließ, fasste er danach die ihm bemerkenswertesten Äußerungen in folgendem zusammen:

«Alles, was der Mensch denkt, spricht und tut, hat in sich etwas Lebendiges, das fortwirkt zum Guten oder zum Bösen. Wer Böses getan, muss eilen, seine Schuld durch Reue und Bekenntnis im Sakrament der Buße zu tilgen, sonst kann er die Folgen des Bösen in ihrer ganzen Entwicklung nur schwer oder gar nicht mehr verhindern. Ich habe dies bei Krankheiten und Leiden mancher

Menschen und bei dem Unsegen mancher Orte oft körperlich gefühlt, und es ist mir immer gezeigt worden, dass ungebüßte und unversöhnte Schuld eine unberechenbare Nachwirkung hat. Ich sah die Strafen mancher Sünden bis an den späten Nachkommen wie als etwas Natürlich-Notwendiges, ebenso wie die Wirkung des Fluches, der auf ungerechtem Gute liegt, oder den unwillkürlichen Abscheu vor Orten, wo große Verbrechen geschehen sind. Ich sehe dies als so natürlich und notwendig, wie der Segen segnet und das Heilige heiligt.

Solange ich denke, habe ich ein lebendiges Gefühl für Gesegnetes und Ungesegnetes, für Heiliges und Unheiliges. Das Heilige zieht mich an, und unwiderstehlich folge ich ihm, das Unheilige stößt mich zurück, ängstigt mich, macht mich schaudern, ja ich muss mit Glauben und Gebet dagegen kämpfen. Besonders klar und lebendig war mir immer diese Empfindung bei menschlichen Gebeinen, ja bei den kleinsten Stäubchen eines Leibes, der einmal eine Seele bekleidet hatte. Ich habe durch die Stärke dieses Gefühles in mir immer glauben müssen, es sei ein gewisser Zusammenhang zwischen allen Seelen und ihren Leibern; denn ich fühlte und sah ja ganz deutlich die verschiedensten Zustände und Wirkungen bei Gebeinen auf Gräbern und Kirchhöfen. Ich hatte bei einzelnen Gebeinen das Gefühl von Licht, überfließendem Segen und Heil; bei anderen empfand ich verschiedene Grade von Armut und Bedürftigkeit, und ich fühlte mich um Hilfe durch Gebet, Fasten und Almosen angefleht.

Es erfüllte mich aber an manchen Gräbern auch Schrecken und Entsetzen. Wenn ich in der Nacht auf dem Kirchhof zu beten hatte, empfand ich auf solchen Gräbern eine noch tiefere Finsternis als die Nacht selbst, es war da noch schwärzer als schwarz, es war, als wenn man ein Loch in ein schwarzes Tuch schneidet, was dann noch dunkler aussieht. Manchmal sah ich wie einen schwarzen Qualm aus solchen Gräbern steigen, der mich schaudern machte.

Es ist mir auch geschehen, dass ich, wenn mich die Begierde zu helfen hinriss, in diese Finsternis einzudringen, das Zurückstoßen der dargebotenen Hilfe mir entgegendringen fühlte. Die lebendige Überzeugung von der allerheiligsten Gerechtigkeit Gottes war mir dann wie ein Engel, der mich aus den Schrecknissen eines solchen Grabes wieder zurückführte. An anderen Gräbern sah ich eine hellere oder trübere graue Schattensäule, auf manchen eine Lichtsäule, einen stärkeren oder schwächeren Strahl; auf vielen aber sah ich gar nichts erscheinen, was mich immer am tiefsten betrübte. Ich erhielt die innere Überzeugung, dass die helleren oder trüberen Strahlen aus den Gräbern Äußerungen der Armen Seelen über den Grad ihres Bedürfnisses seien, und dass jene, die gar kein Zeichen zu geben vermöchten, am weitesten zurück und ohne alle Hilfe im Fegefeuer seien, dass niemand ihrer gedenke, dass sie ohne alle Fähigkeit zu wirken und am weitesten im Verkehr mit dem Kirchenleibe zurückgesetzt seien. Wenn ich betend auf solchen Gräbern lag, hörte ich oft eine mühsame, dumpfe Stimme aus der Tiefe zu mir herauf seufzen: ‹Hilf mir heraus!›, und ich fühlte die Angst eines ganz hilflosen Menschen deutlich in mir selbst.

Ich betete für diese Hilflosen, Vergessenen immer mit größerem Eifer und andauernder als für andere, und ich habe öfter über solchen leeren, stummen Gräbern nach und nach graue Schattensäulen hervorsteigen und sich durch fortgesetzte Gebetshilfe immer mehr aufhellen sehen.

Die Gräber, auf denen ich hellere oder trübere Schattensäulen sehe, wurden mir als die Gräber solcher Verstorbenen erklärt, deren Arme Seelen nicht ganz vergessen, nicht ganz gebunden seien, und welche durch den Grad ihrer Reinigungspein oder durch Hilfe und Gebet lebender Freunde in einem mehr oder weniger tröstlichen Verhältnis zu der Streitenden Kirche auf Erden stehen. Sie haben noch die Gnade, ein Zeichen von sich in der Gemeinde zu geben, sie sind in einem Wachsen zum Licht und zur Seligkeit begriffen, sie flehen uns an, denn sie können sich nicht selbst helfen, und was wir für sie tun, das bringen sie unserem Herrn Jesus für uns dar.

Sie erscheinen mir immer wie arme Gefangene, welche noch durch einen Schrei, durch ein Flehen, durch eine vorgestreckte Hand aus dem Kerker das Mitleid ihrer Mitmenschen anregen können.

Wenn ich so einen Kirchhof ansah, und diese Erscheinungen mir vor die Seele traten in ihrem verschiedenen Grade von Licht und Finsternis, war das Ganze wie ein Garten, der nicht in gleicher Pflege steht oder teilweise ganz wüst liegt; und wenn ich dann recht betete und arbeitete und auch andere dazu antrieb, so war es, als richteten sich die Pflanzen auf, als lockerten und erquickten wir die Erde und ganz verborgener Same dringe zutage, – und Tau und Regen komme über den Garten. Ach wenn alle Menschen das so sähen wie ich, sie würden gewiss noch viel fleißiger in diesem Garten arbeiten als ich.

Wenn ich auf Kirchhöfen in solche Anschauungen komme, kann ich ebenso sehr von dem christlichen Fleiß und der Liebe einer Gemeinde mich überzeugen, als man aus dem Zustande der Felder und Gärten um einen Ort auf den Fleiß und die zeitliche Betriebsamkeit der Einwohner schließen kann. Gott hat mir oft in meinem Leben die Gnade verliehen, dass ich viele Seelen vor meinen Augen aus dem Fegefeuer mit unendlicher Freude in den Himmel aufsteigen sah.

Wie aber keine Arbeit, kein Helfen in der Not ohne Mühseligkeit, Kampf und Anfechtung ist, so bin ich als ein junges, gesundes Kind und als eine rüstige Jungfrau oft in meinem Gebet bei Gräbern und auf den Kirchhöfen auf eine arge Weise gestört, geschreckt und misshandelt worden von unseligen Geistern oder vom bösen Feinde selbst. Getöse und furchtbare Erscheinungen umgaben mich, oft ward ich auf Gräbern umgeworfen, oft ward ich hin und her geschleudert, ja manchmal wollte mich eine Gewalt zum Kirchhof hinausdrängen.

Ich habe aber von Gott die Gnade gehabt, mich nie zu fürchten und nie ein Haar breit dem Feinde zu weichen, und wo ich gestört wurde, verdoppelte ich mein Gebet. O wie vielen Dank habe ich von den lieben Armen Seelen gehabt; ach, wenn doch alle Menschen diese Freude mit mir teilen wollten! Welch ein Überfluss von Gnaden ist auf Erden, aber wie werden sie vergessen und verschleudert, während die Armen Seelen so sehr nach ihnen seufzen! In ihren mannigfachen Räumen mit verschiedenen Qualen sind sie voll Angst und Sehnsucht, so schmachtend nach Hilfe und Erlösung. Und wie groß auch ihre Not ist, sie loben doch unsern Herrn und Heiland. Alles, was wir für sie tun, gebiert unendliche Wonne.»

Am 2. November 1819 erzählte Anna Katharina:)

Ich kam mit meinem Führer in einen düsteren Ort. Ich ging weit darin umher und tröstete. Die Seelen sah ich teilweise wie zur Hälfte, teils bis an den Hals, überhaupt mehr oder weniger in Finsternis getaucht. Sie waren nebeneinander, aber jede wie in einem getrennten Kerker. Einige litten Durst, andere Kälte, andere Hitze, sie konnten sich nicht helfen und waren in unendlicher Qual und Sehnsucht.

Ich sah sehr viele erlöst werden; ihre Freude ist unaussprechlich. Emporschwebend in großer Zahl in einer bloß grauen seelischen Gestalt, erhielten sie während des kurzen Überganges nach einem höheren Ort auf kleine Zeit die Kleider und Insignien ihres Standes, den sie auf Erden bekleidet hatten. Der Ort aber, in welchem sie sich sammelten, war ein großer Raum über dem Fegefeuer, welcher wie mit einem Zaun von Dornen umgeben war. Hier sah ich nun viele Ärzte erlöst, sie wurden von einer Art Prozession ihrer Standesgenossen empfangen und emporgeführt.

Ich sah auch sehr viele Soldaten abgeholt werden, was mich sehr für die armen geschlachteten Leute freute. Ich sah wenige Klosterfrauen, noch weniger Richter; aber viele Jungfrauen, welche sich dem Klosterstande bei Gelegenheit würden gewidmet haben, und sah sie von seligen Nonnen abholen. Ich sah auch einige alte Könige und Seelen aus königlicher Familie, mehrere Geistliche, auch viele Bauern.

Unter allen diesen Seelen sah ich viele aus meiner Bekanntschaft, viele aus fremden Gegenden ihrer Kleidung nach. Jeder Stand war von Seelen seinesgleichen nach verschiedenen Richtungen emporgeführt, und in diesem Emporführen verloren sie wieder ihre irdischen Kennzeichen und erhielten ein lichtes, seliges Gewand. Ich kannte im Fegefeuer nicht nur meine Bekannten, sondern auch Anverwandte meiner Freunde, die ich nie gesehen. Am verlassensten sah ich jene guten armen Seelen, welche niemand haben, der an sie denkt, und deren gibt es so viele von jenen unserer Glaubensgenossen, welche das Gebet nicht üben. Ich bete immer für solche am meisten.

Hierauf kam ich in ein anderes Gesicht. Ich stand auf einmal als ein Bauernmädchen gekleidet da, wie ich im früheren Leben ging.

Ich trug eine Binde vor der Stirne und eine Mütze auf dem Kopf. Mein Führer brachte mich einer Schar entgegen, die leuchtend vom Himmel herzog. Es waren lauter gekrönte Gestalten, über welchen der Heiland mit einem weißen Kreuzstabe, an dem ein Fähnchen schwebte. Es waren etwa hundert, meistens Jungfrauen, nur ein Drittel Männer. Alle waren in glänzenden königlichen von vielerlei durcheinander strahlenden Glorienfarben, wodurch die Erscheinung gar wunderbar wurde. Sie trugen offene Ringkronen und auch geschlossene Kronhauben.

Unter ihnen waren viele sichtbar mit den Wunden ausgezeichnet, die um die Malstellen einen roten Glanz verbreiteten. Ich wurde von meinem Führer zu ihnen herangeführt und war entsetzlich blöde (westfälisch für schüchtern) und wusste nicht, wie ich als ein Bauernmädchen zu diesen Königen sollte. Mein Führer sagte: ‹Du kannst dies alles auch noch werden›, und es wurde mir statt des Bauernkleides ein weißes Nonnenkleid angezogen. Ich sah nun um mich alle, die bei meiner Einkleidung im Kloster zugegen waren und besonders die seligen Nönnchen unseres Klosters. Ich sah, wie manche, die ich im Leben gekannt und mit denen ich zu tun hatte, aus dem Fegefeuer nach mir sahen. Ich erkannte wahre und falsche Teilnahme. Viele sahen mir traurig nach, und es reute sie manches, da ich wieder von ihnen fort musste. Es waren Bürger aus dem Städtchen.

(Am 24. September 1820 erzählte sie:)

Ich hatte im Hochzeitshaus eine schwere Arbeit, mit der ich nicht fertig werden konnte. Ich sollte mit einem ganz unbrauchbaren, steifen Besen vielen Unrat hinausfegen; ich konnte aber nicht damit zustande kommen. Da kam meine Mutter zu mir und half, und auch eine Freundin, der ich vor ihrem Tode ein Bild der hl. Katharina geschenkt, welches ich übernatürlicherweise empfangen hatte. Sie trug das Bildchen auf der Brust und sprach viel mit mir.

Ich ward von meiner Mutter nach vielen Aufenthaltsorten von Seelen geführt und entsinne mich, dass ich auf einen Berg gebracht wurde, als welchem ein Geist, kupferrot schimmernd, mit einer Kette, an die er angeschlossen war, mir entgegentrat.

Er war hier seit sehr langer Zeit und von aller Hilfe verlassen. Niemand gedachte seiner, niemand half und betete für ihn. Er redete nur wenige Worte, und doch erfuhr ich seine ganze Geschichte, wovon ich noch einiges in Erinnerung habe. Er war zur Zeit eines Königs von England, der Krieg mit Frankreich führte, englischer Kriegsoberster in diesem Lande, wo er arg wütete und alle Grausamkeiten verübte. Er war so schlecht erzogen, und es war mir, als sei dies Schuld seiner Mutter; doch trug er immer eine geheime Ehrfurcht vor Maria. Er zerstörte alle Bilder, und als er einmal vor einer sehr schönen Bildsäule der Mutter Gottes vorüberkam, wollte er sie auch zerstören; aber es überkam ihn eine Rührung, und er tat es nicht.

Hierauf fiel er in ein hitziges Fieber und hätte gern gebeichtet, er kam aber von Sinnen; doch starb er mit einer heftigen Reue. Er fand dadurch Barmherzigkeit und ward nicht verdammt. Es konnte ihm noch geholfen werden, aber er war ganz vergessen. Er sagte, dass durch Heilige Messen ihm besonders geholfen werden könnte; ja dass er durch weniges viele Zeit früher befreit würde. Es sei dieser Ort das (gewöhnliche) Fegefeuer nicht. Ich sah ihn immer wie von Hunden angebellt und zerfleischt, weil er die Leute so gepeinigt hatte. Er lag oft in verschiedenen Stellungen angeschlossen, auch wie im Block, und wurde mit siedendem Blute durchgossen, das ihm durch alle Adern rann. Er sagte, die Hoffnung der Erlösung sei ihm ein großes Labsal.

Als er mit mir gesprochen, sank er wieder wie in den Berg hinein. Der Platz, wo er stand, war wie mit flammendem Gras überzogen. Er hatte auch schon früher mit mir geredet, es war jetzt das dritte Mal.

27. September 1820: Ich habe heute nacht viel für die Armen Seelen gebetet und viele wunderbare Strafzustände von ihnen gesehen und die ganz unbegreifliche Barmherzigkeit Gottes. Ich habe auch den unglücklichen englischen Kriegsmann wiedergesehen und für ihn gebetet. Ich sah eine unendliche Barmherzigkeit und Gerechtigkeit Gottes und wie nichts wirklich Gutes im Menschen, das noch übrig in ihm, verlorengeht.

Ich sah das Gute und Böse aus den Vorfahren in den Kindern fortwirken und durch ihren Willen und ihr Mitwirken ihnen zum Heil und Unheil gerichtet werden. Ich sah aus den Schätzen der Kirche und der Liebe der Kirchenglieder auf wundervolle Weise den Seelen Hilfe leisten. Und alles dieses war ein wirkliches Ersetzen und Vollmachen ihrer Mängel. Die Barmherzigkeit und Gerechtigkeit verletzten sich nicht, und doch sind beide unendlich groß. Ich sah viele Zustände der Reinigung; besonders sah ich jene bequemen, still sitzenden Priester gestraft, welche zu sagen pflegen: ‹Ich bin mit einem kleinen Plätzchen im Himmel zufrieden, ich bete, ich lese Messe, ich sitze Beicht usw.› Sie müssen unsägliche Qual und Sehnsucht nach Liebeswerken empfinden; und alle Seelen, welche ihrer Hilfe entbehrt haben, müssen sie vor sich sehen und müssen still sitzen mit zerreißender Begierde zu helfen und zu wirken. Alle ihre Trägheit wird eine seelische Pein, ihre Ruhe wird eine Ungeduld, ihre Untätigkeit eine Fessel, und alle diese Strafen sind keine Erfindungen, sondern sie gehen wie die Krankheit aus dem Übel verständlich und wunderbar hervor.

Bei dieser Gelegenheit habe ich vieles vom Fegefeuer und besonders vom Stande der Kinder, der vor und nach der Geburt getöteten, gesehen, was ich nicht deutlich genug sagen kann und deswegen übergehe. So viel war ich mir immer gewiss, dass alles Gute, sei es in der Seele oder im Leibe, zum Lichte dringt, wie alles Böse zur Finsternis, so es nicht gesühnt und getilgt wird, dass die Gerechtigkeit und Barmherzigkeit in Gott Vollkommenheiten sind, und dass der Gerechtigkeit aus seiner Barmherzigkeit, aus den unerschöpflichen Verdiensten Jesu Christi und der mit ihm vereinigten Heiligen in der Kirche durch die Mitwirkung und glaubende, hoffende, liebende Arbeit der Glieder seines geistlichen Leibes genug geschieht.

Ich sah immer, dass nichts verloren ist, so es in der Kirche in Vereinigung mit Jesus geschieht; dass jeder fromme Wunsch, jeder gute Gedanke, jedes Liebeswerk um Jesu willen der Vollendung des Kinderleibes zugute kommt, und dass ein Mensch, der nichts tut, als in voller Liebe zu Gott beten für seine Brüder, in großer, heilbringender Arbeit begriffen ist.

6. Oktober 1820: Ich hatte ein Bild von einem frommen Franziskaner in Tirol. Ich sah, dass er ein Vorgesicht von einer großen, der Kirche aus einem politischen Zusammentritt, der sich seiner Vollziehung nähert, drohenden Gefahr hatte.

Es ward ihm befohlen, fortwährend für die Kirche zu beten; und ich sah ihn bei seinem Kloster, das nicht groß war, nahe bei einem Städtchen beten. Er kniete in der Nacht vor einem wundertätigen Muttergottesbild, und ich sah, dass der Teufel großen Lärm, ihn zu stören, in der Kirche machte mit Brausen und schrecklichem Geprassel gegen die Fenster, indem er in Gestalt von schwarzen Raben dagegen stürzte.

Der fromme Ordensmann aber ließ sich nicht stören und betete mit ausgebreiteten Armen fort. Infolge dieses Gebetes sah ich nachher drei Gestalten an mein Lager treten. Eine war ein Wesen wie mein Führer; sie trat mir näher; die beiden anderen waren Seelen, welche Gebet verlangten. Ich erfuhr, dass es die Seele eines katholischen Fürsten von Brandenburg und eines frommen österreichischen Kaisers sei, und dass sie mir zur Vorbitte durch das Gebet des Franziskaners gebracht wurden, welcher dieselbe Gefahr wie ich gesehen. Sie flehten um eine höhere Beförderung ihres Zustandes, um auf ihre jetzigen Nachfolger auf Erden wirken zu können. Ich erfuhr, dass solche Seelen mehr Bezug auf sie haben als andere.

Merkwürdig war mir, dass der führende Geist selbst meine Hände nahm und sie emporrichtete. Seine Hand fühlte sich weich und luftig wie von zarten Federn; so oft ich aber meine Hände sinken ließ, hob er sie wieder und sagte: «Du musst noch länger beten!» Das ist, wessen ich mich entsinne.

(An Allerseelen 1820 war Anna Katharina, wie gewöhnlich an diesem Tage, in schweren Genugtuungsleiden für die Armen Seelen. Sie verschmachtete, berichtet der Pilger, vor Durst in Fieberhitze, trank aber nicht, um die Pein jener zu lindern. Sie war voll Begierde zu helfen, ganz sanft und geduldig in ihren Schmerzen. Sehr erschöpft erzählte sie das folgende:)

Ich wurde von meinem Führer emporgeführt. Ich hatte nicht das bestimmte Gefühl einer Richtung nach einer Weltgegend; aber es war ein sehr mühsamer Weg. Er war immer aufsteigend und ganz schmal und führte wie eine lichte Brücke steil in eine ungeheure Höhe. Es war Nacht an beiden Seiten; ich musste seitwärts gehen, so schmal war der Pfad. Unter mir sah ich die Erde voll Nacht und Nebel und die Menschen in Elend und Morast wühlend.

Ich war schier die ganze Nacht in diesem schweren Aufklimmen; oft sank ich nieder und meinte herabzustürzen, dann reichte mein voraus wandelnder Führer mir die Hand und brachte mich weiter. Es ist möglich, dass ich in einer Weltrichtung reiste, denn mein Führer zeigte mir einige mal links und rechts wüste Orte an der Erde, wo gewisse Geheimnisse der Führungen des Volkes Gottes geschahen. Ich sah allerlei Orte, wo die Patriarchen und dann die Kinder Israels gewandelt sind. Es war, als träten diese Orte, wenn mein Führer darauf hinzeigte, hell aus Nacht und Ferne gegen mich heran. Es waren Wüsten, zerfallene dicke Türme, Sümpfe, große übergebeugte Bäume.

Er sagte mir, wenn diese Orte alle wieder angebaut und von Christen bewohnt sein würden, dann würde die letzte Zeit sein. Auf diesem Pfade schwebten viele Seelen, von ihren Führern begleitet, als graue Gestalten aus der Nacht zu uns heran. Es war, als flögen sie aus einer weiten Nacht nach diesem schmalen lichten Faden, auf dem ich peinlich unter stetem Flehen und Gebete hinanklomm. Sie kamen nicht auf den Pfad selbst, sondern schwebten links und rechts in halber Höhe neben und hinter mir längs dem Pfade. Es waren Seelen in diesen Tagen Verstorbener, für welche ich zu leiden und zu beten berufen war, denn vor einigen Tagen waren Theresia, Augustinus, Ignatius und Xaverius mir erschienen und hatten mich zu Gebet und Arbeit aufgefordert, ich solle es an diesem Tage erfahren, wozu.

Mein Pfad führte nicht in das eigentliche Fegefeuer; dieses lag unter demselben, und ich sah diese Seelen auf acht und mehrere Tage in dasselbe eingehen durch mein Gebet, welches ich noch fortzusetzen hatte. Der Ort, in welchen ich einging, war eine große Gegend ohne Himmel; es war, als sei oben alles zugewachsen wie mit einem Gewölbe, einer Laube. Es waren hier wohl Bäume, Früchte und Blumen, aber alles war trüb und leid- und freudelos.

Es waren hier unzählige Abteilungen wieder mit besonderen Arten von Dunst, Nebel, Wolken oder Scheidungen getrennt, nach verschiedenen Ideen von Ab- und Einschränkung; und ich sah in diesen Räumen wenige oder mehrere Seelen beieinander wohnen. Es war dieses ein Aufenthalt zwischen dem Fegefeuer und dem Himmel.

Ich sah daselbst bei meiner Ankunft eine Menge Seelen, immer drei und drei von einem Engel begleitet, nach einer Seite hinschweben und aufsteigen, wo wie ein Licht aus hoher Ferne niederschimmerte. Sie waren ungemein freudig. Ich sah diese Seelen alle schon farbig schimmernd; indem sie ausgingen, ward die Farbe ihrer Glorie reiner. Ich hatte auch eine Weisung über die Bedeutung ihrer Farben: rot leuchtete die feurige Liebe, welche sie auf Erden nicht rein geübt, und quälte sie; weiß leuchtete die Reinheit der Gesinnung, welche sie durch Faulheit brachliegen ließen; grün die Geduld, welche sie durch Unwillen getrübt; gelb und blau habe ich vergessen.

Die Seelen gingen immer drei und drei aus, grüßten mich und dankten. Es waren sehr viele, die ich kannte, meistens Leute vom Mittelstande und Bauern. Ich sah auch vornehmere Leute, doch nur wenige. Wenngleich kein Rang hier ist, so ist doch eine feinere Bildung zu unterscheiden. Es ist ein wesentlicher Unterschied in den Stämmen, und man kann es in der Erscheinung unterscheiden. Das Geschlecht unterscheidet sich durch Stärke, Strenge, Bestimmtheit in dem Wesen bei Männerseelen, in den weiblichen ist etwas Weiches, Leidendes, Empfängliches, man kann es nicht beschreiben.

In diesem Raume halten sich Engel auf, welche die Seelen nähren mit den Früchten des Ortes; auch wirken sie bereits auf das Fegefeuer und auf die Erde, haben auch ein Bewusstsein des himmlischen Genügens, und das Sehnen und Harren ist die letzte Pein. Ich ging aus diesem Ort weiter an dessen Ende und sah durch eine lichter werdende Öffnung einen Raum, der heller und mit schöneren Bäumen geziert war. Ich sah wie eine Bewegung von Engeln darin; es wurde mir gesagt, hier seien die Altväter vor Christi Höllenfahrt gewesen, und es wurde mir gezeigt, wo Adam, wo Abraham, wo Johannes gewesen. Ich kam von da links durch einen beschwerlichen Weg nach Hause. Ich kam auf den Berg, wo ich den von Hunden gehetzten Mann gesehen; er war nicht mehr hier, sondern im Fegefeuer.

3. November: Ich habe heute nacht kühn zu allen Heiligen gerufen, deren Gebeine bei mir sind, und habe besonders meine lieben seligen Schwestern Madlenchen von Hadamar, Columba

von Bamberg, Juliana von Lüttich und Lidwina eingeladen, mit mir ins Fegefeuer zu kommen und jenen Seelen herauszuhelfen, welche Jesus und Maria die liebsten seien. Ich hatte auch die Freude, viele befördert und erlöst zu sehen.

4. November: Ich kam heute nacht fast durch die ganze Diözese und war besonders im Dom, wo ich alle Versäumnis und Nachlässigkeit der Geistlichkeit als einen mit Kot gefüllten und künstlich zugedeckten Raum erblickte. Ich musste den ganzen Unrat nach einem Wasser tragen, das ihn fortschwemmte. Ich schleppte mich ganz zuschanden. Unter dieser Arbeit kam die Seele der Tochter einer Frau aus meiner Gegend zu mir und sagte, dass ich doch ihrer Mutter im Fegefeuer zu Hilfe kommen sollte. Sie begleitete mich auch dahin. Ich sah die Mutter, welche eine sehr geschwätzige und naschige Frau gewesen war, ganz einsam, ohne Gesellschaft in einem Raum sitzen wie eine kleine Küche, voll Langeweile, und sie mummelte immer mit dem Munde, als nasche und kaue sie. Sie bat mich sehr, bei ihr zu bleiben heute nacht. Sie kam auch in einen höheren, besseren Raum vor dem ihrigen, und ich war bei ihr, sie zu trösten.

Die Armen Seelen sind unterrichtet von dem, was im Himmel und auf Erden in Bezug auf das Heil geschieht, sie werden von Engeln unterrichtet. So war die Seele der Tochter, welche mich zu ihrer Mutter hierher rief. Ich tröstete diese Frau. Wirken können diese Seelen gar nicht. Im Fegefeuer ist keine Natur, kein Baum, keine Frucht. Alles ist farblos, heller und dunkler nach dem Grade der Reinigungen. Die Aufenthaltsorte sind auch in einer Art Ordnung.

Das Gericht über eine Seele sehe ich augenblicklich über dem Sterbeort des Menschen. Ich sehe Jesus, Maria, den Patron der Seele und ihren Engel dabei; auch bei Protestanten sehe ich Maria zugegen. Dieses Gericht ist in sehr kurzer Zeit vollendet.

6. November: Ich dachte am Abend, die Armen Seelen seien doch ihrer Hoffnung gewiss, und die bösen Menschen seien in Gefahr, ganz verloren zu gehen, darum wolle ich für diese beten. Da trat der hl. Ignatius vor mich und hatte auf seiner einen Seite einen hoffärtigen, freien, gesunden Menschen, den ich kannte, und auf der anderen Seite einen Menschen, der bis über den Hals im

Sumpf stak, elend schrie und sich nicht helfen konnte; er reichte mit einer Hand seine Finger ein wenig heraus. Es war dieser ein verstorbener Geistlicher, den ich nicht kannte. Ignatius fragte mich nun: «Für wen willst du Hilfe erflehen, für den hoffärtigen Bösewicht, der Buße wirken kann, wenn er will, oder hier für den Hilflosen, der sich nicht helfen kann?» Ich erbebte vor Schrecken an allen Gliedern und musste heftig weinen. Ich ward auch bald zum Fegefeuer auf einer mühsamen Reise geführt und betete für die Seelen. Hernach ward ich noch in ein großes Zucht- und Arbeitshaus gebracht. Vielen, welche durch Verführung und Not in Verbrechen gefallen, konnte ich bemerkbar werden und sie rühren; Bösewichter waren unbeweglich. Es war dieses Zuchthaus in meinem Vaterland. Ich war noch an vielen solchen Orten, auch in Kerkern, worin Leute mit langen Bärten unter der Erde lagen. Sie waren in gutem Seelenzustand und büßten; ich tröstete sie. Ich sah alle diese Orte als ein Fegefeuer der Erde.

Danach musste ich noch zu einigen Bischöfen. Einen sehr weltlichen traf ich bei einem Schmause, zu dem auch Frauen geladen waren. Ich rechnete die Kosten der Tafel zusammen, und wie viele Arme davon hätten leben können. Das hielt ich ihm vor, und da er gegen mich darüber sehr unwillig wurde, sagte ich, dies alles werde von einem Engel aufgeschrieben, der mit einem Buch und einer Rute über ihm stehe. Er sagte aber, das sei nichts, da gehe es anderwärts noch ärger her. Ich sah dies auch wirklich, aber überall auch den Strafengel.

(In diese mit so großer Pein verknüpften Gebetsarbeiten für die Armen Seelen trat am Schluss der Oktav ein Tröstungsbild ein, in welchem sie die Wirkung aller Liebeswerke erblickte, welche sie von Kindheit an für dieselben vollbracht hatte.)

Ich fand mich in der elterlichen Hütte, und es war, als sollte ich vermählt werden. Alle Seelen, für die ich je gebetet, kamen herbei und brachten allerhand Geschenke, die sie auf den Brautwagen packten. Das Brauthaus aber war das Schulhaus, in das ich als Kind gegangen war; es war nun viel schöner und größer. Die zwei alten heiligen Nönnchen waren meine Brautjungfern. Nun kam auch mein Bräutigam und der Brautwagen. Ich dachte noch in dem Schulhaus: «Nun bin ich zum dritten Male hier; das erste

Mal, da ich als Kind zur Schule gebracht wurde und mir unterwegs die Mutter Gottes mit dem jüngsten erschien und sagte, so ich gut lerne, solle es mein Bräutigam werden; das zweite Mal, da ich in das Kloster ging und in dem Schulhaus in einem Gesicht verlobt ward, und jetzt zum dritten Male, da ich Hochzeit halten sollte.» Alles ward jetzt voll von Pracht und Früchten; und Haus und Garten stieg über die Erde empor, und ich sah auf die wüste, trübe Erde herab.

9. November: Ich hatte mehrere Weinberge durchzuarbeiten, wo es übel aussah mit der Bedeckung der Reben vor dem Frost. Ich kam auch nach Koblenz und hatte in der Nähe mit vieler Mühe in drei Weinbergen zu arbeiten. Da ich nun gedachte, mich zu den Armen Seelen zu wenden, traten neun Gestalten um mich her, welche Päcke auf dem Nacken hatten. Eine zehnte Gestalt hatte ihren Pack abgelegt und war fortgelaufen; ich aber musste ihren schweren langen Pack über die Schulter und unter den Arm nehmen und mit ihm, umgeben von den neun anderen Gestalten, immer gegen Morgen aufsteigen.

Der Weg war kein natürlicher; er ging schnurgerade gegen Morgen und war schimmernd, zu beiden Seiten Nacht und Nebel. Wenn ich unter meinem Bündel erlag und nicht mehr weiter konnte, erschien am Weg eine Bank, wohin ich meine Last dann ablegte. In dem Pack war eine große menschliche Gestalt, und zwar jene, welche mir vor ein paar Tagen St. Ignatius als im Schlamm versunken gezeigt hatte; und ich erfuhr, es sei dies einer der letzten Kurfürsten von Köln. Er hatte auch einen Kurhut am Arme befestigt. Die neun anderen waren wie Läufer, wie sie diese Fürsten hielten. Es war, als könnte er nicht selbst wie die anderen gehen, und als habe ihn einer, der ihn bis jetzt geschleppt, im Stich gelassen, und ich musste nun dafür eintreten.

Immer aufsteigend gelangten wir endlich an einen ganz wunderbaren Ort. Wir kamen an ein Tor, wo Geister wie zur Wache standen. Die Neune gingen gerade durch hinein, mein Pack aber wurde mir abgenommen und in Verwahr gebracht, ich selbst aber wurde nach rechts auf einen hohen Wall gewiesen. Es waren Bäume da, wo ich hinkam. Ich konnte von da aus weit umhersehen; ich erblickte aber nichts als eine erstaunlich große, von allerlei Wällen und Hügeln, an denen unzählige Gestalten arbeiteten, durchschnittene Wasserfläche. Es waren dies Könige, Fürsten, Bischöfe und sonst Leute aller Art, besonders Dienerschaft. Manche Fürsten hatten ihre Kronen am Arme, noch schlechtere hatten sie an den Beinen. Sie alle mussten auf den Wällen arbeiten mit Graben, Karren, Aufklettern und dergleichen. Ich sah viele, die immer von den Wällen wieder niederstürzten und wieder hinan mussten. Die Seelen der Diener hatten hier die Seelen ihrer ehemaligen Herren zu treiben. Soweit ich sah, sah ich alles aus Wasser und Wällen bestehen, und nur bei mir waren einige Bäume, aber ohne Früchte. Ich sah den, welchen ich getragen, auch schanzen; ich meine, er musste immer unter der Erde wühlen.

Die neun Gesellen sprachen mit mir; ich musste ihnen an etwas helfen, was ich nicht mehr weiß. Es waren hier keine weiblichen Seelen. Es schien dieser Aufenthalt ein anderer Ort als das Fegefeuer; denn es war ein Bewegen und Wirken darin; es war auch, als müssten die Seelen hier etwas ebnen und ausfüllen. Ich sah zu meiner Verwunderung keine Grenze des Gesichtskreises, ich sah nur den Himmel oben und die Arbeitenden unter mir links und rechts, wie eine unendliche Wasser- oder Luftfläche.

Nun wurde mir weit jenseits ein anderer Raum oder Körper gezeigt, auf dem nur Frauen waren. Mein Führer sagte, ich solle hinübergehen. Da ich anfangs nicht wusste wie, sagte er: «Auf deinem Glauben!» Da wollte ich mein Tuch nehmen, auf das Wasser breiten und darauf hinüberfahren; es kam aber sogleich ein kleines Floß gefahren, auf dem ich hinüberschiffte, ohne zu rudern. Mein Führer schwebte neben mir auf der Flut. Auf jenem Körper sah ich wie einen großen viereckigen Aufenthalt und nichts als weibliche Seelen aller Art, auch Nonnen und andere Seelen, welche ich kannte.

Sie hatten sehr viele Gärten zu bauen; die Dienerinnen hatten auch hier den ehemaligen Herrinnen zu befehlen. Sie wohnten in Laubhütten. An den vier Ecken dieses Aufenthaltes schwebten vier wachende Geister. Sie hatten an hohen Bäumen wie kleine Wachthäuser an den Zweigen hängen. Die Seelen hier bauten mancherlei Obst, aber es ward nicht ganz reif, denn es war hier so viel Nebel und ein niederer, gedrückter Himmel. Was sie erarbeiteten, erhielten andere Seelen von ihnen, die ich an einem anderen Orte zwischen hohen Eisbergen klein und unansehnlicher wandeln sah. Sie luden die Früchte auf Flöße, und sie kamen zu jenen Leuten, welche sie nochmals aussuchten und die besten wieder an andere Seelenorte sendeten.

Diese auf den Eisbergen waren Seelen von nichtchristlichen Völkern, die noch halb wild waren. Die Frauen fragten mich, welches Jahr jetzt sei, und wie es auf der Erde jetzt stehe. Ich sagte es ihnen und meinte, es müssten wohl wenige hierher zu ihnen kommen, da so viele Sünden begangen würden. Ich erinnere mich nicht mehr, was ich noch außerdem hier tat.

Der Rückzug ging auf schmalem Pfad immer niedersteigend. Nun sah ich die Spitzen der Erde hervorstechen, sah Flüsse wie silberne Fäden und Meere wie Spiegel, erkannte Wälder und Städte und kam endlich bei dem Ganges auf die Erde nieder. Als ich auf meinem Weg zurücksah, erschien er als ein feiner Strahl, der sich wie ein Flämmchen in die Sonne verlor. Die guten Inder, welche ich neulich vor einem Kreuze beten sah, hatten nun von Flechtwerk eine grünende Laubkirche gebaut, die sehr schön war. Es waren mehrere zusammengezogen, und sie hatten Gottesdienst. Ich kam von da durch Persien nach dem Ort, wo Jesus um diese Zeit vor seiner Kreuzigung lehrte; es war nichts mehr von dem Orte da als schöne Fruchtbäume und auch die Spuren von dem Weinberg, den der Herr hier angelegt.

Ich zog von da nach Ägypten und kam dann durch Abessinien. Ich machte noch einen ganz wunderbaren Weg und kam übers Wasser nach Sizilien, wo ich viele Orte verwüstet und verlassen sah. Dann kam ich über Gebirge nicht fern von Rom. Später sah ich in einer Sandebene bei einem Tannenwald einen Trupp Räuber, welche in der Nähe eine Mühle überfallen wollten. Als mein Führer und ich ihnen nahten, ergriff einen von ihnen große Furcht; er sagte zu den anderen: ‹Es überkommt mich ein solcher Schrecken; es ist mir, als sei man hinter uns her!› und hierauf ergriffen sie alle die Flucht. Ich bin von dieser Reise, besonders von dem Schleppen der schweren Seele, so müde, dass ich voll Schmerzen bin. Ich habe ungemein viel auf der Reise gesehen und getan, das ich vergessen habe.

31. Dezember: Ich hielt Rechnung mit mir über das abgelaufene Jahr. Ich sah, wieviel ich versäumt, wieviel ich zu flicken habe. Es sah erbärmlich mit mir aus, ich habe mich sehr zerweint. Ich hatte auch viele Bilder von Armen Seelen und von Sterbenden. Ich sah einen Priester, der gestern abend neun Uhr starb, und der sehr fromm und wohltätig war. Er kam aber doch, weil er Zeit versäumt mit allerlei Scherzen, drei Stunden ins Fegefeuer. Er hätte sollen mehrere Jahre hineinkommen; er war aber durch kräftiges Beten und viele Messen so gefördert. Ich sah seinen Leiden drei Stunden zu, und als er frei wurde, hörte ich, was mich lächerte (zum Lachen reizte), als sage er zu dem Engel: «Nun sehe ich doch, dass einen auch Engel anführen können; ich sollte nur drei Stunden hier sein und war nun so lang, so lange hier!» Dieser Geistliche war mir sehr bekannt.

(Am 28. Oktober 1821 erzählte Anna Katharina:)

Ich sah heute nacht die heilige Jungfrau Ermelindis[68]. In ihrem zwölften Jahre hatte sie einen unschuldigen Umgang mit einem Jüngling, mit welchem ihre Eltern sie vermählen wollten. Ich sah sie vornehm und reich in einem großen Hause und wie sie einmal dem Jüngling unter die Tür entgegengehen wollte. Da erschien ihr Jesus und sagte: «Liebst du mich nicht mehr als jenen?» Mit tausend Freuden sprach sie: «Ja»; und Jesus ging mit ihr auf ihre Kammer und gab ihr einen Ring, sich mit ihr vermählend. Ich sah, dass sie sich gleich die Haare abschnitt und ihren Eltern und dem Jüngling sagte, dass sie sich Gott verlobt habe.

Ich bat die Heilige, mich zu Sterbenden und zu den Armen Seelen zu führen, und es war, als wenn ich mit ihr durch Holland reiste. Ich musste mühsam durch Wasser, allerlei Niederungen und Torfmoor und Gruben mit großer Mühe und Arbeit. Ich war bei armen Leuten, welche keinen Priester erlangen konnten, da diese so weit über das Wasser mussten. Ich tröstete, half und betete in allerlei Umständen.

Von da ging ich immer weiter nach Mitternacht. Ich kann mir nicht recht denken, in welcher Gegend das Fegefeuer eigentlich ist. Meistens gehe ich gegen Mitternacht, aber ich verliere dann den natürlichen Grund und muss durch einen dunkeln Übergang und muss viele Schwierigkeiten, Hindernisse, Peinen überwinden, wie sie von Wasser, Schnee, Dornen, Morast und dergleichen kommen können. Ich arbeite sie für die Armen Seelen durch; und dann ist es oft wieder, als steige ich auf dunkeln, grundlosen Wegen nieder, wie unter die Erde, und komme dann in Räume von verschiedener Düsterheit, Nebel, Kälte, Unheimlichkeit aller Art und da aus einem Raume in den anderen zu Seelen, die höher oder tiefer, mehr oder weniger zugänglich sind. Ich bin auch heute nacht von einem Raum zum anderen gegangen, habe getröstet und dabei Aufträge zu verschiedenen Arbeiten erhalten. So musste ich gleich die Litanei aller Heiligen und die sieben Bußpsalmen beten. Mein Führer sagte mir, ich solle mich wohl in Acht nehmen, mich nicht ärgern und jeden Verdruss den Armen Seelen aufopfern. Ich dachte am anderen Morgen nicht mehr an diese Ermahnung und war schon im Begriff, über eine Sache in Ärger zu kommen, aber ich unterdrückte ihn und bin sehr froh darüber und danke meinem lieben Schutzengel, der mir dazu geholfen. Es ist nicht zu sagen, welch großen Trost die Armen Seelen durch eine kleine Aufopferung und Überwindung erhalten.

(2. November 1821: Sie war schon seit vierzehn Tagen immer mit den Armen Seelen in mancherlei Gebet, Abtötung, Almosen und geistiger Arbeit beschäftigt, um zu vollbringen, was zur Erlösung der leidenden Seelen noch fehlte. Es war, als rüste sie viele aus, um sie an ihrem Gedächtnistage vollendet darstellen zu können. Alles, was sie litt und tat, hatte sie mit größter Geduld und Liebe beständig für sie aufgeopfert. Sie erzählte:)

Ich habe wieder Reisen mit den Heiligen zum Fegefeuer gemacht. Die Straforte der Seelen sind nicht auf einer Stelle; ich finde sie sehr verschieden und muss von einem Ort zum anderen reisen. Der Weg geht dann oft so, dass man Meere, Eisgebirge, Schnee, Wolken unter sich sieht. Oft ist es, als müsse ich um die Erde herum hinabsteigen. Die Heiligen gehen leicht neben mir her, sie haben einen Grund wie Lichtwolken unter sich, der mit ihnen fortzieht. Diese Bahnen sind bei dem einen von anderer Farbe als bei dem anderen, je nachdem die Arten der Trost- und Hilfsquellen sind, welche sie durch ihre Lebensarbeit hervorgerufen haben. Ich muss dabei immer schwere, trübe Wege wandern, die ich als Arbeit für die Seelen betend zurücklege. Ich erinnere dabei die

Heiligen an ihre Leiden und opfere sie mit Jesu Leiden Gott auf für die Seelen.

Die Orte der Seelen finde ich verschieden nach ihren Zuständen. Ich kann sie mit nichts anderem vergleichen als mit den Orten, welche ich Gärten nenne, da ich in ihnen bestimmte Gnaden und Wirkungen wie Früchte bewahrt sehe. So sind auch die verschiedenen Seelenorte wie Gärten, Behälter, Welten von verschiedenen Arten von Ungnade, Mangel, Entbehrung, Pein, Not, Angst usw.; es sind auch kleinere darunter.

Wenn ich zu ihnen komme, sehe ich wohl einen Lichtstrahl auf einem Punkt einfallen oder eine Dämmerung um den Gesichtskreis. Diese Orte sind die besseren. An keinem sieht man den blauen Himmel, es ist überall mehr oder weniger grau trüb und dunkel. An vielen Orten sind die Seelen sehr dicht zusammen, und da ist große Angst. Einige Orte sind tiefer und dunkler, andere höher und heller. Die Räume, worin sie abgeschlossen und getrennt sind, sind auch verschiedener Gestalt. Die auf Erden vereint waren, sind nur dann beisammen, wenn sie Reinigung desselben Grades bedürfen. An manchen Orten ist das Licht gefärbt, z.B. feurig, trüb, rot. Es ist nicht zu sagen, welche Freude, welcher Trost es den Zurückbleibenden ist, wenn Seelen erlöst werden. Es sind auch Seelenorte, wo sie arbeiten, wie ich einst die Sturmlaufenden und Schanzenden gesehen, und die Insel, wo Frauen waren und Früchte bauten, die auf Kähnen fortfuhren. Das sind solche, welche für andere, geringere, etwas wirken (nicht verdienen!) können, sie sind in einem besseren Grade. Es mag dieses bildlich sein; aber es ist doch wirklich.

Es ist aber dort eine schwache, welke, unkräftige Natur, und die Früchte sind auch so; doch sind sie noch Ärmeren ein Trost. Oft sind Könige und Herren bei denen, welche von ihnen gequält worden, und dienen im Leiden demütig. Ich sah Seelen, wenn einige frei wurden, aus niederen Graden in bessere Zustände eintreten. Manche können wandeln und haben Verkehr des Trostes. Große Gnaden sind, erscheinen zu können, um zu flehen um Hilfe und Fürbitte. Ich sah auch Orte, wo Seelen, die auf Erden heilig gesprochen wurden, beim Scheiden aus der Welt aber ihre Heiligkeit noch nicht vollendet hatten, gereinigt wurden. Ich war auch an vielen Orten und Kirchen und bei Priestern und bestellte Messen und Andachten.

Ich war zu Rom in der St. Peters-Kirche bei vornehmen Priestern, ich meine Kardinäle. Es mussten da sieben Messen gelesen werden für gewisse Seelen, und ich weiß nicht mehr, warum dies unterblieben war. Als sie gelesen wurden, sah ich ganz dunkle, trübe, verlassene Seelen zum Altare herandringen. Sie sprachen wie Hungernde: «Wir sind so lange nicht gespeist.» Ich glaube, es waren fundierte Messen[69], welche vergessen waren.

Das Einziehen der Stiftungen für Seelenmessen ist eine unbeschreibliche Grausamkeit und ein Diebstahl an den ärmsten Armen, wie ich es so sehe. Wenige oder keine lebenden Personen sah ich auf meinen Wegen gehen; doch begegneten mir Seelen, Engel und Heilige, und ich sah viele Gebetswirkung. Ich habe in diesen Tagen viele Leute zur Beichte und zur Kirche geschleppt, welche sonst nicht gekommen wären.

(Sie war nun den ganzen Tag über im Gebet für die Armen Seelen, betete für sie das Totenoffizium und schwitzte aus dem Seitenmal und der Brust so heftig Blut, dass es durch die Kleider drang. – Als der Pilger am Abend wieder kam, fand er sie erstarrt im Gebet. Sie mochte eine halbe Stunde so gelegen sein, als der Beichtvater in die Stube kam; da hob die Betende sich plötzlich in die Höhe, ging sicheren, festen Schrittes wie eine Gesunde auf den erstaunten Beichtvater zu, warf sich mit dem Angesicht auf die Erde und suchte seine Füße, die er scheu zurückzog, zu küssen. Endlich ließ er dies geschehen; da hob sie sich auf die Knie und bat für sich und für alle Seelen, die mit ihr seien, um den Segen. Sie kniete noch einige Minuten betend, bat nochmals um den Segen für Seelen, dann stand sie auf und ging raschen Schrittes nach ihrem Lager. Der Schweiß stand ihr auf der Stirne, und ihr Angesicht hatte einen sehr heitern Ausdruck. Während des ganzen Auftrittes und nachher war sie fortwährend in tiefer Ekstase.

Als der «Pilger» des anderen Tages ihr den Vorgang erzählte, wollte sie kaum glauben, dass alles wirklich so geschehen sei; sie wusste sich aber deutlich zu erinnern, dass sie von verstorbenen Beichtkindern des P. Limberg gebeten worden sei, ihm die Füße zu küssen und seinen Segen zu erflehen. «Es ist mir dies», sagte sie, «sehr schwer geworden, da er nicht gleich gewollt und mich nicht recht verstanden hatte. Er hatte auch nicht im festen Glauben den Segen gegeben, weshalb ich für die Seelen in der Nacht noch etwas zu leisten hatte.»

2. November 1822:) Ich hatte heute nacht sehr viel im Fegefeuer zu tun. Ich reiste immer mitternachtwärts hin, und es ist mir, als liege es oben, wo die Spitze der Weltkugel ist. Wenn ich dort bin, habe ich die Eisberge wie über mir. Von außen kommt es mir vor wie ein halbmondförmiger, schwarzer, glimmeriger Wall; inwendig sind unzählige Gänge und Räume, hoch und nieder, hinab und hinauf. Im Anfang ist es noch besser, da wandeln und schleichen die Seelen umher, tiefer aber sind sie mehr eingesperrt. Hier und dort liegt eine in einer Höhle, einer Grube; oft auch mehrere zusammen in einem Raume in verschiedenen Lagen, höher und tiefer. Manchmal sitzt eine hoch, wie auf einem Stein. Weiter darin im Hintergrund ist es schrecklicher.

Ich sehe im Fegefeuer auch einen Ort der Andacht, eine Art Kirche, in welcher sie manchmal getröstet werden. Sie schauen danach, wie wir nach unserer Kirche. Vom Himmel haben die Seelen keine Hilfe unmittelbar, sie empfangen alles von der Erde und den lebenden Menschen, welche Gebet und gute Werke, Abtötung und Entsagung und besonders das Heilige Messopfer für ihre Schuld dem Richter aufopfern. Wenn ich von hier gegen Mitternacht gehe und über das Eis komme, da sieht man den Ort des Fegefeuers, wie wenn die Sonne oder der Mond ganz niedrig steht; man kommt dann über eine Wulst, Gasse, Ring (sie findet nicht das rechte Wort), und dann liegt das Fegefeuer wie ein halber Zirkel vor einem. Zur Linken, weiter vor, ist die Mühle, rechts sind die vielen Arbeiten und Schanzen. Wenn ich in dem Fegefeuer bin, sehe ich außer meinem Führer niemand anderen, der es besucht, wohl aber hie und da in der Ferne auf der Erde einzelne betende, kasteiende Eremiten, Klosterleute, arme Leute, welche für die Armen Seelen arbeiten. Dieses Fegefeuer ist das der katholischen Kirche; die Sekten sind dort abgesondert wie hier und leiden viel mehr, weil sie keine Betenden auf Erden haben und keine Heiligen Messen. Ob die Seelen von Männern oder Frauen sind, unterscheidet man erst, wenn man näher in ihre Umstände eingeht.

Man sieht hellere und trübere Gestalten mit unendlich abgehärmtem, schmerzvollem, aber geduldigem Angesicht. Es ist nicht zu sagen, wie rührend sie erscheinen. Nichts ist tröstlicher als ihre Geduld, und wie eine sich der Erlösung der anderen erfreut und das Leiden der anderen und der Ankommenden bejammert. Auch Kinder habe ich darin gesehen.

Die meisten Menschen sind darin wegen jenes Leichtsinnes, den man gegen sogenannte kleine Sünden hat, mit welchem man kleine Gefälligkeiten, Wohltaten und Überwindungen unterlässt. –

Der Zusammenhang der Seelen mit der Erde ist so zart, dass sie schon eine große Linderung von der Sehnsucht und der Begierde, ihnen Hilfe und Linderung zu bringen, haben. Wie wohltätig wird der, welcher sich immer für sie überwindet, sich immer nach ihrer Hilfe sehnt!

(Sie litt in diesen Tagen und Nächten sehr an Durst und überwand sich auf alle Weise.

Wir schließen die Erzählung dieser so überaus wichtigen Geschichte über die Leidende Kirche mit einer kurzen Mitteilung, welche Anna Katharina im Jahre 1813, zur Zeit der geistlichen Untersuchung, an Dechant Rensing gemacht hat. Sie erzählte ihm auf sein Befragen:

«Ich war heute nacht im Fegefeuer. Es war mir, als werde ich in einen tiefen Abgrund geführt. Ich sah einen großen Raum. Es ist rührend anzusehen, wie die Armen Seelen darin so still und traurig sind! Sie haben aber doch etwas im Gesicht, als tragen sie noch Freude im Herzen im Andenken an die Barmherzigkeit Gottes. Ich sah auch auf einem herrlichen Thron die Mutter Gottes so schön, wie ich sie noch nie gesehen[70].»

An diese Mitteilung knüpfte sie die Bitte:

«Belehren Sie doch die Leute im Beichtstuhl, dass sie eifrig für die Armen Seelen im Fegefeuer beten; denn diese werden aus Dankbarkeit gewiss viel auch für uns beten. Und es ist das Gebet für die Armen Seelen Gott sehr angenehm, weil sie dadurch desto eher zu seiner Anschauung gelangen.»)

DIE STREITENDE KIRCHE

(1. Die Mitteilung der Anschauungen Anna Katharinas über die Streitende Kirche beginnen wir mit der Erzählung eines Gesichtes, in welchem ihr der Plan und die Wege der Erlösung, die Geschichte und die Geheimnisse des Reiches Gottes auf Erden gezeigt wurden, und wovon sie folgendes erzählte:)

Ich darf mich, sagte sie, über meine Peinen nicht wundern; ich hatte ein unbeschreiblich großes Bild von der Sünde und der Heilung durch Jesus und von dem Zustand der Priesterschaft und erkannte, wie mit tausend und tausend Mühen alles ersetzt, geheilt und umgearbeitet werden muss, um das Verdorbene, Zerstörte, Verlorene, das Losgerissene wieder anzuknüpfen und in den Heilsbezug zu bringen. Ich habe ein unermessliches, zusammenhängendes Bild von aller Sünde und allem Heile gehabt. Ich bräuchte ein Jahr, um alles zu sagen, denn ich sah alle Geheimnisse klar und deutlich und verstand sie; aber ich kann es nicht wieder ausdrücken. Ich war im Hochzeitshause und sah in seinen unzähligen Kammern in sinnbildlichen Handlungen alle Arten der Schuld und der Herstellung. Ich sah die Sünde vom Sturz der Engel und von Adams Sündenfall an bis auf heute in ihren unzähligen Verzweigungen und zugleich alle Vorbereitungen des Heilens und Herstellens bis zu Jesu Ankunft und Kreuzestod. Ich sah seine den Priestern übergebene Kraft in Beziehung auf Heilung, und wie jeder Christ aus Jesus empfängt.

Ich sah die Mängel und den Verfall des Priestertums und dessen Ursachen. Ich sah die Strafen, die bevorstehen, und die Wirkung der Genugtuung durch Leiden für andere. Ich empfand das Geflecht von Schuld und Strafe im Geflechte meiner Schmerzen. Ich sah künftigen Krieg und manche Gefahren und noch viele drohende Leiden für mich.

Alle diese Erkenntnisse und Einsichten der verschiedensten Art in die Geschichte, die Natur und die Geheimnisse des Reiches Gottes auf Erden waren mir in genauesten, auseinander folgenden, gewachsenen Zusammenhängen klar und verständlich; denn es wurde mir alles in Arbeiten, Geschäften und Verrichtungen wie in Parabeln erklärt.

Dieses alles sah ich in großen Bildern der heiligen Geschichte, wie noch einmal vor meinen Augen sich zutragend; doch war es mir, als erblicke ich es wie in einem Spiegel, der ich selber war.

Mein Bräutigam zeigte mir die ungemeine Vermischtheit und innere Unlauterkeit aller Dinge und alle seine Handlungen zur Herstellung von Anfang. Im Sturz der Engel kamen viele böse Geister auf die Erde und in die Luft, ich sah vieles von ihrem Grimm verschiedener Art gesättigt und besessen.

Der erste Mensch war ein Ebenbild Gottes, er war wie der Himmel; alles war eins mit ihm und in ihm, seine Form war ein Abdruck göttlicher Form. Er sollte die Geschöpfe haben und genießen, aber aus Gott und dankend. Er war aber frei und darum der Prüfung ausgesetzt. – Der Paradiesgarten und alles, was ihn umgab, waren die vollständige Bildlichkeit eines ebenbildlichen Gottesreiches, und so war auch der Baum der Erkenntnis, dessen Frucht nach ihrem Inhalte, nach ihrer Eigenschaft und Wirkung im Menschen nicht aufgehen durfte, weil er durch dieselbe ein Selbst und ein aus sich selbst Schaffender wurde und somit außer Gott in sich selbst eintrat, so dass alle Dinge, die unendlich sind, in ihm, dem Endlichen, gefangen wurden. Ich kann es nicht so sagen, wie ich es sah. Darum ward ihm verboten, von dem Baum zu essen. Anfangs war alles gleich und eben.

Als der schimmernde Hügel, auf dem Adam im Paradies stand, aufstieg und sich erhöhte, und als das weiße blütenstaubige Tal, an dem ich Eva stehen sah, sich senkte, nahte schon der Verderber. Nach dem Falle waren sie anders. Alle Formen des Schaffens waren zerstreuend in ihnen, alles Einige war uneins, aus eins ward viel, und sie lebten nicht mehr aus Gott allein, sondern nur aus sich. Nun waren sie erst recht zwei und wurden drei und endlich eine Unzahl. Da sie wie Gott werden wollten, wie alles in einem, wurden sie eine Unzahl, eine Trennung von Gott, in unendlicher Trennung sich wiederholend.

Ebenbilder Gottes waren sie und wurden nun Eigenbilder, welche Ebenbilder ihrer Sünde hervorbrachten. Sie waren nun mit dem Kreise der gefallenen Engel in Bezug; sie empfingen aus sich und aus der Erde, mit denen beiden die gefallenen Engel Bezug hatten. Und es entstand in der unendlichen Vermischung und Zerstreuung der Menschen mit sich und der gefallenen Natur eine unendliche Mannigfaltigkeit der Sünde, der Schuld und des Elends.

Mein Bräutigam zeigte mir alles das ganz klar, deutlich und verständlich, klarer als man das tägliche Leben sieht. Und ich meinte damals, es könne das ein Kind verstehen und kann jetzt nichts mehr davon vorbringen. Er zeigte mir den Plan und die Wege der Erlösung von Anfang an und alles, was Er getan. Ich sah auch, es sei nicht vollkommen richtig zu sagen, Gott habe nicht Mensch zu werden brauchen und nicht zu sterben für uns am Kreuz, Er habe es durch seine Allmacht anders machen können. Ich sah, dass Er es aus unendlicher Vollkommenheit und Barmherzigkeit und Gerechtigkeit tat, dass zwar kein Muss in Gott ist, aber dass Er tut, was Er tut, und ist, der Er ist.

Ich sah Melchisedech als ein Vorbild Jesu als Priester auf Erden; insofern das Priestertum in Gott ist, war er ein Priester der ewigen Ordnung. Ich sah sein Vorbereiten, Gründen, Bauen, Sondern der Menschenstämme, sein Einleiten. Auch Henoch und Noe habe ich in ihrer Bedeutung und Wirkung gesehen und neben allem diesem das wirkende Reich der Hölle und die tausendförmigen Erscheinungen und Wirkungen eines irdischen, fleischlichen, teuflischen Götzendienstes und darin überall gewisse ähnliche, aber verpestete, zur fortgesetzten Zerstreuung führende und verführende, weil aus geheimer, innerer Notwendigkeit ähnliche Formen.

So sah ich alle Sünden und alle Einleitungen und Vorbilder der Herstellung, welche ihrer Art nach den Gotteskräften ebenso ebenbildlich waren, als der Mensch selbst Gottes Ebenbild war.

So wurde mir von Abraham auf Moses, von Moses auf die Propheten alles gezeigt und immer mit Bezug und in Ebenbildern von allem in unserer nächsten Mitwelt. Hier trat z.B. die Unterweisung ein, warum die Priester nicht mehr helfen und heilen, und warum es ihnen gar nicht mehr oder doch so verschieden gelingt. Es wurde mir diese Gabe des Priestertums unter den Propheten gezeigt und die Ursachen ihrer Form. Ich sah z.B. die Geschichte, wie Elisäus dem Giezi seinen Stab gibt[71], ihn auf das tote Kind der Frau aus Sunam zu legen. In diesem Stabe aber war des Elisäus Kraft und

Sendung geistlicherweise inliegend. Er war sein Arm oder die Fortsetzung seines Armes. Ich sah hier die innere Ursache des Stabes der Bischöfe, des Zepters der Könige und ihrer Macht, so sie der Glaube trägt, der sie gewissermaßen mit dem Aussendenden verbindet und von allem anderen trennt.

Giezi aber glaubte nicht fest genug, und die Mutter glaubte, nur von Elisäus selbst Hilfe erhalten zu können; und so waren zwischen Elisäus' Kraft aus Gott und dessen Stab Zweifel aus menschlichem Eigendünkel unterbrechend getreten, und der Stab heilte nicht. Ich sah aber Elisäus sich Hand auf Hand, Mund auf Mund, Brust auf Brust über den Knaben strecken und beten und die Seele des Knaben in den Leib zurückkehren.

Ich hatte auch die Erklärung dieser Form der Heilung, ihren Bezug und ihre Vorbildlichkeit auf Jesu Tod. In Elisäus waren durch den Glauben und die Gabe Gottes alle Pforten der Gnade und Sühnung an Menschen eröffnet, die nach der Sünde in Adam verschlossen wurden, Haupt, Brust, Hände, Füße. Und er legte sich wie ein lebendiges, vorbildliches Kreuz über das tote, verschlossenen Kreuz der Gestalt des Knaben und strömte durch sein Gebet und seinen Glauben das Leben, die Heilung wieder in ihn ein und sühnte und büßte für die Sünden der Eltern, welche sie mit Haupt, Herz, Hand und Fuß begangen hatten.

Ich sah bei all dem immer Gegenbilder vom Kreuzestod und den Wunden Jesu und wie in allem eine Harmonie und auseinander wachsende Gleichheit ist.

Seit Jesu Kreuzestod aber sah ich im Priestertum seiner Kirche im vollen Maße diese Gabe der Herstellung und Heilung; und insofern wir in ihm leben und mit ihm gekreuzigt sind, sind die Gnadenpforten seiner heiligen Wunden in uns eröffnet.

Ich hatte vieles über Handauflegung und auch über Segenswirkung und Wirkung der Hand in die Ferne, und zwar wurde mir dieses mit dem Beispiel des Stabes von Elisäus erklärt. Dass die heutigen Priester so selten heilen und segnen, wurde mir in einem Beispiel gezeigt, das auch aus der Ebenbildlichkeit, auf welcher alle solche Wirkungen mitgegründet sind hergenommen war.

Ich sah dreierlei Maler, welche Figuren auf Wachs eindrückten. Einer hatte schönes weißes Wachs und war selbst sehr klug und geschickt; aber er hatte den Kopf voll von sich selbst und hatte das Bild Christi nicht in sich, und sein Bild ward gar nichts. Der andere hatte bleiches Wachs, und er war lau und eigensinnig und vermochte gar nichts. Ein anderer war ungeschickt und arbeitete mit großem Ungeschick, aber mit Fleiß und Einfalt an ganz gelbem gemeinem Wachs, und seine Arbeit ward ganz gut und ein redliches Ebenbild, wenngleich mit rohen Zügen. So sah ich auch die vornehm redenden, mit Weltweisheit prahlenden Priester nichts wirken und manche arme Einfalt allein noch die Macht des Priestertums in Segnung und Heilung fortpflanzen.

Es war mir bei allem, was ich sah, als gehe ich in dem Hochzeitshause als wie in die Schule, und mein Bräutigam zeigte mir, wie Er von seiner Empfängnis an bis zu seinem Tode gelitten und immer gesühnt und genuggetan habe. Und ich sah dieses in lauter Bilder seines Lebens. Ich sah auch, wie durch Gebet und Aufopferung von Schmerzen für andere manche Seele, welche auf Erden gar nicht gearbeitet, noch in der Todesstunde zur Bekehrung gebracht und gerettet werden kann.

Ich sah auch, dass die Apostel über den größten Teil der Erde gesendet wurden, um die Macht des Satans alldort zu brechen und Segen hinzubringen, und dass jene Gegenden, wo sie wirkten, am heftigsten vom Feinde vergiftet waren; dass aber Jesus mit seiner vollkommenen Genugtuung den Priestern, die seinen Heiligen Geist empfingen und noch empfangen, diese Gewalt erworben und ewig gegründet hat. Und es wurde mir gezeigt, dass diese Gabe, die Erde und Gegenden Satans durch priesterliche Kraft und Segnung zu entziehen, in dem Ausdruck ‹Ihr seid das Salz der Erde› bezeichnet ist, und dass eben deswegen auch das Salz eine Ingredienz des geweihten Wassers ist.

Dass jene Länder aber im Christentum nicht fortbestanden und jetzt brachliegen, sah ich auch als weise Vorsicht. Sie sollte gesegnet werden für die Zukunft und sind brach, auf dass sie, neu besät, herrliche Früchte trügen, wenn die anderen wieder verwildert sind.

Ich sah auch, dass David die Art der Erlösung verstand, Salomon aber nicht, weil er zu sehr Wohlgefallen an seiner Weisheit hatte; dass auch viele Propheten und besonders Malachias das Geheimnis des Christentums kannten, und sah noch unzähliges andere. Und alles war ganz innerlich zusammenhängend und folgte natürlich aufeinander.

Während ich so unterrichtet wurde, sah ich noch etwa zwanzig andere Menschen in verschiedenen Zuständen gehend und liegend, mir fern an sehr verschiedenen Orten, mehr Frauen als Männer, welche an demselben Unterricht teilzunehmen schienen. Ich sah Bezugsstrahlen auf sie aus dem Umfang dieser Vorstellungen; aber jeder empfing es auf eine andere Weise. Ich hätte gerne mit ihnen gesprochen, konnte aber nicht an sie heran. Ich dachte: «Nun möchte ich doch wissen, ob dieses alles unvermischt von ihnen empfangen wird.» Aber ich sah leider, dass sie alle etwas davon trübten. Ich dachte: «Ich vermische es doch wohl nicht.»

Da kam auf einmal eine verstorbene Frau zu mir und brachte mir ein Hemd, das sie genäht. Um den Hals und die Ärmel war es schön ausgenäht, aber sonst sehr nachlässig und schlecht ausgearbeitet. Da dachte ich gleich: «Nun sieh, welche Arbeit; nein, so schlecht arbeite ich doch nicht!» Da fühlte ich auf einmal, dass ich auch vermischte, dass ich eitel war, und dass eben die schöne, geränderte, innerlich schlechte Arbeit ein Sinnbild meiner Aufnahme dieser Lehre war. Das betrübte mich.

Ich sah übrigens in diesem Bilde auch an seiner Stelle, dass der Zeremoniendienst des fleischlichen Weltlebens höchst skrupulös ausgeübt wird, dass der Fluch, der umgekehrte Segen und die Wunder im Reiche des Satans, dass Naturdienst, Aberglauben, Zauberei, Magnetismus, weltliche Wissenschaft und Kunst und alle Mittel den Tod zu schminken, die Sünde zu schmücken und das Gewissen einzuschläfern mit strenger, abergläubischer Gewissenhaftigkeit selbst von jenen ausgeübt werden, welche in den Mysterien der katholischen Kirche lauter Formen des Aberglaubens finden wollen, die auf jede andere Weise ebenso gut gefeiert würden; während diese Leute doch ihr ganzes weltliches Treiben und Leben in entsprechenden Formen höchst gewissenhaft feiern, so dass nur das Reich des Mensch gewordenen Gottes vernachlässigt werden soll.

Und ich sah auch den Dienst der Welt vollkommener geübt, den Dienst Gottes aber oft so ärgerlich versehen! Ach wenn die Seelen einmal ihre Rechte von der Geistlichkeit einfordern werden, die ihnen durch Sorglosigkeit und Gleichgültigkeit so vieles vergeudet, wird es ein furchtbarer Schrecken sein!

(2. Bevor wir die umfassenden Gesichte über die Erneuerung der heiligen Kirche auf Erden erzählen, führen wir zunächst einige Gesichte an, in denen der gottseligen Anna Katharina das Treiben und Wirken der Mächte der Finsternis gegen das Reich Gottes gezeigt wurde. In der ersten Adventwoche des Jahres 1819 erzählte sie:)

Ich habe heute nacht immerwährend kämpfen müssen und bin noch ganz ermüdet vom Wehren gegen die traurigen Bilder, welche ich gehabt. Mein Führer brachte mich um die ganze Erde, und zwar fortwährend durch weite Höhlen, von Finsternis erbaut, in welchen ich unzählige Menschen durcheinander irren und in den Werken der Nacht begriffen sah. Es war, als ginge ich unter allen bewohnten Stellen der Erde her und sehe nichts als die Lasterwelt. Manchmal sah ich neue Scharen in diese Blindheit der Laster wie aus der Höhe herunterfallen. Besserung sah ich keine.

Ich sah im Ganzen mehr Männer als Frauen, Kinder schier gar keine. Oft, wenn ich es gar nicht mehr aushalten konnte vor Betrübnis, brachte mich mein Führer ein wenig ans Licht herauf. Da war ich auf einer Wiese oder sonst in einer schönen Gegend, wo die Sonne schien; aber da waren keine Menschen. Dann musste ich wieder in die Finsternis und musste wieder die Tücke, Blindheit, Bosheit, die Fallstricke, die Rachgier, Hoffart, Betrug, Neid, Geiz, Zank, Mord, Hurerei und grässliche Gottlosigkeit ansehen, wobei sie doch gar nichts gewannen und immer blinder und elender wurden und immer in tiefere Finsternis versanken.

Oft hatte ich die Empfindung, als stehen ganze Städte nur über einer sehr dünnen Erdrinde und könnten bald in die Tiefe stürzen. Ich sah sie selbst Gruben für anderen bereiten und leicht bedecken; ich sah aber keinen Guten hier in der Nacht und also auch keinen in die Gruben fallen.

Ich sah alle diese Bösen wie in großen, breiten, hin und her sich ziehenden dunklen Räumen, wie in einem Marktgetümmel durcheinander sündigen in allerlei Gruppen und sich durchziehenden Massen, und wie eine Sünde sich in die andere verschlang. Oft war es, als sänke ich noch tiefer in die Nacht. Die Bahn ging stürzend abwärts, es war ein ungeheurer Greuel, und das zog sich um die ganze Erde. Ich sah Völker von allen möglichen Farben und Kleidungen und alle in solchem Greuel.

Oft erwachte ich vor Angst und Schrecken und sah den Mond so ruhig in die Fenster scheinen und jammerte zu Gott, Er solle mich doch die schrecklichen Bilder nicht sehen lassen. Allein bald musste ich wieder in die fürchterlichen Nacht-Räume hinab und den Greuel ansehen. Einmal war ich in einer so schrecklichen Sündenwelt, dass ich glaubte, ich sei in der Hölle, und laut zu jammern anfing. Da sagte mein Führer: «Ich bin bei dir, und wo ich bin, da ist die Hölle noch lange nicht.» Ich wendete mich nun mit großer Begierde in meiner Seele zu den Armen Seelen im Fegefeuer und sehnte mich, lieber bei denen zu sein. Und ich ward zu ihnen versetzt. Es war, als sei der Ort neben der Erde.

Ich sah auch dort unaussprechliche Qual, aber es waren doch Gott geweihte Seelen, sie sündigten doch nicht. Ich sah eine unendlich Sehnsucht, Hunger, Durst nach Erlösung. Alle konnten sehen, was sie entbehren mussten und mussten in Geduld harren. Ihr geduldiges Leiden bei der Anerkennung ihrer Schuld und die gänzliche Unfähigkeit, sich zu helfen, war unaussprechlich rührend.

Ich sah auch alle ihre Sünden. Sie saßen in verschiedener Tiefe im Leid oder in der Hilflosigkeit, einige bis an den Hals, andere bis an die Brust usw., und sie flehten so um Hilfe. Als ich für sie gebetet hatte und erwachte, hoffte ich, von den schrecklichen Bildern frei zu sein und bat Gott herzlich darum. Aber kaum schlief ich ein, so ward ich wieder in die finstern Wege geführt. Ich hatte unzählige Drohungen und Schreckensbilder von Satan.

Einmal trat mir ein frecher Teufel entgegen und sagte mir ungefähr: «Es ist auch wahrlich gar nötig, dass du da herunterkommst und alles ansiehst, da kannst du oben damit prahlen und es etwa aufschreiben lassen.» Ich sagte ihm, er solle mich mit seinen Lappalien in Ruhe lassen. An einem Orte war es mir, als würde eine große Stadt, die besonders voll Bosheit war, ganz unterminiert, da waren viele Teufel bei der Arbeit. Sie waren schon weit darunter hin, und ich glaubte, sie müsste, wo schwere Gebäude standen, bald sinken.

Von Paris habe ich oft schon die Empfindung gehabt, es müsse sinken; ich sehe so viele Höhlen darunter, doch nicht solche mit Bildhauerarbeit wie in Rom.

Endlich war es, als sähe ich einen Ort, der sehr groß war, und als liege er mehr zutage. Es war wie das Bild einer Stadt aus unserem Weltteil. Da wurde mir ein schreckliches Schauspiel gezeigt. Ich sah unsern Herrn Jesus Christus gekreuzigt werden. Ich zitterte durch Mark und Bein; denn es waren lauter Menschen aus unserer Zeit. Es war eine weit ärgere und grässlichere Marter des Herrn als zur Zeit der Juden. Gott sei Dank, es war nur ein Bild.

«So würden sie», sagte mein Führer, «jetzt mit dem Herrn umgehen, wenn Er noch leiden könnte.» Ich sah zu meinem Entsetzen sehr viele Leute dabei, die ich kannte, selbst Priester. Es zogen sich nach diesem Orte sehr viele Linien und Adern der Finsterwandelnden hin. Auch sah ich meine Verfolger, wie sie mit mir umgehen würden, wenn sie mich in ihre Macht bekämen. Sie würden mich mit der Tortur zu zwingen suchen, ihre verkehrte Meinung mit Lügen zu bestätigen.

(Am Schluss dieses schrecklichen Gesichtes, bei dessen Erinnerung ihr das Herz konvulsivisch schlägt, und das ganz auszusprechen sie auf keine Weise sich bewegen lässt, sagt sie:)

Mein Führer sagte mir: «Nun hast du die Greuel der Blindheit und Finsternis der Menschen gesehen; nun murre nicht mehr über dein Geschick; nun bete! Dein Geschick ist sehr mild.»

(Die Gemeinschaft der Freimaurer, die Afterkirche oder Widerkirche, kennzeichnet Anna Katharina mit folgenden Worten:)

Diese Kirche ist voll Kot, Nichtigkeit, Plattheit und Nacht. Schier keiner kennt die Finsternis, in der er arbeitet. Es ist alles hohler Dünkel. Die Wände sind steil, es ist Leerheit. Ein Stuhl ist Altar. Auf einem Tisch ist ein Totenkopf, bedeckt, zwischen den Lichtern. Manchmal wird er aufgedeckt; bei ihren «Weihen» brauchen sie bloße Degen. Es ist alles böse durch und durch, die Gemeinschaft der Unheiligen. Ich kann nicht sagen, wie abscheulich, verderblich, nichtig all ihr Treiben ist, das viele von ihnen selbst nicht kennen. Sie wollen in etwas anderem ein Leib werden als im Herrn. Durch die Abtrennung eines von ihnen wurden sie so ergrimmt auf mich.

Als die Wissenschaft sich vom Glauben trennte, ist die Verbindung dieser Kirche ohne Heiland, die Werkheiligkeit ohne Glauben, die Gemeinschaft Glaubensloser Werkheiliger entstanden, die Widerkirche, deren Zentrum die Bosheit, der Irrtum, die Lüge, die Heuchelei, die Schwachheit, die List jedes Zeitdämons einnehmen kann.

Es entstand ein Leib, eine Gemeinschaft, außer dem Leibe Jesu, der Kirche, eine heilandslose Afterkirche, deren Geheimnis es ist, kein Geheimnis zu haben, und darum ist ihr Treiben überall ein anderes, zeitliches, endliches, hoffärtiges, selbstgefälliges und somit verderbliches und mit aller Werkheiligkeit zum Unheil führendes. Ihr Gefährliches ist ihre scheinbare Unschuld. Sie tun und wollen überall anderes, tun an manchen Orten ganz harmlos, an anderen in wenigen Wissenden Verderben bereitend; und so kommen alle mit ihrem Treiben in einem Zentrum, im Bösen von Ursprung, zusammen, im Handeln und Wirken außer Jesus Christus, durch welchen allein jedes Leben geheiligt ist, und außer welchem jedes Tun ein Wirken in Tod und Teufel bleibt.

(Dass Anna Katharina richtig geschaut hat, wird durch die Enzyklika von Leo XIII.: *Humanum genus* vom 20. April 1884 bestätigt.)

SIEG DER STREITENDEN KIRCHE ÜBER IHRE FEINDE

Durch Vermittlung der unbefleckt empfangenen Jungfrau Maria

(Die nächstfolgenden Gesichte geben uns ein Bild von dem furchtbaren Kampf, welchen die Feinde Gottes in unsern Tagen gegen die heilige Kirche Jesu Christi führen, aber auch von dem Sieg, welchen zur Beschämung der Gottlosen diese durch die Gnade Gottes und durch die Vermittlung der unbefleckten Jungfrau über ihre Bedränger davontragen wird.

Der Kampf ist so allgemein, so wohl organisiert, so heftig, dass die heilige Kirche unterliegen müsste, hätte nicht Jesus Christus dem Wüten der Hölle für alle Zeiten Schranken gesetzt mit den Worten: «Die Pforten der Hölle werden sie nicht überwältigen[72].»

Jesus Christus hat seine Kirche nicht verlassen; Er hilft ihr und hilft ihr durch seine heiligste, unbefleckte, jungfräuliche Mutter Maria. Dass aber Jesus Christus in unsern Tagen vornehmlich durch Maria hilft und helfen will, hat Er so deutlich, so offen kundgetan, dass darüber kein Zweifel obwalten kann.

Nachdem sechs Jahrhunderte um die Ehre gestritten, den Tag zu sehen, an welchem die heiligste unbefleckte Empfängnis Mariä als Glaubenssatz ausgesprochen würde; nachdem christliche Könige und Kaiser es sich seit Jahrhunderten zur Aufgabe gemacht, diesen Tag herbeizuführen; nachdem viele Heilige nach diesem Tag geseufzt und zahllose Ordenspersonen seit langer, langer Zeit zum Zeugnis der Wahrheit dieses Geheimnisses Blut und Leben Gott zum Opfer angeboten in dem sicheren Vertrauen, dass die Dogmatisation dieses Geheimnisses der Kirche Hilfe bringen werde, ist durch Gottes unendliche Barmherzigkeit dieser Tag gekommen.

Am 8. Dezember des Jahres 1854 hat Papst Pius IX. «in Kraft der Autorität Jesu Christi, zur Ehre der heiligen, unteilbaren Dreieinigkeit, zum Ruhme und zur Verherrlichung der jungfräulichen Gottesgebärerin, zur Erhöhung des katholischen Glaubens und Mehrung der christlichen Religion» erklärt, dass die Lehre von der unbefleckten Empfängnis Mariä «eine von Gott geoffenbarte Lehre und daher von allen Gläubigen fest und standhaft zu glauben sei»[73]. Indem Papst Pius IX. diese Lehre als Glaubenssatz verkündete, hatte er «die sicherste Hoffnung und das vollste Vertrauen», die seligste Jungfrau werde in diesen höchst betrübten Zeiten der Kirche ganz gewiss zu Hilfe kommen, sofern nur die Kinder der Kirche die Stimme ihres obersten Hirten hören und durch innige Andacht und inbrünstiges, anhaltendes Gebet zur unbefleckten Jungfrau sich ihrer Hilfe würdig und fähig machen.

«Unser Antlitz ist mit Freude erfüllt», sagt Papst Pius IX. in der Dogmatisationsbulle Ineffabilis, «und Wir bringen Unserem Herrn Jesus Christus die demütigsten und innigsten Danksagungen dar und werden sie ihm immer darbringen dafür, dass Er Uns, obwohl ohne Unser Verdienst, durch seine besondere Güte gewährt hat, diese Ehre, diesen Ruhm und dieses Lob seiner heiligsten Mutter darzubringen.

Wir haben die sicherste Hoffnung und das vollste Vertrauen, die seligste Jungfrau selbst, welche den giftigen Kopf der grausamen Schlange zertreten und der Welt das Heil gebracht hat, sie, welche da ist der Preis der Propheten und Apostel, die Ehre der Märtyrer, aller Heiligen Freude und Krone, die sicherste Zuflucht und treueste Helferin aller Gefährdeten und für den ganzen Erdkreis die mächtigste Mittlerin und Fürsprecherin bei ihrem Sohne, der heiligen Kirche herrlichster Schmuck und herrlichste Zierde, und welche als der festeste Schutz immer alle Häresien entfernt, die rechtgläubigen Völker und Nationen den größten Nöten aller Art entrissen und Uns selbst von so vielen Gefahren befreit hat – dieselbe seligste Jungfrau werde durch ihre mächtigste Vermittlung bewirken, dass die heilige Mutter, die katholische Kirche, nach Entfernung aller Schwierigkeiten, nach Beseitigung aller Irrtümer, bei allen Völkern und an allen Orten täglich mehr gedeihe, blühe und herrsche von Meer zu Meer, von dem Flusse bis zu den Grenzen des Erdkreises; dass sie Frieden, Ruhe und Freiheit genieße; dass die Schuldigen Verzeihung, die Kranken Heilung, die

Kleinmütigen Stärke, die Betrübten Trost, die in Gefahr Stehenden Hilfe erlangen, und dass alle Irrenden, befreit von der Finsternis des Geistes, zu dem Wege der Wahrheit und Gerechtigkeit zurückkehren, und dass eine Herde und ein Hirt sei.»

Von demselben Vertrauen beseelt, hat auch Papst Leo XIII. die Kinder der katholischen Kirche wiederholt aufgefordert, die Trösterin der Betrübten, die Helferin der Christen, die Königin des heiligen Rosenkranzes in inbrünstigem, anhaltendem Gebet anzurufen, auf dass durch ihre Vermittlung der Kirche Ruhe, Friede und Freiheit wiedergegeben werde. Er hat befohlen, dass alle Priester des katholischen Erdkreises, nach Darbringung des Hochheiligen Messopfers, an den Stufen des Altares kniend, als Diener der heiligen Kirche sich an die Mutter desjenigen wenden, dessen Fleisch und Blut sie geopfert und in der heiligen Kommunion genossen haben, und dass sie die Königin und Mutter der Barmherzigkeit, unser Leben, unsere Süßigkeit und unsere Hoffnung, für sich und die ganze Kirche um Hilfe anrufen.

Alle diese Tatsachen sind unzweideutige Beweise, dass Jesus Christus seiner heiligen Kirche helfen will durch seine unbefleckte, jungfräuliche Mutter, und diese Beweise sind umso klarer, da Jesus Christus das Wort seiner sichtbaren Stellvertreter bekräftigt hat durch zahlreiche Wunder und Zeichen. Wer weiß nicht von den unzählbaren Wundern, die durch die Vermittlung der unbefleckten Jungfrau von Lourdes und Fatima bis auf diese Stunde gewirkt werden, und welche alle laut Zeugnis geben, dass der dreieinige Gott den elenden Kindern Evas helfen will durch diejenige, die da in Wahrheit genannt wird und ist die auserwählte Tochter des himmlischen Vaters, die Mutter des göttlichen Sohnes, die Braut des Heiligen Geistes, die Wohnstätte der Allerheiligsten Dreieinigkeit, die Mutter und Mittlerin aller göttlichen Gnaden, die Mutter von der immerwährenden Hilfe, die Mutter aller Gläubigen, die einzige Zuflucht der Sünder, unser aller sicherste Hoffnung!

Es wird demgemäß keinem unserer Leser auffällig erscheinen, wenn die gottselige Anna Katharina Emmerick in ihren Gesichten die Hilfe daher kommen sieht, woher die Oberhirten der Kirche mit allen gläubigen Christen sie in unsern Tagen erwarten, von der reinsten, heiligsten, unbefleckten Jungfrau und Gottesmutter Maria.

Es ist zu bemerken, dass Anna Katharina bei Errettung der heiligen Kirche aus den furchtbaren Drangsalen unserer Tage ganz besonders auch den glorreichen heiligen Erzengel Michael hilfreich tätig sieht. Der hl. Michael ist es, der durch seine Demut den Geist der Hoffart überwunden und ihn in die Hölle geschleudert hat, denselben Geist, der heutzutage in so vielen seiner Werkzeuge den Kampf führt gegen den Felsen Petri und gegen die auf ihm gegründete Kirche. Der hl. Michael ist das Haupt aller himmlischen Heerscharen, der Schutzengel der Kirche Gottes auf Erden, der Beschützer aller Kinder Gottes, und darum erwarten wir auch von ihm ganz besonders Schutz und Hilfe.

In der Osterzeit des Jahres 1820 hatte Anna Katharina das folgende Gesicht, in welchem ihr die ganze Verheerung des Unglaubens an der Kirche und die künftige Erneuerung gezeigt wurde. Es ward ihr dabei gesagt, dass das Gesicht sieben Zeitabschnitte umfasse; sie war jedoch bei der Erzählung nicht imstande, diese Abschnitte näher zu bezeichnen. Sie sagte:)

Ich sah die Erde wie eine runde Fläche, die von Dunkelheit und Finsternis überzogen wurde. Alles verdorrte und war im Absterben. Ich sah dies in unzähligen Einzelheiten an allen Geschöpfen, an Bäumen, Gesträuchern, Pflanzen, Blumen und Feldern. Ja, es war, als werde selbst das Wasser in Bächen, Brunnen, Flüssen und Meeren aufgesaugt oder ziehe sich in seinen Ursprung zurück.

Ich wandelte über die verwüstete Erde und sah die Flüsse wie feine Linien, die Meere als schwarze Abgründe, in deren Mitte nur noch schmale Streifen Wassers zu erblicken waren. Alles andere war ein trüber, dicker Schlamm, in welchem ich allerlei ungeheure Tiere und Fische stecken und mit dem Tode ringen sah. Ich kam so weit herum, dass ich deutlich das Meeresufer erkennen konnte, wo ich einmal St. Clemens versenkt werden sah. Ich sah auch Orte und Menschen in trübem, traurigem Gewühl und Verderben und sah mit dem Bilde der wüst und wasserlos werdenden Erde gleichmäßig die dunklen Werke der Menschen wachsen. Ich sah sehr viele Greuel ganz im einzelnen, erkannte Rom und sah die Bedrängnis der Kirche und ihr Sinken von innen und außen. Ich sah nun aus mehreren Gegenden große Scharen gegen einen Punkt hinströmen und alles im Kampf. Ich sah in der Mitte zwischen ihnen einen großen schwarzen Fleck wie ein ungeheures Loch, und die Kämpfenden um dasselbe immer dünner werden, als stürzten sie ganz unvermerkt hinein.

Währenddessen sah ich wieder mitten in dem Verderben die zwölf Menschen[74] in den verschiedensten Gegenden getrennt, ohne voneinander zu wissen, Strahlen des lebendigen Wassers empfangen. Ich sah, dass sie alle dasselbe von verschiedenen Seiten bearbeiteten, und dass sie nicht wussten, woher sie es bekamen, und dass, wenn das eine vollendet war, sie das andere erhielten.

Es waren wieder zwölf, keiner über vierzig Jahre alt, und drei Geistliche darunter und einige, die es werden wollten. Ich sah auch, als berühre ich mich manchmal mit einem, oder er sei mir bekannt oder nah. Sie waren nicht bedeutend gekleidet, sondern ein jeder nach seiner Landesart und jetziger Sitte, und ich sah, dass sie alles von Gott wieder erhielten, was verloren gegangen, und dass sie nach allen Seiten zum Guten wirkten. Ich sah auch bei den dunkeln Verderbern falsche Propheten und Leute, welche gegen die Schriften dieser zwölf neuen Apostel arbeiteten. Ich sah sie oft im Getümmel verschwinden und immer wieder heller hervortauchen.

Ich sah auch wohl an hundert Weibspersonen wie in Entzückung sitzen und Männer bei ihnen, welche an ihnen magnetisierten, und sah, dass sie prophezeiten. Aber ich hatte einen Greuel an ihnen und Abscheu. Als die Reihen der um den schwarzen Abgrund her Streitenden immer mehr sich lichteten, und da während des Streites eine ganze Stadt verschwunden war, gewannen die zwölf apostolischen Männer immer größeren Anhang, und aus der anderen Stadt (d.i. der wahren Stadt Gottes, Rom) ging wie ein leuchtender Keil in die dunkle Scheibe hinein.

Ich sah über der klein gewordenen Kirche eine herrliche Frau in weit ausgebreitetem himmelblauen Mantel mit einer Sternenkrone auf dem Haupte. Von ihr aus ging das Licht und drang immer weiter in die trübe Finsternis. Wo dies Licht eindrang, wurde alles neu und blühend. In einer großen Stadt sah ich eine Kirche, welche die geringste war, die erste werden[75].

Die neuen Apostel kamen alle in dem Lichte zusammen; ich glaubte mich mit anderen, die ich kannte, vorne in der Spitze zu sehen (d.i. mit jenen, welche ähnlich wie sie Anteil an dem Verdienst der Erneuerung hatten). Es blühte nun alles wieder auf. Ich sah einen neuen, strengen Papst und den schwarzen Abgrund immer enger werden. Zuletzt sah ich noch drei Scharen oder Gemeinden mit dem Lichte sich vereinigen. Sie hatten gute, erleuchtete Leute bei sich und gingen in die Kirche ein. Nun war alles neu. Die Wasser füllten sich wieder. Alles ward grün und blühend. Ich sah Kirchen und Klöster bauen.

(Am 28. August 1820 hatte Anna Katharina das folgende tröstliche Bild über die Erneuerung der heiligen Kirche. Sie erzählte:)

Ich hatte ein Bild von der Peterskirche, als schwebe sie über der Erde, und als eilten viele Leute heran, um unter sie zu treten und sie zu tragen. Groß und klein, Priester und Laien, Frauen und Kinder, ja sogar alte Krüppel sah ich dies tun. Es war mir dabei ganz ängstlich; denn ich sah, wie der Kirche überall der Einsturz drohte. Die Grundmauern und der ganze untere Teil schienen auseinander zu fallen. Da stellten aber die Leute überall ihre Schultern unter, und indem sie dieses taten, waren sie alle gleicher Größe. Es war jeder an seiner Stelle, die Priester unter den Altären, die Laien unter den Pfeilern und die Frauenzimmer unter dem Eingang. Sie alle trugen so gar große Lasten, dass ich meinte, sie müssten zerquetscht werden. Über der Kirche aber war der Himmel offen, und die Chöre der Heiligen sah ich durch ihre Gebete und Verdienste die Kirche aufrecht halten und den unten Tragenden helfen.

Ich befand mich zwischen beiden schwebend und flehend. Ich sah aber, dass die Tragenden die Kirche eine Strecke vorwärts trugen, und dass eine ganze Reihe von Häusern und Palästen ihr gegenüber wie ein Ährenfeld, über das man hinschreitet, in die Erde sank, und dass die Kirche da niedergesetzt wurde.

Hier sah ich nun wieder ein anderes Bild. Ich sah die heilige Jungfrau über der Kirche und Apostel und Bischöfe umher. Ich sah unten große Prozessionen und Feierlichkeiten. Ich sah alle schlechten Kirchenvorsteher, welche geglaubt hatten, sie könnten aus sich etwas tun, und welche nicht Christi Kraft aus den Gefäßen ihrer heiligen Vorfahren und der Kirche zu ihren Arbeiten empfingen, vertrieben und andere genommen werden. Ich sah große Segenspendung von oben und viele Veränderungen. Ich sah auch den Papst, welcher alles dieses veranstaltete. Ich sah ganz arme, einfältige Männer und auch junge emporkommen.

(Umfassend sind die Gesichte, welche Anna Katharina in der Festoktav von Weihnachten 1819 dem Pilger erzählte:)

Ich sah, berichtete sie, die Peterskirche und eine ungeheure Menge Menschen, welche beschäftigt waren, sie niederzureißen; aber auch andere, welche wieder an ihr herstellten. Es zogen sich Linien von handlangenden Arbeitern durch die ganze Welt, und ich wunderte mich über den Zusammenhang. Die Abbrechenden rissen ganze Stücke hinweg, und es waren besonders viele Sektierer und Abtrünnige dabei.

Den Papst sah ich betend und von falschen Freunden umgeben, die oft das Gegenteil von dem taten, was er anordnete. Ich sah einen kleinen schwarzen, weltlichen Kerl in voller Tätigkeit gegen die Kirche. Während die Kirche auf der einen Seite so abgebrochen wurde, ward auf der anderen Seite wieder daran gebaut, aber sehr ohne Nachdruck. Ich sah viele Geistliche, die ich kannte. Der Generalvikar machte mir viel Freude. Er ging, ohne sich stören zu lassen, gerade durch die Abbrechenden durch und ordnete zur Erhaltung oder Herstellung an. Ich sah auch meinen Beichtvater einen großen Stein auf weitem Umweg herbeischleppen.

Andere sah ich träge ihr Brevier beten und dazwischen etwa ein Steinchen als große Rarität unter dem Mantel herbeitragen oder anderen hinreichen. Sie schienen alle kein Vertrauen, keine Lust, keine Anweisung zu haben und gar nicht zu wissen, um was es sich handle. Es war ein Jammer. Schon war der ganze Vorderteil der Kirche herunter, und nur das Allerheiligste stand noch. Ich war sehr betrübt und dachte immer: wo bleibt denn der Mann, den ich sonst mit rotem Kleide und weißer Fahne rettend auf der Kirche stehen sah? Da erblickte ich aber eine majestätische Frau über den großen Platz vor der Kirche wandeln. Ihren weiten Mantel hatte sie mit beiden Armen gefasst und schwebte leise in die Höhe. Sie stand auf der Kuppel und breitete weit über den ganzen Raum der Kirche ihren Mantel, der wie von Gold strahlte.

Die Abbrechenden hatten eben ein wenig Ruhe gegeben. Nun wollten sie wieder heran, konnten sich aber auf keine Weise dem Mantelraume nähern. Aber von der anderen Seite entstand eine ungeheure Tätigkeit der Aufbauenden. Es kamen ganz alte, krüppelige, vergessene Männer und viele kräftige, junge Leute, Weiber und Kinder, Geistliche und Weltliche, und der Bau war bald wieder ganz hergestellt.

Nun sah ich einen neuen Papst mit einer Prozession kommen. Er war jünger und viel strenger als der vorige. Man empfing ihn mit großer Feierlichkeit. Es war, als solle er die Kirche einweihen, aber ich hörte eine Stimme, es brauche keine neue Weihe, das Allerheiligste sei stehen geblieben. Es sollte eben ein doppeltes, großes Kirchenfest sein, ein allgemeines Jubiläum und die Herstellung der Kirche.

Ehe der Papst das Fest begann, hatte er schon seine Leute vorbereitet, welche aus den Versammelten ganz ohne Widerspruch eine Menge vornehmer und geringer Geistlichen ausstießen und forttaten. Und ich sah, dass sie mit Grimm und Murren die Versammlung verließen. Und er nahm sich ganz andere Leute in seinen Dienst, geistliche und auch weltliche. Dann begann die große Feierlichkeit in der St. Peterskirche.

30. Dezember: Wieder sah ich die Peterskirche mit ihrer hohen Kuppel. Michael stand auf ihr leuchtend in blutrotem Gewand, mit einer großen Kriegsfahne in der Hand. Auf der Erde war großer Streit. Grüne und Blaue kämpften gegen Weiße, und diese Weißen, welche ein rotes, feuriges Schwert über sich stehen hatten, schienen ganz zu erliegen; alle aber wussten nicht, warum sie kämpften. Die Kirche war ganz blutrot wie der Engel, und mir wurde gesagt: «Sie wird im Blute gewaschen.»

Je länger der Kampf währte, umso mehr wich die rote Blutfarbe von der Kirche, und sie ward immer durchscheinender. Der Engel aber stieg nieder und trat zu den Weißen, und ich sah ihn vielfach vor allen Haufen. Da ergriff sie ein wunderbarer Mut, sie wussten nicht woher; er war es, der unter die Feinde schlug, und diese flohen nach allen Seiten. Über den siegenden Weißen war nun das feurige Schwert verschwunden. Während des Kampfes liefen fortwährend Haufen der Gegner zu ihnen über und einmal eine ganz große Menge. Über dem Kampfe erschienen auch Scharen der Heiligen in der Luft, welche zeigten und mit Händen deuteten und winkten, alle verschieden und doch aus und in und zu einem Geiste.

Als der Engel vom Dach der Kirche niedergestiegen war, sah ich über demselben im Himmel ein großes, leuchtendes Kreuz, an welchem der Heiland hing, aus dessen Wunden leuchtende Strahlenbüschel sich über die Welt verbreiteten. Die Wunden waren rot wie glänzende Tore mit sonnengelber Mitte. Er trug keine Dornenkrone; aber aus allen Kopfwunden schossen Strahlen horizontal in die Welt. Die Strahlen aus den Händen, der Seite und den Füßen schossen regenbogenfarbig und teilten sich haarfein und auch mehrere vereint nach Dörfern, Städten, Häusern durch die ganze Welt. Ich sah sie hie und da, fern und nah, auf allerlei Strebende fallen und die Seelen einsaugen, welche in einer dieser Farben hinanglitten in die Wunde des Herrn. Die Strahlen der Seitenwunde strömten auf die unten stehende Kirche in einem sehr reichen und breiten Strom nieder. Die Kirche leuchtete ganz davon, und durch diesen Strahlenguss sah ich die meisten Seelen eingehen in den Herrn.

Ich sah aber auch ein rotes, leuchtendes Herz am Himmel schweben, aus welchem eine weiße Strahlenbahn in die Seitenwunde führte, und von welchem sich eine andere Strahlenbahn über die Kirche und viele Gegenden ausbreitete; und diese Strahlen saugten sehr viele Seelen ein, welche durch das Herz und die Lichtbahn in die Seite Jesu eingingen.

Es wurde mir gesagt, MARIA sei dieses Herz. Außer diesen Strahlen sah ich aus allen Wunden Leitern sich gegen die Erde senken; einige reichten nicht ganz hinab. Diese Leitern waren verschieden gestaltet, schmal, breit, nah- und weitsprossig. Sie standen einzeln und auch gehäuft, es mögen wohl an dreißig gewesen sein. Sie waren von den Farben des Reinigungsortes dunkel und heller, grau, bis hinan immer mehr sich lichtend. Auf diesen sah ich viele Seelen mühsam hinanklettern. Manche stiegen rasch, als hätten sie Hilfe in stetem Fortschreiten, andere drängten sich verwirrt und fielen darüber wieder auf niedrigere Stufen, und einige fielen ganz in Nacht. Das mühsame Aufklettern war sehr rührend gegen das freudige Einsaugen zu betrachten. Es schien, als ob die stets und mit Hilfe Aufsteigenden der Kirche verwandter seien als die Gehinderten und Stockenden, Harrenden, Verlassenen, Stürzenden.

Ich sah auch viele jener Seelen, welche in dem Kampfe blieben, jede ihre Bahn in den Leib des Herrn nehmen. Hinter dem Kreuz aber, in den tiefen Himmel hinein, sah ich ganze Scharen von ferner und ferner vorbereitenden Bildern des Erlösungswerkes, die ich nicht aussprechen kann. Es war, als wären sie die Stationen des Weges der göttlichen Gnade durch die Geschichte der Welt bis zu ihrer Erfüllung in der Erlösung. Ich stand nicht auf einem Punkt. Ich bewegte mich durch und zwischen den Strahlen umher und sah alles. Ach, ich sah Unermessliches, Unbeschreibliches.

Als der Kampf auf Erden getilgt war, waren die Kirche und der Engel, der nun verschwand, weiß und leuchtend geworden. Auch das Kreuz verschwand, und an seiner Statt stand eine hohe, leuchtende Frau auf der Kirche und breitete ihren goldenen, strahlenden Mantel weit über sie aus. Unter der Kirche erschien gegenseitige Demütigung und Versöhnung. Ich sah Bischöfe und Hirten sich nähern und ihre Bücher auswechseln, und die Sekten erkannten die Kirche durch den wunderbaren Sieg und durch die Lichter der Offenbarung, welche sie selbst auf sie hatten strahlen gesehen. Diese Lichter waren aus den Strahlen des Springquells des Sees, der aus Johannes war.

Als ich diese Vereinigung sah, kriegte ich eine tiefe Empfindung von der Nähe des Reiches Gottes. Ich fühlte einen Glanz und ein höheres Leben in der Natur und eine heilige Bewegtheit in allen Menschen, wie zur Zeit der nahen Geburt des Herrn, und ich fühlte die Nähe des Reiches Gottes so, dass ich ihm entgegenzulaufen und zu jauchzen gezwungen war[76]. Ich habe von der Ankunft Mariä schon in ihren frühesten Vorfahren ein Gefühl gehabt. Ich sah ihren Stamm dieser und keiner anderen Blüte entgegen sich veredeln. Ich sah Maria kommen; wie, das kann ich nicht aussprechen; ebenso habe ich immer eine Empfindung von größerer Annäherung des Reiches Gottes. Ich kann es nur mit jenem Gefühle vergleichen. Ich sah es nahen durch die Sehnsucht von vielen demütigen, liebenden, glaubenden Christen; die Sehnsucht zog es heran.

Ich sah viele kleine, leuchtende Haufen von Lämmern über der Erde, geweidet von Hirten, und ich sah alle Hirten als die Hirten desjenigen, der als ein Lamm sein Blut für uns gegeben, und es war eine ganz unendliche Liebe und Kraft Gottes in den Menschen. Ich sah aber Hirten, die ich kannte und die mir nahe waren, die aber nichts ahnten von allem; und ich wünschte heftig, sie aus dem Schlaf zu erwecken. Ich freute mich so kindisch, dass die Kirche meine Mutter sei, dass mir ein lebhaftes Bild aus meinen Kinderjahren von unserem Schulmeister kam, der oft sagte:

«Wer die Kirche nicht für seine Mutter hält, der hält Gott nicht für seinen Vater.» Ich war gleich wieder ein Kind und dachte wie damals: «Die Kirche ist ja von Stein, wie kann sie denn meine Mutter sein? Aber es ist doch wahr, sie ist deine Mutter.» Und so glaubte ich dann redlich, ich gehe in meine Mutter, wenn ich in die Kirche gehe. Darum sagte ich auch hier im Gesichte laut: «Ja, sie ist doch gewiss deine Mutter.»

Hier sah ich auf einmal die Kirche als eine schöne und prächtige Frau und hielt ihr vor, dass sie sich so vernachlässigen und so von ihrem Gesinde misshandeln lasse. Ich bat sie auch um ihren Sohn, und sie reichte mir das Jesuskind in die Arme, mit welchem ich lange redete. Da erhielt ich eine schöne Gewissheit, wie Maria die Kirche sei, und die Kirche unsere Mutter, und Gott unser Vater, und Jesus unser Bruder. Nun war ich recht froh, dass ich als Kind in die steinerne Mutter, in die Kirche, gegangen, und dass ich durch Gottes Gnade gedacht: «So gehe ich ein in meine heilige Mutter.»

Ich sah nun in der Kirche, welche nach dem überstandenen Kampf ganz wie eine Sonne strahlte, ein großes Fest. Ich sah viele Prozessionen hineinziehen. Ich sah einen neuen, sehr ernsten und strengen Papst. Ich sah vor dem Beginn des Festes sehr viele Bischöfe und Hirten verstoßen von ihm, weil sie schlecht waren. Ich sah dieses Fest in der Kirche besonders von den heiligen Aposteln mitfeiern. Da sah ich das «Herr, zukomme uns dein Reich» recht nahe. Es war, als sehe ich himmlische, leuchtende Gärten von oben niedersteigen und sich mit auf Erden entzündeten Plätzen vereinigen und unten alles in ein ursprüngliches Licht eintauchen. Die Feinde, welche aus dem Kampf geflohen waren, wurden nicht verfolgt, aber sie schieden sich ab.

(Diese Kirchenbilder gingen nun in ein großes Gesicht vom himmlischen Jerusalem über:)

Ich sah in die schimmernden Straßen der Gottesstadt voll glänzender Paläste und Gärten, in denen sich zahllose Scharen von Heiligen Gott lobend und auf die Kirche einwirkend bewegen.

Im himmlischen Jerusalem ist keine Kirche; Christus selbst ist die Kirche. Maria thront über der Gottesstadt und über ihr Christus und die Heiligste Dreifaltigkeit. Von ihr fällt wie Tau des Lichtes auf Maria, das sich von ihr niederbreitet über die ganze heilige Stadt. Ich sah unter der Gottesstadt die Peterskirche und frohlockte, dass sie trotz aller Nachlässigkeit der Menschen doch immer das wahre Licht von oben in sich empfängt. Ich sah die Wege, die zum himmlischen Jerusalem führen, und sah die heiligen Hirten, welche aus ihren Herden die vollendeten Seelen dahin geleiten. Diese Bahnen waren nicht sehr voll.

Ich sah auch meinen Weg nach der Stadt Gottes und sah von ihm aus wie aus der Mitte eines weiten Kreises alle, denen ich irgendwie geholfen habe. Da sah ich alle Kinder und Arme, denen ich Kleidungsstücke verfertigt hatte, und wunderte und freute mich besonders über die vielerlei Moden, in denen ich schon geschneidert hatte. Dann sah ich auch alle Bilder aus meinem Leben, in welchem ich nur irgendeinem Menschen genützt hatte durch Rat, Beispiel, Unterstützung, Gebet, Leiden; und ich sah den Vorteil, den sie daraus gezogen hatten, in Form von Gärten vorgestellt, welche ihnen daraus erwachsen waren. Sie hatten diese Gärten auf verschiedene Weise bewahrt, fortgepflegt oder verderben lassen. Und ich sah einen jeden, dem ich jemals einen Eindruck gemacht, was daraus geworden sei.

(Von Anfang August bis Ende Oktober 1820 war Anna Katharina in zusammenhängenden Gebeten und Fürbitten für den Heiligen Vater, welche durch ein umfassendes Gesicht eingeleitet wurden. Der Zustand der ganzen Kirche wurde ihr, wie immer in solchen Gesichten, im Bilde der Peterskirche gezeigt, und das in ununterbrochenem Vernichtungskampfe gegen sie begriffene, über den ganzen Erdkreis verzweigte Reich des Widerchrists. Dieses empfängt seine Signatur von dem apokalyptischen Tier, das, aus dem Meere gestiegen, zum Kampf gegen die Herde Christi antreibt.

Der Pilger bemerkte bei Aufzeichnung des Gesichtes:

«Es ist gewiss voll Lücken, weil die Erzählende dasselbe in lauter Formen gesehen hat, die sie nur schwer beschreiben kann. Wunderbar ist, dass dieses Gesicht mehrere Formen der Offenbarung Johannis hat, welche sie gar nicht kennt, wie überhaupt sehr weniges aus der Schrift und aus Büchern. Scheint sie auch manchmal in einem Buch zu lesen, so ist sie doch also gleich im Schauen und sieht ganz andere Dinge.»

Als sie mit der Erzählung des Gesichtes begann, sagte sie:)

Ich sehe neue Märtyrer, nicht von jetzt, sondern in der Zukunft; aber ich sehe sie schon drängen. Ich sah, fuhr sie weiter, Leute immerfort an der großen Kirche herunterbrechen und sah ein abscheuliches Tier, aus dem Meere gestiegen, bei ihnen. Es hatte einen Schweif wie ein Fisch und Pratzen wie ein Löwe und viele Köpfe, die um einen großen Kopf so kraus wie eine Krone standen. Sein Maul war groß und rot. Es war gefleckt wie ein Tiger und war ganz vertraut mit den Abbrechenden. Es lag oft mitten unter ihnen, während sie arbeiteten; auch gingen sie zu ihm in die Höhle, in welcher es sich manchmal verbarg.

Währenddessen sah ich hie und da durch die ganze Welt viele gute, fromme Leute und besonders Geistliche gequält, eingekerkert und gedrückt werden, und hatte die Empfindung, sie würden einstens neue Märtyrer werden. Als die Kirche schon weit herabgerissen war, so dass nur der Chor mit dem Altar noch stand, sah ich diese Abbrecher mit dem Tier in die Kirche dringen, und hier fanden sie ein großes, herrliches Weib. Es war, als sei es gesegneten Leibes, denn es ging nur langsam; die Feinde erschraken sehr darüber, und das Tier konnte keinen Schritt weiter. Es streckte seinen Hals ganz grimmig nach dem Weibe aus, als wollte es dasselbe verschlingen.

Das Weib aber wendete sich und fiel nieder auf sein Antlitz. Ich sah nun das Tier wieder gegen das Meer fliehen, und die Feinde liefen verwirrt durcheinander; denn ich sah nun rings um die Kirche aus der Ferne große Kreise sich herannahen auf der Erde und auch oben im Himmel. Der erste bestand aus Jünglingen und Jungfrauen, der zweite aus Eheleuten jeden Standes, Königen und Königinnen, der dritte aus Ordensleuten, der vierte aus Kriegsleuten. Vor diesen sah ich einen auf einem weißen Pferde. Und der letzte Kreis bestand aus Bürgern und Bauern, unter denen viele mit einem roten Kreuz an der Stirn gezeichnet waren. Während sie nahten, wurden Gefangene und Bedrängte befreit und zogen mit ihnen; aber alle die Abbrechenden und Verschworenen wurden von allen Orten vor ihnen zusammengetrieben und waren, ohne zu wissen wie, auf einem Haufen nun beisammen und ganz verwirrt und voll Nebel.

Sie wussten weder, was sie getan, noch was sie tun sollten, und rannten mit den Köpfen gegeneinander, wie ich sie oft tun sehe. Als sie alle auf einem Haufen waren, sah ich sie ihre Arbeit am Kirchenabbruch aufgeben und sich in die Kreise verlieren. Ich sah aber nun die Kirche schnell wieder aufgebaut und in schönerem Glanze als je; denn es reichten sich die Leute aus allen Kreisen von einem Ende der Welt bis zum anderen Steine zu.

Als die Kreise unten sich näherten, trat der innere zurück hinter die anderen. Es war, als stellten sie verschiedene Arbeiten des Gebetes vor, und der Soldatenkreis die des Krieges. Es schienen mir in diesem Kreise Feind und Freund aller Völker. Es waren lauter Kriegsleute unserer Art und Farbe. Der Kreis war aber nicht geschlossen, sondern hatte gegen Mitternacht eine breite, dunkle Lücke wie ein Loch, einen Absturz. Es ging so ins Dunkel abwärts wie im Paradies, wo Adam hinauseilte. Es war mir, als liege dahin ein finsteres Land. Ich sah auch einen Teil aus diesem Kreise zurückbleiben, er wollte nicht vorwärts, und alle standen dicht und finster aufeinander.

Unter allen diesen Kreisen sah ich viele Menschen, welche für Jesus Märtyrer werden würden; denn es waren noch viele Böse darunter, und es würde noch eine andere Scheidung kommen. Ich sah aber die Kirche ganz hergestellt und über ihr das Lamm Gottes auf einem Berge und einen Kreis von Jungfrauen mit Palmen darum, und ebenso die fünf Kreise von himmlischen Scharen, wie unten von irdischen; sie waren mit diesen zugleich herangezogen und wirkten mit ihnen. Um das Lamm standen die vier apokalyptischen heiligen Tierbilder.

(Am 10. August berichtete sie:) Ich sehe den Heiligen Vater in großer Bedrängnis. Er bewohnt einen anderen Palast und lässt nur wenige Vertraute vor sich. Würde die schlechte Partei ihre große Stärke kennen, sie wäre schon losgebrochen. Ich fürchte, der Heilige Vater wird vor seinem Ende noch große Drangsale leiden müssen. Die schwarze Afterkirche sehe ich im Wachsen und in üblem Einfluss auf die Gesinnung. Die Not des Heiligen Vaters und der Kirche ist wirklich so groß, dass man Tag und Nacht zu Gott flehen muss. Es ist mir viel zu beten aufgetragen für die Kirche und den Papst...

Ich ward diese Nacht nach Rom geführt, wo der Heilige Vater in großer Bedrängnis noch verborgen ist, um üblen Zumutungen zu entgehen. Er ist sehr schwach und von Trauer, Sorge und Gebet ganz erschöpft. Er hat sich hauptsächlich verborgen, weil er vielen nicht mehr trauen kann. Es ist aber ein alter, einfältiger, sehr frommer Priester bei ihm, der sein Freund ist, und den man als einfältig gar nicht der Mühe wert gehalten, ihn aus seiner Nähe wegzuschaffen. Dieser Mann aber hat viele Gnade von Gott. Er sieht und merkt vieles und teilt es dem Heiligen Vater treulich mit. Diesem musste ich mehreres im Gebet eröffnen über Verräter und schlecht Gesinnte unter den vertrautesten hohen Beamten des Heiligen Vaters, das er ihm hinterbringen musste. Auf diese Weise ist er vor dem gewarnt, der bis jetzt alles machte, und er wird nichts mehr machen. Der Papst ist so schwach, dass er allein nicht mehr gehen kann.

25. August: Ich weiß nicht mehr, wie ich heute nacht nach Rom kam, aber ich befand mich bei der Kirche Maria Maggiore und sah viele arme und fromme Leute, welche in großer Angst und Sorge waren wegen der Verborgenheit des Papstes, der Unruhen und besorgniserregenden Reden in der Stadt, sich der Kirche nahen, um zur Mutter Gottes zu flehen.

Die Leute schienen nicht zu erwarten, dass die Kirche sich öffnen würde; sie wollten nur draußen flehen. Ein innerer, gemeinsamer Antrieb hatte sie hergeführt. Ich war aber in der Kirche und öffnete die Tür, die Leute gingen bange und erstaunt über die sich öffnende Tür hinein. Und es war mir, als stände ich dahinter, und sie sähen mich nicht. Es war kein Gottesdienst in der Kirche, es brannten nur die ewigen Lampen. Die Leute aber beteten ganz ruhig. Und ich sah die Mutter Gottes erscheinen, welche sagte, die Not werde groß sein; die Leute sollten eifrig beten und mit ausgestreckten Armen, wenn sie es auch nur drei Vaterunser lang vermöchten. Ihr Sohn habe am Kreuz auch so für sie gebetet. Sie sollten um Mitternacht aufstehen und so beten. Sie sollten immer hierher in ihre Kirche kommen, die Tür sollten sie offen finden. Sie sollten besonders beten, dass die finstere Kirche hier wegkomme. Die Soldaten, welche herannahten, würden auch kein Heil bringen, sondern Not und Verwüstung, denn der Krieg würde ohne Gebet und ohne Priester geführt.

Sie sagte Vieles und was nur schwer zu sagen ist, dass, wenn nur ein Priester das unblutige Opfer ganz in der Würde und Gesinnung darbrächte, wie die Apostel getan, so könnte er alle Not abwenden. Ich weiß nicht, dass die Leute in der Kirche diese Erscheinung sahen, aber sie mussten doch durch etwas Übernatürliches bewegt sein; denn als die heilige Jungfrau sagte, sie sollten mit ausgebreiteten Armen zu Gott flehen, hoben sie alle die Arme empor. Es waren alle diese Leute gut und fromm und wussten keinen Rat noch Hilfe. Es war kein Verräter, kein Feind unter ihnen, und doch waren sie bange und scheu voreinander.

10. Oktober: Ich sah die Peterskirche, welche bis an den Chor und den Hauptaltar abgebrochen war. Michael stieg geschnürt und gerüstet in die Kirche nieder und wehrte mit seinem Schwerte vielen schlechten Hirten, die in sie eindringen wollten. Er trieb sie in einen dunkeln Winkel, da saßen sie nun und schauten sich an. Das Abgebrochene an der Kirche ward in wenigen Augenblicken mit leichtem Flechtwerk wieder zugebaut, so dass der Gottesdienst vollkommen gehalten werden konnte. Von außen her aber wurden von Priestern und Laien aus der ganzen Welt die Mauern wieder von Steinen aufgeführt, denn die festen Grundsteine hatten die Abbrechenden nicht erschüttern können.

(Anna Katharina brachte nun ganze Nächte im Gebet mit ausgespannten Armen zu und hatte dabei sehr heftige Anfälle vom bösen Feind zu bestehen. Dreimal stürmte er in der ersten Nacht auf sie ein, sie zu erwürgen. «Er warf mir», sagte sie, «von meiner Jugend an allerlei Fehler vor, welche ich nicht von ihm annahm. Ich fasste alle meine Reliquien zusammen und focht mit denselben gegen den Feind. Endlich saß ich in meinem Bett aufrecht und segnete nach allen Seiten mit der Kreuzpartikel, worauf ich Ruhe bekam.»

Die darauffolgende Nacht brachte sie in gleichem Gebet zu, kämpfte aber so siegreich gegen den Feind, dass sie mehrmals das Te Deum sang.

Am Abend des 1. Oktober fand sie der Pilger tropfnass von Schweiß, da sie ohne Aufhören in mühseligster Gebetsarbeit begriffen war. Sie wiederholte, dass ihr vom hl. Michael nebst anderen Arbeiten für die Kirche Almosen befohlen seien, welche sie an sieben Tagen vollziehen solle. Die Kinder seien ihr alle gezeigt worden, und sie wisse auch unter allen ihren Sachen, was sie jedem geben solle.

«Die Kirche», jammerte sie, «ist in großer Gefahr, ich muss auf Befehl jeden, der zu mir kommt, um ein Vaterunser in dieser Intention bitten. Man muss flehen, dass der Papst Rom nicht verlässt, es entstände ungeheurer Schaden dadurch. Man muss flehen, dass er den Heiligen Geist erhält.»

Als der Pilger am Morgen des 4. Oktober zu ihr kam, fand er sie in gänzlicher Erschöpfung von nächtlicher Anstrengung:)

Ich habe so entsetzlich kämpfen müssen wie nie zuvor. Ich bin schier erlegen; ich kann nicht sagen, wie verzweifelt ich gelitten habe. Es ist mir dieser Streit seit langem vorhergezeigt worden. Ich sah eine Person, welche von vielen Teufeln angefallen wurde und gegen sie kämpfte. Nun erkenne ich wohl, dass ich selbst diese Person war. Gegen eine ganze Schar von Teufeln muss ich streiten; sie reizen, wen und wie sie können, gegen mich an. Ich habe zu viel Gebet übernommen.

Wenn mir die Heiligen nicht beiständen, könnte ich es nicht aushalten, ich werde dann ganz kraftlos in den Kampf gestellt und soll siegen, und da wird es mir so schwer. Ich sehe den Teufel alles tun, um mich zuschanden zu machen. Er schickt mir dann auch immer Leute und Besuch von weit her, mich zu quälen und zu schwächen.

Als ich heute nacht den hl. Franziskus in einem Gesicht des Papstes die Kirche tragen sah, sah ich hernach die Peterskirche von einem kleinen Mann auf den Schultern tragen, welcher etwas jüdisches im Gesicht hatte. Es schien ganz gefährlich. Maria stand auf der Nordseite auf der Kirche und breitete schützend ihren Mantel aus. Der kleine Mann schien zusammenzubrechen. Er schien noch ein Laie und mir bekannt. Es sollten die Zwölfe, welche ich immer als neue Apostel sehe, ihm tragen helfen; aber sie kamen etwas zu langsam. Er schien schon zu sinken, da kamen sie endlich alle und traten unter, und es halfen viele Engel. Es war nur noch der Boden und das Hinterteil, das andere war alles von der geheimen Sekte und den Kirchendienern selbst abgebrochen. Sie trugen die Kirche auf einen anderen Platz, und es war, als sänken mehrere Paläste wie Ährenfelder vor ihnen nieder.

Als ich die Peterskirche in ihrem abgebrochenen Zustande sah und wie so viele Geistliche auch an dem Werk der Zerstörung arbeiteten, ohne dass es einer vor dem anderen öffentlich wollte getan haben, da empfand ich solche Betrübnis darüber, dass ich heftig zu Jesus schrie, Er solle sich erbarmen. Und ich sah meinen himmlischen Bräutigam vor mir wie einen Jüngling, und Er sprach lange mit mir. Er sagte auch, dieses Wegtragen der Kirche bedeute, dass sie scheinbar ganz sinken werde; dass sie aber auf diesen Trägern ruhe und aus ihnen wieder hervorgehen werde; wenn auch nur ein katholischer Christ noch übrig sei, könne die Kirche wieder siegen, denn sie sei nicht im Verstande und Rate der, Menschen gegründet. Er zeigte mir nun, wie es nie an Betern und Leidenden für die Kirche gefehlt.

Er zeigte mir alles, was Er für die Kirche gelitten, und wie Er den Verdiensten und Arbeiten der Märtyrer Kraft gegeben und wie Er nochmals alles leiden würde, so Er noch leiden könnte. Er zeigte mir auch in unzähligen Bildern das ganze elende Treiben der Christen und Geistlichen in immer weiteren und weiteren Kreisen durch die ganze Welt bis zu meiner Heimat und ermahnte mich zu ausharrendem Gebet und Leiden. Es war dieses ein unbeschreiblich großes, trauriges Bild, das nicht auszusprechen ist. Es wurde mir auch gezeigt, dass schier keine Christen im alten Sinne mehr da sind. Ich bin sehr betrübt durch dieses Bild.

7. Oktober: Ich habe eine große Arbeitsreise gemacht. Ich war in Rom in den Katakomben. Ich sah das Leben eines Märtyrers, der mit vielen da heimlich lebte. Er hatte viele bekehrt, er war nicht lange nach Thekla; ich habe seinen Namen vergessen. Schon

als Knabe ging er mit frommen Frauen in die Katakomben und Gefängnisse, die Christen zu trösten. Er wurde mit vielen gemartert. Er war auch eine Zeitlang in einer Einsiedelei verborgen. Er litt große Marter und wurde zuletzt enthauptet; er trug sein Haupt von dannen, ich weiß die Geschichte nicht mehr recht.

Ich war mit Franziska Romana und eben diesem Märtyrer in den Katakomben in einem Keller, dessen ganzer Boden voll leuchtender Blumen stand. Es waren dieses die Blüten der Schmerzen dieses Märtyrers und seiner Genossen, welche da umgekommen. Es standen da besonders viele schöne weiße Rosen, und ich sah auf einmal, dass eine davon an meiner Brust steckte (die Reliquie dieses Heiligen). Ich war noch an vielen Orten, wo ich unzählige Blumen sah, lauter Schmerzen der Märtyrer, welche ich für die Kirche in der jetzigen Not in Anspruch nahm.

Als ich mit Franziska und dem Heiligen durch Rom ging, sahen wir einen großen Palast (Vatikan) von oben bis unten in Flammen stehen. Ich war sehr bang, die Einwohner möchten verbrennen, es löschte niemand; als wir aber nahten, hörte die Flamme auf, und das Haus war schwarz und brandig. Wir gingen durch viele prächtige Säle und kamen zu dem Papst. Er saß im Dunkel und schlief in einem großen Stuhl; er war sehr krank und ohnmächtig, er konnte nicht mehr gehen. Vor der Tür gingen etliche Leute auf und ab. Die Geistlichen, welche zunächst um ihn wohnten, gefielen mir nicht gut, sie schienen falsch und lau. Die Frommen, Einfältigen, die ich manchmal bei ihm sehe, waren in einem entfernteren Teil des Hauses. Ich sprach lange mit ihm, und ich kann nicht sagen, wie sehr wirklich anwesend ich mir schien; denn ich war unbeschreiblich schwach, und die bei mir waren, mussten mich immer unterstützen.

Ich sagte ihm von den Bischöfen, die jetzt eingesetzt werden sollen. Ich sprach auch noch mit dem Papst, dass er Rom nicht verlassen dürfe, es werde dann alles in Verwirrung geraten. Er aber meinte, die Gefahr sei doch nicht zu vermeiden, und er müsse weggehen, um sich und vieles zu retten. Er war sehr geneigt und beredt, Rom zu verlassen. Franziska sprach noch viel länger mit ihm. Ich war ganz ohnmächtig und schwach, meine Begleiter unterstützten mich. Ich sah Rom so elend, dass der kleinste Funke alles entzünden könnte. Sizilien sah ich ganz finster und greulich, und dass noch alle Leute fliehen, die können.

(Einmal wehklagte sie mit lauter Stimme in der Ekstase:)

Ich sehe die Kirche ganz einsam, wie ganz verlassen. Es ist, als fliehen sie alle. Alles um sie her ist im Streit. Überall sah ich große Not und Hass, Verrat und Erbitterung, Unruhe, Hilflosigkeit und völlige Blindheit. Von einer dunkeln Mitte aus sehe ich Boten senden, da und dort etwas zu verkünden, das schwarz aus ihrem Munde geht und bitter auf die Brust der Zuhörer fällt und Hass und Grimm entzündet. Ich bete eifrig für die Bedrängten.

Über Orte, wo einzelne beten, sehe ich Licht niederfallen, über andere schwarze Finsternis kommen. Der Zustand ist schrecklich. Ich habe so gefleht. Gott muss sich erbarmen. O Stadt, o Stadt (Rom), was droht dir! Der Sturm ist nahe. Nimm dich in acht! Aber ich hoffe, du wirst fest bleiben.

16. Oktober. Ich bin heute nacht den Kreuzweg zu Koesfeld gegangen. Es waren viele Seelen bei mir. Sie stellten mir die Not der Kirche vor, und wie sehr man beten müsse. Ich sah danach in einem Bilde von vielen Gärten, die rund um mich her lagen, das Verhältnis des Papstes zu den Bischöfen. Ich sah den Papst auf seinem Thron auch wie in einem Garten. Ich sah die Rechte und Kräfte dieser Bischöfe, Bistümer wie Pflanzen, Früchte und Blumen in den einzelnen Gärten; und sah Verhältnisse, Strömungen, Einflüsse wie Fäden, wie Strahlen vom Römischen Stuhl aus nach den Gärten.

HEILIGES MESSOPFER PRIESTERTUM SAKRAMENTALIEN

(1. In der letzten Hälfte des Monats August 1820 hatte Anna Katharina umfassende Gesichte von den Geheimnissen des Heiligen Messopfers, von seinen Vorbildern in der alten Zeit, von der Bedeutung der Reliquien auf dem Altar, aber auch von der Lauigkeit und Gleichgültigkeit, mit welcher das Heiligste Sakrament nicht selten von Priestern und Laien behandelt wird. Der Vollständigkeit halber geben wir die Gesichte, wie sie von der Schauenden erzählt wurden, unverkürzt wieder, wiewohl dieselben auch manches andere enthalten, was auf die Heilige Messe nicht unmittelbar Bezug hat.)

Ich sehe, sprach sie, an allen Orten Priester von den Gnaden der Kirche, von den Schätzen der Verdienste Jesu und der Heiligen umgeben, aber tot und lau lehren und predigen und opfern. Es ward mir ein Heide gezeigt, der auf einer Säule stehend von dem neuen Gotte aller Götter, den ein anderes Volk habe, so innig redete, dass das ganze Volk mit ihm in Sehnsucht hingerissen ward. Diese Gesichte bestürmen mich Tag und Nacht so, dass ich mir nicht zu helfen weiß. Es wird mir das jetzige Elend und die Verkommenheit immer im Vergleich mit Besserem ehemals gezeigt, und ich muss ohne aufhören beten.

Das schlechte Messelesen ist eine ungeheure Sache. Ach, es ist nicht einerlei, wie sie gelesen wird!... Ich hatte ein unermessliches Bild von den Mysterien der Heiligen Messe, und wie alles Heilige von Anfang der Welt sich darauf bezieht. Ich sah das A und das Omega und wie alles im Omega enthalten ist; ich sah die Bedeutung der Zirkelform, der runden Gestalt der Erde, der Himmelskörper, aller Erscheinungsumgebungen und der Hostie. Ich sah den Zusammenhang der Geheimnisse der Menschwerdung, der Erlösung und des Heiligen Messopfers, und wie Maria alles umfasste, was der Himmel selbst nicht umschließen konnte.

Diese Bilder gingen durch das ganze Alte Testament. Ich sah das Opfer von der ersten Darbringung an und die wunderbare Bedeutung der heiligen Gebeine. Ich sah die Bedeutung der Reliquien in dem Altar, auf dem Messe gelesen wird. Ich sah Adams Gebeine unter dem Kalvarienberg ruhen, und zwar etwas über dem Wasserstand in senkrechter Linie unter dem Kreuzigungsplatz Jesu Christi. Ich sah in ein Gewölbe von der Seite herein und sah das Gerippe Adams ganz liegen, außer dem rechten Arm und Fuß und dem rechten Brustgerippe, so dass ich in das Innere des linken Rippengebäudes sah, und in dieser rechten hohlen Seite sah ich den Schädel der Eva liegen, recht (gerade) an der Stelle, aus welcher sie der Herr hervorgezogen.

Es wurde mir auch gesagt, dass viel Streit darüber gewesen sei; dass aber dennoch Adams und Evas Grab von jeher hier gewesen und ihr Gebein noch hier liege. Ich sah dieses Grab von der Sündflut unverletzt, und dass Noe einen Teil der Gebeine in der Arche gehabt, dass er auch bei seinem ersten Opfer dieselben so auf den Altar gestellt, wie dieses nachmals von Abraham geschehen; dass die Gebeine, welche Abraham aufgestellt habe, Adams Gebeine gewesen, welche von Sem auf ihn gekommen seien.

So ist der Opfertod Jesu auf dem Kalvarienberg über den Gebeinen Adams recht eine Vorbedeutung des Heiligen Messopfers, wo die Reliquien unter dem Altarstein sind; und die Opfer der Altväter sind die Vorbereitung darauf. Auch sie hatten dabei heilige Gebeine, durch welche sie Gott an seine Verheißungen erinnerten, welche die Erlösung waren. Noe hatte die Gebeine von Adam in der Arche, an der fünf Öffnungen waren, welche sich auf den Heiland und seine Kirche bezogen.

Ich sah Noe in der Arche Rauchopfer darbringen; sein Altar war auch mit Weiß und Rot bedeckt, und so oft er betete und opferte, stellte er auf ihn die Gebeine Adams. Diese Gebeine kamen später an Abraham, den ich sie auf Melchisedechs Altar aufstellen sah, von dem er wusste und nach dem er sich gesehnt hatte. Die Rückseite des Altars war gegen Mitternacht; die Altväter stellten den Altar immer so auf, weil das Böse von Mitternacht gekommen.

Ich sah auch Moses vor einem Altar beten, auf dem er Gebeine von Jakob aufgestellt, die er sonst in einer Büchse umhängen hatte.

Als er etwas auf den Altar goss, loderte eine Flamme auf, in die er Rauchwerk warf. Er beschwor Gott in seinem Gebet bei der Verheißung, die Er diesen Gebeinen getan. Er betete so lange, bis er niedersank, und des morgens erhob er sich zu neuem Gebet. Moses betete mit ausgestreckten Armen. Diesem Gebet widersteht Gott nicht, denn sein eigener Sohn hat so bis in den Tod im Gebet treulich ausgeharrt. Wie Moses sah ich auch Josua beten, als die Sonne auf sein Gebot stehen blieb.

Ich sah auch den Teich Bethesda und wie seine fünf Eingänge sich auf die fünf Wunden bezogen. Ich hatte viele Bilder von ihm aus verschiedenen Zeiten. Ich sah einen Hügel ziemlich entfernt von dem ersten Tempel, auf dem in Zeiten der Gefahr eine Grube gemacht wurde, in welcher heilige Gefäße, Leuchter und viele Feuerpfannen mit zwei Handhaben verborgen wurden; in die Mitte wurde das heilige Feuer vom Altar gelegt. Über die Grube wurden allerlei Balken gelegt. Über dieses Verdeck wurde Erde aufgefüllt, so dass nichts bemerkt werden konnte. Ich sah Nehemias aus der Gefangenschaft kommen und den Ort, wo das Feuer verborgen worden, abräumen. Sie fanden wie einen schwarzen Brei von Moorerde daselbst und nahmen die Gefäße heraus. Nehemias bestrich mit dem Brei das Opferholz, das sich entzündete.

(2. Die Bilder gingen danach zu der christlichen Zeit über, und es ward ihr gezeigt, wie die Inhaber der höchsten geistlichen und weltlichen Gewalten gewetteifert, dem Heiligen Sakrament die gebührende Ehre und Anbetung darzubringen:)

Ich sah den heiligen Papst Zephyrinus[77], der wegen seines Eifers für die Würde des Priestertums von Christen und Ketzern vieles zu leiden hatte. Ich sah ihn große Strenge in Annahme der zu den Weihen sich Meldenden ausüben; er prüfte sie gründlich und wies viele ab. Ich sah, dass er einmal von einer großen Anzahl, welche Priester werden wollten, alle bis auf fünf zurückwies. Ich sah ihn auch oft mit Ketzern disputieren, welche Rollen aufschlugen und heftig sprachen, ihm sogar seine Schriften zerrissen. Er verlangte von den Priestern Gehorsam und sendete sie hier- und dorthin; jenen aber, welche nicht folgten, nahm er ihre Ämter.

Ich sah ihn auch einen Mann, der noch nicht Priester war, ich meine nach Afrika senden, wo er Bischof und ein großer Heiliger wurde. Er war ein Freund des Zephyrinus und ist ein sehr berühmter Mann. Ich sah, wie Zephyrinus von den Christen begehrte, dass sie alles Silbergeschirr aus ihren Häusern bringen sollten, und dass er die Kelche von Holz aus den Kirchen entfernte und silberne dafür anschaffte. Ich sah auch, dass die Messkännchen von Glas durchsichtig waren. Er selbst brauchte für sich lauter hölzerne Gefäße, ließ sie aber, weil er sah, dass sich viele daran ärgerten, teilweise vergolden; alles übrige gab er den Armen. Ich sah, dass er selbst Schulden machte, um einer armen, ihm nicht verwandten Familie aufzuhelfen.

Ich sah, dass eine Frau von seinen nahen Verwandten zu ihm kam und ihm Vorwürfe machte, warum er Schulden mache und es wenigstens nicht seinen armen Verwandten zukommen lasse; und wie er ihr sagte, er habe die Schulden auf Jesus Christus gemacht, und wie sie ihn unwillig verließ. Er hatte aber von Gott erhalten, wenn er dieser Frau etwas zukommen lasse, werde sie schlecht werden. Ich sah, dass er die Priester vor der Gemeinde prüfen und weihen ließ, und dass er es wieder streng einführte, wie sich die Geistlichen bei dem Gottesdienst der Bischöfe betragen mussten; auch bestimmte er ihren Rang untereinander genau. Ich sah, dass er einführte, wie die Christen in einem gewissen Alter der Mannbarkeit das Heilige Sakrament um Ostern in der Kirche empfangen mussten, und dass er ihnen nicht mehr erlaubte, dasselbe in einer Büchse am Halse hängend mit nach Hause zu nehmen, weil sie es oft an unehrbare Orte, zu Schmausereien und Tanz mitgenommen hatten.

Ich sah, dass er eine große, sehr innige Verehrung zu der Mutter Gottes hatte, und dass er mehrere Gesichte von ihrem Leben und ihrem Tode hatte, und dass er sich deswegen seine Schlafstelle ganz wie ihr Lager, auf dem sie gestorben, einrichtete und immer mit einer tiefen Andacht zu ihr sich so niederlegte, zu schlafen, wie er sie im Gesicht sterbend gesehen. Diese seine Ruhestelle hielt er verborgen hinter einem Vorhang. Er trug auch zu Ehren ihres himmelblauen Kleides immer heimlich unter seinem Kleide ein himmelblaues Unterkleid. Ich sah, dass er die, welche wegen Unreinigkeit und Ehebruch aus der Gemeinde ausgestoßen waren, nach der Kirchenbuße wiederaufnahm, und dass er mit einem gelehrten Priester (Tertullian) Streit darüber hatte, welcher zu streng war und ein Ketzer wurde. Es wurde mir auch der hl. Ludwig von Frankreich[78] gezeigt, wie er sich als ein Kind von sieben Jahren durch strenges Fasten auf seine erste Kommunion vorbereitete. Er gestand dies seiner Mutter, die mit ihm in der Kirche zur Mutter Gottes um Erleuchtung flehte, ob ihr Kind das Heilige Sakrament empfangen dürfte. Ich sah, dass Maria ihr erschien und sagte, Ludwig solle sieben Tage lang sich vorbereiten und die Kommunion empfangen; sie solle mit ihm kommunizieren und ihr ihn dabei aufopfern, sie werde dann immer seine Schutzpatronin sein. Ich sah, dass dieses geschah, und hatte dabei eine Belehrung, wie man in jenen Zeiten die Religion anders und lebendiger gelehrt und gelernt hat als jetzt.

Ich sah, dass Ludwig nachher auf allen seinen Zügen das Heilige Sakrament bei sich hatte, und wo er stillhielt, die Heilige Messe lesen ließ. Ich sah auch seine Kreuzzüge, und wie er einmal auf der See im Sturm von seinen Leuten und von den anderen Schiffen angeschrien wurde, er solle helfen, er solle von Gott erflehen, dass sie nicht zugrunde gehen.

Ich sah, dass der fromme König, weil das Sakrament nicht da war, ein auf dem Schiff neugeborenes, getauftes Kind nahm, oben auf das Schiff trat, das Kind emporhielt im Sturm und Gott anflehte, Er möge ihrer dieses unschuldigen Kindes halber schonen; und wie er mit dem Kinde umher segnete und der Sturm sich augenblicklich legte, und wie er nachher seine Leute zur Verehrung des Heiligen Sakramentes aufforderte, indem er ihnen sagte, nachzudenken, wenn Gott eines unschuldigen getauften Kindes halber solche Wunderliebe an ihnen getan, was Er erst um seines eingeborenen Sohnes willen für uns tun werde.

(3. Im Jahre 1819 erzählte Anna Katharina einmal folgendes Gesicht:)

Ich habe zu Gott dem Vater gerufen, Er möge seinen Sohn ansehen, der in jeder Minute für die Sünder genugtut, der sich jetzt gerade wieder geopfert, der sich in jeder Minute opfert! Ich hatte in diesem Augenblick das Karfreitagsbild, wie der Herr sich am Kreuze opfert, und Maria und den Jünger unter dem Kreuze leibhaft gesehen über dem Altar des Messe lesenden Priesters.

Ich sehe dieses in jeder Stunde Tag und Nacht und sehe die ganze Gemeinde, wie sie gut und schlecht betet, und sehe auch, wie der Priester sein Amt tut. Ich sehe erst die Kirche hier, dann die Kirchen und Gemeinden ringsum, etwa wie man einen nahen Baum mit Früchten von der Sonne beleuchtet sieht und in der Ferne andere in Gruppen oder in einem Wald. Ich sehe die Messe zu allen Stunden des Tages und der Nacht lesen durch die Welt, ja ich sehe entfernte Gemeinden, wo sie noch ganz gelesen wird, wie bei den Aposteln. Über dem Altar sehe ich im Gesicht einen himmlischen Dienst, wo die Engel alles ersetzen, was der Priester versäumt. Für die Unandacht der Gemeinde opfere ich dann auch mein Herz auf und flehe den Herrn um Erbarmung an.

Ich sehe viele Priester das Amt erbärmlich halten. Die Steifen, welche alles anwenden, die Äußerlichkeit nicht zu verletzen, versäumen oft alle Innerlichkeit über dieser Sorge. Sie denken stets: «Wie werde ich gesehen vom Volke?», und sehen darüber Gott nicht. Die Skrupulanten wollen sich ihrer Andacht bewusst werden. Ich habe diese Empfindung von Kind auf.

Ich bin oft im Tage in diesem andächtigen Fernsehen der Heiligen Messe, und werde ich darunter angeredet, so ist es mir, als wenn man während der Arbeit mit einem fragenden Kind sprechen soll. Jesus liebt uns so, dass Er sein Erlösungswerk in der Messe immer fortsetzt; die Messe ist die verhüllte, zum Sakrament gewordene, historische Erlösung. Ich sah dies alles schon in frühester Jugend und glaubte, alle Menschen sehen dieses so.

(Über die sakrilegische Messe hatte sie die folgende Anschauung. Sie hatte im Gesichte das Opfern eines Kindes in alter Zeit gesehen und erzählte danach:)

Als ich das schreckliche Bild des geopferten Kindes zu meiner Rechten sah, wendete ich mich ab und sah es links ebenso, und da ich flehte, Gott möge mich von dem Greuel befreien, sagte mir mein himmlischer Bräutigam: «Da, sieh noch Ärgeres, sieh, wie sie täglich durch die ganze Welt mit mir tun!» Da sah ich Priester, welche im Stande der Todsünde die Messe lasen, und sah die Hostie als ein lebendes Kindlein auf dem Altar liegen und sah, wie sie es mit der Patene zerschnitten und es auf grässliche Weise verletzten; ihr Opfern war ein Morden. Ich sah auch noch unsägliche viele unglückliche, gute Leute heutzutage an vielen Orten gedrückt, gequält und verfolgt werden und sah immer, dass dieses an Jesus Christus geschah. Es ist eine arge Zeit; ich sehe nirgends eine Zuflucht; es ist ein dichter Nebel von Sünde über der ganzen Welt, und alles sehe ich ganz lau und gleichgültig so hintun. Auch in Rom sah ich solche schlechte Priester das Jesuskind in der Messe also martern. Sie wollten zum Papst, ihm etwas sehr Gefährliches zuzumuten. Ich sah aber, dass der Papst auch sah, was ich sah, und wie ein Engel mit niedergesenktem Schwert sie zurückwies.

(4. Wir haben im bisherigen schon öfter Gelegenheit gehabt, zu sehen, welche Wirkungen der priesterliche Segen an Anna Katharina hervorbrachte. Wir stellen hier noch einige Beispiele zusammen, aus denen ganz besonders die Kraft priesterlichen Segens in den schwersten Krankheiten und heftigsten Anfechtungen hervorleuchtet. Im April 1820 war Anna Katharina in schweren Sühnungsleiden und so heftigen Schmerzen, dass sie oft kaum reden konnte. Der Pilger schreibt:

18. April: Sie ist ein Gegenstand des Jammers. Der Beichtvater bat den Pfarrer von Haltern zu kommen, um über die Kranke zu beten und sie zu segnen. Sie empfindet dadurch Erleichterung; am Abend aber verlangt der Beichtvater die Anwendung von Branntwein. Sie gehorcht, und die Schmerzen werden so gesteigert, dass sie jammert: «Ich habe mir dies selber zugezogen, da ich nicht nachgelassen habe, Leiden zur Genugtuung zu erbeten. Nun muss sich das Feuer verzehren. Ich muss alles Gott überlassen.»

19. April: Sie war die ganze Nacht von schrecklicher Hitze durchglüht und darf wegen Verhaltung nicht trinken. Der Pastor von Haltern kam heute wieder und brachte ihr durch Gebet und Segen Linderung. Der Pilger fand sie am Nachmittag auf ihrem Lager ganz verändert. Sie lag mit dem Kopf da, wo sonst die Füße sind; sie war vor Schmerzen wimmernd in ihrem Bett umhergekrochen und glaubte, in dieser Lage Erleichterung zu finden. Sie war im heftigsten Fieber; der Schmerz hatte sich nun gegen die linke Seite des Rückgrats konzentriert. Sie dankte Gott für die Leiden, fühlte sich bei den Armen Seelen und freute sich, im Fegefeuer Gott nicht mehr beleidigen zu können.

20. April: Die Schmerzen dauern fort. Sie sieht alle inneren Teile des Leibes, die verletzt und leidend sind. Ihr Bett ist von Schweiß bis aufs Stroh durchnässt. Die hart zu rührende Schwester muss beim Anblick solcher Leiden weinen. Die Kranke sagt dem Pilger, wenn nicht Hilfe komme, müsse sie sterben, sie könne die Schmerzen nicht mehr ertragen. Sie ist ganz entstellt. Er eilte, den Pastor von Haltern zu rufen, der bald kam, mit ihr sprach und betete und ihr die Hand auflegte, worüber sie bald in einen sanften Schlaf fiel. Sie sagte über die Wirkung:

«Ich hatte heftig gebetet, Gott möge mir verzeihen, wenn ich eine Pein erfleht, die ich nicht mehr ertragen könne, Er möge seinen Willen an mir erfüllen; Er solle sich aber um des Blutes seines Sohnes willen meiner erbarmen, Er solle mir doch noch einmal helfen, wenn ich noch etwas Gutes auf Erden tun könne. Ich fühle wohl, wenn ich durch dieses mit Gewalt erflehte Weh stürbe, so wäre ich an meinem Tode schuld und müsste im Fegefeuer büßen.» Als ich hierauf keine Antwort erhielt als die: ‹Das Feuer, das du übernommen hast, muss verbrennen›, da machte ich mir keine Hoffnung mehr, denn ich sah mich zugleich in einem höchst gefährlichen Zustand und empfahl Gott das Meinige, das ich ungeordnet hinterlassen müsse. Als der Pfarrer mir die Hand auflegte und betete, war es, als wenn ein sanfter Lichtstrom mich durchziehe; ich entschlief. Ich hatte ein Bild, als sei ich ein Kind und werde gewiegt. Es war auch, als ruhe ein Licht auf mir, und als er die Hand wegzog, wich dieses Licht. Ich fühlte mich viel linder, und ich hoffte wieder.» Gegen Mittag stieg das Übel, der kranke Lambert legte ihr die Hand auf und betete einen Rosenkranz und half ihr auch.

23. Dezember 1820: Am Morgen ward sie ganz besinnungslos gefunden. Sie konnte sich nicht bewegen und nicht mehr sprechen. Der Pater musste über Land und sendete den Kaplan Niesing zu ihr, welcher die Krankengebete aus dem Benediktionsbüchlein von Cochem über sie betete. Sie erhielt dadurch die Besinnung und konnte, wie sie später sagte, wieder denken. Ihr Puls war kaum fühlbar; sie war starr vor innerlicher Kälte und konnte nicht reden. Niesing betete nach einer Stunde nochmals die Gebete über sie. Sie konnte aufblicken, danken und richtete sich im Bett empor und

sprach: «Da sieh, was Priesterhand und Gebet vermag! Ich habe heute nacht erstaunlich gelitten, Schmerzen durch alle Glieder, entsetzlichen Durst, ohne trinken zu dürfen, und darf es noch nicht. Ich verlor endlich die Besinnung und glaubte am Morgen, jetzt sterbe ich wirklich, denn die ganze Nacht hindurch war ich wie im Sterben. Ich wollte nur ‹Jesus, Maria, Joseph!› denken; aber ich konnte diese Worte nicht mehr denken. Da habe ich gefühlt, dass der Mensch nichts kann, dass er nicht an Gott denken kann, wenn ihm Gott nicht die Gnade dazu gibt, und dass ich es noch wollen konnte, das war auch nur Gnade Gottes.

Als Niesing kam, wusste ich es, doch konnte ich kein Glied rühren noch sprechen. Ich wusste sogar, dass er das Büchlein bei sich hatte, und fühlte mit Hoffnung, er werde beten. Als er zu beten begann, durchdrang mich sein Mitleid wie eine Wärme, und ich kam wieder zum Bewusstsein und konnte mit tiefer Rührung ‹Jesus, Maria, Joseph› denken, und das Leben war mir ein Geschenk vom Priestersegen.»

Am Abend bat sie nochmals um den Segen und um die Reliquie des hl. Cosmas. Tags darauf war sie noch sehr elend, doch konnte sie einige Worte sprechen. Sie sagte: «Ich drückte die Reliquie an meine Brust, sah den Heiligen bei mir, und es kam ein Strom von Wärme über mich. Ich habe nun etwas mehr Leben, aber ich bin durch und durch voll zerreißender Schmerzen. Der Durst quält mich am meisten, aber ich kann nicht trinken.»

Sie liegt den ganzen Tag, Vorabend von Weihnachten, unbeweglich und totenstill. Der kranke Lambert befindet sich seit diesen ihren großen Leiden viel besser.

«Über die Priesterfinger», versicherte P. Limberg dem Pilger, «hat sie mir oft gesagt, dass, wenn auch der ganze Körper eines Priesters in Staub verwandelt sein und die Seele sich in der Hölle befinden würde, doch die Weihe der Finger in den Gebeinen erkennbar bleiben und diese Finger mit einem ausgezeichneten Feuer brennen würden; so sehr sei die Weihe tief und unvertilgbar.»

Auch in schweren Anfechtungen des bösen Feindes brachte ihr der priesterliche Segen augenblickliche Hilfe.

«Ich litt», erzählte sie einst, «solche Schmerzen an den Wunden, dass ich laut hätte schreien mögen, denn ich vermochte kaum, sie zu ertragen. Das Blut strömte stoßweise nach den Malen. Auf einmal trat der Satan wie ein Engel des Lichtes zu mir heran und sprach: ‹Soll ich dir die Wunden schnell durchbohren? Dann ist morgen alles wieder in Ordnung. Sie sollen dir gar nicht mehr so weh tun, du sollst alle die Quälerei nicht mehr dabei haben!› Ich erkannte ihn aber gleich und sagte: ‹Packe dich! Ich brauche nichts von dir! Du hast mir die Wunden nicht gemacht; ich will nichts von dir!› Da wich er und drängte sich wie ein Hund hinter den Schrank. Nach einer Weile kam er wieder und sagte: ‹Du brauchst nicht zu denken, dass du mit Jesus so gut stehst, weil du immer mit ihm herumzulaufen glaubst. Das alles ist von mir! Ich mache dir alle die Bilder, ich habe auch ein Reich!› – Ich vertrieb ihn wieder mit meinen Antworten.

Es war ganz spät, da kam er nochmals und immer ganz deutlich und sagte: ‹Was plagst du dich herum und weißt nie wie und wann? Alles, was du hast und siehst, ist doch von mir. Es steht elend mit dir; ich kriege dich doch! Was brauchst du dich so zu plagen?› Da sagte ich ihm: ‹Weiche von mir! Ich will Jesus angehören. Ich will ihn lieben und dich verfluchen, ich will leiden und Schmerzen haben, wie Er will!› Meine Angst aber war so groß, dass ich meinen Beichtvater rief; er segnete mich, da wich der Feind von mir. Heute morgen aber, da ich den Glauben betete, trat er wieder plötzlich zu mir und sagte: ‹Was hilft dir das Glaubenbeten? Du verstehst kein Wort davon; ich will dir aber alles ganz klar zeigen; da sollst du es sehen und wissen!› Ich sprach: ‹Ich will es nicht wissen, ich will es glauben!› Da sagte er noch eine Stelle aus der Heiligen Schrift, sprach aber ein Wort nicht aus, und ich sagte immer: ‹Sprich das Wort aus, sage es ganz, so du kannst!› Ich schauderte aber an Arm und Bein. Endlich wich er.»

Die Kraft der priesterlichen Stola in ähnlichen Anfechtungen erhellt aus folgender Mitteilung des Pilgers vom 2. Juni 1821. Er schreibt:

Der Pilger fand sie sehr erschüttert. Sie erzählte unter Tränen und Angst: «Ich habe heute nacht eine der schrecklichsten Nächte gehabt. Ich sah eine Katze gegen mein Bett kommen, sie sprang nach meiner Hand. Ich fasste sie bei den Hinterfüßen und hielt sie aus dem Bette hinaus und wollte sie töten, aber sie entwischte mir und floh. Ich war wach, ich sah alles, was um mich her war, und sah das schlafende und beunruhigte Kind und fürchtete, es möchte mein Elend sehen. Während der ganzen Nacht bis gegen drei Uhr morgens misshandelte mich der Feind, eine scheußliche schwarze Gestalt. Er schlug mich und zerrte mich weit aus dem Bett heraus, dass ich mit den Händen auf der Erde lag. Er warf mich mit den Kopfkissen vorwärts und drückte mich schrecklich zusammen. Dieses Hinwerfen, und dass er mir die Kissen, die unter mir waren, auf den Leib warf und mich hoch in die Höhe hob, ängstigte mich unbeschreiblich. Ich sah deutlich daraus, dass es kein Traum war.

Ich tat alles, was ich wusste. Ich nahm alle heiligen Gebeine und das Kreuz zu mir, ich hatte keine Hilfe. Ich flehte zu Gott und allen Heiligen, ob ich Sünde, ob ich ungerechtes Gut hätte; ich erhielt keine Antwort. Ich beschwor den Feind bei allen heiligen Namen, mir zu sagen, was er auf mich für ein Recht habe. Er antwortete nicht und fuhr mit seinem Peinigen fort. Er fasste mich immer am Nacken und Rücken, und seine Hände oder Klauen waren eiskalt. Endlich kroch ich zum Schrank zu Füßen meines Bettes und nahm die dort aufbewahrte Stola des Beichtvaters heraus und schlang sie um meinen Hals. Da fasste er mich nicht mehr an, und nun gab er mir auch Antwort.

Er redet immer mit einer Sicherheit und List, dass ich erstaunen muss und manchmal glauben könnte, er habe recht, weil er so sicher spricht. Er machte mir Vorwürfe, als ob ich so vieles zugrunde richte und ihm so großen Schaden täte, und als ob er das größte Recht hätte. Als ich Gott fragte, ob ich ungerechtes Gut hätte, sagte mir der Feind: ‹Du hast etwas von mir.› Ich antwortete ihm aber: ‹Die Sünde habe ich von dir, die sei mit dir verflucht von Anbeginn! Jesus Christus hat dafür genuggetan, die Sünde nimm dir und behalte dir und gehe mit ihr zum Abgrund der Hölle!› Es ist nicht zu sagen, was ich gelitten!› Sie weinte und zitterte an allen Gliedern.»

5. Wirkung der heiligen Kreuzpartikel: Das Tagebuch Weseners[79] enthält am 16. Oktober 1816 die erste von einem Zeugen berichtete Tatsache der Reliquienerkenntnis: «Ich traf die Kranke in tiefer Ekstase. Da P. Limberg auch zugegen war, zeigte ich ihm

ein Kästchen, das ich aus dem Nachlass meiner eben verstorbenen Schwiegermutter an mich gebracht. Es enthielt unter mehreren Reliquien zwei ziemlich bedeutende Partikel des heiligen Kreuzes. P Limberg nahm mir, ohne ein Wort zu sagen, das Kästchen aus der Hand, trat zum Bette der Kranken und hielt in einiger Entfernung ihr das Kästchen vor. Plötzlich hob sich die Kranke in die Höhe und griff mit beiden Händen ganz gierig nach dem Kästchen, und als sie es erhalten, drückte sie es fest ans Herz.

Darauf fragte sie P. Limberg, was sie denn da habe. Sie antwortete: ‹Etwas sehr Kostbares, etwas vom heiligen Kreuze!› P Limberg rief sie nun aus der Ekstase, und ich verlangte mein Kästchen. Sie war sehr verwundert, dass es mir gehören solle; denn sie habe geglaubt, dasselbe unter den alten Seidenlappen gefunden zu haben, welche ihr aus Koesfeld zu ihren Arbeiten für Arme und Kranke geschickt worden, und sie habe sich erstaunlich gewundert, dass die fromme Person, von welcher sie die Lappen empfangen, das Heiligtum nicht besser verwahrt habe.»

Fünf Jahre später meldete der Pilger von derselben Kreuzpartikel: «Als ihr heute eine Kreuzpartikel des Arztes Wesener, da sie im Gesicht war, vorgehalten wurde, griff sie danach und sagte: ‹Ich habe das auch, ich habe das im Herzen und auf der Brust.› (Sie trug eine von Overberg empfangene Kreuzpartikel.) Ich habe auch von der Lanze. Am Kreuze lag der Leib; jene war im Leib. Was soll ich mehr lieben? Das Kreuz ist das Werkzeug der Erlösung, die Lanze hat ein weites Tor der Liebe geöffnet. O, ich war gestern weit darin!» (Es war Freitag gewesen.)

«Die Kreuzpartikel macht mir die Schmerzen süß, die Reliquie vertreibt sie. Ich habe oft, wenn mir die Kreuzpartikel die Schmerzen so versüßte, in Vertraulichkeit zum Herrn gesagt: (Herr, wenn es dir so süß geworden wäre, an diesem Kreuze zu leiden, dies Kreuzteilchen würde mir meine Schmerzen nicht so versüßen!›»

Bei dem Wechsel der Wohnung im August 1821 war die von Overberg erhaltene Kreuzpartikel verloren gegangen, was sie sehr schmerzte. Sie betete zum hl. Antonius und ließ ihm zu Ehren eine Heilige Messe lesen, damit das Heiligtum wieder gefunden würde.

Am 17. August fand sie, aus dem Gesicht zu sich gekommen, das Kreuz in ihrer Hand. «Der hl. Joseph und der hl. Antonius waren bei mir», sagte sie, «und Antonius hat mir das Kreuz in die Hand gegeben.»

6. Geweihtes: «Ich sah nie ein Gnadenbild leuchten. Ich sah ihm aber eine Lichtsonne gegenüberstehen, aus welcher es Strahlen empfing und sie auf die Betende niedersendete. Ich habe das Koesfelder Kreuz nie leuchten gesehen, wohl aber die Kreuzpartikel, wenn sie in seinem Haupte eingeschlossen war. Ich sah auch Strahlen durch das Kreuz auf Betende niedersenden. Ich glaube, dass jedes Bild, welches das Zeichen Gottes oder eines Werkzeuges Gottes ist, durch die Entwicklung eines heftig vertrauenden gemeinsamen Gebetes mit vollem Siege des Glaubens über die Schwachheit der Natur wundertätig werden kann.»

Als ihr einmal der Pilger ein Agnus Dei[80] vorhielt, während sie mit Reliquien beschäftigt war, nahm sie es zur Hand und sagte: «Das ist gut und von der Kraft berührt, es ist geweiht; aber hier in den Reliquien habe ich die Kraft.»

Von einem geweihten Kreuz sagte sie: «Die Weihe leuchtet wie ein Stern! Halte es hoch in Ehren! Aber die Priesterfinger (fuhr sie zu ihrem Beichtvater gewendet fort) sind noch besser. Dies Kreuz kann vergehen. Die Weihe der Finger ist unauslöschlich, ist ewig. Kein Tod, keine Hölle kann sie vertilgen. Sie wird auch im Himmel noch ausgezeichnet sein! Sie ist von Jesus, der uns erlöst hat.»

Als jemand ihr ein geweihtes Muttergottesbildchen brachte, sprach sie: «Es ist benediziert. Bewahre es gut und lasse es nicht unter unheiligen Sachen liegen. Wer die Mutter Gottes verehrt, den ehrt sie wieder bei ihrem Sohne. Diese Sachen sind sehr gut in Anfechtungen ans Herz gedrückt, bewahre sie ja gut!»

Als ihr ein anderes Bildchen gebracht wurde, legte sie es sich auf die Brust und sagte: «Ach, die starke Frau! Dieses Bild ist an dem Gnadenbild berührt!»

Ein Benediktuspfennig: Der Pilger gab ihr ein gläsernes Gehäuse, worin ein Pfennig auf ein Stückchen Samt geheftet war. Sie sagte: «Der Stoff ist auch benediziert. Es ist dieses ein geweihter Benediktuspfennig; er ist mit einem Segen geweiht, welchen Benediktus seinem Orden zurückgelassen hat, und gründet sich auf das Wunder, wie ihm seine Mönche Gift zu trinken gaben und auf sein Kreuzzeichen der Becher zerbrach. Er ist gegen Gift, Pest,

Zauberei und teuflische Anfechtungen. Der rote Samt, worauf er genäht ist, hat über dem Grab von Willibald und Walpurgis[81] gelegen; es ist von dem Ort, wo Öl aus den Gebeinen der Walpurgis fließt. Ich sah, dass die Geistlichen mit bloßen Füßen drüber gingen, und dass sie ihn nachher zu solcher Unterlage zerschnitten haben. Der Pfennig ist in jenem Kloster geweiht.»

11. Juli 1821: Während sie erzählte, legte ihr der Pilger ein aufgeschlagenes Buch mit dem Blatt auf die Hand, das mit ihrem Blut früher benetzt worden war. Plötzlich lächelte sie und sagte: «Was springt da aus dem Buche für ein feines, rot und weiß gestreiftes Blümchen auf die Mitte meiner Hand?»

Als der Pilger zu einer anderen Zeit ihr das Blatt mit der Frage in die Hände gab: «Ist dies irgendwo angerührt?» Da fühlte sie daran herum und sagte: «Ja, an die Wunden Jesu!»)

DAS GEBET

(1. Eine der größten Gnaden, welche der liebe Gott den sündigen Menschen erweist, ist die, dass sie zu ihm beten können. Was könnte es auch für ein Geschöpf Wünschenswerteres geben, als dass es mit seinem Schöpfer wie ein Kind mit seinem Vater reden darf? Was kann es für uns verbannte Kinder Evas Tröstlicheres geben, als dass wir in allen Anliegen des Leibes und der Seele zu unserem gütigsten Vater im Himmel Herz und Hand erheben, und ihn um seine Hilfe, seinen Beistand, seine Gnade bitten dürfen? Unsere Freude über solches Glück muss umso größer sein, als uns der allmächtige, allgütige, unendlich wahrhaftige und treue Gott versprochen hat, alle unsere Bitten zu gewähren, wenn wir nur auf die rechte Weise und um solche Dinge bitten, die zur Erreichung der ewigen Seligkeit notwendig und förderlich sind:

«Bittet, so wird euch gegeben werden»[82], hat der göttliche Heiland gesagt; und wiederum: «Wahrlich, wahrlich ich sage euch, wenn ihr den Vater in meinem Namen um etwas bitten werdet, so wird Er es euch geben... Bittet, so werdet ihr empfangen, auf dass eure Freude vollkommen werde.»[83]

Durch solche Verheißungen aus dem Munde Gottes ermutigt, sollten wir armselige Menschen nicht ablassen, allzeit zu beten, damit wir, aus allen Gefahren dieses Lebens errettet, einst würdig befunden werden, vor dem Menschensohne zu bestehen, wenn Er kommen wird, uns zu richten.

Würden alle Christen die Verheißungen, welche Jesus Christus dem frommen und anhaltenden Gebete gegeben hat, ernstlich erwägen und seine unendlich gütige Aufforderung, in allen Anliegen zu ihm ihre Zuflucht zu nehmen, befolgen, es würden alle selig werden.

Weil aber die meisten Menschen, in das Zeitliche versenkt und zerstreut, es unterlassen, zum lieben Gott ernstlich zu beten, darum gehen die meisten ewig verloren, und ihre furchtbarste Gewissenspein wird die ganze Ewigkeit hindurch der Gedanke sein, dass sie so leicht hätten selig werden können, wenn sie nur gebetet hätten, und dass sie jetzt ewig von Gott getrennt und verstoßen sind, weil sie nicht gebetet haben, solange die Zeit der Gnade noch währte.

Es ist freilich gewiss, dass nicht jedes Gebet erhört wird. Der Grund davon ist aber der, weil nicht immer in der rechten Weise gebetet wird. Wer erhört werden will, muss mit Demut, mit Vertrauen, mit Eifer und mit Beharrlichkeit beten. Dazu ist erfordert, dass man sich bemühe, die heiligen Gebote Gottes zu beobachten und ein frommes christliches Leben zu führen. Eine besondere Kraft und Wirksamkeit hat das Gebet derjenigen, welche es sich angelegen sein lassen, alle ihre Werke in Vereinigung mit den Verdiensten Jesu und Mariä zu verrichten. Hierüber hatte Anna Katharina einst folgende Anschauung:)

Ich war in einem großen, leuchtenden Raume, der sich, je länger ich in die Runde sah, umso mehr erweiterte. Mir wurde gezeigt, wie es mit unseren Gebeten vor Gott beschaffen ist. Sie wurden wie auf große weiße Tafeln aufgezeichnet, und sie schienen in vier Klassen abgeteilt. Einige Gebete wurden mit prächtigen goldenen Buchstaben aufgeschrieben, andere mit silberglänzender Farbe, andere mit dunkler, und wieder andere mit schwarzer Farbe, und durch diese wurde ein Strich gezogen. Ich sah dies mit Freude an; doch war mir bang, dass ich dies zu schauen nicht würdig sei, und wagte kaum, meinen Führer zu fragen, was dies alles bedeute. Er gab mir zur Antwort:

«Was aufgezeichnet ist mit goldenen Buchstaben, ist das Gebet derjenigen, die ihre guten Werke ein für allemal mit den Verdiensten Jesu Christi vereinigt haben und diese Vereinigung öfter erneuern; die dabei aber auch sich sehr angelegen sein lassen, seine Gebote zu halten und sein Beispiel nachzuahmen.

Was aufgezeichnet ist mit Silberglanz, ist das Gebet jener, die an diese Vereinigung mit den Verdiensten Jesu Christi nicht denken, die aber doch fromm sind und in der Einfalt des Herzens beten.

Was mit dunkler Farbe aufgeschrieben ist, ist das Gebet derer, die nicht ruhig sind, wenn sie nicht oft beichten und kommunizieren und täglich gewisse Gebete verrichten, die dabei aber doch lau sind und das Gute nur aus Gewohnheit tun.

Was endlich mit schwarzer Farbe geschrieben und wieder durchstrichen wird, ist das Gebet solcher, die ihr ganzes Vertrauen auf mündliche Gebete und auf ihre vermeintlich guten Werke setzen, aber die Gebote Gottes nicht achten und ihren bösen Begierden keine Gewalt antun. Dies Gebet hat kein Verdienst vor Gott, darum wird es durchstrichen. So werden auch die guten Werke jener durchstrichen, die sich zwar viele Mühe geben, etwas Gutes zu stiften, dabei aber ihre Ehre und zeitliche Vorteile im Auge haben.»

(Ganz besondere Kraft hat auch das Gebet, welches mit ausgespannten Armen verrichtet wird: «Diesem Gebet widersteht Gott nicht», pflegte Anna Katharina zu sagen, «denn sein eigener Sohn hat so bis in den Tod im Gebet treulich ausgeharrt.»

Einst sagte sie: «Ich erhielt auch einmal die Weisung, dass ein lebendiges Vertrauen in Einfalt alles wesentlich und zur Substanz mache. Diese beiden Ausdrücke gaben mir einen großen Aufschluss über Wunder und Gebetserhörung.»

Über das Gebet, welches vor Gnadenbildern verrichtet wird, äußerte sie einmal: «Oft bin ich über das heilige Kreuz in Koesfeld unterrichtet worden, es sei von Gott an diesen Ort geknüpft, auf dass hier ein Widerstand gegen das Böse sei, wie allerorten, wo solche Heiligtümer verehrt werden. Das Wunderwirkende aber ist die Heftigkeit des vertrauenden Gebetes. Gar oft sehe ich das Kreuz in geistigen Prozessionen geehrt und sehe dabei jene erhört und von Übeln verschont, welche die Gnaden mit Vertrauen durch dasselbe empfangen; andere aber sehe ich in Nacht gehüllt.»

Das heilige Evangelium macht es uns Christen zur Pflicht, auch für unsere Nebenmenschen zu beten. Wie wichtig und zugleich wie wirksam es ist, für andere zu beten, erhellt aus folgenden Worten Anna Katharinas. Sie sagte einst:)

Ich habe von Kindheit auch die Gewohnheit gehabt, abends für alle Unfälle, Sturz, Ertrinken, Brand und dergleichen zu beten, und dann sehe ich immer nachher mehrere Bilder von solchen Unfällen, welche besonders glücklich ablaufen; wenn ich dieses Gebet aber unterlassen habe, so höre oder sehe ich immer irgendeinen großen Schaden, woraus ich nicht nur die Notwendigkeit des speziellen Gebetes sehe, sondern auch den Nutzen, wenn ich diese Art meiner Überzeugung und inneren Ermahnung mitteilte, weil auch andere dadurch zu diesem Liebesdienste des Gebetes können angeleitet werden, welche nicht wie ich die Wirkungen sehen.

(2. Von der Kraft und Wirksamkeit des fürbittenden Gebetes der Gerechten auf Erden und der Heiligen im Himmel zeugen folgende Gesichte. Anna Katharina erzählte eines Tages:)

Ich befand mich in einem weiten Raume ohne irdische Naturörtlichkeit. Der Boden, der mich trug, oder über dem ich schwebte, war durchsichtig wie ein Flor. Zu meinen Füßen hinab sah ich die Erde wie Nacht und sah doch viele Bilder auf ihr. Rings um die Mitte, in der ich stand, erschienen durchsichtig im unbegrenzten Raume Geisterscharen in Chören. Es waren nicht eigentlich Heilige, es schienen betende Seelen, welche von unten und oben nahmen und austauschten. Sie nahmen Gebet, sie beteten, sie hüteten und flehten Hilfe von höheren Chören herab, welche auf ihr Flehen aus höheren Regionen Hilfe sendend bald mehr, bald weniger ins Licht traten.

Die Höheren waren die Heiligen. Die mich Umgebenden schienen Seelen, welche der Herr bestimmt, allerlei Gefahren der Erde zu sehen und Hilfe zu erflehen. Jedes Amt, jeder Stand auf Erden schien da seine betenden Seelen zu haben. Alles um mich her war im wohltätigen Wirken; ich betete auch, denn ich sah tausend Not, und Gott sendete auch Hilfe durch seine Heiligen, und die Wirkung war augenblicklich durch unerwartet eintretende Hindernisse des Übels, scheinbare Zufälligkeiten, Sinnesänderung und dgl. So sah ich z.B. todkranke, unbußfertige Menschen auf Gebet sich bekehren, das Sakrament empfangen. Ich sah Leute gefährlich stürzen, ins Wasser fallend auf Gebet gerettet werden, und immer, als wäre es schier unmöglich gewesen. Ich sah, was einzelnen Verderben bringen sollte, wie durch eine Hacke hinweggerissen durch Gebet, und bewunderte die Gerechtigkeit Gottes.

Mein Führer ermahnte mich wieder, sagte sie eines Tages, zu beten und alle meine Bekannten zum Gebet für die Bekehrung der Sünder und besonders um Glauben und Festigkeit für die Priesterschaft zu bitten; denn es stehe eine sehr schwere Zeit bevor. Die Verwirrung werde immer größer werden.

(Ein anderes Mal erzählte sie:) Ich ward von meinem Führer wie auf einer unendlich hohen Treppe emporgeführt und sah noch einzelne andere Betende von anderen Punkten wie auf Fäden hinaufgeleitet. Ich stand oben, etwa fünf Stufen tiefer als eine große, wunderbar leuchtende Stadt oder Welt. Es tat sich vor mir wie ein unbeschreiblich großer blauer Vorhang nach beiden Seiten auseinander, und ich sah nun in die glänzende Stadt hinein. Alle Reihen der Paläste und Blumengärten liefen nach dem Mittelpunkt zu, in welchem alles noch viel leuchtender war, so dass man nicht hindurchblicken konnte. Wohin ich mich im Schauen mit meiner Begierde wendete, tat sich mir eine andere Ordnung der Heiligen und der Engel auf, und ich flehte durch alle Chöre der Heiligen und alle Chöre der Engel um Fürsprache an. Ich sah, dass die Jungfrauen und die Märtyrer ihre Fürbitte zuallererst darreichten vor dem Throne Gottes, und dass die Chöre dann vortraten und die Allerheiligste Dreifaltigkeit wie eine Sonne aus den Wolken sich zu nähern schien.

Ich sah nun diese Chöre wie viele kleine Lichtgestalten, wie Lichtengel im Licht ganz klein und fein und tief hinauf. Ich sah Cherubim und Seraphim, geflügelte Engel. Ihre Flügel bestanden aus Strahlen, die sich immer bewegten. Ich sah auch andere Chöre der Engel und Schutzengel. Bei den heiligen Jungfrauen sah ich auch solche, die in der Ehe gelebt, z.B. die hl. Anna und viele aus der ersten Zeit, auch Kunigunde und andere keusche Frauen; aber Magdalena nicht. Tiere und Vögel sah ich keine in den Gärten. Ich sah, wenn ich vor mir niedersah, auf die Stufen, auf denen ich stand; rechts und links war es grau und blau gegen den Vorhang, hinter mir hinab sah ich wie Inseln allerlei Städte und Länder und Gärten liegen. Es waren irdische Gegenden, die hervortraten, je nachdem sich meine Seele nach ihnen wendete. Ich sah darin allerlei Betende und sah ihr Gebet wie beschriebene Bahnen, wie Zettel emporstreben, und diese gingen in die Brust der Heiligen und Engel hinein und strahlten aus ihren Angesichtern wieder leuchtender heraus, dem Throne Gottes entgegen. Ich sah auch einzelnes Gebet schwarz niederfallen; und Gebet, das einzelne nicht vollenden konnten, sah ich durch andere unterstützen und emporbringen. Ich sah dies untereinander von Menschen und auch von Engeln und Heiligen. Ich sah besonders in den Engeln große Bewegung auf und nieder; auch die Heiligen bewegten sich.

Ich sah vielfacher Not geholfen werden, z.B. Schiffen in Gefahr. Ich bin heute nacht ganz krank von meinem Führer heraufgebracht worden. Es war kurios, dass ich immer so begierig war, was auf der Seite hinter dem Vorhang noch stecken möge. (Später sagte sie nachträglich:) Ich glaube, ich habe am Kopfe geblutet in dem großen Gesichte von der Fürbitte der Heiligen, denn da sah ich so vieles von dem bitteren Leiden. Indem jeder Heilige den Teil seines Mitleidens dem Throne Gottes für die Sünder aufopferte, sah ich alle diese Leiden und Mitgefühle, auch alle die Dornen aus der Krone und andere Passionssachen.

(3. Über die innere Würde und Kraft des heiligen Rosenkranzes hatte sie folgendes Gesicht:)

Ich sah den Rosenkranz Mariä mit allen seinen Geheimnissen. Ein frommer Einsiedler hatte die Mutter Gottes so verehrt und ihr in aller Einfalt von Blumen und Kräutern Kränze geflochten. Er hatte ein tiefes Verständnis von der Bedeutung aller Kräuter und Blumen, seine Kränze wurden immer tiefsinniger. Da erbat sich die heilige Jungfrau von ihrem Sohne eine Gnade für ihn, und Er gab ihr den Rosenkranz.

(Nun beschrieb Anna Katharina den Rosenkranz; aber es war dem Pilger unmöglich, ihre Worte zu wiederholen; ihr selbst war im Wachen unaussprechlich, was sie geschaut hatte. Sie sah den Rosenkranz von drei Reihen verschiedenfarbiger und gezackter Blätter umgeben, auf denen alle Geheimnisse der Kirche des Neuen und Alten Bundes in durchsichtigen Figuren dargestellt waren. In der Mitte des Rosenkranzes stand Maria mit dem Kinde; sie war auf der einen Seite von Engeln, auf der anderen von Jungfrauen umgeben, welche sich gegenseitig die Hände reichten. Alles an ihnen war nach Farbe, Stoff und Attribut das geheimste Wesen der Dinge bedeutend.

Nun beschrieb sie die einzelnen Perlen des Rosenkranzes und begann mit dem Kreuz an der Koralle, bei welcher das Credo gebetet wird. Dies Kreuz wuchs aus einer Frucht, die dem Apfel des verbotenen Baumes glich. Es war durchbrochen, auch von bestimmter Farbe und voll kleiner Nägel. In seinem Innern stand das Bild eines Jünglings, aus dessen Hand eine Rebe wuchs, welche sich nach den Kreuzbalken herauszog, an welchen andere Gestalten saßen, die von den Traubenbeeren saugten. Die Verbindung der einzelnen Körner bestand aus verschiedenfarbigen und geringelten Strahlen, wie Wurzeln, auch nach ihrer inneren natürlichen und mystischen Bedeutung.

Jedes Paternosterkorn war wieder von einem besonderen Blätterkranz umgeben; aus seiner Mitte wuchs eine Blume, in welcher das Bild eines der Geheimnisse der Freuden und der Schmerzen Mariä erschien. Die einzelnen Ave Maria waren Sterne von bestimmten Edelsteinen, auf denen nach der Ordnung die Patriarchen und Vorfahren Mariä in Handlungen abgebildet waren, welche sich auf die Herbeiführung der Menschwerdung und Erlösung bezogen.

So umfasste der Rosenkranz Himmel und Erde, Gott und Natur und Geschichte und die Herstellung aller Dinge und des Menschen durch den Erlöser, der aus Maria geboren ist; und jede Figur, Stoff und Farbe war in ihrer wesentlichen Bedeutung zur Vollendung dieses göttlichen Kunstwerkes gebraucht.

So unbeschreiblich tief dieser Rosenkranz war, so rührend und kindlich ihre Beschreibung. Mit zitternder Freude ging sie von Blättchen zu Blättchen, von Figur zu Figur und beschrieb alles mit schneller, freudig banger Lebendigkeit wie ein lebhaftes Kind.

«Dieses ist der Rosenkranz», sagte sie, «wie er von der Mutter Gottes als die ihr liebste Andacht den Menschen gegeben worden. Wenige haben ihn so gebetet. Auf Erden ward er dermaßen verstaubt und beschmutzt, dass Maria ihn mit ihrem Schleier wie mit einer Wolke bedeckt hat, durch welche er durchschimmert. Nur große Gnade, Einfalt und Frömmigkeit kann ihn noch verstehen; er ist verhüllt und entfernt, und nur Übung und Betrachtung bringt ihn näher.»)

LOHN UND STRAFE IM ANDEREN LEBEN

1. Das Geheimnis vom Hochzeitsmahle und vom hochzeitlichen Gewande

(In der Nacht vor dem 19. Sonntag nach Pfingsten, auf welchen das Evangelium vom Hochzeitsmahle fällt, wurde Anna Katharina im Jahre 1819 von dem seligen Nikolaus von der Flüe in das folgende Gesicht geleitet.)

Ich sah, erzählte sie, den seligen Klaus als einen alten, großen Mann mit Haaren wie Silber und mit einer niederen, gezackten, von Edelsteinen glänzenden Krone bedeckt. Er trug ein schneeweißes Hemdkleid bis auf die Knöchel und eine etwas höhere Krone mit Edelsteinen in der Hand. Ich fragte ihn, wie er statt der Kräuter nun eine so blitzende Krone habe. Er sprach ernst und kurz von meinem Tode und meiner Bestimmung, und dass er mich zu einer großen Hochzeit führen wolle. Er setzte mir die Krone auf, und ich schwebte mit ihm in den Palast, den ich wie in der Luft vor mir stehen sah. Ich sollte allda eine Braut sein, aber ich schämte mich entsetzlich und war so blöde (westfälisch für schüchtern), dass ich mich gar nicht zu fassen wusste.

In dem Palast war eine ungemein prächtige Hochzeit. Es war, als sollte ich das Tun und Lassen aller Stände der Welt bei einem Hochzeitsmahl gerichtet sehen und die Wirkung der seligen Vorfahren aller Menschen auf die Ihrigen. Zuerst war da eine Hochzeitstafel aufgestellt für die Geistlichkeit. Ich sah den Papst und Bischöfe mit ihren Stäben und in ihren Ornaten umhersitzen und sehr viele andere hohe und niedere Geistliche, und jeder hatte in einem höheren Chore über sich die Seligen und Heiligen seines Stammes, seiner Vorfahren, und seine Patrone und Amtspatrone, welche auf ihn wirkten und urteilten und entschieden. Es waren an diesem Tische auch geistliche Bräute aus dem vornehmsten Stand, und ich musste mich mit meiner Krone zu ihnen setzen wie ihresgleichen, worüber ich mich sehr schämte. Dieses waren lauter Lebende, sie hatten jedoch keine Kronen. Über mir stand der Mann, der mich eingeladen hatte, und weil ich so blöde war, tat und verrichtete er alles für mich. Die Speisen auf der Tafel waren zwar in Gestalten, aber es waren doch keine irdischen Nahrungsmittel. Ich sah durch alles und las in allen Herzen. Ich sah hinter dem Speisesaal noch viele Gemächer und Räume aller Art, in welchen Leute waren und herankamen. Es wurden nun sehr viele von der hochzeitlichen Tafel unter den Geistlichen als unwürdig ausgestoßen, weil sie sich mit den Weltlichen vermischt und ihnen mehr als der Kirche gedient hatten. Diese Weltlichen wurden zuerst gestraft und dann die Geistlichen von der Tafel gewiesen und in andere Gemächer vertrieben, näher oder ferner. Die Zahl der Gerechten war sehr klein. Dies war die erste Tafel und Stunde.

Die Geistlichen traten ab. Es wurde ein anderer Tisch bereitet, an welchem ich nun nicht mehr mit saß, sondern ich stand unter den Zuschauern am Boden. Der selige Klaus blieb immer über mir und mein Beistand. Es kamen aber nun eine große Menge Kaiser, Könige und regierende Herren zur Tafel, denen andere große Herren dienten. Über ihnen erschienen die Heiligen aus den Vorfahren eines jeden. Einige dieser Regenten nahmen Notiz von mir. Ich war blöde, Klaus antwortete immer für mich. Sie saßen nicht lange zu Tisch. Alle waren sehr einerlei und ihre Händel nicht gut, schwach und verwirrt, und wenn einer nicht mehr war, so war er es nicht durch Tugend. Viele kamen gar nicht zur Tafel und wurden gleich draußen an ihre Stelle verwiesen. Ich erinnere mich, besonders die Croysche Familie gesehen zu haben, welche unter ihren Vorfahren eine stigmatisierte Heilige haben muss; denn diese sagte zu mir: «Sieh, da sind ja die Croy!»

Hierauf erschien die Tafel des vornehmen Adels; und ich sah unter anderen die gute Fehmfrau [84] über ihrer Familie.

Dann kam die Tafel der reichen Bürger. Ich kann nicht sagen, wie abscheulich dieser Stand beschaffen war. Ich sah die meisten verstoßen und mit ihresgleichen aus dem Adel in ein Loch wie eine Kloake gesperrt, wo sie im Kote wateten.

Danach kam die Tafel eines ziemlich guten Standes, die alten, ehrlichen Bürger und Bauern. Es waren viele gute Leute dabei, auch von meinen Leuten. Mein Vater und meine Mutter standen auch über den meinen. Da kamen auch die Nachkommen des Bruder Klaus, recht gute, kräftige Leute in bürgerlichem Amt; aber er merzte doch manche aus. Dann kamen noch die Armen und Krüppel, worunter viele Fromme und auch Böse, die abgewiesen wurden. Ich hatte viel mit ihnen zu tun. Ich habe unzählige Menschen und Gerichte über sie gesehen, ich kann nicht alles sagen.

Als die sechs Tafeln vorüber waren, führte mich der heilige Mann zurück. Er brachte mich wieder in mein Bett, aus dem er mich entnommen. Ich war ganz schwach und bewusstlos, ich konnte mich nicht regen und bewegen, konnte kein Zeichen von mir geben, es war, als stürbe ich. Klaus bestimmte mein Leben kurz, doch noch unbestimmt.

2. Die Hölle

(Von der Hölle hatte Anna Katharina einst folgende Anschauung:)

Als ich einmal über das Elend, das mich umgab, und die vielen Peinen und Störungen sehr verzagt und kleinmütig wurde und dabei seufzte, Gott möge mir doch auch nur einen ruhigen Tag schenken, ich lebe ja wie in der Hölle, da bekam ich einen strengen Verweis von meinem Führer, und er sagte:

«Damit du deinen Zustand nicht mehr mit der Hölle vergleichest, will ich dir die Hölle zeigen.» Er führte mich nach Mitternacht zu, nach der Seite hin, wo die Erde steil abfällt. Wir stiegen zuerst weit von der Erde auf. Ich ward nun immer gegen Mitternacht geführt, steil ab durch Pfade von Eiswüsten, und kam in ein schreckliches Land. Die Reise war, als bewege man sich in einer höheren Region um die Erde, und ich hatte das sichere Gefühl des Niedersteigens der steilen Nordseite der Erde gegenüber. Der Weg war wüst und wurde gegen die Hölle zu absteigend dunkel und eisig. Als ich zu dem Orte des Schreckens kam, war es, als käme ich zu einer Welt nieder. Wenn ich gedenke, was ich gesehen, so zittere ich noch am ganzen Leibe. In der Annäherung war es, als wenn man über der Erde schwebt. Ich sah alles in Massen, hier einen Flecken schwarz, dort Glut, dort Qualm, dort Nacht. Die Grenze des Gesichtskreises war immer Nacht. In der Annäherung erkannte ich ein Land von unendlichen Qualen.

(Ausführlicher ist die folgende Anschauung: Anna Katharina hatte dieselbe, als ihr im Gesicht gezeigt wurde, wie die allerheiligste Seele Jesu unmittelbar nach ihrer Trennung vom Leibe in die Vorhölle hinabstieg. Sie erzählte unter anderem:)

Endlich sah ich ihn (den Herrn) mit großem Ernst zum Kern des Abgrundes, zur Hölle, nahen. Sie erschien mir in Form eines unübersehbar großen, schrecklichen, schwarzen, Metall glänzenden Felsenbaues, dessen Eingang ungeheure, furchtbare, schwarze Tore mit Riegeln und Schlössern bildeten, die Grausen erregten. Ein Gebrüll und Geschrei des Entsetzens wurde vernommen, die Tore wurden aufgestoßen, und es erschien eine greuliche, finstere Welt.

Sowie ich die Wohnungen der Seligen in Gestalt des himmlischen Jerusalems als eine Stadt und nach unzähligen Bedingungen der Seligkeit als verschiedenartige Schlösser und Gärten voll wunderbarer Früchte und Blumen mancher bestimmten Arten zu sehen pflege, sah ich auch hier alles in Form einer zusammenhängenden Welt, in Gestalt von mannigfachen Gebäuden, Räumen und Gefilden. Aber alles ging aus dem Gegensatze der Seligkeit, aus Pein und Qual hervor.

Wie im Aufenthalt der Seligen alles nach den Gründen und Verhältnissen des unendlichen Friedens, der ewigen Harmonie und Genugtuung geformt erscheint, so hier alles in den Missverhältnissen des ewigen Zornes, der Uneinigkeit und der Verzweiflung.

Wie im Himmel unaussprechlich schöne, durchsichtige, mannigfache Gebäude der Freude und der Anbetung, so hier ebenso unzählige mannigfaltige finstere Kerker und Höhlen der Qual, des Fluches, der Verzweiflung; wie dort die wunderbarsten Gärten voll Früchte der göttlichen Erquickung, so hier die grässlichsten Wüsten und Sümpfe voll Qual und Pein und allem, was Greuel und Ekel und Entsetzen erregen kann. Ich sah Tempel, Altäre, Schlösser, Throne, Gärten, Seen, Ströme des Fluches, des Hasses, des Greuels, der Verzweiflung, der Verwirrung, Pein und Marter, wie im Himmel des Segens, der Liebe, der Eintracht, Freude und Seligkeit. Hier die zerreißende, ewige Uneinigkeit der Verdammten, dort die selige Gemeinschaft der Heiligen.

Alle Wurzeln der Verkehrtheit und Unwahrheit waren hier in unzähligen Erscheinungen und Werken der Qual und Pein ausgebildet, und nichts war recht hier, kein Gedanke beruhigend, als der ernste Gedanke an die göttliche Gerechtigkeit, dass jeden Verdammten die Qual und Pein ergriff, welche seine Schuld für ihn gepflanzt hatte; denn alles Schreckliche, was hier erschien und geschah, war das Wesen und die Gestalt und der Ingrimm der entlarvten Sünde, der Schlange, welche sich gegen jene wendet, die sie an ihrem Busen genährt. Ich sah da einen ganz schauderhaften Säulenbau mit Verhältnissen ebenso zu Schrecken und Angst eingerichtet, wie im Reiche Gottes zu Frieden und Ruhe usw. Es ist dies alles wohl zu verstehen, aber im einzelnen unaussprechlich.

Als die Tore von den Engeln aufgestoßen wurden, sah man in ein Gewühl von Widersetzen, Fluchen, Schimpfen, Heulen und Wehklagen. Einzelne Engel warfen ganze Scharen von bösen Geistern nieder. Alle mussten Jesus erkennen und anbeten, und dieses war ihnen die furchtbarste Qual. Eine große Menge wurde in einen Kreis um andere herum gefesselt, welche dadurch gebunden wurden. In der Mitte war ein Abgrund von Nacht. Luzifer ward gefesselt in diesen geworfen, und es brodelte schwarz um ihn. Es geschah alles dieses nach bestimmten Gesetzen.

Ich hörte, dass Luzifer, wenn ich nicht irre, 50 oder 60 Jahre vor dem Jahre 2000 nach Christus wieder auf eine Zeitlang solle freigelassen werden.

Viele andere Zahlenbestimmungen weiß ich nicht mehr. Einige andere sollten früher zur Strafe und Versuchung freigelassen werden. In unsere Zeit, meine ich, traf die Loslassung einiger, und anderer kurz nach unserer Zeit.

(Overberg in Münster hatte am 8. Januar 1820 dem Kaplan Niesing aus Dülmen ein turmförmiges Reliquiengefäß für Anna Katharina mitgegeben, welches derselbe von Münster nach Dülmen unter dem Arm trug. Obwohl sie von der Absicht Overbergs, ihr das Gefäß zu senden, keine Kenntnis haben konnte, so sah sie doch den nach Dülmen zurückkehrenden Kaplan auf seinem ganzen Wege eine weiße Flamme unter dem Arme tragend.

«Ich musste mich immer wundern», sagte sie, «dass er sich nicht verbrenne, und es kam mir fast lächerlich vor, dass er so des Weges dahinzog und gar nichts von dem Leuchten merkte; es waren doch bunte Flammen wie ein Regenbogen. Ich sah anfangs nur dies bunte Leuchten; als er näher kam, erkannte ich auch das Gefäß. Der Mann trug es aber an meiner Wohnung vorüber und durch das ganze Städtchen. Das konnte ich nicht begreifen; ich ward schier betrübt, da ich dachte, er trage es zum anderen Tor wieder hinaus. Die Reliquien darin machten mir viel zu schaffen. Ich empfand, dass sehr alte und auch spätere darin seien, die zu Zeiten der Wiedertäufer aus ihren Stätten gebracht worden waren.»

Als ihr tags darauf von Niesing das Gefäß übergeben wurde, ward sie sehr erfreut, und am 12. Januar erzählte sie dem Pilger über eine darin befindliche Reliquie das folgende Gesicht:)

Ich sah die Seele eines Jünglings in allgemeiner leuchtender Gestalt zu mir treten, in einem Gewande ungefähr wie mein Führer. Er leuchtete mit weißer Aureola und sagte mir, dass er sein Heil durch Abbruch und Sieg über die Natur gewirkt. Selbst dass er Rosen stehen gelassen, nach welchen ihn gelüstet, habe ihm geholfen. Nun sank ich durch ein Dunkelwerden des Bewusstseins in ein anderes Bild:

Ich sah diese Seele als einen dreizehnjährigen Knaben mit mehreren Gespielen in einen schönen, großen Lustgarten gehen; er hatte einen krausen Hut, eine gelbe, anliegende, bis herab über den Beinkleidern offene Jacke, an deren Ärmeln nächst der Hand ein Zipfel war. Die Beinkleider und Strümpfe waren in einem und sehr eng an den Seiten geschnürt. Der geschnürte Teil war andersfarbig. Die Knie waren gebunden, die Schuhe waren knapp mit Bändern.

Der Garten hatte zierlich geschorene Hecken und viele geschnittene Lauben und Lusthäuser, die oft nach außen viereckig und nach innen rund geschnitten waren. Es waren auch Felder mit vielen Bäumen und arbeitenden Leuten darin. Diese Arbeiter waren auf die Art gekleidet, wie ich die Hirten in der Klosterkrippe zu kleiden pflegte. Der Garten gehörte vornehmen Leuten der daran liegenden bedeutenden Vaterstadt des Jünglings. Es war vergönnt, darin zu spazieren. Die Knaben sah ich lustig springen und an den vielen Rosenhecken sich rote und weiße Rosen brechen; der selige Jüngling aber überwand sein Gelüsten, und die anderen hielten ihm neckend die großen Rosensträuße vor die Nase.

Hier sagte mir der selige Geist: «Diese Überwindung lernte ich von einer anderen, viel nützlicheren und schwereren, welche ich bestanden. Ich hatte unter den Nachbarn meines Vaters ein Mägdlein von großer Schönheit zur Gespielin, welche ich in Unschuld sehr lieb hatte. Meine frommen Eltern hielten viel auf die Predigt, und ich hörte einst in der Kirche vor dergleichen Umgang warnen und vermied nun, indem ich mir große Gewalt antat, den Umgang mit dem Mägdlein; und aus dieser Überwindung ging die Entsagung gegen die Rosen hervor.»

Als er dies gesprochen, sank ich ein und sah dies Mägdlein sehr zierlich und blühend wie eine Rose in der Stadt gehen, und sah das schöne Haus von des Knaben Eltern an einem großen viereckigen Marktplatz liegen. Die Häuser waren unten alle mit einem bedeckten Bogengang. Sein Vater war ein reicher Kaufherr. Ich ging in das Haus, sah Vater und Mutter und noch mehrere Kinder. Es war eine gute fromme, christlich züchtige Hauswirtschaft. Der Vater handelte mit Tuch und Wein; er war stattlich gekleidet und hatte eine lederne Geldtasche an der Seite hängen. Er war ein großer, dicker Mann; die Mutter, auch eine starke Frau, hatte einen reichen, wunderlichen Kopfputz. Der Jüngling war das älteste Kind dieser guten Leute. Vor dem Hause standen Wagen mit Kaufmannsgütern.

In der Mitte des Marktes war ein Brunnen, um den ein schönes, eisernes Kunstgitter mit mannshohen Figuren darauf gezogen war; in der Mitte des Brunnenbeckens war auch eine Figur, welche

Wasser ausgoss. An den vier Ecken des Marktes waren kleine Gebäude wie Schilderhäuser. Die Stadt selbst lag in einer fruchtbaren Gegend; an der einen Seite war sie wie mit einem Graben umgeben, neben dem anderen Tor floss ein ziemlich großer Fluss vorüber. Sie hatte etwa sieben Kirchen, doch keinen sehr bedeutenden Turm. Die Gegend selbst kann ich nicht bestimmen, es schien eine deutsche Stadt, doch weiß ich es nicht gewiss. Die Dächer waren zwar steil, aber die Vorderseite des Hauses war viereckig vorgemauert.

Nachher sah ich noch, dass der Jüngling in ein einzeln liegendes Kloster kam, um zu studieren. Es lag etwa zwölf Stunden von der Vaterstadt auf einem Berge, auf welchem Wein wuchs. Er war sehr fleißig und so eifrig der Mutter Gottes vertrauend, dass er, wenn er in den Büchern etwas nicht verstand, zu seinem Marienbilde sprach: «Du hast dein Kind belehrt, du bist auch meine Mutter, unterrichte mich auch!» Und dann erschien ihm Maria persönlich und lehrte ihn, und er war ganz einfältig und unbefangen mit ihr. Er wollte aus Demut noch nicht Priester werden, wurde aber von allen wegen seiner Frömmigkeit geschätzt. Drei Jahre war er in dem Kloster und lag ein Jahr schwer krank und starb im 23. Jahre seines Alters und ward da auch begraben.

Es war einer seiner Bekannten, welcher seiner Leidenschaften nicht mächtig werden konnte und sehr oft in Sünden fiel. Dieser, der ein großes Vertrauen zu dem Verstorbenen hatte, betete auf dem Grabe mehrere Jahre nach seinem Tod, und der Selige erschien ihm, belehrte ihn und sagte, er solle ein Zeichen an seinem Finger bemerken, wie ein Ring geformt, das er bei seiner Vermählung mit Jesus und Maria empfangen habe, und solle anzeigen, dass man es an seinem Leichname nachsuche, damit man sich überzeuge, wie er ihm wirklich erschienen sei. Der Freund war ein Mann in den Dreißigern, er zeigte es an. Man erhob den Leichnam, fand das Zeichen, und sie teilten sich in die Reliquien. Er ist nicht heilig gesprochen. Er erinnerte mich viel an den hl. Aloysius in seinem Wesen.

Die Seele dieses Jünglings führte mich an einen Ort, als sei er im himmlischen Jerusalem. Es war da alles leuchtend und durchsichtig. Ich kam auf einen großen, runden Platz, er war von schimmernden, schönen Palästen umgeben, und mitten durch den Platz zog sich eine lange, gedeckte Tafel mit ganz unbeschreiblichen Gerichten. Aus vier der umgebenden Paläste wuchsen Blumenbogen nach der Mitte des Tisches, über dem sie in einer geschmückten Krone sich vereinigten, um welche ich die Namen Jesus und Maria schimmern sah. Es war hieran nichts Gemachtes, alles wuchs und war Frucht aus seinem Wesen.

Die Blumenbogen bestanden aus den mannigfaltigsten Blüten, Früchten und schimmernden Figuren. Ich kannte dort die Bedeutung von allem und jedem, denn ich sah, was es war; es war eigentlich keine Bedeutung, es war nur Wesen, welches einen wie mannigfaltiger Sonnenstrahl durchschien und zugleich unterrichtete. Hier unten kann man es nicht mit Worten aussprechen.

Es lagen auf einer Seite, etwas mehr zurück als die Paläste, zwei Kirchen, die eine nähere von Maria, die andere vom Christkind. Sie waren achteckig. Als ich da angekommen war, schwebten von allen Seiten aus allen Punkten der schimmernden Paläste durch die Wände heraus sehr viele Seelen von seligen Kindern aller Art mir entgegen, mich zu bewillkommnen. Sie waren anfangs in allgemeiner seelischer Form; nachher aber sah ich sie ganz auf die Art und Weise, wie sie im Leben gekleidet waren, und erkannte viele meiner früher verstorbenen Gespielen. Vor allen aber erkannte ich Käsperken, den Bruder des Diericke, einen neckischen, sonst nicht bösen Knaben, der in seinem elften Jahre auf einem langen, sehr schmerzhaften Krankenlager verstorben.

Dieser Knabe kam auf mich zu und führte mich und erklärte mir alles. Ich wunderte mich, das unartige Käsperken so schön und fein zu sehen. Als ich meine Verwunderung, hier zu sein, erklärte, sagte er: «Ja, hierher kommst du nicht mit den Füßen, hierher kommst du mit den Sitten.» Diese Rede freute mich sehr. Als ich anfänglich ihn nicht gleich kennen wollte, sagte er mir: «Weißt du denn nicht, wie ich dir dein Messer gewetzt? Da habe ich mich überwunden, und das ist mir auch zugute gekommen. Deine Mutter hatte dir etwas aufzutrennen gegeben, und dein Messer war so stumpf, du konntest gar nichts zustande bringen und weintest und fürchtetest, die Mutter möchte schelten. Ich sah es und dachte: Ich will doch sehen, wie die Mutter sie vorkriegt; dann aber bezwang ich mich und dachte: Ich will der armen Dirne das Messer wetzen. Das tat ich und half dir, und das ist meiner Seele zugute gekommen. Weißt du noch, als die Kinder so unartig spielten, da sagtest du, das sei ein böses Spiel, sie sollten es nicht tun, und gingst weg und setztest dich in einen Graben und weintest. Da kam ich zu dir und fragte, warum du nicht mitspielen wolltest. Da sagtest du, es habe dich einer beim Arme hinweggezogen. Das bedachte ich mir und zwang mich, dergleichen nicht mehr zu spielen. Das hat mir gut getan.

Weißt du noch, wie wir viele Kinder miteinander gingen und abgefallene Äpfel auflasen? Da sagtest du, wir sollten es nicht tun. Ich sagte: Tun wir es nicht, so tun es andere. Da sagtest du: Wir müssen niemand Gelegenheit geben, sich an uns zu ärgern. Und du nahmest keinen Apfel. Das habe ich mir auch gemerkt und Nutzen daraus gezogen. Einmal habe ich dich mit einem Knochen werfen wollen, und ich sah, dass dich einer von meinem Wurfe wegzog. Das ging mir auch zu Herzen.»

Und dergleichen rief mir Käsperken alles wieder ins Gedächtnis. Ich sah nun, dass wir alle für jede Art von Überwindung und von Gutem eine andere Art von Speise aufgetragen kriegten, welche wir genossen, indem wir sie verstanden, indem sie uns durchschien. Es ist dies unaussprechlich. Wir saßen nicht zu Tische, wir schwebten von einem Ende zum anderen, und jeder empfing für eine Entsagung einen bestimmten Genuss.

Im Anfang ertönte eine Stimme: «Nur der kann diese Speise verstehen, der sie genießt.» Die Speisen aber waren meistens wunderbare Blumen, Früchte, schimmernde Steine, Figuren und Kräuter, und von einer ganz anderen, geistigeren Substanz, als sie hienieden sind. Sie waren auf glänzenden, durchsichtigen Geschirren ganz unbeschreiblich schön aufgebaut, und es ging eine wunderbare Kraft aus ihnen zu denen, welche durch eine irdische, bestimmte Entsagung einen Bezug auf die eine oder andere Speise hatten.

Der ganze Tisch war auch mit solchen Gläschen besetzt, worin ich einstens die Arznei empfangen, von Kristall mit birnförmiger Gestalt, aus diesem tranken wir. Eines der ersten Gerichte bestand aus Myrrhen, welche wunderbar angerichtet waren. Aus einer goldenen Schüssel wuchs ein kleiner Kelch empor, dessen Deckel einen Knopf hatte, auf welchem ein feines, kleines Kruzifix lag. Um den Rand der Schüssel waren violblaue, leuchtende Buchstaben; was aber darauf stand, konnte ich nicht verstehen, sondern erst in Zukunft. Aus der Schüssel wuchsen pyramidenförmig gelb- und grünfarbig die schönsten Myrrhensträuße bis zu der Kelchkuppe hinan. Es waren krause Blättchen mit Blüten wie Gewürznelken von ungemeiner Schönheit; oben war eine rote Knospe, um welche das schönste Violblau.

Die Bitterkeit dieser Myrrhen war nun eine wunderbar gewürzige, stärkende Süßigkeit im Geist. Ich erhielt von diesem Gericht, weil ich schon früh so viel Bitterkeit des Herzens still erduldet. Für jene liegen gelassenen Äpfel erhielt ich den Genuss leuchtender Äpfel; es waren viele an einem Zweige zusammen. Auch kriegte ich ein Gericht, weil ich den Armen so viel Hartebrot ausgeteilt. Es war ganz in der getrockneten Gestalt dieses Brotes, aber wie vielfarbig spiegelnder Kristall auf einem Kristallteller. Für die Meidung des unartigen Spieles erhielt ich ein weißes Kleid. Alles erklärte mir Käsperken.

So streiften wir immer höher an dem Tisch hinan. Auch sah ich für mich ein Steinchen ganz allein auf einem Teller, welches ich einst im Kloster erhalten. Ich hörte auch da, ich sollte vor meinem Tode ein weißes Kleid erhalten und einen weißen Stein, in welchem ein Namen stehen werde, den ich allein lesen könnte.

Am Ende der Tafel wurde die Nächstenliebe belohnt. Das waren weiße Kleider, weiße Früchte, dichte, weiße Rosen und allerlei weiße, wunderbare Gerichte und Formen. Ich kann es unmöglich beschreiben. Käsperken aber sagte mir: «Nun sollst du auch sehen, was wir hier für ein Krippken haben. du hast immer so gern Krippken gespielt.» Und nun zogen wir alle nach den Kirchen; zuerst in die Muttergotteskirche, in welcher ein beständiger Gesang war. Es war auch da ein Altar, auf welchem alle Bilder aus dem Leben Mariä vorübergingen; und ringsum waren hohe und höhere Chöre von Verehrern. Durch diese Kirche musste man ins Krippken gehen in die andere Kirche. Auch in dieser war ein Altar, und auf ihm war eine Vorstellung der Geburt des Herrn und wechselnd alle Bilder seines Lebens bis zur Einsetzung des Abendmahles, ganz auf die Art, wie ich sie immer im Gesicht gesehen.

(Hier unterbrach sich die Erzählende, um den Pilger zu mahnen, mit größerem Eifer an seinem Heile zu arbeiten, alles heute zu tun und nicht auf morgen zu verschieben! Das Leben sei kurz und die Rechenschaft so streng. Danach fuhr sie fort:)

Ich kam nun in einen höheren Ort. Ich stieg an der Kirche empor in einen Garten mit herrlichen Früchten und vielen reich geschmückten Tafeln und Gerüsten mit Gaben. Von allen Seiten sah ich Seelen heranschweben, welche auf Erden mit ihren Studien und Arbeiten vieles gewirkt und anderen vorangeholfen hatten. Sie verteilten sich in dem Garten; bald stand eine, bald mehrere um eine Tafel, zu empfangen, was ihr gebührte. Inmitten des Gartens aber stand ein halbrundes, treppenförmiges Gestell voll der schönsten Genüsse; vorn und an den beiden Seiten reichten Arme heraus, welche Bücher entgegenhielten. Es war, als habe dieser Garten, wo man einen Weg hinaus sah, ein schönes Tor. Von dem einen Tor herein sah ich einen Zug kommen, und alle die anwesenden Seelen strömten dahin und bildeten zwei Reihen, die Ankommenden zu bewillkommnen.

Es waren dies viele Seelen, welche den seligen Stolberg[85] hereintrugen. Sie gingen in ordentlicher Prozession, hatten Fahnen und Blumenkränze bei sich. Vier trugen ein Ehrenbett, auf dem er in liegend-sitzender Stellung sich befand, auf den Schultern, doch ohne Last. Die anderen folgten nach, und die Empfangenden hatten Blumen und Kränze. Es ward eine Krone über sein Haupt gesetzt, besonders von weißen Rosen und blinkenden Steinchen und Sternen. Diese Krone lag nicht auf seinem Haupte, sondern schwebte immer über demselben. Im Anfang erschienen mir alle diese Seelen gleich geformt, wie früher in dem unteren Kinderhimmel auch; hierauf aber erschien mir jede wie in ihrer Standestracht, und ich sah, dass es lauter solche waren, welche mit Arbeit und Lehre andere zum Heil geführt hatten. Ich sah aber Stolberg von seinem Tragstuhle herabschweben und diesen Stuhl verschwinden, und sah ihn gegen die Gaben hintreten, welche ihm beschert waren.

Ich sah hinter dem halbrunden Stufenkreis einen Engel erscheinen; an drei Seiten dieses Gestelles voll köstlicher Früchte, Gefäße und Blumen ragte ein Arm heraus, der den Umgebenden ein offenes Buch entgegenhielt. Der Engel aber empfing von den umgebenden Geistern Bücher, in welchen er manches strich und zeichnete und sie in zwei zu seinen Seiten stehende Gestelle stellte. Auch empfingen sie wieder von ihm große und kleine Schriften, welche sich von Hand zu Hand durch sie verbreiteten. Ich sah besonders nach einer Seite hin durch Stolberg außerordentlich viel kleine Schriften wandeln. Es war mir, als sei dieses ein himmlisches Fortwirken solcher Seelen auf ihr irdisches Werk.

Ich sah nun dem seligen Stolberg aus diesem Stufentisch einen großen durchsichtigen Teller hervorgehen, in dessen Mitte ein schönes, goldenes Kelchgefäß erschien, um welches Trauben, kleine Brote, Edelsteine und Kristallfläschchen geordnet waren. Der Kelch war nicht fest wie bei dem Myrrhenteller, sie tranken daraus und aus den Fläschchen und genossen alles. Er teilte alles von Hand zu Hand aus.

Bei der Mitteilung einzelner Seelen sah ich oft, dass sie sich die Hand reichten. Nach diesem wurden alle höher entführt zur Danksagung. Nach diesem Gesichte sprach mein Führer, dass ich nach Rom zum Papst gehen und ihn im Gebet bewegen solle; er werde mir schon alles sagen, was ich dabei zu tun habe.

DAS WIRKEN IM GESICHT

(Im November 1820 äußerte Anna Katharina: «Es sind nun zwanzig Jahre, dass mein Bräutigam mich in das Hochzeitshaus gebracht und auf das harte Brautbett gelegt hat, auf dem ich noch liege.» Sie verstand darunter ihre Gebets- und Leidensarbeiten für die ganze Kirche, zu welchen sie seit dem Eintritt in das Kloster Agnetenberg von Gott berufen worden war. Niemand hatte während des langen Zeitraums von ihr Rechenschaft über dies verborgene Wirken begehrt oder sie darüber angehört, so dass sie erst jetzt, nahe dem Ziele ihres Lebens, von den Wegen Zeugnis geben kann, auf welchen sie von Gott zum Segen der Kirche geführt wird.

Jetzt erst lüftet sich unserem Blick der Schleier über dem Geheimnis eines Wirkens, das, obwohl im Schauen vollbracht, seine Wurzel, sein Verdienst, seine Bedeutung und seinen Erfolg doch nur in der göttlichen Tugend des Glaubens besaß. Solange Anna Katharina zum Ordensstand sich bereiten und auf die mühseligste Weise den Weg in eine klösterliche Gemeinde sich hatte bahnen müssen, waren Sühnungsleiden für Ordensberuf und Gelübde der vornehmste Teil ihrer Aufgabe gewesen; als sie aber selbst eine Ordensperson geworden war, dehnte Gott ihre Wirksamkeit über die ganze Kirche und deren zeitliche Nöte und Bedürfnisse aus. Nicht treffender konnte sie diese umfassende Aufgabe bezeichnen als mit den Worten: «Es hat mein göttlicher Bräutigam mich in das Hochzeitshaus gebracht! »

Denn es ist ja gerade das Verhältnis der Kirche als der Braut zu Jesus Christus, ihrem Bräutigam und Haupt, welches als ein unermesslich großes, an den mannigfaltigsten Beziehungen überreiches Gebiet ihr aufgeschlossen wird, auf dass sie, die Stelle der Braut vertretend, durch Leiden ersetze und gutmache, was die verschiedenen Stände vor dem himmlischen Bräutigam verschulden.

Dieser feiert seine Hochzeit, d.i. seine unauflösliche Verbindung mit der Kirche als eine immerdar sich erneuernde, und um sie rein und makellos in allen ihren Gliedern Gott dem Vater darzustellen, leitet Er ohne Aufhören die Ströme seiner Gnade in sie über. Jede Gabe aber muss verrechnet werden, und nur wenige der Empfänger könnten in dieser Rechenschaft bestehen, wenn nicht der Bräutigam der Kirche zu allen Zeiten die Werkzeuge sich bereiten würde, welche sammeln, was andere verlieren, welche mit den Pfunden wuchern, die andere vergraben, welche bezahlen, was andere verschulden. Ehe Er noch in der Fülle der Zeit im Fleische erschienen war, um in seinem Blute die neue Ehe zu schließen, hatte Er durch das Geheimnis der unbefleckten Empfängnis Maria zum ewig makellosen Urbilde der Kirche bereitet und solche Gnadenfülle in sie niedergelegt, dass ihre Reinheit und Treue ihn, den Heiligsten, unter Menschen zurückhielt, die ihn nicht aufnahmen, ihm widerstanden und bis zum Tode verfolgten.

Und Maria war es, die von dem Augenblick an, da Er als der gute Hirt seine Herde zu sammeln begann, gerade der Bedürftigsten sich annahm, mit den Ärmsten und Verlassensten verkehrte, um sie für das Heil zu gewinnen. Sie harrte treu aus und wurde die Kraft und Stärke aller, als Petrus seinen Herrn verleugnete und die Hölle zu triumphieren schien. Darum weilte sie nach der Himmelfahrt ihres Sohnes so viele Jahre noch auf Erden, bis unter ihrem Schutz die Kirche erstarkte, um im Blute der Märtyrer den Sieg des Kreuzes zu besiegeln.

Und bis zu seiner zweiten Ankunft auf Erden lässt sie zu keiner Zeit die Kirche an solchen Gliedern Mangel leiden, welche, in ihre Fußstapfen tretend, Segensquellen für die Gemeinschaft werden. Diese Mutter der Barmherzigkeit ist es also, welche nach den Bedürfnissen und Nöten der Braut den berufenen Werkzeugen die im Verlauf des Kirchenjahres zu vollbringenden Aufgaben anweist.

So empfing auch Anna Katharina mit dem Anfang jeden Jahres in dem sogenannten Hochzeitshause den ihr bestimmten Anteil an der Leidensarbeit für die Kirche. Alles, was sie zu leisten hatte, wurde bis ins kleinste ihr vorgezeichnet; nichts durfte unvollendet bleiben, für keine Arbeit die genau bemessene Zeit überschritten werden; denn Wahl und Dauer hingen nicht von ihrem eigenen Belieben ab.

Diese fest begrenzte Ordnung war schon in der ganzen Einteilung und den Räumlichkeiten des Hochzeitshauses angedeutet, welches jedoch nicht bloß eine nur sinnbildliche, sondern auch geschichtliche Bedeutung hatte.

Es war nämlich das vor Bethlehem gelegene Haus Jesses, also das Geburtshaus Davids, in welchem dieser durch himmlische Führung auf seine prophetische Laufbahn vorbereitet worden und aus dem der göttliche Bräutigam selbst nach seiner heiligsten Menschheit hervorgegangen war.

Es war das königliche Stammhaus der unbefleckten Jungfrau und Mutter der Kirche und zugleich das elterliche Haus des hl. Joseph, sonach wie kein anderes auf Erden geeignet, dass Anna Katharina hier in Bildern den gegenwärtigen Zustand der Kirche schaute und für sie ihre Aufgaben empfing, gleichwie seine alten heiligen Bewohner dort das künftige Heil und seine ferne Geschichte geschaut und ihre Sendung zu dessen Herbeiführung von Gott erhalten hatten.

Dieses Haus mit seinen mannigfaltigen Räumen und Kammern, seiner ausgedehnten Umgebung von Gärten, Feldern und Weiden war im allgemeinen das Sinnbild geistlicher Haushaltung, oder der Wirtschaft, des Regiments der Kirche, und so konnte es in dem wechselnden Zustande seiner verschiedenartigen Bestandteile, der in ihnen schaltenden und dahin gehörenden Persönlichkeiten, oder der störend und verwüstend eingedrungenen Fremdlinge für die Schauende ein der Wirklichkeit vollkommen entsprechendes Abbild der zeitweiligen kirchlichen Zustände und Verhältnisse im allgemeinen, wie der einzelnen Länder und Sprengel, gewisser Stände, Ordnungen, Persönlichkeiten und überhaupt aller kirchlichen Angelegenheiten werden, welche von Gott in den Bereich ihrer sühnenden Wirksamkeit gestellt wurden.

Alles, was an der Kirche, ihrer Ordnung, ihren Rechten und Gütern, an der Reinheit des Glaubens und der christlichen Zucht und Sitte durch Säumnis, Sorglosigkeit, Feigheit und Verrat der einzelnen Glieder verbrochen wird; alles, was Eindringlinge, d.h. falsche Wissenschaft, schlechte Aufklärung, glaubenslose Erziehung, was Buhlerei mit den Irrtümern der Zeit, mit den Grundsätzen und Ansichten des Fürsten der Welt und dergleichen an der Ordnung Gottes auf Erden gefährden oder zerstören, wird ihr in wunderbar einfachen und tiefsinnigen Bildern in den

Räumen des Hauses gezeigt, in welche sie Tag für Tag von ihrem Engel gebracht wird, um zu vernehmen, was von ihr abwehrend, helfend, warnend, heilend, sühnend für die Kirche, die Braut, zu geschehen hat.

In dem fernen Umkreis um das Hochzeitshaus und sein Besitztum liegen nach allen Seiten hin unfruchtbare Gründe, Wüsteneien, schlecht bestellte Felder, auf welchen die von der Kirche Getrennten ihre Sammlungsorte oder Vereinigungsgebäude in Formen und Zuständen haben, welche den wirklichen und tatsächlichen Verhältnissen der getrennten Gemeinschaften und Sekten ebenso treu entsprechen.

Auch über diese dehnt sich das Wirken der treuen Magd des himmlischen Bräutigams aus, der durch sie jene Seelen zur wahren Herde zurückführt, welche seinen Ruf zwar hören, aber ohne außerordentliche Hilfe ihm doch nicht Folge leisten.

Das Wirken im Gesicht ist aber teils ein Bitten, Flehen, Seufzen um der Verdienste Jesu, Mariä und der Heiligen willen, teils ein Aufopfern von Schmerzen, Peinen und Anstrengungen, und zwar zu dem doppelten Zweck, um fremde Schuld zu sühnen und um fremder Not abzuhelfen.

Indem wir das Wirken Anna Katharinas nach dieser doppelten Seite hin betrachten, teilen wir den umfangreichen zu Gebote stehenden Stoff in bestimmte Gesichtspunkte ab, indem wir zuerst die Sühnungsleiden schildern, welche die Gottselige für Verunehrung des Heiligsten Sakramentes in freiwilliger Liebe duldete, sodann die Gebets- und Leidensarbeiten zur Darstellung bringen, welche sie für die Kirche und deren Vorsteher, sowie für einzelne in mannigfacher Not sich befindende Glieder derselben auf sich nahm, und dann noch einzelne Beispiele jener heldenmütigen Liebe namhaft machen, in welcher Anna Katharina, um anderen zu helfen, deren Pein über sich selbst erflehte.)

SÜHNUNGSLEIDEN FÜR DAS HEILIGSTE SAKRAMENT

(Zu bestimmten Festzeiten wurde Anna Katharina auf ihren geistigen Reisewegen in die verschiedensten Kirchen des Heimatlandes wie der fernsten Teile des Katholischen Erdkreises von ihrem Engel gebracht, um hier durch Leiden und Gebet die Unbilden zu sühnen, welche durch die Lauigkeit und Gleichgültigkeit der Christen dem «Sakramente der Liebe» ohne Unterlass zugefügt werden. Solange sie in dieser Sühnung begriffen war, ward sie von den peinvollsten Krankheiten und körperlichen Leidenszuständen ohne Unterbrechung heimgesucht, deren Charakter den besonderen Arten der Verunehrung entsprach. Die erste Mitteilung, welche der Pilger hierüber von Anna Katharina vernehmen konnte, bezog sich auf ihre Feier des Fronleichnamsfestes 1819. Sie erzählte:)

Ich habe die ganze Nacht bei vielen elenden und betrübten Menschen, die ich kannte und nicht kannte, die Runde gemacht und Gott gebeten, Er möge mir die Last all derer mitteilen, die nicht mit leichtem, freudigem Herzen zum Heiligsten Sakramente gehen könnten. Ich sah nun ihre Leiden und erhielt sie und trug sie auf meiner rechten Schulter. Es war eine so schwere Last, dass meine rechte Seite ganz zu Boden gedrückt ward. Ich nahm von allen einen Teil oder das Ganze des Leidens, wie ich es erhalten konnte. Ich sah die Menschen mir in Bildern vorgeführt und erkannte in der Brust eines jeden das, was er litt, und konnte es in Form einer schwankenden dünnen Rolle ihm aus der Brust herausziehen. Es schien mir jede Rolle sehr leicht wie eine dünne, weiche Rute; aber es wurde eine solche Menge, dass ein tüchtiger Pack entstand.

Ich nahm nun meine eigene Qual, welche wie ein langer, handbreiter, weißer Gürtelriemen mit roten Streifen war, band alle jene Rollen zusammen, faltete sie dann in der Mitte zu halber Größe und band diesen großen und schweren Pack mit den beiden

Enden meines Leidensgürtels übers Kreuz. Die Rollen waren von verschiedener Farbe nach den Leiden eines jeden; wenn ich mich besänne, könnte ich die Farben mancher Bekannten noch bestimmen. Ich nahm nun den Pack auf meine Schulter und besuchte das Heiligste Sakrament, um die Leiden der armen Menschen, welche diesen unendlichen Schatz des Trostes in ihrer Blindheit nicht lebendig erkennen, vor demselben aufzuopfern.

Zuerst kam ich in eine unvollendete, ungeschmückte Kapelle; aber Gott war doch schon auf dem Altar gegenwärtig, und ich opferte meinen Pack auf und betete das Heiligste Sakrament an. Es war mir, als sei diese Kapelle zu meiner Stärkung erschienen; denn ich erlag schier meiner Last. Ich trug sie besonders gern auf der rechten Schulter, eingedenk des Kreuzes unseres Herrn und der Wunde, welche dieses seiner Schulter eingedrückt.

Ich habe diese Wunde oft gesehen, sie war die schmerzlichste seines ganzen heiligen Leibes. So kam ich endlich an einen Ort, wo eine Prozession war, und ich sah zugleich nach verschiedenen Orten hin noch andere solche Prozessionen. Bei der, welcher ich mich anschloss, waren die meisten, deren Leiden ich in meinem Packe trug; und ich sah zu meiner Verwunderung aus ihrem singenden Munde dieselben Farben ausströmen, welche die Rollen hatten, die ich von ihnen trug. Das Heiligste Sakrament aber sah ich von Engeln, von Geistern in großer Herrlichkeit und Glanz umschwebt; es selbst hatte die Figur eines durch und durch leuchtenden Kindchens mitten in einer Sonne von Glanz. Was ich sah, ist unaussprechlich, und so es die Begleitenden und Tragenden hätten sehen können wie ich, sie würden niedergefallen sein und hätten vor Furcht und Staunen das Sakrament nicht weiter tragen können.

Ich betete an und opferte meinen Pack auf Nun war es, als wenn die Prozession in eine Kirche einziehe, die von einem Garten oder Kirchhof umgeben wie aus der Luft trat. Es waren allerlei seltsame Blumen auf den Gräbern, auch Lilien, rote und weiße Rosen und weiße Sternblumen. Aus der Morgenseite dieser Kirche trat in unendlichem Glanze eine priesterliche Gestalt; es war, als sei es der Herr. Bald traten um ihn her zwölf leuchtende Männer, und um diese wieder viele andere. Ich selbst stand gut, ich konnte gut sehen. Nun aber ging aus dem Munde des Herrn ein leuchtender kleiner Körper, der ausgegangen größer und förmlicher ward und dann, sich wieder verkleinernd, als eine leuchtende Kindergestalt in den Mund der umgebenden Zwölfe und dann der anderen einging.

Es war dies nicht das historische Bild, wie ich es am Gründonnerstag sah, wo der Herr mit den Jüngern zu Tische lag; aber es erinnerte mich doch daran. Hier standen sie alle leuchtend und strahlend, es war Gottesdienst, es war wie eine kirchliche Feier. Die Kirche ward von unermesslichen Scharen angefüllt, die saßen oder standen, oder schwebten, oder von übereinander aufsteigenden Sitzen und Stufen getragen wurden, welche ich jedoch nicht als wirkliche von irgendeiner Materie beschreiben kann, denn ein jeder konnte alles sehen. Nun aber sah ich eine Form in den Händen des Herrn, und der aus seinem Munde ausgehende kleine Lichtleib ging in sie ein. Und ich sah diese Form eine bestimmte, umfassende, leuchtende Gestalt gewinnen und wie von einem geistlich gezierten Hause umgeben werden.

Es war das Sakrament des Altars in der Monstranz als Gegenstand der Anbetung; und der Herr sprach immerfort sein lebendiges Wort hinein, und der Lichtleib ging unendliche Mal, ewig derselbe und eine, in den Mund aller Anwesenden.

Ich hatte meinen Pack ein wenig niedergelegt und auch die heilige Speise empfangen; und da ich ihn wieder aufnahm, sah ich einen Trupp Menschen, deren Päcke so schmutzig waren, dass ich nichts von ihnen annehmen wollte. Man sagte mir, diese müssen noch tüchtig gestraft und dann nach ihrer Buße gerichtet werden. Ich hatte kein Mitleid. Ich sah das Kirchenfest auseinander gehen, und mir war, als hätte ich auch solche Menschen gesehen, welche das sehr eingeschlafene Gefühl für das wunderbare Geheimnis der Fortpflanzung der Gegenwart Gottes auf Erden wieder mit neuer Feier erwecken sollten.

Jene Kapelle, wo ich zuerst mit meinem Pack ruhte, war in einem Berge, wie ich als Kind die ersten Altäre und Tabernakel der Christen sah. Es war die Bedeutung des Sakramentes in der Zeit der Verfolgungen. Der Kirchhof bedeutete, dass die Altäre des unblutigen Opfers über den Gräbern und Reliquien der Märtyrer standen, und dass dann die Kirchen selbst über diese gebaut wurden. Die Kirche sah ich auf die Weise der geistlichen, himmlischen Festkirche. Es stand auch der vielarmige Leuchter gegen den Altar zu. Ich sah die Feier des Sakramentes unmittelbar durch Jesus, dann durch das Sakrament selbst als den Schatz der Kirche.

Ich sah die Feier der früheren, jetzigen und vieler künftiger Christen und ward gewiss, dass sie mit neuem Leben in der Kirche erwachen werde. Am Feste des heiligen Bauers Isidor[86], wurde mir vieles vom Wert des Messelesens und Messehörens gezeigt und dabei gesagt, es sei ein großes Glück, dass so viele Messen, wenn auch von unwissenden und unwürdigen Priestern, gelesen würden, denn es würden Gefahren, Strafen, Heimsuchungen aller Art dadurch von den Menschen abgewendet. Es sei gut, dass viele Priester dabei nicht wüssten, was sie tun; denn wüssten sie es, so würden sie vor Schrecken das heiligste Opfer nicht mehr vollziehen können.

Ich sah den wunderbaren Segen des Messehörens, wie alle Arbeit und alles Gute befördert und nichts versäumt werde, wie oft ein Glied einer Haushaltung den Segen dadurch für diesen Tag ins ganze Haus bringe. Ich sah, wieviel mehr Segen durch das Messehören als Lesen- und Hörenlassen hervorgebracht werde. Ich sah, wie die Fehler in der Messe durch übernatürliche Hilfe ersetzt werden.

(Im darauffolgenden Jahre begann in der Novene vor dem heiligen Pfingstfest ein Sühnungsleiden für das Heiligste Sakrament, welches unter stets wachsenden, furchtbaren Peinen mehrere Wochen hindurch die Dulderin in Anspruch nahm und sie oft bis in die Nähe des Todes brachte. Sie war hierbei von den Heiligen des Tages begleitet und besonders von jenen begnadeten Seelen, welche in früheren Zeiten die gleiche Leidensaufgabe wie sie selber zu vollbringen hatten.

«Ich fand sie», berichtet der Pilger, «heute (17. Mai 1820) in Tränen. Die Söntgen[87] wollte ihr einige fremde Frauen zuführen, die sie aber nicht empfangen konnte. Sie weinte heftig.

‹Ich meine vor Elend jeden Augenblick zu sterben›, jammerte sie, ‹und doch lässt man mich nicht in Ruhe!›

Ihre Krankheit stieg bis zur Unerträglichkeit. Sie hat die heftigsten Schmerzen und Stiche durch das Seitenmal; dabei ist sie verschmachtend nach dem Heiligsten Sakrament, unbeschreiblich betrübt und von Tränen überfließend. Ihr Leid ist an Körper und Seele gleich groß. Sie ist erbarmungswürdig. Sie bat das Kind (ihre Nichte), drei Vaterunser zu beten, auf dass Gott ihr die Kraft zum Leben gebe, wenn sie nicht sterben solle. Das Kind betete und sie mit ihm; und danach ward sie beruhigt...

18. Mai: Ihr Hunger nach dem Sakrament wird immer heftiger. Sie ist ganz verschmachtet. Sie jammert über den Verlust des täglichen Genusses, und in Ekstase sinkend, ruft sie klagend zu ihrem himmlischen Bräutigam: ‹Warum lassest du mich so hungern nach dir? Ohne dich muss ich ja sterben. Du allein kannst mir helfen. Wenn ich leben soll, so gib mir Leben!›

Als sie erwachte, sagte sie: ‹Mein Herr hat mir gesagt: Nun solle ich sehen, was ich ohne ihn sei. Jetzt sei es anders; nun müsse ich seine Speise werden, und alles Fleisch an mir müsse sich in Sehnsucht verzehren.› – Sie hat jetzt auch so viele traurige Gesichte, die sie nicht erzählen will. Sie sieht so viel Not und Elend und so viele Werke der Finsternis, durch welche Gott in dieser heiligen Festzeit so sehr beleidigt wird.»

Am zweiten Pfingstfeiertag desselben Jahres (22. Mai 1820) empfing sie die Ankündigung ihrer schweren Aufgabe für das Heiligste Sakrament.

«Ich kniete allein, nur von meinem Führer begleitet, in einer großen Kirche vor dem Heiligsten Sakrament, das von unbeschreiblicher Glorie umgeben war. Ich sah in ihm die leuchtende Gestalt des Jesuskindes, vor dem ich mein Herz ausschütten und alle meine Klagen von Jugend auf ergießen konnte. Auf jeden Punkt ging die Antwort aus dem Sakrament in einem Strahl in mich ein, und ich erhielt vielen Trost und auch milde Verweise für meine Fehler. Die ganze Nacht schier habe ich, meinen Engel an der Seite, vor dem Sakramente zugebracht.»

Näheres wollte ihre Demut aus diesem Erlebnis nicht erzählen; sie empfing aber unmittelbar darauf die Erscheinung des hl. Augustinus, sowie ihrer heiligen Ordensschwester Rita von Cascia[88] und Clara von Montefalco [89], von denen sie auf ähnliche Leidensarbeiten vorbereitet wurde, welche von ihnen selber für das Sakrament einstmals hatten verrichtet werden müssen. Kaum nämlich hatte

Anna Katharina ihre kurze Erzählung von dem Sakramentsbild vollendet, als sie in Ekstase überging und, während der Pilger in der Vorstube mit dem Beichtvater im Gespräch begriffen war, sich mit freudestrahlendem Angesichte plötzlich in ihrem Bette erhob.

Sie stand fest auf ihren Füßen, auf denen sie niemand in vier Jahren stehen gesehen. Sie hob die Hände empor und sprach ruhig und anbetend das ganze Te Deum in dieser wunderbaren Stellung mit mattem, etwas gelblichem Aussehen, doch mit Wangenröte und begeisternden Zügen. Ihre Stimme war sanft und lieblich, ganz anders als gewöhnlich; es war etwas Leises und Inniges darin, wie etwa in der Stimme eines liebenden Kindes, das seinem Vater ein Lobgedicht hersagt. Bei gewissen Worten fügte sie die Hände zusammen und neigte das Haupt bittender. Sie stand ganz fest und sicher. Ihr weiter Rock, der ihr lang bis auf die Knöchel niederhing, gab ihr ein sehr ernstes Aussehen. Ihr lautes Gebet war ergreifend, zu Andacht, Dank, Vertrauen bewegend, ihre Gebärde feierlich und ihr Angesicht leuchtend in Begeisterung.)

Der hl. Augustinus, erzählte sie des anderen Tages, stand in seinem ganzen bischöflichen Ornate bei mir und war sehr freundlich. Ich war so gerührt und erfreut von seiner Gegenwart, dass ich mich anklagte, wie ich ihn nie besonders verehrt habe. Er sagte mir aber: «Ich kenne dich doch, und du bist doch mein Kind.» Und als ich ihn um Linderung in meiner Krankheit bat, hielt er mir ein Sträußchen vor, woran eine blaue Blume war. Ich hatte auch sogleich einen inneren Geschmack, und es durchdrang eine Kraft und ein Wohlgefühl meinen ganzen Körper.

Er sagte mir aber: «Ganz wird dir nie geholfen werden, denn dein Weg ist der Weg des Leidens; aber so du Trost und Hilfe erflehst, so gedenke an mich, ich will sie dir immer geben. Jetzt aber stehe auf und bete das Te Deum zum Danke gegen die Allerheiligste Dreifaltigkeit für deine Genesung.» Da stand ich auf und betete. Ich war durch und durch gestärkt, und meine Freude war sehr groß. Nun aber sah ich den hl. Augustinus in seiner himmlischen Glorie. Zuerst sah ich die Allerheiligste Dreifaltigkeit und die heilige Jungfrau; ich kann schwer sagen wie. Es war, als sehe ich das Bild eines alten Mannes auf einem Throne. Aus Stirn, Brust und Magengegend strömten Strahlen aus und bildeten vor ihm ein Kreuz, von welchem wieder in unendlichen Richtungen sich Strahlen nach Chören und Ordnungen von Heiligen und Engeln ergossen. In einiger Entfernung unter vielen Chören der Heiligen sah ich die himmlische Glorie des hl. Augustinus.

Ich sah ihn auf einem Throne sitzen, und wie er aus dem Kreuz der Dreifaltigkeit gewisse Lichtströme empfing und diese wieder auf viele ihn umgebende Chöre und Erscheinungen ausgoss. Ich sah Bilder von Geistlichen in den verschiedensten Kleidungen um ihn und sah nach einer Seite abwärts wie einen Berg herab eine große Menge von Kirchen im Himmel schweben, wie man Wölkchen hintereinander am Himmel sieht, welche alle von ihm ausgegangen waren. Diese Glorie war ein Bild seiner himmlischen Herrlichkeit. Das Licht, das er aus der Dreifaltigkeit empfing, war seine persönliche Erleuchtung und Füllung, und seine Chöre waren die verschiedenen Gefäße, die verschiedenen Seelen, die das Licht durch seine Vermittlung empfingen und wieder als Gefäße auf andere durch sie ausgossen und dennoch eben durch ihre Belebung das Licht auch wieder unmittelbar aus Gott empfingen.

Wenn man dieses sieht, ist es unaussprechlich schön und tröstlich und so natürlich, ja natürlicher und verständlicher, als wenn wir auf Erden einen Baum, eine Blume sehen. Ich sah in den Chören um ihn alle Priester und Lehrer und heiligen Orden und Gemeinden, welche von ihm ausgegangen, insofern sie selig sind, insofern sie lebendige Gefäße Gottes geworden, wiederausteilende Brunnen der Quelle des lebendigen Wassers, welches in ihm zutage gesprungen. Ich sah ihn nachher in einem himmlischen Garten. Dieses Bild stand niederer. Jenes war ein Bild seiner Glorie, seiner Sphäre im Sternenhimmel der Heiligen Dreifaltigkeit; dieses war mehr ein Bild seines fortwährenden, handelnden Bezugs, seiner Hilfe zu der noch Streitenden Kirche, zu den lebenden Menschen.

Alle Bilder der himmlischen Gärten stehen niedriger als die Bilder der Heiligen in Gott, in der Glorie. Ich sah ihn hier in einem schönen Garten voll der wunderbarsten Bäume, Stauden und Blumen, und ich sah viele andere Heilige mit ihm, worunter ich mich besonders des Franziskus Xaverius und Franz von Sales erinnere.

Ich sah sie hier nicht sitzend und in festlicher Ordnung, sondern handelnd und wirkend und von den Früchten und Blumen des Gartens, welche alle Gnaden und Wirkungen ihres Lebens waren, austeilen und verbreiten. Ich sah aber in diesem Garten auch sehr viele Lebende und viele darunter, die ich kenne und welche auf mannigfache Weise empfingen.

Dieses Erscheinen der Lebendigen in diesem Garten ist ganz eigentümlich und umgekehrt wie das Erscheinen der Heiligen auf der Erde; denn ich sehe die Lebenden wie Geister in dem Garten der Heiligen erscheinen, in einer gewissen Unbestimmtheit, und ich sehe sie dort allerlei Blumen und Früchte empfangen. Ich sehe aber einige dort, als würden sie durch Gebet in diesen Umfang von Gnadenempfang erhoben; andere scheinen zu empfangen ganz bewusstlos als berufene, taugliche Gefäße. Es ist der Unterschied wie zwischen einem, der in einen Garten sich bemüht, um Früchte zu empfangen, und einem anderen, dem sie, wenn er vorübergeht, vor die Füße fallen, oder dem sie aus dem Willen Gottes durch diesen oder jenen Heiligen gegeben werden.

Nach diesem begleitete mich mein Führer auf meinen eigenen Weg nach dem himmlischen Jerusalem. Ich musste einen Berg hinaufklettern und kam in einen Garten, wo Clara von Montefalco Gärtnerin war. Ich sah an ihren Händen leuchtende Male und auch um ihr Haupt eine leuchtende Dornenkrone. Wenn sie gleich die Male nicht äußerlich gehabt, so hatte sie doch deren Schmerzen empfunden. Sie sagte mir, dieses sei ihr Garten gewesen, und da ich auch Freude am Gartenbau hätte, so wolle sie mir denn zeigen, wie er gebaut werden müsse.

Es hatte aber dieser Garten einen Umfang wie eine Mauer, welche jedoch nur einen Inbegriff sinnbildete; denn man konnte durch sie durchgehen und durchsehen. Sie bestand aus lauter übereinander liegenden runden, bunten, leuchtenden Steinen. Nach dem Mittelpunkt hin war der Garten von allen Seiten regelmäßig in acht zierliche Felder abgeteilt; es standen einige große, schöne Bäume darin in der Blüte. Es war ein Brunnen da, und man konnte machen, dass er den ganzen Garten mit seinen Strahlen überregnete. Rings an der Mauer umher standen Weinstöcke. Ich ging schier die ganze Nacht mit der hl. Clara in dem Garten, und sie lehrte mich die Bedeutung und Benutzung einer jeden Pflanze, und wie ich sie behandeln müsse. Sie ging dabei von einem Beet nach dem anderen, und ich weiß nicht mehr recht, woher sie die Wurzeln bekam. Bei einem Feigenbaum hatte ich viel mit ihr zu tun, was ich nicht mehr weiß. Ich erinnere mich nur, dass in Beeten auch viel Bitterkresse und Kerbel stand.

Sie sagte mir, wenn ich zu viel Süßigkeit schmeckte, solle ich von der Bitterkresse einen Mundvoll nehmen, und wenn ich zu viel Bitterkeit schmeckte, einen Mundvoll von dem Kerbel. Ich habe schon als Kind diese Kräuter sehr geliebt und gekaut, ja ich hätte wohl ganz davon leben wollen. Am schwersten zu begreifen war mir, wie sie die Behandlung des Weinstockes erklärte, wie ich ihn aufbinden und die Zweige verteilen und ausschneiden sollte; damit konnte ich gar nicht fertig werden. Es war dieses auch das letzte, was sie mich im Garten lehrte.

Während der Arbeit flogen viele Vögel um uns und setzten sich auf meine Schultern und waren ganz vertraut mit mir wie einst im Klostergarten. Sie zeigte mir auch, dass sie die Marterwerkzeuge der Passion in ihrem Herzen abgedrückt habe, und dass nach ihrem Tode drei Steine in der Galle gefunden worden. Sie sprach mir von den Gnaden, die sie am Feste der Heiligen Dreifaltigkeit empfangen habe, und dass ich mich für dieses Fest zu einer neuen Arbeit bereiten solle. Die hl. Clara erschien sehr mager, weiß und abgetötet. Auch Rita von Cascia habe ich gesehen. Sie hat vor einem Kreuze aus Demut nur um einen Dorn aus der Leidenskrone gebeten. Es schoss ein leuchtender Strahl aus der Krone, der ihre Stirn verwundete. Sie litt ihr Leben lang unsägliche Schmerzen daran. Es floss beständig Eiter daraus, dass sie von den Menschen geflohen wurde. Ich sah ihre Andacht zum Heiligsten Sakrament. Sie hat mit mir vieles geredet.

(Am Vorabend des Heiligen Dreifaltigkeitsfestes nahm die von Clara von Montefalco angekündigte neue Arbeit ihren Anfang.)

Als ich, erzählte Anna Katharina, die schlechte Bereitung wahrnahm, in der so manche zur heiligen Beichte gingen, erneuerte ich mein Gebet zu Gott, Er wolle mich etwas zu ihrer Besserung leiden lassen. Da fing von außen her mein Leiden an. Es war, als wenn feine Strahlen von Schmerzen wie Pfeile auf mich fielen, und dies dauerte immerfort. Endlich in der Nacht entstand eine so arge Pein in mir, als ich sie jemals empfunden. Sie begann um mein Herz, welches ich wie einen Knäuel von Schmerz in einer umgebenden Flamme zusammengeschnürt fühlte. Von diesem Feuer, das ganz aus schneidenden und stechenden Peinen bestand, schossen Strahlen von Schmerz durch alle Teile meines Leibes, durch Mark und Bein bis in die Fingerspitzen, Nägel und Haare. Ich fühlte in diesen Schmerzen eine gewisse Gestalt der Ausströmung und Zurückwirkung. Ich fühlte sie zuerst vom Herzen ausgehend in die Hände und Füße und um den Kopf und von da zurückwirkend in das Herz, so dass diese Malstellen ihre Hauptpunkte waren. Und diese Pein wuchs bis um zwölf Uhr in der Nacht mit immer größerer Gewalt. Ich wachte dabei und war von Schweiß überronnen und konnte mich nicht rühren. Ich hatte allein einen Trost darin, dass mir durch die Hauptpunkte der Schmerzen, die mich ganz zermalmten, ein dunkles Gefühl der Kreuzgestalt in denselben zufloss.

Um 12 Uhr vermochte ich es nicht mehr zu ertragen, denn ich wusste in der Betäubung die Ursache dieser Leiden nicht mehr, und ich wendete mich ganz kindlich zu meinem heiligen Vater Augustinus und flehte ihn mit einfältigen Worten an:

«Ach, lieber Vater Augustinus, du hast mir Linderung versprochen, so ich dich anrufe; ach, sieh doch meine große Not an!» Der Heilige ließ mich auch nicht unerhört; er stand sogleich liebreich vor mir und sagte zu mir, warum ich leide, und dass er mir diese Schmerzen nicht nehmen könne, weil sie in dem Leiden Jesu gelitten würden; aber Trost solle ich haben, und wie ich noch bis drei Uhr leiden müsse. Ich hatte nun meine Pein ununterbrochen, aber einen großen inneren Trost in derselben, indem ich fühlte, dass ich aus Liebe zu Jesu Leiden litt und in demselben der göttlichen Gerechtigkeit für andere genugtat.

Ich fühlte, dass ich half; und in diesem Gefühl schloss ich alles, was mir am Herzen lag, in die Leiden ein und mehrte und benutzte die Gnade des genugtuenden Leidens mit herzlichem Vertrauen auf die Barmherzigkeit des himmlischen Vaters. St. Augustinus sagte mir aber noch, ich solle mich erinnern, dass ich vor drei Jahren am Morgen des Allerheiligenfestes dem Tode nahe gewesen sei, dass mir da mein himmlischer Bräutigam erschienen sei, dass Er mir die Wahl gelassen habe, ob ich sterben und noch im Fegefeuer leiden wolle, oder ob ich in Schmerzen noch länger leben wolle, und wie ich ihm gesagt hätte: ‹Im Fegefeuer kann ich nichts helfen, o Herr, mit meinen Schmerzen; so es deinem Willen nicht zuwider ist, lasse mich alle Marter im Leben nochmals beginnen, wenn ich nur irgend dadurch einer Seele helfen kann›; und dass mir damals, als ich zuerst um Auflösung gefleht, mein Heiland die zweite Bitte des ferneren Lebens in Peinen gewährt habe. Ich erinnerte mich jenes Gelübdes auf die Mahnung meines heiligen Ordensvaters deutlich und litt die noch übrige Zeit bis um drei Uhr die verzweifeltste Pein mit Ruhe und Danksagung. Die Schmerzen drückten mir den Angstschweiß und die bittersten Tränen aus.

Ich hatte danach ein Gesicht von der Heiligsten Dreifaltigkeit. Ich sah die Gestalt eines leuchtenden Alten auf einem Throne. Aus seiner Stirne ergoss sich ein unbeschreiblich helles, ganz ungefärbtes Licht; aus seinem Munde ergoss sich ein Lichtstrom, der schon etwas gefärbter war, etwas gelber und feuriger; aus der Mitte seiner Brust, der Herzgrube, strahlte ein farbiges Licht aus. Alle diese Lichtstrahlen bildeten, sich durchschneidend, ein Lichtkreuz wie vor der Brust des Alten in der Luft gebildet, wie ein Regenbogen schimmernd. Und es war, als lege der Alte seine beiden Hände auf die Kreuzesarme.

Ich sah aber von dem Kreuze aus unzählige Strahlen nach allen himmlischen Chören und nach der Erde fallen und alles davon erfüllen und erquicken. Zur Rechten etwas tiefer sah ich den Thron der allerseligsten Jungfrau Maria, und ich sah von dem Alten aus einen Strahl nach ihr und aus ihr einen Strahl in das Kreuz fallen. Es ist dieses alles ganz unaussprechlich und im Gesicht, wenngleich ganz blendend und wie mit Licht ertränkend, eben dadurch äußerst verständlich und einfach und dreifach, und alles unendlich erquickend, erklärend und genügend.

Die Engel sah ich unter dem Throne in einer ganz farblosen Lichtwelt. Höher sah ich die vierundzwanzig Altväter mit silbernen Haaren, die Allerheiligste Dreifaltigkeit umgebend. Den ganzen anderen unendlichen Raum sah ich von Mittelpunkten verschiedener Heiligen, die wieder jeder mit seinen Chören umgeben waren, erfüllt. Augustinus sah ich rechts der Dreifaltigkeit viel tiefer als Maria, mit allen seinen heiligen Chören. Dazwischen liegen Gärten und leuchtende Ortsgestalten und Bilder von Kirchen nach allen Seiten. Es ist, als gehe man zwischen den Sternen des Himmels nahe und fern umher, und bei der größten Verschiedenheit der Formen und Bilder der Gefäße Gottes sind alle mit allem durch Jesus Christus erfüllt, überall dasselbe Gesetz, derselbe Inhalt und doch eine andere Form, aber durch jede der gerade Weg in das Licht des Vaters durch das Kreuz des Sohnes.

Von der Mutter Gottes aus sah ich eine lange Reihe von weiblichen königlichen Gestalten sitzen. Es waren Jungfrauen und hatten Kronen und Zepter, aber es schienen keine irdischen Königinnen, es schienen Geister oder Seelen, welche ihr nachgestrebt oder vorgegangen. Sie schienen ihr zu dienen wie die vierundzwanzig Alten der Dreifaltigkeit. Dieses Ganze aber beging das Fest, indem es sich wunderbar feierlich ineinander und zusammenbewegte, und ich kann es nur mit einer schönen Musik vergleichen.

Ich sah aber unter dieser feierlichen Bewegung alle Heiligen und Seligen wie in einer Prozession oder in vielen Prozessionen unter dem Sitze der Allerheiligsten Dreifaltigkeit hinziehen. Es war, wie die Sterne um die Sonne herumwandeln am Himmel; und sah ich dann nieder auf die Erde, so sah ich wieder ganz mit dem himmlischen Feste zusammenstimmend unzählige Feste dieses Tages und Prozessionen. Aber das sah alles so elend und dunkel und zerstückt und mit so großen Lücken aus, und es war, als schaue man in tiefen Kot, wenn man von oben schaute. Doch war hie und da noch viel Gutes dabei. Ich sah von da auch die Prozession hier in Dülmen und bemerkte ein armes, elend gekleidetes Kind dabei und seine Wohnung. Ich will es kleiden.

(Unter fortwährenden Leidenszuständen hatte Anna Katharina am Fronleichnamsfest 1819 sehr reiche Anschauungen von der Einsetzung des Heiligsten Sakramentes und der ganzen Geschichte seiner Anbetung bis auf die Gegenwart, konnte aber vor Erschöpfung nur folgendes darüber mitteilen:)

Ich sah ein Bild der Einsetzung des Heiligsten Sakramentes. Der Herr saß an der einen Langseite des Tisches in der Mitte, zu seiner

Rechten Johannes, zu seiner Linken ein schlanker, feiner Apostel, der viel von Johannes hatte; neben ihm saß Petrus, der sich oft über ihn vorneigte. Anfangs sah ich den Herrn noch eine Weile sitzend lehren. Hierauf standen Er und alle auf; es sahen nun alle still und begierig auf ihn, was Er tun würde. Ich sah aber, dass Er die Schüssel mit dem Brot emporhielt, die Augen emporrichtete und das Brot, mit dem beinernen Messer in Linien vorritzend, in Bissen brach. Ich sah ihn hierauf die Rechte wie segnend darüber bewegen. Als Er dieses tat, ging ein Glanz von ihm aus, das Brot leuchtete, Er selbst ward leuchtend und wie aufgelöst in Licht, und es ging dieses Licht auf alle Gegenwärtigen über und wie in sie ein. Und sie wurden alle stiller und inniger; nur den Judas sah ich dunkel und dieses Licht abstoßend.

Jesus hob auch den Kelch empor und die Augen und segnete ihn ebenso. Ich kann für das, was ich während dieser heiligen Handlung mit ihm vorgehen sah, keinen anderen Ausdruck finden, als ich sah und fühlte, dass Er sich verwandelte. Nachher war das Brot und der Kelch Licht.

Ich sah aber, dass Er die Bissen auf einem flachen Teller, wie eine Patene, liegen hatte, und dass Er diese Bissen mit seiner Rechten den einzelnen in den Mund gab; zuerst, wie ich glaube, der Mutter Gottes, welche zwischen den gegenüberstehenden Aposteln zum Tische herantrat. Ich sah dabei Licht aus seinem Munde ausgehen. Ich sah das Brot leuchtend und wie eine lichte menschliche Körperform in den Mund der Apostel gehen. Ich sah alle wie von Licht durchdrungen, nur Judas sah ich finster und dunkel. Den Kelch nahm der Herr auch in die Hand und ließ sie aus demselben trinken. Er hatte ihn am Stiel gefasst. Auch hier sah ich Glanz wie vorhin in die Apostel strömen. Nach dieser Handlung sah ich alle noch eine Weile gerührt stehen und dann das ganze Bild verschwinden. Es hatten die Bissen, welche der Herr gab, zwei Abteilungen des Brotes in der Breite eingenommen, so dass sie eine Furche in der Mitte hatten.

(Hierauf hatte sie eine lange Reihe von Bildern von der veränderten Gestalt, Ausspendung und Verehrung des Sakramentes. Leider war sie von Müdigkeit und Schmerzen der Nacht so ganz ohnmächtig, dass sie nur das folgende daraus berichten konnte:)

Ich sah, wie das Abendmahlsbrot immer weißer und feiner wurde. Ich sah es schon bei den Aposteln in Jerusalem kleiner werden, so dass Petrus bei der Menge nur die Größe von einem Bissen reichte. Bei der Einsetzung waren es zwei nebeneinander. Nachher sah ich sie viereckig und zuletzt später rund geworden. Ich sah, als die Apostel schon in ferne Orte sich zerstreut hatten und die Christen noch keine Kirchen, sondern nur Säle hatten, worin sie sich versammelten, dass die Apostel das Sakrament zu Hause hatten, und dass, wenn sie dasselbe zur Kirche trugen, die Leute ehrerbietig folgten, worin mir schon der Anfang der Prozessionen und öffentlichen Verehrung gezeigt wurde.

Im Anfang sah ich die Kirchen nur als sehr einfache Versammlungshäuser. Nachher erhielten die Christen große Tempel auch von den Heiden, welche geweiht wurden; da blieb das Sakrament schon darin. Ich sah auch, dass die Christen das Abendmahl in die Hand empfingen und dann aßen. Ich sah, dass die Frauen es mit einem Tüchlein anfassen mussten. Ich sah, dass die Christen das Sakrament auch in einer Zeit mit nach Haus nehmen durften und in einer Büchse oder einem Kästchen mit einem Schieber am Hals hängen hatten, worin es zwischen einem Tüchlein lag.

Ich sah, dass, als dieser Gebrauch abkam im allgemeinen, es doch noch lange hie und da einzelnen Frommen gestattet wurde. So hatte ich hintereinander sehr viele Bilder von dem Heiligen Sakrament, dessen Empfang und Verehrung, auch vom Kommunizieren unter beiderlei Gestalt. Ich sah im Anfang und zu einzelnen Zeiten die Christen in großem Glauben, Einfalt und Erleuchtung, zu anderer Zeit in Verführung und Verwirrung und Verfolgung. Ich sah die Kirche auf Antrieb des Heiligen Geistes bei dem Sinken der Andacht und Verehrung des Heiligsten Sakramentes mancherlei Änderungen in seinem Gebrauche anordnen; bei den von der Kirche Abfallenden sah ich das Aufhören des Sakramentes selber.

Ich erhielt auch die Ursachen jeder Veränderung. Ich sah das Fronleichnamsfest und die öffentliche Verehrung zur Zeit großen Verfalles einsetzen und unbeschreibliche Gnade dadurch über die Gemeinden und die ganze Kirche kommen. Ich sah unter vielen Bildern auch eine große Feierlichkeit in einer mir bekannten Stadt, ich glaube Lüttich.

Dann sah ich in einem fernen heißen Lande, wo Früchte wie Datteln wuchsen, in einer Stadt die Christen in der Kirche versammelt und den Priester am Altare, vor der Kirche aber ein schreckliches Getümmel. Ein tyrannischer, wilder Mann ritt auf einem weißen Pferde, und viele Leute zerrten sich mit einem ganz unbändigen Tiere herum, das wie wütend war und alle Leute in den größten Schrecken setzte. Es war, als wolle der Tyrann das Tier zum Spott in die Kirche treiben lassen. Und ich glaube, er sagte, nun sollten die Christen sehen lassen, ob ihr Gott von Brot ein Gott sei. Die Leute in der Kirche waren in der größten Angst; ich sah aber den Priester mit dem Sakrament nach der Seite hin den Segen geben, von der sich der Tyrann mit der Bestie näherte. In demselben Augenblick stand das wütende Tier wie angewurzelt. Hierauf näherte sich der Priester der Tür mit dem Sakrament, und kaum trat er dem Tiere entgegen, als es sich demütig nahte und auf die Knie niederfiel, worauf ich den Tyrannen und alle seine Begleiter ganz verwandelt sah. Sie knieten nieder und gingen in die Kirche und bekehrten sich.

Ich war auch diese Nacht in unbeschreiblich heftigen inneren Peinigungen, so dass ich wohl oft hätte laut aufschreien mögen. Diese Pein zieht durch alle Glieder, und ich sehe dann dazwischen allerlei Bilder, wofür ich diese Schmerzen leide. Es ist für alle Mängel in den Gliedern, in der Gemeinde, in der Kirche bezüglich des Genusses, der Verehrung des Heiligsten Sakramentes. Ich hatte auch ein Bild, das ich nicht aussprechen kann, wie der Herr selbst an Orten, wo schlechte Priester sind, die Gemeinde durch wunderbare Führungen schützt und einzelne Glieder erweckt.

(Am 2. Juni fand sie der Pilger mit munterem Antlitz, doch ganz von Schmerzen und Peinen zerschmettert. Sie konnte sich kaum rühren und wusste von allen Bildern der Nacht nichts, als dass sie die ganze Zeit in Pein gelegen, welche immer stieg und durch alle Glieder des Leibes bis in die Fingerspitzen stechend und peinigend zog. Diese Schmerzen hatten immer eine bestimmte Bedeutung und waren zu dieser oder jener Sühnung oder Abwendung bestimmt. Sie wusste auch fortwährend, für was sie litt, und hatte am Eingang der Nacht wieder das Gesicht von dem Garten der hl. Clara von Montefalco, welche ihr zeigte, dass die acht Felder dieses Gartens die acht Tage der Feier des Heiligsten Sakramentes bedeuten, und dass sie bereits drei Felder bestellt habe. Sie hatte wieder mystische Erklärungen über die Bedeutung der Pflanzen bezüglich auf Schmerz.

3. Juni: «Ich fand sie», berichtet der Pilger, «abermals ganz unbeschreiblich zermartert. Sie hatte heute nacht unbeschreibliches Elend gelitten, sie hat auch viele einzelne Not gesehen, Bilder von Menschen, welche sich in ihr Gebet befehlen. Sie kann nur wenig sprechen und bittet mich, zweier Hauptübel im Gebet eingedenk zu sein. Einmal habe sie eine Familie auf dem Land in Sorgen und Angst wegen eines bevorstehenden Unglücks gesehen.

Das andere sei Elend und Kummer, der einer Familie in der Stadt bevorstände wegen Sünde. Diese Sachen seien ihr innerlich ganz besonders empfohlen.»

Am Sonntag in der Fronleichnamsoktav fand sie der Pilger wie seit dem Vorabend des Festes, in womöglich noch größerer Ermattung von Marter der mannigfaltigen Genugtuung für einzelne Sünder und die Kirche.

Sie sagte: «Ich bringe die Nacht in unbeschreiblicher Pein mit vollem Bewusstsein wachend zu, und es werden meine Schmerzen allein durch die Bilder einzelner Notleidenden und Hilfsbedürftigen unterbrochen, welche sich meinem Gebete empfehlend und ihre Not aussprechend oder zeigend an mein Bett herantreten wie Menschen, die mich bei Tage besuchen.»

Sie ist von ihrer Arbeit so ermattet, dass sie anfänglich glaubt, gar kein Bild gehabt zu haben; doch erzählte sie später:)

Ich befand mich in einer großen Kirche. Ich sah die Kommunionbank darin, welche unbeschreiblich groß war. Es waren aber draußen viele Häuser und Paläste, und ich sah Priester und Laien hinausgehen in die Häuser und die Leute zum Sakrament rufen, und sah allerlei Entschuldigung und überall was anderes; so sah ich in einem Hause junge Leute scherzen und tändeln usw.

Ich sah die Diener aber nun wieder hinausgehen und von den Straßen allerlei Krüppel, Arme, Lahme und Blinde einladen. Und ich sah nun sehr viele solcher Krüppel hereingehen, die Blinden aber geführt und die Lahmen getragen von denen, welche für sie beteten. Ich hatte Arbeit zum Erliegen. Ich erkannte viele dieser

Krüppel, welche ich doch im wachen Zustand ganz gesund weiß. Einen blinden Bürger fragte ich, wodurch er denn blind geworden, ich hätte ihn doch gesund geglaubt. Er wollte aber gar nicht wissen, dass er blind sei. Ich fand auch ein Weib, das ich in seiner Jugendzeit gekannt und seither nicht mehr gesehen, und ich fragte sie, ob sie vielleicht in der Nähe zum Krüppel geworden; aber sie meinte auch, sie sei kein Krüppel. Die Kirche aber war noch lange nicht voll.» Des Nachmittags ließ sie einen Bürger rufen, um ihn zur Milde gegen seine Frau zu ermahnen, die er misshandelt hatte. Er weinte sehr; die Frau wird auch kommen. Sie tat dieses durch innere Mahnung. Auch die von ihr auf dem Fest gekleideten Kinder waren bei ihr und dankten weinend.

(Danach fiel sie wieder in ihre seelischen Schmerzen, sie zitterte am ganzen Leibe, ja es ist kaum genug gesagt, ihre Glieder bebten vor Schmerz. Dabei wurden ihre Mittelfinger wieder eingekrümmt, ihre Wunden röteten sich. Ihr Angesicht war hierbei noch immer klar und freundlich, ja voll Freude, mit Jesus zu leiden; aber ihr Schmerz ward bald heftiger und steigend. Sie sagte in der Ekstase, es wäre ihr jetzt gar hart, sie sei gegen Mittag schon an den Feigenbaum im Garten gekommen und habe eine von den Feigen genossen, sie seien voller Pein. Sie habe jetzt noch vier Beete zu bestellen (vier Tage der Oktav). Es stände auch noch ein Rosenstock voll Rosen, der mit lauter Dornen umgeben sei, bei dem Brunnen. Sie habe kein Gebein der hl. Clara von Montefalco, sie sei selbst zu ihr gekommen als aus ihrem Orden, und weil sie auch gelitten, und um ihr den Garten leichter zu machen, der ihre Arbeit in dieser Oktav sei. Das Leiden steigt. «O wären die vier Tage um!» seufzte der Pilger.

Diese Leiden hielten ohne Unterbrechung bis zum Abend des 7. Juni an. Sie bestanden nicht in örtlichen Schmerzen, sondern es war ein Gemartertwerden durch alle Gebeine und Nerven, verbunden mit triefenden Schweißen, welche durch Erkälten ihr häufig Bluthusten zuzogen. Die Zunge war oft stundenlang krampfhaft gekrümmt und in den Schlund zurückgezogen.

Clara von Montefalco begleitete sie fortwährend bei den Arbeiten in dem geistlichen Garten. Nahte der Morgen, so blickte sie dennoch mit Sehnsucht auf die Nacht und die in ihr ausgestandenen Peinen zurück, die wie Blitze, Hagelschauer, Schneestürme und Brand durch ihre Gebeine jagten; denn sie hatte untertags auch alle äußeren Störungen zu ertragen, welche ihre Geduld auf die härteste Probe stellten.

Am 5. Juni hatte sie ein Gesicht vom hl. Bonifatius:)

Ich war in einer Kirche vor dem Heiligsten Sakrament, erzählte sie, in deren Mitte hohe Stufen sich befanden, auf denen ich den heiligen Bischof erblickte. Die Stufen waren besetzt mit Menschen jeden Geschlechts und Alters, die in alte Trachten und selbst in Felle gekleidet waren. Sie hörten mit offenem Munde einfältig und unschuldig zu, und ich sah rund über dem heiligen Bischof herab ein Licht wie Strahlen des Heiligen Geistes in verschiedener Stärke auf sie niederfallen.

Bonifatius war ein starker, großer und ganz begeisterter Mann. Ich hörte auch, dass er sprach, wie der Herr die Seinigen sich erwähle und ihnen früher schon seine Gnaden und seinen Heiligen Geist gebe; dass aber die Menschen mitwirken müssten, die Gnaden lebendig zu erhalten und zu gebrauchen; denn sie seien jedem gegeben, auf dass er ein Werkzeug in der Gemeinde Gottes werde. Es werde jedem ihrer Glieder die Kraft und Fähigkeit gegeben, nicht allein für sich, sondern auch für den ganzen Leib zu handeln. Der Herr aber gebe schon den Kindern ihren Beruf, und wer zur Belebung der Gnade nicht mitwirke und sie nicht in sich oder auch in anderen belebe, der beraube den Leib einer Hilfe, welche er ihm zu leisten habe, und werde dadurch ein Dieb an der Gemeinschaft. Es solle daher jeder sehen, wen er in dem anderen zu lieben und zu fördern habe, nämlich ein Glied des einen Leibes, ein Werkzeug des Heiligen Geistes, welches der Herr sich erwählt. Darum sollten besonders die Eltern dieses in den Kindern betrachten und die Werkzeuge, welche aus ihnen der Herr für seinen Leib, für die Kirche erwählt, nicht unbrauchbar machen, sondern beleben und entwickeln und zur Mitwirkung anleiten; sie könnten nicht ermessen, welch großen Raub sie durch das Gegenteil an der Gemeinde vollführten.

Ich hatte auch noch eine innere Unterweisung, wie es trotz der Bosheit der Menschen und des Verfalls der Religion doch zu keiner Zeit der Kirche an lebendigen, arbeitenden Gliedern gefehlt habe, welche der Heilige Geist erweckt habe, für die Mängel der ganzen Gemeinde zu beten und in Liebe zu leiden. Und in den Zeiten, wo solche lebendige Glieder nicht bekannt seien, wirkten sie im verborgenen desto lebendiger, und dieses sei auch jetzt der Fall. Nun sah ich nach vielen Weltrichtungen zwischen dunkeln Gegenden einzelne Szenen von frommen, betenden, lehrenden und leidenden Menschen, welche für die Kirche arbeiteten. Unter allen diesen Bildern, welche mich in meinen Schmerzen freudig machten und stärkten, waren mir folgende besonders erquickend:

Ich sah in einer großen Stadt am Meere, weit von hier gegen Mittag, eine kranke Klosterfrau in dem Hause einer tätigen, frommen Witwe. Sie wurde mir gezeigt als eine fromme, von Gott erwählte Person, für die Kirche und allerlei Not zu leiden. Ich sah, dass sie die Wundmale hatte, was aber nicht bekannt war. Sie war groß und ganz abgemagert und war aus einem anderen Ort her, hier bei der Witwe aufgenommen, welche mit ihr und einigen Priestern alles teilte. Die Frömmigkeit der übrigen Leute in der Stadt gefiel mir nicht. Sie hatten viele äußerliche Andachten und waren dabei doch in allen Ausschweifungen ebenso eifrig.

Weit von diesem Orte, mehr gegen Abend, sah ich in einem alten, aufgehobenen Kloster einen alten, schwachen Laienbruder, der nur in der Stube noch ein wenig gehen konnte. Auch er wurde mir gezeigt als ein Werkzeug des Gebetes und des Leidens für andere und die Kirche. Ich sah viele Leute, welche Kummer hatten, auch Kranke und Arme bei ihm Trost und Hilfe finden. Es wurde mir gesagt, dass solche Werkzeuge der Kirche Gottes nie gefehlt haben und nie fehlen würden, und dass sie immer dahin von der Vorsehung gestellt würden, wo sie am nötigsten seien, dicht neben das Verderbnis.

(Mittwoch, den 7. Juni, abends 9 Uhr, als die Not am höchsten gestiegen war, sanken die Schmerzen und zogen fühlbar aus ihrem Gebein ab. In den letzten Tagen war es, nachdem alles in ihr durchpeinigt war, besonders noch die Haut, welche auf allen Punkten mit unausstehlicher Pein schmerzte.

Mit dem Sinken der Schmerzen trat aber eine Todesmüdigkeit ein. Sie konnte kein Glied mehr regen, kein Zeichen, keinen Laut, keinen Wink von sich geben. Der Beichtvater ward hierüber sehr besorgt und tat viele Fragen an sie; sie verstand ihn wohl, konnte aber erst nach einigen Stunden unter Tränen mit leisem Stammeln erwidern, sie könne nicht antworten, sie sei wie tot, aber die Schmerzen seien vorüber.

Am anderen Morgen, Donnerstag früh, fand sie der Pilger leichenblass, aber ohne Pein. Sie war, nach seinen Worten, am Wege hingesunken nach erreichtem Ziele, man konnte sagen, sie sei nicht gestorben in der Pein, aber ob sie sich erholen werde von den Folgen dieser Zustände, konnte man nicht wissen. Sie sagte später, der Arzt habe von Chinarinde gesprochen; sie aber habe ihm bedeutet, sie habe jetzt kein Fieber, in solchen Schmerzen werde sie immer kalt. Gott allein könne ihr helfen. Sie sagte, Jesus, ihr himmlischer Bräutigam, habe allein geholfen, sie habe seine Annäherung, seine Mitteilung, seine Erquickung genossen. Er sei unbeschreiblich süß und gütig gewesen.

Auch Clara von Montefalco sei bei ihr gewesen und habe gesagt, die Arbeit sei nun fertig, der Garten sei diese ihre Marter gewesen, der Weinstock sei das Blut Jesu Christi, der Springbrunnen sei das Sakrament, Wein und Wasser müssten zusammenkommen. Der Rosenstock bei dem Brunnen, der so viele Dornen habe, sei nicht zu erreichen als ganz zuletzt. Sie ist zu schwach, Näheres mitzuteilen, doch gesteht sie, dass sie beim Anbruch des Morgens das Te Deum, die Bußpsalmen und ihre Litaneien zum Danke gebetet habe; sie müsse nun aber vier Tage Ruhe haben, alles fernhalten, sich allein Gott überlassen, sonst müsste sie infolge der überstandenen Peinen sterben.

Als sie ihrer Schmerzen gedenkt, muss sie in Erinnerung an deren Heftigkeit und der Barmherzigkeit mit ihr weinen. Ihre Umgebung kann beim Anblick ihrer erschrecklichen Abmagerung sich des Mitleids nicht erwehren.

Die so flehentlich begehrte Ruhe ward ihr nicht zuteil. Niemand aus der Umgebung, selbst dem Pilger nicht, kam es in den Sinn, ihre Worte buchstäblich zu nehmen. Obwohl er am 9. Juni berichten musste:

«Ich fand sie totenblass und schwach. Sie kann keine Ruhe finden, niemand weist die Störungen ab. Sie sagte, da sie ihre Marter in der Vereinigung mit Jesu Leiden vollendet, so müsse sie nun auch drei Tage mit ihrem Leibe ruhen, wie der Leib Jesu im Grabe geruht. Sie weiß nicht, ob sie davonkommen wird. Der Arzt wollte sie mit Spiritus einreiben; doch der Beichtvater, der ihren Tod erwartete, wagte eine Einsprache, und es unterblieb» – so konnte sie sich doch kaum seiner Fragen und Ausforschungen erwehren, weil er «aus ihrem Innern und den fortdauernden Gesichten schließen wollte, dass es sich noch nicht zum Ende neige, wenngleich der Beichtvater an ihrem Aufkommen zweifle».

Der Letztere stand an ihrem Bette und dachte, er wolle sie durch Darreichung der konsekrierten Finger stärken; kaum war der Gedanke in ihm aufgestiegen, als sie plötzlich ihr Haupt erhob und nach seiner Hand hin bewegte.

In dieser Verlassenheit kam Hilfe von der hl. Clara von Montefalco, Juliana von Lüttich und dem hl. Antonius von Padua. Die erstere erschien ihr und sagte: «Du hast den Garten des Heiligsten Sakramentes wohlbestellt, und deine Arbeit ist nun vollbracht. Du bist aber sehr herunter, ich muss dir eine Labung bringen.»)

Nun sah ich, erzählte Anna Katharina, in demselben Augenblick die Heilige ganz leuchtend von oben zu mir niederkommen, und sie brachte mir einen dreieckigen Bissen, auf dessen beiden Seiten ein Bild eingedrückt war; danach verschwand sie. Ich aß diesen Bissen mit großer Erquickung; ich bin mir gewiss, dass ich mehrmals davon ordentlich gebissen habe, er schmeckte sehr süß und labte mich sehr. Das Leben ist mir wieder geschenkt worden; ich habe es nur durch Gottes Gnade. Ich lebe noch, kann meinen Heiland noch lieben, noch mit ihm leiden, ihm noch danken und ihn preisen!...

Ich sah auch die acht Beete, die ich im Garten der hl. Clara in diesen acht Tagen zu bestellen hatte, was ohne die Gnade Gottes eine ganz unmögliche Arbeit gewesen wäre. Der Feigenbaum bedeutete Trostsuchen, schwache Nachgiebigkeit, Schonenwollen. So oft ich am Weinstock im Garten zu tun hatte, war ich mit im Kreuz ausgespannten Armen an ihn gebunden... Ich erblickte auch, was ich in den acht Tagen erarbeitet hatte, für welche Schulden ich genuggetan und welche Strafen abgebüßt. Ich sah dies bei einer Prozession mit dem Heiligsten Sakrament. Es war dies ein geistiges Kirchenfest, bei welchem die Seligen die Schätze der Gnaden feierten, welche in diesem Jahre der Kirche durch die Anbetung des Heiligsten Sakramentes gewonnen wurden.

Diese Gnaden waren in Formen der kostbarsten Kirchengefäße, Edelsteine, Perlen, Blumen, Trauben, Früchte aufgestellt. Die Prozession wurde von weißen Kindern geführt, denen Klosterfrauen aus allen Orden folgten, welche besondere Andacht zum Heiligsten Sakrament getragen hatten. Alle hatten ein Abzeichen wie die Figur des Heiligsten Sakramentes auf ihren Habit gestickt. Juliana von Lüttich führte sie an; auch Norbertus sah ich mit seinen Ordensleuten, denen sich Unzählige aus allen Orden und der Priesterschaft anschlossen. Es war eine unbeschreibliche Wonne, Süßigkeit und Einstimmigkeit in allem, was vorging...

Ich hatte auch ein Bild über die Mängel des irdischen Gottesdienstes und deren übernatürliche Ergänzung. Es ist mir aber schwer, ja unmöglich, zu sagen, wie ich dies alles sehe, und wie die Bilder alle ineinander greifen und harmonieren, und wie eins sich durch das andere durchschiebt, und wie ein Bild im anderen dasselbe erklärt. Besonders merkwürdig ist, wie die Mängel und Vernachlässigungen des irdischen Gottesdienstes nur den Versäumenden die Schuld mehren, dem Herrn sein gebührender Dienst aber auf eine höhere Weise ersetzt wird.

So sehe ich unter anderem die Zerstreuung der Priester bei heiligen Handlungen, z.B. der Messe, ganz wesentlich, indem ich ihre Person wirklich da sehe, wo gerade ihre Gedanken sind, und währenddem einen heiligen Vertreter statt ihrer am Altar. Diese Bilder zeigen die Größe der Schuld einer so unandächtigen Behandlung der göttlichen Geheimnisse auf eine grässliche Weise. So sehe ich z.B. einen Priester im Messgewand aus der Sakristei treten; aber er geht nicht zum Altar, er läuft zur Kirche hinaus in ein Weinhaus, in einen Garten, zu einem Jäger, einer Jungfer, einem Buch, in eine Gesellschaft, und ich sehe ihn bald da, bald dort, wie seine Gedanken abspringen, als sei er persönlich da, welches ganz erbärmlich und schändlich aussieht.

Es ist aber ungemein rührend zu sehen, wie unterdessen ein heiliger Priester an seiner Stelle am Altar den Dienst tut. Oft sehe ich ihn wohl auch unter dem Amt einige Mal zurücktreten an den

Altar; aber dann auf einmal an irgendeinen unschicklichen Ort zurücklaufen.

Manchmal sehe ich ganze Perioden lang diese Umherschweifungen. Die Besserung, die ich sehe, erscheint dann als andächtiges Bleiben und Sammlung beim Dienst usw. Ich sah in mehreren Gemeinden viel Staub und Kot von den heiligen Geschirren gefegt und alles blank und neu.

(In der Nacht vom 12. auf den 13. Juni empfing sie tröstende Bilder aus dem Leben des hl. Antonius.)

Ich sah diesen lieben Heiligen, erzählte sie, sehr fein und edel gebildet. Er war sehr gewandt und behände und erinnerte mich an Xaverius. Er hatte schwarze Haare, eine feine spitze Nase, dunkle sanfte Augen und an seinem Kinn einen kleinen gespaltenen Bart. Seine Farbe war sehr weiß und bleich. Seine Kleidung war braun, er trug auch ein Mäntelchen, doch nicht ganz wie die jetzigen Franziskaner. Er war sehr rasch, voll Feuer und doch voll Sanftmut.

Ich sah den hl. Antonius ganz eifrig an einem Meeresufer in einen Busch gehen; als er darin war, stieg er in einen Baum, dessen Zweige sich tief unter ihm ausbreiteten. Ich sah ihn von Ast zu Ast steigen; denn kaum hatte er sich hinein begeben, so ergoss sich das Meer in das Gebüsch, und alle Bäume standen im Wasser. Ich sah aber, wie eine unbeschreibliche Menge von großen und kleinen Fischen der verschiedensten Gestalt und allerlei Meertiere mit dem Wasser hereingekommen waren und aus dem Wasser ganz ruhig nach dem Heiligen emporschauend ihm zuhörten.

Nach einer Weile segnete er sie mit seiner Hand, und das Meer kehrte mit den Fischen zurück. Es blieben aber viele auf dem Lande liegen, welche der Heilige, da er herabgestiegen, den weichenden Wellen nachschob. Ich hatte dabei das Gefühl, als liege ich in diesem Gebüsch in einem zarten Moosbett, und es blieb neben mir auf dem Bett ein wunderliches Meertier liegen, platt und breit, einen Kopf wie ein Beil so rund, das Maul unten, auf dem Rücken grün mit goldenem Streif, goldene Augen, goldene Flecken auf dem Bauch. Alles, was in dem Wäldchen geschah, war wie von Nacht umgeben, alles war darum her dunkel; nur wo Antonius ging und um ihn her war es licht. Ich sah den hl. Antonius wieder aus dem Wäldchen am Meere gegangen. Er kniete nieder und wendete sich einer weit entfernten Kirche hin mit seiner Seele, zu dem Heiligsten Sakramente. Ich sah zugleich in weiter Entfernung diese Kirche und das Heiligste Sakrament in einem Behälter auf dem Altar und sah sein Gebet dahin. Ich sah aber einen kleinen buckligen, alten Mann mit hässlichem Angesicht hinter Antonius hergelaufen kommen. Er hatte einen weiß geflochtenen, hübschen runden Korb, der unten und oben am Rande mit anderer Farbe, vielleicht mit braunen Weiden kraus geflochten war. Der Korb war voll schöner, wohlgeordneter Blumen. Er wollte sie dem Heiligen geben, er stieß ihn an; aber dieser hörte und sah nichts und kniete, immer nach dem Heiligsten Sakramente hinschauend, im Gebete unbeweglich. Da sah ich, dass der alte Mann den Korb mit den Blumen hinstellte und fortging.

Ich sah aber, als nähere sich die ferne Kirche dem betenden Antonius, und ich sah, dass aus dem Heiligsten Sakramente wie eine kleinere Monstranz herausging und sich wie in einem Lichtstrome, von dem entzückt Betenden angezogen, gegen ihn bewegte und in einiger Entfernung vor ihm in der Luft schwebend stehen blieb. Dann sah ich aus dieser Monstranz ein kleines, ungemein leuchtendes, liebliches Jesuskind ausgehen und sich auf die Schulter des Heiligen setzen und ihn liebkosen.

Nach einiger Zeit begab sich dies Kind in die Monstranz zurück und diese wieder in das Sakrament auf dem Altar der fern gewesenen Kirche, welche nun nahe war. Den Heiligen sah ich aber die Blumen stehen lassen, und als wäre er nun auf einmal in der Stadt, bei der jene Kirche stand.

Ich sah den hl. Antonius wie auf einem Fechtplatz vor jener Stadt, die am Meere lag, mit vielen Menschen im Disput. Es war aber besonders ein heftiger, zorniger Mann dabei, der gegen den Heiligen scharf mit Worten auftrat. Da sah ich, als bestimmten die beiden etwas untereinander, und dass Antonius heftig in heiligem Eifer mit seinen beiden Armen unter seinem Mäntelchen hervorfuhr, als beteuere er etwas, und dass er, sich aus der Versammlung Platz machend, den Ort verließ. Dieser Ort war eine große Wiese mit Bäumen besetzt und mit einer Mauer umgeben längs dem Meere vor der Stadt. Er war voll von Menschen, die herumwandelten oder dem Heiligen zuhörten.

Hierauf hatte ich ein anderes Bild. Ich sah Antonius in einer Kirche die Messe lesen und sah von der Kirche einen weiten Weg bis zum Stadttor mit einer erwartenden Volksmenge besetzt. Ich sah aber jenen Mann, welcher so heftig mit Antonius gestritten hatte, einen großen Ochsen mit langen Hörnern zur Stadt führen. Indessen hatte der Heilige die Messe vollendet und ging feierlich mit einer konsekrierten Hostie zur Kirchentür hin. Als er dieses tat, war der Ochse am Stadttor nicht mehr zu halten, sondern riss sich plötzlich von seinem Führer los und eilte im schnellsten Laufe durch die Straßen nach der Kirche hin.

Der Mann lief ihm nach und vieles Volk, so dass Weib und Kind übereinander stürzten, aber sie konnten ihn nicht einholen, und als sie ankamen, lag der Ochse bereits auf der Erde ganz niedergedrückt und streckte seinen Hals weit und demütig niedergebeugt gegen das Heiligste Sakrament aus, welches Antonius, vor der Kirche stehend, ihm entgegenhielt. Der nachgelaufene Mann streute ihm Futter vor; aber der Ochse berührte nichts und verließ seine Stellung nicht. Hierauf fiel der Mann und alles Volk demütig vor dem Heiligsten Sakrament nieder und erkannten es anbetend an.

Nun ging Antonius mit dem Heiligsten Sakrament zur Kirche wieder hinein und die Menge mit ihm, und nun erst sah ich den Ochsen sich erheben und zum Tor zurückgeführt das dargereichte Futter verzehren. Ich sah, wie ein Mann sich bei Antonius anklagte, dass er seine Mutter mit dem Fuße gestoßen habe. Nachher sah ich diesen Mann in einem anderen Bilde durch die Ermahnung des hl. Antonius so zerknirscht, dass er sich das Bein abhauen wollte, womit er seine Mutter getreten; und ich sah, wie Antonius ihm in demselben Augenblick erschien und ihm den Arm zurückhielt.

15. Juni: Ich wendete mich mit meinem Gebet an das Heilige Sakrament und ward im Geiste in die Kirche entrückt, worin das Fronleichnamsfest zuerst auf Erden gefeiert wurde. Die Kirche war auf alte Art mit alten Bildern, sie sah aber noch nicht alt und verbraucht aus, und es war schön hell in derselben. Ich kniete vor dem hohen Altar. Das Sakrament war in keiner Monstranz, sondern stand im Tabernakel in einer hohen Büchse, auf der ein

Kreuz war. Man konnte aus dieser runden Büchse ein Gestell von drei Abteilungen herausziehen.

Die oberste enthielt mehrere kleine Gefäße mit heiligem Öl; die mittlere ein Gefäß, worin mehrere konsekrierte Hostien waren, und die untere eine Flasche wie von Perlmutter schimmernd, und es war mir, als sei Wein darin. An dieser Kirche war ein Kreuzgang, in welchem mehrere fromme Jungfrauen wohnten.

Auf der einen Seite war aber ein kleines Häuschen an die Kirche angebaut, in welchem eine sehr fromme Jungfer wohnte, welche Eva hieß. Sie hatte ein Fensterchen aus ihrer Kammer, welches mit einem Schieber verschlossen war, und durch welches sie bei Nacht und Tag, wenn sie es öffnete, gerade nach dem Heiligsten Sakrament auf den Hochaltar sehen konnte. Sie hatte eine große Andacht zum Heiligsten Sakrament, und ich habe sie in all ihrem Wesen gesehen. Sie war ansehnlich und war nicht ganz wie eine Klosterfrau, sondern mehr wie eine Pilgerin gekleidet. Sie war nicht von diesem Orte, sondern von wohlhabendem Stand und anderwärts hierher gezogen, allein um in Andacht bei der Kirche zu leben.

Dann sah ich auch in der Nähe dieser Stadt auf einem Berge ein Kloster. Es war nicht wie sonst ein Kloster gebaut, es waren mehrere nach und nach zusammengebaute Häuser. Ich sah da auch die selige Juliana[90], als Klosterfrau, welche das Fronleichnamsfest veranlasst hat. Ich sah sie in einem grauen Ordenshabit im Garten in großer Unschuld umhergehen und in Betrachtung vor den Blumen.

Ich sah, dass sie neben einer Lilie niederkniete und in geistiger Betrachtung der Reinigkeit war. Ich sah sie auch im Gebete wegen des Auftrages, das Fronleichnamsfest einzuführen. Sie war sehr bekümmert, und ich sah, wie ihr ein anderer Geistlicher gezeigt wurde, dem sie ihre Offenbarung bekanntmachen sollte, da ein früherer ihre Mitteilung nicht gut aufgenommen hatte.

Dann sah ich zugleich, während sie betete, in der Ferne ein Bild von einem betenden Papste neben weichem die Zahl IV stand, und sah, dass er, durch ein Gesicht und eine Gnade, die ein anderer durch das Heiligste Sakrament erhalten hatte, bewegt, sich vornahm, das Fest in der Kirche einzuführen.

Zwischen diesen Bildern fand ich mich immer wieder in der Kirche vor dem Altar und Sakrament und sah zuerst einen leuchtenden Finger aus demselben hervortreten, der nachher eine Hand wurde, und sodann sah ich die ganze Gestalt eines leuchtenden Menschen vor mir stehen, welcher über und über mit Perlen bedeckt war; und er sprach zu mir: «Siehe, alle diese Perlen sind da, keine ist verloren, und alle können sie sammeln!»

Die Strahlen dieses Jünglings erleuchteten die Welt. Da fuhr ich fort zu danken und erkannte in diesem Bilde, wie nach und nach das Heiligste Sakrament mit allen seinen Gnaden in die Anbetung der Gläubigen eingetreten ist.

(An demselben Tag erzählte sie auch:)

Ich sah um 12 Uhr mittags über einer schönen fruchtbaren Landschaft am Horizont fünf breite, sonnenfarbige Lichtbahnen eine große Kuppel bilden. Diese Lichtbahnen stiegen von fünf fern liegenden großen Städten wie Regenbogenteile durch den blauen Himmel auf und schlossen sich über der Mitte der schönen Landschaft zu einer Kuppel, auf welcher mit unbeschreiblichem Glanze das Heiligste Sakrament erschien, stehend auf einem Throne und umgeben von einer wunderbar verzierten Monstranz.

Ich sah über die fünf Bogen auf und nieder unzählige Engel schweben, als zögen sie von jenen Städten zum Sakrament und von diesem wieder in jene zurück. Die Feierlichkeit, den Trost und die Andacht, welche dies Bild gewährte, kann ich nicht aussprechen.

ANNA KATHARINAS LETZTE LEBENSTAGE UND TOD

Am 7. Februar 1821 schied der vieljährige treueste Freund Anna Katharinas, Abbé Lambert, aus diesem Leben. Wie wunderbar sind die Wege Gottes! Aus dem Herzen Frankreichs ward dieser gottselige Priester herbeigerufen, um zwei Jahrzehnte hindurch der Hüter einer Seele zu sein, welche berufen war, durch die standhafteste, treueste Übung aller christlichen Tugenden den allerheiligsten Namen Gottes zu verherrlichen und durch ihr ununterbrochenes Gebets- und Opferleben ein Gefäß der Gnade für zahllose Seelen zu werden.

Lambert ahnte das Geheimnis ihres an Gnaden und Leiden so überreichen Lebens; und darum trug er kein anderes Verlangen, als diesen Schatz ihr selber unerkannt und aller Welt verborgen zu erhalten. Und da sie aus der Verborgenheit hervorgezogen und um ihrer Wundmale willen dem Hohne des Unglaubens preisgegeben wurde, hielt er treu und standhaft bei der verfolgten Unschuld aus.

Dafür war aber auch Anna Katharina diesem edlen Priester stets in größter Dankbarkeit zugetan, und da ihn seine letzte, langwierige und höchst schmerzliche Krankheit ans Bett fesselte, war es Anna Katharina, welche ihm durch ihr mächtiges Gebet und ihre Opfer Geduld, Stärke, Trost und endlich das höchste Glück erflehte, das ein Sterblicher sich wünschen kann, die Gnade eines gottseligen Todes.

Am Tage seines Begräbnisses, am 9. Februar, erzählte sie dem Pilger: «Ich hatte den Kreuzweg gebetet und war (im Gesicht) dem Leichenzuge am Kirchhofe entgegengekommen. Nachher habe ich dem Gottesdienste beigewohnt und mit großer Anstrengung das Offizium mitgesungen. Ich sehe nun Lambert in einem himmlischen Garten, wo noch andere Priester und Seelen seiner Art sind. In seiner Sterbestunde sah ich den hl. Martinus (seinen Namenspatron) und die hl. Barbara, die ich um Hilfe angefleht, bei ihm.» Wenige Tage nach dem Tode Abbé Lamberts sah sich

Anna Katharina im Gesichte gleichsam in der Schwebe zwischen Leben und Tod; ihre Liebe zu den Seelen aber, in der sie sich zu neuen Leiden anbot, verschob ihre Auflösung. Das Tagebuch des Pilgers berichtet unter dem 14. Februar 1821:

«Der Pilger fand sie diesen Morgen todesschwach, aber voll Frieden. Sie konnte nur leise reden und sprach: ‹Ich lebe noch durch die Barmherzigkeit Gottes. Ich sah während der Nacht zwei Chöre von Heiligen und Engeln über mir. Sie reichten sich Blumen, Früchte, Buchstaben über mir zu; es war, als wolle ein Teil mich tot, der andere noch lebend haben. Ich selbst glaubte, dass ich nun sterbe. Ich war nicht mehr in meinem Leibe. Ich sah ihn liegen und wurde sanft emporgehoben und sah mich von Heiligen umgeben. Ein Teil bat für mein Leben, der andere für mein Sterben, und sie schenkten mir Gebet und Verdienste.

Ein Heiliger zeigte mir einen sterbenden Mann in Münster, mit dem es sehr übel stehe, und sagte, ich solle knien und beten. Ich schenkte dem Sterbenden das Gebet der Heiligen, das sie für mich verrichtet und da ich nicht wusste, ob mein Beichtvater mir erlaube, kniend zu beten, da er es mir den Tag über öfter verboten hatte, sendete ich den Heiligen zu ihm, ihn zu fragen; da er wieder kam und es mir erlaubt wurde, kniete ich und betete. Ich sah, dass ein Priester zu dem Sterbenden kam.›»

Von nun an bis zu ihrem Tode waren nächst dem Erzählen des Lebens Jesu die Sühnungsleiden für Kranke und Sterbende eine der Hauptaufgaben Anna Katharinas. Wie groß der Erfolg dieser Tätigkeit zum Heile der Seelen gewesen ist, wird erst am großen Gerichtstage vollkommen offenbar werden; dass er aber sehr groß gewesen ist, lässt sich aus dem ganzen Leben Anna Katharinas, wie wir es bisher kennengelernt, leicht abnehmen, sowie auch aus den furchtbaren Anfechtungen, mit denen der Feind der Seelen, der Satan, auch in diesem Zeitraum die Dulderin bestürmte, um ihr Wirken zu hindern.

Am 17. Februar 1821, Sonntag Quinquagesima, erzählte sie dem Pilger: «Ich habe eine schreckliche Nacht gehabt. Dreimal wurde ich vom Satan angefallen und heftig misshandelt. Er kam von der linken Seite meines Bettes, eine finstere, zornige Gestalt. Er fiel mich mit Drohungen an. Ich wies ihn von mir, betete; aber er schlug mich und warf mich hin und her. Seine Schläge waren heiß und feurig. Endlich wich er. Ich betete und rief Gott um Hilfe an.

Der Satan kam nochmals, schlug mich und zerrte mich hin und her. Ich überwand ihn wieder, rief zu Jesus um Hilfe und lag lange zitternd in argen Peinen. Gegen Morgen kam er zum dritten mal. Er misshandelte mich, als wolle er mir alle Glieder zerbrechen. Sie krachten, wo er mich anfasste. Ich hatte die Reliquien bei mir und auch die Kreuzpartikel. Der Satan wich. Mein Bräutigam erschien mir und sagte: ‹Du bist meine Braut!› Da wurde ich ruhig. Als es Tag wurde, fand ich alles in der Stube vom Feinde in Unordnung gebracht.»

In der darauffolgenden Nacht wiederholten sich diese Anfälle: «Der Feind», sagte sie, «kam zu mir in verschiedenen Gestalten, riss mich an den Schultern und schleuderte seine Vorwürfe mit Grimm mir zu. Er ist oft ganz groß und ansehnlich, als ob er etwas wäre und zu befehlen hätte, und will sich ein heiliges Ansehen geben und bringt dann sehr ernsthaft vor, als habe ich ein großes Unrecht getan, dass ich einer Seele im Fegefeuer geholfen oder jemand am Bösen gehindert, als ob das ein großes Verbrechen wäre. Manchmal kommt er greulich mit einem breiten, furchtbaren Gesicht und verdrehten Gliedern und schimpft und kneift und zerrt mich. Auch will er manchmal schmeicheln. Ich sehe ihn auch klein und fuchsig mit einem Hörnchen auf dem Kopfe, kurzen Armen ohne Ellbogen und Beinen, welche die Knie hinten haben, überall herumrennen.»

Rührend ist das folgende Bild, in welchem Anna Katharina die Wirksamkeit und den Erfolg ihrer Sühnungsleiden in diesen ihren letzten Jahren schaute, und das wir hier zum Abschluss ihrer Gesichte noch anführen wollen. Sie sagte:

«Ich hatte ein Gesicht, wie ich so viele Krankheiten kriege. Ich sah die Erscheinung Jesu Christi riesengroß zwischen der Welt und dem Himmel. Er war in der Gestalt und Kleidung, wie Er zur Verspottung ausgestellt wurde. Er hatte aber die Hände ausgebreitet und drückte auf die Welt nieder. Es war die Hand Gottes, welche niederdrückte; und ich sah vielfarbige Strahlen von Weh und Leiden und Schmerzen auf viele Menschen in allerlei Zuständen niederkommen und sah, dass, wo mich das Mitleid rührte und ich betete, ganze Ströme der verwickeltsten Schmerzensstrahlen aus der Masse sich ablenkten und mit allerlei Pein in mich drangen; von meinen Bekannten empfing ich am meisten. Es war Jesus; es war aber in der Erscheinung die ganze Dreieinigkeit innerlich. Ich sah sie nicht, aber ich empfand sie.»

Je näher die Zeit herankam, in welcher Anna Katharina die Krone des Lebens aus der Hand ihres Bräutigams empfangen sollte, umso schwerer wurden ihre Leiden. Kurz vor dem Fronleichnamsfest 1823 schrieb der Pilger: «Die Arbeiten für die Kirche sind nun, wie sie sagt, von so großer Qual und Anstrengung, dass sie zu sterben glaubt. Sie fühlt sich fortwährend am Ende ihres Lebens. Sollte sie das Fest überleben, dann würde sie noch auf einige Dauer hoffen.»

Am Fronleichnamsfeste war sie sehr elend, doch hatte sie eine große Anschauung von dem Heiligsten Sakrament. Da sie wegen des Erbrechens fürchtete, nicht kommunizieren zu können, so flehte sie zitternd vor Angst, Gott möge doch nicht zulassen, dass sie daran gehindert würde. Sie wurde erhört, es trat eine plötzliche Linderung ein, sie konnte die heilige Kommunion empfangen.

‹Ich sah danach›, erzählte sie, ‹Jesus mit Walpurgis, seiner schönen Braut; mich selber aber so elend wie ein armes Gewürm. Ich flehte, doch auch eine solche Braut zu werden. Jesus sagte mir: ‹Was willst du denn?› – ‹Ach gib›, flehte ich, ‹dass ich nicht sündige!› – Sie verließen mich ohne Antwort.›» Sie blieb am Leben, aber in Leiden, welche sich von Monat zu Monat steigerten und vom Pilger mit den Worten geschildert werden:

«Sie geht in schreckliche Martern für die Kirche ein. Sie wird gefoltert, gekreuzigt. Hals und Zunge schwellen; sie liegt immer wie von Weh zertrümmert. Sie leidet für Unbußfertige. Barbara und Katharina stellen ihr ihre Lage vor. Sie solle nicht verzagen; sie habe sich ja diese Leiden selber aufgeladen, sie müsse sie zu Ende tragen... Schreckliche Augenpein für einen kranken Kardinal bis zum Erblinden. Sie erliegt schier, wimmert: ‹Es schlägt wie Hämmer mir auf die Augen.› Auf ihr Flehen erhält sie einige Linderung; aber die Schmerzen kehren zurück. Sie ist sehr krank; zur Augenpein kommt Erbrechen. Sie leidet bis zur Sinnlosigkeit, kann nicht reden und nicht sehen.»

In das neue Jahr 1824 trat Anna Katharina in neuen, erhöhten Peinen, die bis zu ihrem Ende ununterbrochen fortdauerten. Erschütternd sind die Berichte, welche der Pilger über die letzten Tage dieses an Gnaden und Leiden so überreichen Lebens in seinem Tagebuch verzeichnet hat, und die wir hier nach ihrem Wortlaut folgen lassen:

9. Januar 1824: «Der Beichtvater glaubt, sie werde bald vollendet haben; denn sie habe im Gesicht mit großem Ernst gesprochen: ‹Ich kann keine neue Arbeit annehmen. Ich bin am Rande.›»

10. Januar: «Sie ist in solchen Peinen, dass sie stöhnt und wimmert, ja wie ein Wurm sich krümmt und wie auf der Folter winselt. Sie sagte zum Beichtvater: ‹Bis jetzt habe ich für andere gelitten, nun leide ich für mich.› Sie ruft mit sterbender Stimme nur den Namen Jesus.»

11. Januar: «Sie sagte heute: ‹Das Christkind hat mir auf Weihnachten viele Schmerzen gebracht, und es ist wieder zu mir gekommen gestern nacht und brachte noch viel mehr.›»

12. Januar: «Wer kann diesen ihren schrecklichen Leidenszustand beschreiben! Nur das stete Stöhnen und dumpfe Wimmern zu Gott und das stammelnde Flehen zu ihm um einige Linderung für sie, die sonst in den größten Schmerzen schweigen kann, ist ein Maß dafür. Der Arzt sagte, man könne ihr Ende jede Stunde erwarten.

Sie selbst verlangt mehrmals zu beichten und erklärt dem Beichtvater, wie er über ihre wenige Verlassenschaft disponieren soll. Es hat sich eine Entzündung im Unterleib durch stetes Husten und Erbrechen eingestellt. Sie muss Tag und Nacht sitzend schwanken und stöhnen vor Schmerzen. Ihr Ausdruck ist der der größten Geduld und Sanftmut mit vollkommenster Ergebenheit in den schrecklichen Ernst der Marter. Häufige Ohnmachten und Todesschweiße unterbrechen diese Zustände.»

15. Januar: «Sie sprach mit einem sehr erschütternden Ernst: ‹Das Kind Jesus hat mir so große Schmerzen gebracht. Es sagte mir alle seine und seiner Mutter Leiden, Hunger und Durst. Es zeigte mir alles und wie sie nur ein Ränftchen trockenes Brot noch hatten. Es sagte mir auch: ‹Du bist mein, du bist meine Braut! Leide, was ich litt! Frage nicht warum, es geht auf Leben und Tod!›

Ich weiß nun auch gar nichts von wie lange? Oder wie? Und wo? Ich bin schrecklicher Marter ganz hingegeben, weiß nicht ob ich noch leben oder so sterben soll. Es steht wie in dem Gebet: ‹Ich bin hingegeben, Gottes verborgener Wille geschehe an mir!› Ich bin aber ganz ruhig und ergeben in der Seele und habe vielen Trost unter der Pein. Heute morgen noch war ich sehr glücklich.› Dann fragte sie: ‹Wie sind wir an der Zeit? Ach, nun wäre ich mit dem Erzählen des Lebens Jesu bald fertig gewesen und bin nun in diesem elenden Zustand!›»

16. Januar: «Der Pilger war einige Minuten an ihrem Lager. Sie spricht nicht und hat keine Bewegung als zuckende Pein. Ihre Hände zucken unaufhörlich. Das martervolle Stöhnen dauert Tag und Nacht. Man kann sich nicht enthalten, zu weinen und zu beten. Sie schließt die Augen. Auf ihrem Gesicht ist ein schrecklicher Ernst und Schmerz. Der Beichtvater meint, sie habe den kalten Brand, der Arzt gebe gar keine Hoffnung. Zum Pilger sagte dieser, nach menschlicher Ansicht könne sie jede Stunde sterben. Als der Pilger sie fragt, ob sie gar keine Hoffnung habe, schüttelt sie ernsthaft den Kopf. Ihre Lage macht einen zerknirschenden Eindruck.»

18. Januar: «Gleich elend. Auf die Worte, ob sie geduldig sei, unterbricht ein sanftes Lächeln des Dankes gegen Gott den furchtbaren Ernst ihrer Schmerzen und Ohnmacht. Sie scheint häufig in anderem Zustand, oder vielmehr immer, obschon man es nicht bemerken kann. Am Morgen, da es gar nicht läutete, sagte sie dem ihr vorbetenden Vikarius Hilgenberg: ‹Welch liebliches Geläute, das tut das hohe Fest heute!›» (Name Jesu)

19. Januar: «Der Pilger sprach in einiger Entfernung von ihr, wo sie es nicht hören konnte, mit dem Vikarius Hilgenberg von der Art ihrer Leiden. Sie sagte nachher mit gebrochener Stimme: ‹Ach loben Sie mich doch nicht, dann werden meine Schmerzen immer viel größer!› Der Beichtvater sagte, sie habe das seit gestern mehrmals gesagt.»

21. Januar: «Ihr Elend steigt womöglich mit jedem Tage. Sie stöhnt und röchelt Tag und Nacht. Sie hört sehr schwer. Ihr Gesicht bedeckt ein furchtbarer Ernst; aber auch Friede. Selten, nur wenn sie irgendeiner Hilfe höchst bedürftig ist, stammelt sie einige we-

nige, beinahe unverständliche Worte mit ganz veränderter Stimme. Ihr Rücken ist durch Aufliegen sehr verwundet. Sie selbst vermag sich nicht anders zu legen, und legt man sie auf die Seite, so droht sie gleich zu ersticken. Walpurgisöl gibt ihr der Pilger morgens und abends. Sie stammelt dann manchmal die Worte: ‹O wie angenehm!›, aber mit einer ganz fremden, veränderten Stimme. Sie schläft nie und sitzt immer halb aufrecht mit Stöhnen und Röcheln, Tag und Nacht mit geschlossenen Augen.»

22.-26. Januar: «Ihre Leiden ändern sich nicht. Sie selbst ist ohne alle Hoffnung. Sie lässt in diesen Tagen nacheinander ihre Brüder und Bruderskinder aus dem Dorfe kommen, auch den Studenten von Münster. Sie vermag nur wenige Worte mit ihnen zu sprechen, will aber doch, dass sie in ihrer Nähe eine Zeitlang bleiben. Sie hat dieses noch nie in früheren Todeskrankheiten getan. Als ihres Bruders zweiter Sohn, ein braver Bauernbursche, morgens von ihr Abschied nahm, hat sie, wie der Beichtvater erzählt, mit ungewöhnlich deutlicher Stimme zu ihm gesagt, er solle wohl leben und Gott vor Augen haben, sie brauchten nun nicht mehr zu kommen.»

27. Januar: «Der Pilger findet sie mehr tot als lebendig. Sie vermag kaum das Walpurgisöl zu schlucken. Fieberglut steht auf ihren Wangen. Ihre Hände sind weiß, und die Stellen der Wundmale glänzen durch die gespannte Haut wie Silber.

Sie will als Klosterfrau sterben. Des Nachmittags ließ sie durch den Beichtvater Frau Hackebram zu sich bitten, damit sie als ihre Ordensoberin und Stellvertreterin der alten Klostergemeinde gegenwärtig sei, wenn sie die letzte Ölung erhalte. Sie empfing das Sakrament mit Kraft und vollem Bewusstsein und sandte danach die Oberin und Kaplan Niesing zu Dechant Rensing, ihn in ihrem Namen um Verzeihung zu bitten, wenn sie ihn gegen Wissen und Wollen je beleidigt haben sollte. Sie taten es; aber der Dechant hielt sich auch jetzt ferne.»

31. Januar: «Sie spricht nur noch mit ihrem Beichtvater und zuweilen ein Wort mit der Nichte.»

1. Februar: «Am Abend besuchte sie der Pilger. Sie atmete sehr schwer. Plötzlich hielt sie inne. Es ertönte die Abendglocke des morgigen Marienfestes.»

2. Februar: «Sie flüsterte heute leise: ‹Ach so gut war es lange nicht. Die Mutter Gottes tat mir so viel; ich bin wohl acht Tage krank, nicht wahr? Ich weiß nichts von der Welt. O was hat die Mutter Gottes mir getan! Sie hat mich mitgenommen; ich wollte bei ihr bleiben.› Da besann sie sich und sagte mit erhobenem Finger: ‹Still! Ich darf um alles nicht davon reden.› Sie warnt jetzt immer vor allem Lob und Ruhm, der sie noch schrecklicher leiden mache.»

6. Februar: «Sie ordnet heute an, dass morgen, also am Sterbetage des Abbé Lambert, eine Heilige Messe für ihn gelesen werde.»

7. Februar: «Sie ruft beständig Gott um Hilfe an. Ihr Leiden ist lauter als bisher. Sie betet oft: ‹Ach, Herr Jesus, tausend Dank für mein ganzes Leben lang! Herr, nicht wie ich will, nein, wie du willst!› Einmal sprach sie die rührenden Worte: ‹Ach, dort das schöne Blumenkörbchen, bewahrt es! Und auch das junge Lorbeerbäumchen, bewahrt es! Ich hab es lang bewahrt, ich kann nicht mehr!› Sie hatte darunter wahrscheinlich ihre Nichte und den studierenden Neffen verstanden.»

«Am 8. gegen Abend betete Vikarius Hilgenberg bei ihr. Sie wollte ihm dankbar die Hände küssen. Er zog sie demütig zurück. Sie bat ihn, bei ihrem Tode zugegen zu sein, schwieg und sagte: ‹Jesus, dir lebe ich, dir sterbe ich!› Sie sagte auch: ‹Gott sei Dank! Ich höre nicht mehr, ich sehe nicht mehr.› Als sie vor großen Peinen bewusstlos schien, kniete der Pilger an ihrem Bette und betete. Er gab ihr eine Reliquienkapsel in die Hand, welche sie einst getragen und vor vier Jahren demselben gegeben hatte. Sie hielt die Kapsel ein paar Minuten lang fest. Der Pilger nahm sie wieder zu sich, fand aber am folgenden Tage den silbernen Reif zersprungen. Es war ihr Sterbetag.»

9. Februar: «Der Beichtvater erzählte: ‹Ich habe ihr heute vor Tagesanbruch noch einmal das Heiligste Sakrament gereicht, das sie mit der gewöhnlichen Andacht empfing. In der Nacht zuvor hatte sie mir noch gesagt, sie wisse die Bedeutung ihrer Krankheiten und würde sie mir als ihrem Beichtvater auch mitteilen, wenn sie nicht so kraftlos wäre.

Gegen zwei Uhr nachmittags trat die Annäherung des Todes ein. Da sie über den wundgelegenen Rücken wimmerte, wollte man ihr die Kissen anders legen. Sie lehnte es mit den Worten ab: ‹Es ist ja bald aus, ich liege auf dem Kreuz.› Dies war mir sehr rührend. Ich gab ihr die Generalabsolution und betete die Sterbegebete. Am Schluss ergriff sie meine Hand, drückte sie, dankte und nahm Abschied. Als einige Zeit darauf ihre Schwester eintrat und um Verzeihung bat, wendete sie sich nach ihr, schaute sie starr an und fragte dann mich: ‹Was sagt sie?› – ‹Sie bittet um Verzeihung›, gab ich zur Antwort; worauf sie sehr ernst versetzte: ‹Es ist kein Mensch auf Erden, dem ich nicht verziehen habe.›

Sie sehnte sich sehr nach dem Tode und seufzte oft: ‹So komme doch, o Herr Jesus!› Ich tröstete sie und sagte, sie möge ruhig sein und mit ihrem Erlöser leiden, der auch dem Schächer am Kreuze vergeben habe. Da sprach sie die merkwürdigen Worte: ‹Ja, alle damals und der Mörder am Kreuz hatten nicht so viel zu verantworten; denn sie hatten nicht so viele Gnaden als wir; ich bin schlechter als der Mörder am Kreuz›; und später: ‹Ich glaube, dass ich nicht sterben kann, weil viele Leute aus Irrtum Gutes von mir denken. Sagen Sie es doch allen, dass ich eine elende Sünderin bin!›

Als ich sie wieder trösten wollte, versetzte sie mit Kraft und wie protestierend: ‹Ach könnte ich doch laut rufen, dass alle Menschen es hörten, dass ich nichts bin als eine elende Sünderin, viel schlechter als der Mörder am Kreuz!› Nachher wurde sie ruhiger. Es war unterdessen der Vikar Hilgenberg angekommen, der auch bei ihr betete. Der alte Mann kniete wohl eine Stunde betend vor ihrem Bette.»

Der Pilger nahte um halb sechs Uhr ihrer Wohnung. Der Beichtvater zog soeben die Fensterläden zu und sagte: «Es geht zu Ende.» Er fand in der Stube die Schwester, den Bruder und die Nichte der Sterbenden, den Vikarius Hilgenberg, die Schwester des Beichtvaters und Frau Klemens Limberg, die ehemalige Hausfrau. Sie knieten und beteten. Die Tür der kleinen Nebenkammer, wo die Kranke lag, war geöffnet, um ihr das Atmen zu erleichtern. Es brannte die Sterbekerze. Sie lag halb sitzend in ihrem Bettkorbe. Sie atmete kurz. Ihr Angesicht hatte den höchsten Ernst. Die Augen waren empor auf das Kruzifix gerichtet. Nach einer Weile zog sie die rechte Hand unter der Bettdecke hervor und legte sie auf dieselbe. Der Beichtvater tröstete sie und gab ihr oft das Kreuz zu küssen. Sie suchte immer mit den Lippen dessen Füße demütig, nie das Haupt oder die Brust berührend, und schloss dieselben zwischen die Lippen.

Hierauf schien sie dem Beichtvater noch etwas mitteilen zu wollen. Sie sprach bis zum Ende ganz gehorsam mit ihm, so er fragte. Er entfernte alle aus der Stube. Der Pilger sah sie lebend zum letzten Male. Als er in die Vorstube zu den anderen trat, welche sitzend und kniend beteten, schlug es 8 Uhr. Der Beichtvater erzählte, dass sie nochmals von einer schon gebeichteten Kleinigkeit gesprochen und darauf gesagt habe: «Nun bin ich so ruhig und habe ein solches Vertrauen, als hätte ich nie eine Sünde getan.»

Sie küsste noch das Kreuz. Der Beichtvater betete die Sterbegebete. Sie seufzte mehrmals: «O Herr hilf Hilf, o Herr Jesus!» Der Beichtvater gab ihr die Sterbekerze in die Rechte und klingelte mit einem Lorettoglöckchen, das von jeher in Agnetenberg beim Verscheiden der Nonnen im Gebrauch gewesen war, und sagte:

«Sie stirbt.» Es war halb 9 Uhr. Der Pilger nahte ihrem Lager und sah sie nach der linken Seite zusammengesunken, das Haupt gegen die Brust geneigt; die rechte Hand lag auf der Bettdecke, die wundervolle Hand, an welche der Gnadengeber vom Himmel die Gnade geknüpft hatte, alles Heilige und von der Kirche Geweihte durch das Gefühl zu erkennen, eine Gnade, wie sie in diesem Maße vielleicht noch nie auf Erden gegeben war. Ihre reine, bräutlich geschmückte Seele war von den keuschen Kinderlippen ihres gekreuzigten Leibes dem himmlischen Bräutigam entgegengeeilt, voll der Hoffnung, ewig das neue Lied zu singen im Chore der Jungfrauen, welche dem Lamme folgen, wohin es geht.

KOMMENTAR

Von Bernard Pattloch †

In allen Jahren ihres begnadeten Lebens hat die stigmatisierte Nonne Visionen über das Leben und Leiden Jesu Christi und seiner heiligen Mutter Maria gehabt. Diese Gesichte wurden bruchstückweise wiedergegeben, und erst als der Dichter Clemens Brentano am 24. September 1818 in Dülmen ankam und Anna Katharina aufsuchte, begannen die Aufzeichnungen, die Brentano mit Unterbrechungen fünf Jahre an das Krankenbett der Augustinerin fesselten. Seine Ankunft hatte diese schon zuvor in Bildern gesehen, und so begrüßt sie ihn bei seinem Eintritt in die armselige Stube als Freund und Pilger.

Brentano hat sich mit der ganzen Kraft seiner leidenschaftlichen Seele auf das Erlebnis in Dülmen gestürzt, hat von Anna Katharina Emmerick und allen ihren Bekannten Unterordnung und Mitgehen für seine Arbeit der Aufzeichnungen gefordert, so dass in Bälde ernste Zerwürfnisse mit Anna Katharina und ihrer Umgebung auftraten.

Der Dichter hat gewissenhaft Tag für Tag alles aufgezeichnet, was die Nonne an Schauungen erzählte. Er ist unglücklich, dass diese Berichte nur Bruchstücke der Leben-Jesu-Geschichte wiedergeben. So entsteht «Das bittere Leiden unseres Herrn Jesus Christus», das Brentano erst nach dem Tode von Anna Katharina Emmerick 1833 fertigstellt und herausgibt. Größere Arbeit macht die Niederschrift des «Marienlebens», das 1852 nach dem Tode Brentanos erscheint.

P. Karl Erhard Schmöger von der Kongregation des allerheiligsten Erlösers macht sich an die gigantische Arbeit, aus den zwölf Bänden der «Tagebücher» mit Tausenden von Seiten zuerst «Das arme Leben unseres Herrn Jesus Christus» in den Jahren 1858/60 in drei Bänden zusammenzustellen. Es folgt eine Lebensbeschreibung der Anna Katharina Emmerick in drei Bänden, aus denen unser Buch eine Auswahl bringt. Am 8. September 1821, an ihrem 47. Geburtstage, hatte sie ein Gesicht von ihrer Geburt und Taufe und berichtet darüber:

«Ich fühlte mich als ein neugeborenes Kind auf den Händen der Frauen, die mich nach Koesfeld zur Taufe tragen sollten. Ich schämte mich in der Empfindung, so klein und hilflos und doch schon so alt zu sein; denn alles, was ich damals schon als neugeborenes Kind empfunden und gefühlt hatte, das sah und erkannte ich jetzt wieder, jedoch mit meinem jetzigen Verstande gemischt. Ich war ganz blöde und verlegen; drei alte Frauen, die mit zur Taufe gingen, und auch die Hebamme waren mir zuwider... Ich sah alles um mich her; die alte Scheune, in der wir wohnten, alles, wie ich es im späteren Leben nicht mehr sah, da schon manches verändert war.

Ich fühlte mich mit vollem Bewusstsein den ganzen Weg von unserer Hütte in Flamske bis in die Jakobi-Pfarrkirche in Koesfeld tragen; ich fühlte alles und sah alles um mich her. Ich sah die ganze heilige Taufhandlung an mir verrichten, und es gingen mir dabei die Augen und das Herz auf eine wunderbare Weise auf. Ich sah, als ich getauft wurde, meinen Schutzengel und meine Namenspatrone, die hl. Anna und Katharina, bei der heiligen Taufhandlung gegenwärtig. Ich sah die Mutter Gottes mit dem kleinen Jesulein und wurde mit ihm durch Darreichung eines Ringes vermählt ...»

«Als ich aus der Kirche wieder nach Hause über den Kirchhof getragen wurde, hatte ich ein lebhaftes Gefühl von dem Zustand der Seelen der hier bis zur Auferstehung ruhenden Leiber, unter denen ich einige heilige Leiber hell und herrlich leuchtend mit Ehrfurcht bemerkte.»[91]

Anna Katharina lebte in zwei Welten. Für sie war der Blick in das Jenseitige etwas so Einfaches, dass sie einmal bemerkte, sie könne nicht begreifen, dass alle Leute nicht wie sie diese Dinge sehen könnten. Schon als Kind sieht sie die Erschaffung der Welt, Adam und Eva und die Vertreibung aus dem Paradiese.[92]

Der irdischen Kirche als dem Leib Christi auf Erden steht das Reich des Bösen, die finsteren Mächte der Unterwelt gegenüber. Die Kirche gliedert sich in Kreise, die Anna Katharina wie die

Stockwerke eines Turmes plastisch vor sich sieht. In der höchsten Höhe steht vor dem Throne der Heiligen Dreifaltigkeit Maria, dazwischen das Reich der Engel und darunter die Kirche. Die Engel, geschieden in gute (Schutzengel) und böse Geister, ringen um die Seelen der Erdenkinder. Die vier Schutzengel der höheren Ordnung teilen die göttlichen Gnaden aus, sie heißen Raphiel, Etophiel, Salathiel und Emmanuel. Ihnen stehen gegenüber die Engel der Finsternis Luzifer und Beelzebub.

In einer Vision sieht die Seherin deutlich das Reich der Triumphierenden Kirche als eine «unendliche Kuppel voll von Thronen, Gärten, Palästen, Bogen, Blumenkränzen... Oben in der Mitte war unendlicher Glanz, der Sitz Gottes. Die Heiligen waren nach ihren geistlichen Verbindungen geschart. Alle Ordensgeistlichen standen nach ihren Orden zusammen.»

Die Bilder vom Leben und der Glorie des heiligen Ignatius, des hl. Franziskus Xaverius und des hl. Aloysius «veranschaulichen uns die Macht der Fürbitte der Heiligen und zeigen, wie wichtig es ist, in allen Anliegen des Leibes und der Seele die Heiligen andächtig um ihre Hilfe anzurufen».

Anna Katharina hat stets ein tiefes Mitgefühl für die Armen Seelen gezeigt. Für diese und ihre Befreiung aus dem Fegefeuer hat sie tagtäglich ihre Schmerzen, ihre Krankheit und ihr Leid aufgeopfert. Stets ruft sie zur Hilfe für diese Seelen auf, deren Elend so groß ist und die sich nicht allein helfen können. Wenn aber jemand für sie betet, eine Heilige Messe stiftet oder Almosen spendet, dann kommt dies ihnen augenblicklich zugute.

Im November 1819 erzählt sie: «Ich kam mit meinem Führer in einen düsteren Ort. Ich ging weit darin umher und tröstete. Die Seelen sah ich teilweise wie zur Hälfte, teils bis an den Hals, überhaupt mehr oder weniger in Finsternis getaucht. Sie waren nebeneinander, aber jede in einem getrennten Kerker. Einige litten Durst, andere Kälte, andere Hitze, sie konnten sich nicht helfen und waren in unendlicher Qual und Sehnsucht. Ich sah sehr viele erlöst werden; ihre Freude ist unaussprechlich.»

«Und wieder sah ich die Peterskirche mit ihrer hohen Kuppel. Michael stand auf ihr leuchtend in blutrotem Gewand mit einer großen Kriegsfahne in der Hand. Auf der Erde war großer Streit.

Die Kirche war ganz blutrot wie der Engel, und mir wurde gesagt: ‹Sie wird im Blut gewaschen.›»

In diesen Visionen sieht sie die Gestalt des Heiligen Vaters, der in den Nöten der Zeit von Trauer, Sorge und Gebet ganz erschöpft ist. Hier spiegelt sich wohl die Gestalt des unglücklichen Papstes Pius VII. wider, den Napoleon seines Staates beraubte und den er als Gefangenen nach Paris führte, damit er ihn zum Kaiser kröne.

Einen ausführlichen Teil nimmt die Schilderung des Heiligen Messopfers aus vorchristlicher und christlicher Zeit ein. Aber auch über das Gebet und die durch unsere Bitten erreichbaren Gnaden spricht sie ausführlich. «Mein Führer ermahnte mich wieder, zu beten und alle meine Bekannten zum Gebet für die Bekehrung der Sünder und besonders um Glauben und Festigkeit für die Priesterschaft zu bitten; denn es stehe eine sehr schwere Zeit bevor. Die Verwirrung wird immer größer werden.»

So sieht sie in ihren Gesichten über die Hölle die Schrecken des Abgrundes, der wie eine Dantesche Vision in die Tiefe in Kreisen führt, wo eine greuliche, finstere Welt der Aufenthaltsort der bösen Geister ist.

«In der Mitte war ein Abgrund von Nacht. Luzifer wurde gefesselt in diesen geworfen, und es brodelte schwarz um ihn. Es geschah alles dieses nach bestimmten Gesetzen.»

Unheimlich aber ist die folgende Offenbarung, die sie anschließend berichtet und in der sie die Greuel Stalins und Hitlers 120 Jahre voraussagt:

«Ich hörte, dass Luzifer, wenn ich nicht irre, 50 oder 60 Jahre vor dem Jahre 2000 nach Christus wieder auf eine Zeitlang solle freigelassen werden.»

Das ganze Leben der Seherin war ein ununterbrochenes Sühneleiden für Christus im Allerheiligsten Altarssakrament. Sie hat zeitlebens so schwere Schmerzen und Lasten anderer auf sich genommen, dass sie jahrelang ans Krankenbett gefesselt war.

«Ich habe die ganze Nacht bei vielen elenden und betrübten Menschen, die ich kannte und nicht kannte, die Runde gemacht und Gott gebeten, Er möge mir die Last all derer mitteilen, die nicht mit leichtem, freudigem Herzen zum Heiligsten Sakrament gehen können. Ich sah nun ihre Leiden und erhielt sie und trug sie auf meiner rechten Schulter. Es war eine so schwere Last, dass meine rechte Seite ganz zu Boden gedrückt ward.»

Am Fronleichnamsfest 1819 hat sie ein Bild über die Einsetzung des Heiligsten Altarssakramentes und die Geschichte seiner Anbetung in Vergangenheit und Gegenwart. Danach sieht sie in einer Reihe von Bildern die veränderte Gestalt, Ausspendung und Verehrung des Sakramentes. – Ihre Schmerzen und Leiden nehmen zu und werden unerträglich. Die Auflösung und das Ende dieses Lebens für Gott stehen bevor. Am 9. Februar 1824 gibt sie ihre reine Seele in die Hände ihres Schöpfers zurück, für den sie so viel gelitten hat.

Clemens Brentano war es vergönnt, die letzten Tage und das Hinscheiden der Nonne mitzuerleben. Nach ihrem Tode gibt er sich ganz seinem Schmerz und seiner Verzweiflung hin. Voller Trauer schreibt er an Bischof Johann Michael Sailer und Melchior Diepenbrock:

«Nun ist der drohende und tröstende Himmel farblos bedeckt, nur das einsame gemeinsame Kreuz leuchtet vor ihm, wie überall, der Damm ist geöffnet und die Flut geht irre, ungewisse Wege, und suchet ein Bett, auf dass sie nicht gerinne im Sande. Gott erbarme sich mein und aller Notleidenden.»

Bernard Pattloch †

ALPHABETISCHES VERZEICHNIS DER VOM HERRN BESUCHTEN ORTE PALÄSTINAS

nebst jeweiliger Beschreibung: erstens des Namens (in Klammern Erwähnung in der Bibel oder bei Josephus Flavius); zweitens der Lage, soweit sie sich heute feststellen oder nur vermuten lässt (in Klammern Hinweis auf die Palästinakarte am Schluss des vorliegenden Buches); drittens in Anführungsstrichen etwaige von Anna Katharina Emmerick gegebene Charakteristik (in Klammern die Daten des Besuches seitens des Herrn).

Abel-Mehola = Tanz-Aue (Ri 7,23; 1 Kön 19,16). Am heutigen Tell el-Hammeh am Wadi Schubasch, ungefähr 12 km südlich von Besan (Scythopolis), (F 7). «Schön gelegener Ort an der Nordgrenze von Samaria, der sich über einen Bergrücken hinzieht und großen Unterschied der Fruchtbarkeit an der Sonnen- und Nordseite aufweist. Geburtsstadt des Propheten Elisäus. Ausschließlich von Juden bewohnt. Pharisäer und Sadduzäer im Ort. Das Schulhaus der Leviten umfasst die einst von Rebekka für Kanaaniterinnen und andere Heidenmädchen eingerichtete Mädchenschule und eine Knabenschule, die zur Zeit Jesu eine Stiftung für aufgefundene, elternlose und aus der Sklaverei losgekaufte Judenkinder ist.» (24. Dez. 31; 2.-4. Sept. 32.)

Abez, Ebez = Höhe oder Werkblei, Zinn? (Jos 19,20). Im Stammgebiet Issachar beim heutigen Et-Taijibe am Wadi Dabu oder einstigen Bache Kadumim (Ri 5,21), südlich vom Tell el-Adschul (EF 6). «Die Einwohner sind meist Galaaditer von Jabes, die sich zur Zeit von Heli's Priestertum hier niedergelassen haben und im Mittelstande lebend Binsen, die in einigen nahen Sümpfen von Bergwassern reichlich wachsen, verarbeiten zu Körben, Matten und leichten Hütten zum Zusammensetzen. Außerdem haben sie Ackerbau und Weideplätze. Gleich östlich von Abez liegt jener

Brunnen, wo einst Saul verwundet wurde und auf der südlichen Anhöhe starb.» (5.-6. Nov. 32.)

Abila, Abila Decapoleos (Jos. Flav., Ant. XII., 3, 3). Das heutige Abil, 19 km östlich von Mukes (Gadara), am Bache Charit, 3 km südlich vom Hieromax-Fluss (G 6). «Schön gebaute Levitenstadt mit Brunnenhaus und Synagoge im Zentrum, von dem alle Straßen des Ortes sternartig ausgehen. Blinden- und Taubstummen-Anstalt. Es wohnen auch Rechabiten in der Stadt. In der Nähe die über den Bach Charit gebaute Brücke, auf deren Mitte die von einem offenen achtsäuligen Tempelchen überbaute Lehrsäule des Elias steht mit inwendiger zur Kanzel führenden Treppe. Beide Ufer des Baches sind hier treppenförmig für die Hörer eingerichtet. Am östlichen Abhang des Tales unter einem weit überhängenden Felsblock die Elias-Höhle mit der schmalen, von Moos überwachsenen Steinbank, auf der Elias einst geruht. Östlich von der Stadt liegt auch die Grabhöhle der Ägyptierin Segola, einer unehelichen Verwandten des damaligen Pharao, die dem Moses zuliebe den Israeliten bei ihrem Aufbruch geholfen und dem Moses in der letzten Nacht die Mumie des Joseph entdeckt hat.» (23.-26. Sept. 32.)

Abram = erhabener Vater, Abdon = Dienstbarer (Jos 21,30; 1 Chr 7,64), vielleicht dasselbe mit dem Jos 19,28 genannten Ebron. Nördlich vom heutigen Ailbun am Ostfuß des Ras-Kruman zwischen Wadi Sellame und Wadi el Hamam (Taubental) (E 5). «Levitenstadt mit dicken Mauern und Türmen. Gleich im östlichen Tal stoßen die Grenzen der drei Stammgebiete Aser, Nephthali und Zabulon zusammen. Pharisäer und Sadduzäer wohnen in Abram. In beiden Teilen der Stadt je eine Synagoge.

Heidenquartier am Bergabhang außerhalb der Stadt. Stickerei-Fabrik, in der junge Mädchen erzogen werden und arbeiten. Die Einwohner verarbeiten Baumwolle für feine breite Stoffe. Webereien in denen flachsähnliche Pflanzen verarbeitet werden. Anfertigung von Zeltdecken, leichten Splintwänden und Mattenwänden aus Rohr. Vor der Stadt schöne Gärten, Anlagen und Spaliere. Die Umgegend ist reich an Weiden mit hohem Gras für Esel und Kamele.» (24.-28. Dez. 32.)

Adama = rote Erde, Lehm, Edema in der Vulgata (Jos 19, 36). Beim heutigen Jesud ha-Maala am Südwestufer des Merom-See, nördlich vom Wadi Hindasch (F3-4). «Adama gehört zu einem Bezirk von zwanzig kleinen Ortschaften, die dem Herodes Antipas unterstehen, und ist allseitig von Wasser umgeben. Über diese Gewässer führen fünf Brücken zur Stadt. Im Osten liegt der Meromsee mit seinem trüben, schilfigen Wasser, durch dessen Mitte der Jordan fließt. Die Stadt ist von Juden einer verworfenen Art bewohnt, hat ein festungsartiges Stadthaus und eine große Synagoge, aber keine Mauern. Im Süden vor der Stadt liegt ein Badegarten mit steinernem Lehrstuhl und im Norden eine Schlangenfarm mit zoologischem Garten, der von römischen Soldaten gepflegt wird.» (Mitte Juni u. 9.-20. Juli 32.)

Adummim, Adommim = roter Aufstieg, entweder wegen der Farbe des dortigen Bodens oder wegen der dortigen Freistätte für die Blutigen (Mörder und sonstige Verbrecher) (Jos 15,7; 18,17). Das heutige Ma'aleh Adummim oder das Tal'at ed-Damm, auf dessen Höhe Qal'at ed-Damm liegt, an der sog. Steige Adummim, südlich vom Wadi el Kelt (E 10).

«Der Ort liegt ganz verborgen in einer wilden Gegend von Gebirgsschluchten, wo der Weg oft so schmal neben den Felsen läuft, dass kaum ein Esel gehen kann. Schon vor Davids Zeiten befand sich hier eine Freistätte für Verbrecher. Nach der Zeit Christi erbauten Ordensbrüder hier ein festungsartiges Kloster. Nicht weit vom Ort befindet sich die sog. gefährliche Passage, wo ein steinerner Lehrstuhl steht zum Gedächtnis jenes Überfalls, von dem das Gleichnis vom barmherzigen Samariter meldet. Die Einwohner leben von Wein und Obstbau an den Felsen.» (1.-2. Feb. 32.)

Ainon, vielleicht auch Ain oder En = Quelle oder Brunnen. Beim heutigen Ed-Damije zwischen Einfluss des Nahr ez-Zerka in den Jordan und der Fähre ed-Damije (F 9). «Die Stadt untersteht dem Tetrarchen Philippus und liegt auf einem Hügel an dessen Nordseite. Vor der Stadt befindet sich der Abfluss der Quelle für den ersten Taufbrunnen, an welchem Johannes der Täufer seine Taufen begann. Am Taufbrunnen des Johannes steht sein Lehrstuhl.» (17. Okt. 31; 9. Sept., 4.-5. u. 8. Okt. 32.)

Akrabis, Acrabata, Acrabeta (Jos. Flav., Bell. Jud. III, 3, 5). Das heutige Akrabe zwischen der Ebene el-Machna und dem Wadi el-Ifdschim, 12 km südöstlich von Nabulus (Sichem) (E 9). «Größerer Ort mit fünf Stadttoren, meist von Hirten bewohnt. Es führt die Handelsstraße Samaria-Jericho durch die Stadt, weshalb sich vor diesen Toren Herbergen für Karawanen befinden. Gesetzesschule mit freiem Lehrstuhl für wandernde Propheten und Rabbiner. Fabrik für leichte Sandalen aus braunen groben Ziegen- oder Kamelhaaren geflochten und für Bergschuhe mit Haken und Stacheln versehen.» (16. Jan. u. 8.-9. Okt. 32.)

Alexandrium (Jos. Flav. Ant. Jud. XIV, 3, 4), auch Sartaba genannt. Am Südfuß des Karn Sartabe, zwischen Wadi el-Ifdschim und Wadi ed-Dschozele, 26 km nördlich von Jericho und 5 km westlich vom Jordan (F 9). «Schloss-Festung, von Gräben und Brunnen oder Teichen umgeben, welche Bäder enthalten. Das Schloss beherbergt teils Gefangene, teils allerlei Gebrechliche und Kranke. Es wird von Soldaten bewacht, und die Gefangenen müssen in der Umgegend graben und andere Schanzarbeiten unter Bewachung verrichten. Vor diesem Orte im Süden besitzt Lazarus von Bethanien ein von einem Graben umgebenes Haus.» (20. Jan.; 5. u. 12. Feb. 34.)

Amichores-Libnath, Amead-Sichor, Sichor-Libnath, Sihor, Labanath (Jos 19, 26). Sichor bedeutet sonst den Nil und heißt soviel wie schwarzer Fluss. Labanath heißt auf Deutsch die Weiße. Es handelt sich hier aber nicht um einen Fluss (den Belus), sondern um eine Stadt. Gleich westlich neben dem heutigen Er-Rame, südwestlich vom Dschebel Heida und nordöstlich vom Wadi el-Chaschab, 20 km östlich von Akko (Ptolemais), im Stammgebiet Aser (E 4). «Die Stadt bedeutet namentlich soviel wie Wasser- oder Regenstadt, da sie oft überschwemmt ist. Die eine der zwei großen Brücken ist sehr hoch gebaut, um bei Überschwemmungen passiert werden zu können; ebenso sind die Häuser meist hoch gebaut, so dass die Leute auch oben auf Zelten wohnen können. Der Ort ist von Heiden bewohnt, aber einige reiche Juden, die hierher geflüchtet sind, besitzen hier palastähnliche Villen, so auch der reiche Simon aus Samaria. Die Stadt wird von Tyrus regiert, und das Land der Umgegend ist jenes, welches einst Salomon dem König Hiram geschenkt hat. Im Wasser wächst hier eine Art Getreide mit großen Halmen, aus welchem Brot gebacken wird. Viehzucht besonders großer Schafe mit feiner Wolle. Webereien feiner Wolle, die in Tyrus gefärbt wird. Obstzucht in Gärten mit Fruchtbäumen. Handelsstraße nach Syrien und Arabien.» (1.-8. Juli 32.)

Anathot, genannt nach Anathot, dem Sohne des Bechor (Jos 21,18; 1 Chr 8,8; Jer 1, 1; 29,7). Das heutige Anata, 8 km nordöstl. von Jerusalem, 2 km südl. von Hizma (E 10). «Geburtsort des Propheten Jeremias im Stammgebiet Benjamin.» (12. Jan. 33).

Antipatris (Apg 23,31) von Herodes d. Gr. erbaut und seinem Vater Antipater zu Ehren so genannt. Das heutige Dorf Kefr Saba mit den Ruinen Kal'at Räs el-Ain und der Quelle el-Augeh zwischen Nahr el-Audscha und Wadi Der-Ballut, 16 km nördlich von Ludd (Lod, Lydda) und 15 km vom Einfluss des Nahr el-Audscha ins Meer (C 9). «Schon vor dem Neubau des Herodes war die Stadt befestigt, und hier vertrug sich einst der Feldherr Lysias mit Judas Makkabäus, als er von diesem mehrmals geschlagen worden war. Antipatris liegt an einem Flüsschen (Wadi Rabah) in der Ebene Saron und ist von sehr vielen, ungemein großen Bäumen umgeben. Im Zentrum der ganz griechisch gebauten Stadt gibt es viele Gärten und stattliche Alleen, und man kann in den Straßen fast immer unter Säulengängen gehen.» (9. Jan. 33.)

Apheke, Aphec = Bach (1 Kön 29,1). Das heutige 'Affule, 1 km westl. von El-Fule und 4 km westl. von Solem (Sunem) im Stammgebiet Issachar (E 6). «Geburtsstadt des Apostels Thomas, zwischen Legio und Jezrael gelegen, so dass diese drei Orte ein Kleeblatt bilden. Die Handelsstraße führt durch diese Stadt nach Akko zum Meer, und es werden in ihr viele Waren gehandelt.» (14. März 32.)

Arga, Name nicht weiter bekannt, in der Nähe des heutigen Suf, also ungefähr 6 km nordwestlich von Dscherasch (Gerasa) beim Wadi ed-Der, östlich zwischen dem Adschlun- und Merad-Gebirge (H 8). «Levitenstadt an der Südgrenze des Landes Basan im Stammgebiet Halbmanasse. Der Bach im Tal von Gerasa (W. ed-Der) heißt Og nach dem Könige Og zur Zeit des Moses, der das Land Basan regierte. Jetzt, zur Zeit Christi, gehört Arga zum Distrikt von Argob. Zur Zeit des Auszuges der Israeliten aus Ägypten wohnten in Arga Mosis Schwiegervater Raguel und sein Schwager Jethro und Mosis Frau Sephora mit ihren Kindern.

Diese zogen dem Moses zum Berge Horeb entgegen und erzählten dann in Arga die Wundertaten Gottes an Israel. Wie Jethro und die Argiter schon damals, so senden auch jetzt die Argiter regelmäßig Geschenke für den Gottesdienst bei der Bundeslade nach Judäa, und zwar feine eingelegte Arbeiten von Holz. Die Stadt ist äußerst reinlich, sternartig gebaut, besitzt große Teppich-Fabriken zwischen Stadt und Stadtmauern und Färbereien. In langen Reihen und an Spalieren ausgebreitet stehen Ölbäume, die ein vortreffliches Holz liefern. In der Gegend wächst ein kostbares Holz, welches zu feinen Einlegearbeiten und zierlichen Tischchen verwendet wird. Aus dem Mark einer rohrartigen Pflanze gewinnt man hier eine Art Getreide, welches man auch nach Jerusalem zur Bereitung der Schaubrote sendet. Maria kochte hieraus ein Muß für das Kind Jesus. In den Tälern zum Jordan hin gibt es gute Viehweiden mit vielen Kamelen. Die Einwohner handeln auch mit Spezereien, die zwar von auswärts kommen, aber hier umgepackt, in Ballen gepresst und teils zum Einbalsamieren verarbeitet werden.

Die Einwohner haben eine ganz andere Lebensart als jene in Judäa und Galiläa und viel bessere Sitten. Leviten, aus Jerusalem und anderen Orten hergesandt, lehren hier und werden abgelöst. Man duldet nur gute Geistliche. Die Einwohner haben keine eigenen Haushaltungen, sondern große Kochhäuser, von denen man die Speisen abholt. Man schläft hier auf den Dächern der Häuser unter Zelten.» (13.-15. Sept. 32.)

Argob, als ein zum Königreich Basan gehöriger Landstrich bekannt, welcher 60 feste Orte umfasst, beim Einzug der Israeliten an die eine Hälfte von Manasse fiel und der Familie des Jair zuerteilt ward, weshalb diese Gegend den Namen Havoth Jair erhielt (Dtn 3,4,13,14). Mit diesem Landstrich nicht zu verwechseln ist die Stadt Argob westlich vom heutigen Chan Bandak, nördlich vom Beginn des Wadi ed-Dora (G 4).

«Argob liegt auf dem Hochplateau, dessen südliches Ende von den Lehrbergen bei Bethsaida-Julias begrenzt wird, auf die man von hier aus herabschaut. Wenige arme Heiden arbeiten hier für die Juden. Man verarbeitet Baumwolle. Männer, Frauen und Kinder spinnen und weben. Es herrscht Wassermangel, und man trägt das Wasser in Schläuchen herauf in eine Zisterne. Die Stadt besitzt eine von Leviten bediente Synagoge.» (12.-13. März; 1. u. 2. Juli 33.)

Aruma, Ruma (Ri 9,41). Stadt beim heutigen El-Orme, ungefähr 8 km südöstlich von Nabulus (Sichem) (E 9). «In der Stadt wohnen Pharisäer und Sadduzäer. Simon von Bethanien stammt von hier, und sein Bruder wohnt in dem hiesigen Priesterhaus. Vor Aruma liegt ein Badebrunnen mit Lustplatz und auch eine Jüngerherberge, die Martha eingerichtet hat. In der Nähe dieser Herberge wohnen auch Essener.» (23. Okt. 31; 12. Feb.; 18.-20. Okt. 32.)

Aser-Michmethat, Aser = Seligkeit, Glücksgott (Jos 17,7). Michmethat = Schlupfwinkel. Aser ist das heutige Tajasir am Beginn des Wadi el-Malih, südlich vom Ras Ibzik, 20 km südlich von Besan (Scythopolis) und 20 km nordöstlich von Nabulus (Sichem) (EF 8).

«Die Grenz- und Doppelstadt liegt quer über einem Bergrücken, der gegen das Jordantal hinläuft. Das südliche Michmethat liegt im Stammgebiet Ephraim, während das nördliche Aser bereits zum Stammgebiet Manasse gehört. Vor Michmethat, dessen Häuser sich den Berg hinan ziehen, liegt ein Brunnen Abrahams, zu dem man auf Treppen hinabsteigt und der von einem treppenförmigen Rasenabhang mit Badegarten umfasst ist. In der Mitte des Brunnenbeckens steht ein schöner Baum auf einer Art Terrasse. In der Nähe liegt das große Landgut des patriarchalisch lebenden Obed. Im nördlichen Aser wohnen viele Pharisäer bei der Synagoge. Die Bewohner von Aser blicken mit Verachtung auf das bäuerliche Michmethat und stecken mit Leuten zusammen, die Abgaben und Zölle für die Römer zu erheben haben, und wuchern damit.» (23.-27. Okt. 32; 27. Jan. 33.)

Atharot = Prachtkronen? (Jos 16,7). Die heutige Ruine Attara, 5 km nordwestlich von Sebastije (Samaria) und 3 km südlich von Er-Rame (D 8). Nicht zu verwechseln mit dem Attara zwischen Lebonah und Gophna, dem früheren Atharoth Addar. «Atharot ist ein Hauptsitz der Sadduzäer, doch wohnen auch Pharisäer im selben Orte. Vor der Stadt liegt ein Lehrhügel.» (4. Aug. 32; 4.-5. April 33.)

Attarus-Gebirge, nach dem Orte Atharot (Num 32,2) benannt. Identisch mit dem heutigen Ed-Dschebal, dessen Westende südlich von Machärus liegt, 10 km östlich vom Toten Meer (G 12). «In einer Höhle dieses wild zerrissenen Gebirges verbringt der Herr 38 Tage seines vierzigtägigen Fastens.» (27. Okt. bis 4. Dez. 31). Anfang und Ende des Fastens geschieht auf dem Quarantania-Gebirge, s.d.

Azanoth in der Gegend des heutigen Hattin, südlich vom Wadi el-Hamam (Taubental), 15 km nordöstlich von Saffurije (Sephoris) und 10 km nordwestlich von Tiberias (E 5). «Der kleine Ort hat mit seinen vielen Gärten und Alleen eine Ähnlichkeit mit Bethanien und liegt am Nordostende des Turan-Berges um eine hervorragende Höhe, auf welcher sich ein Lehrstuhl befindet, der schon von Propheten in früheren Zeiten benutzt wurde. In der Nähe von Azanoth liegen viele Grabhöhlen, in denen die Toten der umliegenden Orte bestattet werden.» (31. Dez. 32; 15. Juni 33.)

Azo, das heutige Adschlun am Südabhang des Dschebal Adschlun, gleich nördlich, wo sich zwei Täler in den Anfang des Wadi Kafrindschi vereinigen, 19 km östlich vom Jordan (G 8). «Ein reinlicher kleiner Ort, nur von Juden bewohnt, die hier vor der Stadt Bäume auf Terrassen kunstgemäß pflanzen und ziehen. Die Bewohner leben vom Anbau und von Weberei und Stickerei. Ihre

Lebensart ist ähnlich wie in Arga, doch halten sie sich für besonders reine Juden vom Stamme Manasse, da man ganz unvermischt mit den Heiden lebt. Nördlich vor der Stadt steht eine historisch berühmte Eiche im Schoße eines Hügels und unterhalb derselben ein steinerner Altar. Zwischen Baum und Berg sah einst der Soldat das Brot herabrollen, und von dem Berge unternahm Gideon seinen Angriff mit Fackeln und Posaunen. Im Tale südlich der Stadt ist um eine Quelle herum ein Bade- und Belustigungsplatz angelegt.» (15.-17. Sept. 32. Den Fischsee 5 km nördlich besucht der Herr am 17. Sept. 32.)

Bahurim = Auserlesene (2 Kön 16,5). Das heutige Bahurim oder el-Biarah, östlich vom Ölberg an der alten Straße Jerusalem-Jericho (E 10). «Hier ward einst David, vor Absolom fliehend, von Semel mit Steinen beworfen. In der Nähe befindet sich die Felsenhöhle Rimnon, in die sich die Benjamiten flüchteten, welche von der Vertilgung ihres Stammes übrig blieben und nachher sich Frauen in Siloh rauben mussten. Mehrere von diesen siedelten sich hier an, und der Name ‹Bahurim-Jünglinge› entstand dadurch. In diesem Orte verbirgt sich Jesus mehrmals, zuerst in der Zeit vom 15.-22. April 32, wo ihn auch seine Mutter hier besucht. Später weilt Er vom 3.-5. Okt. 33 hier, wo die Jünger eine Herberge besitzen. Hier liegt auch ein Brunnen, der Zwölf-Apostel-Brunnen genannt.»

Beerseba, Beersaba = Brunnen der Sieben (nämlich Lämmer, die dort geschlachtet wurden, Gen 21, 30) oder Eidesbrunnen (von dem dort geschlossenen oder beschworenen Bund, Gen 21,31). Die heutigen Ruinen Bir-es-Seba = Löwenbrunnen. Die in der Bibel oft genannte südlichste Stadt Palästinas, daher der Ausdruck «von Dan bis Beersaba», d.h. das ganze Gelobte Land, (C 14). «Die Stadt hat reiche Quellwasser und eine große Synagoge; doch wohnen die Leute hier nur in ärmlichen Hütten mit Stroh bedeckt. In der Nähe befindet sich auch der Brunnen der Hagar. An dem Brunnen vor der Stadt haben einst Abraham und Abimelech einen Bund geschlossen. Johannes der Täufer ist auch einmal in dieser Gegend gewesen.» (4. Jan. 34.)

Bethabara = Haus der Furt oder des Überganges (Joh 1, 28). Im griechischen Text unrichtige, von Origenes eingeführte Lesart für das in den meisten Handschriften genannte Bethania. Östlich von der heutigen Furt El-Henu, gleich nordöstl. vom Jordan-Einfluss ins Tote Meer (F 11). «Der Ort ist klein, hat aber eine Gesetzesschule, liegt nicht weit vom Übergang der Israeliten über den Jordan unter Josue, dort wo später Gideon die Ephraimiten hinstellte, um den Madianiten die Flucht abzuschneiden.» (8. Dez. 31; 29. Juli 33; 6.-10. Feb. 34.)

Bethagla, Beth Hagla (Jos 15,6; 19,21). Das heutige Kasr Hadschle oder Ain Hadschla, 7 km südöstlich von Jericho (F 10). «Kleiner Ort, wohin die Israeliten nach ihrem Jordan-Übergang kamen. Gleich östlich liegt der Stein, auf den die Israeliten nach ihrem Übergang zuerst die Bundeslade niedergesetzt hatten. Dieser heilige Ort ist mit Mauern umgeben wie ein Garten, und hier feierte der Täufer Ende August 31 sein Fest, nahe bei seinem dritten Taufort.» (26. Jan. 32.)

Bethain, Bethanoth = Haus des Anoth (Jos 15,59). Die heutige Ruine Bet Enun, 4 km nordöstlich von Chalil (Hebron) (D 12). «Levitenstädtchen auf steiler Höhe, aber oben flach. Hier soll die Bundeslade fünfzehn Tage lang nach ihrem Aufenthalt im Hause des Obed-Edom gestanden haben; von David hierher gebracht, der barfuß ihr voranging. Der Felsboden ist hier weiß. In Bethain ist ein sehr tiefer Brunnen, aus dem das Wasser in einem ledernen Schlauch heraufgezogen wird.» (15. Jan. 33 und wahrscheinlich auch 6. Sept. 33 und 5.-6. Jan. 34.)

Bethan, sonst unbekannt, eine Tochterstadt Bethanats, beim heutigen Akbara, zwischen Saphet und Kapharnaum (F 4). «Die Tochter einer Schwester der Elisabeth wohnt hier mit ihrer Familie und besitzt hier ein Gut, von ihren Vorfahren stammend.» (20. Dez. 32.)

Bethanat, nicht zu verwechseln mit Bethanat (Jos 19,38; Ri 1,33), dem heutigen Ainata oder Ainita, sondern die Mutterstadt von Bethan, gleich östlich am Fuße des Lehrberges bei Hanathon, an dessen Westabhang Saphet liegt (F 4). «Kleine Levitenstadt mit Synagoge. Der Ort war einst befestigt und von Heiden bewohnt, welche die Kinder Nephthalim lange zinsbar hielten und nicht ausrotteten. Esdras und Nehemias zwangen die Juden nach der Wiederherstellung des Tempels, diese Heiden zu vertreiben und sich von ihren heidnischen Frauen zu trennen. Die Leviten wohnen in Bethanat zusammen wie in einem Kloster und senden Leute aus an andere Orte.» (10.-11. Jan. und 18.-19. Dez. 32.)

Bethanien = Armen- oder Dattelhausen (Mk 11,1; Joh 11,18). Das heutige El Azarije, östlich bei Jerusalem und südlich vom Ölberg (E 11). «Schöne Gartenstadt mit Schloss des Lazarus und Festhaus des Pharisäers Simon.» (5. Juni; 26.-27. Sept.; 25.-26. Okt. 31; 24. März bis 22. April; 1.-7. Mai; 26.-28. Juli 32; 12., 23., 25. Jan.; 29. März bis 2. April; 6.-7. Okt. 33; 29.-31. Jan.; 2.-4., 15. Feb. bis 29. März 34.)

Beth-Araba = Haus der Steppe (Jos 15,6,61). Nicht zu verwechseln mit dem Betharaba beim heutigen Kafr Hadschla, sondern viel weiter südlich in Juda gelegen beim heutigen Er-Ruwekbe zwischen Wadi ed-Ta'amira und Wadi el-Muallak, 9 km westl. vom Toten Meer (G 16). «Der Ort lebt von durchziehenden Karawanen, hat eine Synagoge mit freier Herberge für durchreisende Lehrer und Rabbiner und einen steinernen Lehrstuhl auf freiem Platz unter Bäumen. Vor dem Orte liegen Höhlen, in denen Besessene hausen.» (3. Okt. 31; 24.-25. Jan. 32.)

Betharamphtha-Julias, von Jos. Flav. (Bell. Jud. II, 4, 2) auch Amatha genannt. Zwischen dem heutigen Kafr Juba und Dschunfije zu suchen, ungefähr 22 km östlich von Pella (G 7). «Große, um einen Berg ausgedehnte Stadt, deren westlichen Teil Juden und deren östlichen Teil Heiden bewohnen. Beide Teile sind durch einen gemauerten Weg und einen Lustplatz mit Alleen getrennt. Oben auf dem Berge liegt das Schloss, in welchem Abigail, die geschiedene Frau des Tetrarchen Philippus, unter Bewachung wohnt. Die Stadt hat eine Synagoge und wird auch von Rechabiten bewohnt.» (20.-23. Sept. 32.)

Bethel = Gotteshaus (Gen 12,8; 28,19); früher Luz genannt (Gen 35,6; Ri 1,23); doch werden auch beide Namen nach Jos 16,2 auseinander gehalten. Das heutige Betin, 15 km nördlich von Jerusalem (E 10). «In der Nähe von diesem Bethel hatte Jakob die Vision von der Himmelsleiter und soll dem Orte Luz den Namen Bethel gegeben haben. Westlich von Bethel liegen jene Weiden, wo sich Joseph einst aufgehalten, als ihn sein Vater Jakob zu seinen Brüdern nach Sichem sandte.» (24.-25. Sept. 31; 18.-19. Jan. 34.)

Bethel, in der Nähe des heutigen En-Nebi Musa, 18 km östlich von Jerusalem und 11 km westlich vom Jordan-Einfluss ins Tote Meer (F 10). «Kleiner Ort mit einem Hospital.» (28.-29. Sept 31.)

Bethjesimoth = Wüstenhausen (Jos 13,20; Ez 25,9), nach Num 33,49 auch Bethsimoth genannt. Die heutige Ruine Suweme, 6 km nordöstlich vom Jordan-Einfluss ins Tote Meer (F 11). «Kleiner Ort mit Synagoge, dessen Einwohner vom Wein leben.» (16.-17. Dez. 31; 4.-8. Aug. 33.)

Beth-Lechem, Bethlehem = Brothausen (babyl.: Haus der Göttin Lachama) Jos 15,19), nicht zu verwechseln mit dem bekannten Bethlehem. Das heutige Betlacham oder Bet Lahm, südlich vom Wadi el Mellek, 10 km westlich von Nazaret (D 5). Doch ist kaum anzunehmen, dass dieses Beth-Lechem mit jenem identisch ist, welches Anna Katharina Emmerick als den Ort bezeichnet und beschreibt, den der Herr am 15. Juni 33 besuchte, da sie ihn östlich von Dabrath angibt und nicht weit von Gennabris, obschon sich in dieser Gegend kein Beth-Lechem auf den Karten finden lässt.

Bethlehem, der bekannte Geburtsort des Heilandes, den der Herr während seines Lehrwandels am 5. Okt. 31 und 23. Jan. 32 besucht (E 11). Eine Wiedergabe der ausführlichen Beschreibungen der Anna Katharina Emmerick, die Stadt, die Krippenhöhle und das Hirtenfeld betreffend, würde hier zu weit führen.

Bethoron, Beth-Horon = Haus der Höhlen. Ober- und Unter-Bethoron, zwei Städte (Jos 10,10), (Jos. Flav., Ant. V, 1, 17 und Bell.

II, 19, 8). Unter-Bethoron ist das heutige Dorf Bet ur et-tahta; und das 3 km weiter südöstlich und ungefähr 200 m höher gelegene Ober-Bethoron ist das heutige Dorf Bet ur el-foka, von welchem hier die Rede ist. Es liegt ungefähr 15 km nordöstlich von Jerusalem und nördlich vom Wadi Selman (D 10). «Hier wohnen Pharisäer und Leviten; und in der Levitenschule übernachteten einst Anna und Joachim mit Maria, als sie diese zum Tempel brachten, und später Maria als Braut mit Joseph auf ihrer Rückkehr nach Nazaret. Ober-Bethoron liegt so hoch, dass man es von Jerusalem aus sehen kann.» (29. Juli 32; 10.-11. Jan. 33.)

Bethsaida = Jagd- oder Fischhausen, Bezatha (Joh 5,2). Nicht zu verwechseln mit Bethsaida Julias, jenseits des Jordans. Die Lage dieser kleinen Fischerstadt ist heute nicht feststellbar, da sich das Ufergelände des Sees Genezareth durch Erdbeben bedeutend verändert hat. Zur Zeit Christi lag es an ähnlicher Stelle des Sees, wo man im heutigen Ruinenfeld von Tell Hum das alte Kapharnaum vermutete (F 5).

«Bethsaida ist ein kleines Fischerstädtchen, das nur in der Mitte etwas landeinwärts liegt und sich in zwei dünnen Armen an dem See hinstreckt. Es ist meist von Fischern und außerdem auch von Deckenwebern und Zeltmachern bewohnt und hat eine Synagoge. Der Geburtsort von Philippus, Andreas und Petrus. Südwestlich liegt Petri Schiffsstelle. Im Nordende der Stadt liegt das Haus des Andreas, während das Haus Mariä und das Haus Petri eine halbe Stunde weiter aufwärts nordwestlich liegen.» (10. Aug. 31; 12. Aug.; 28. Nov. 32; 21. März; 12. April; 19.-20. Juni; 28. Juni; 15. Okt. 33.)

Bethsaida-Julia (Mk 6,45; Lk 9,10; Jos. Flav., Ant. XVIII, 2, 2; 4, 6; Bell. II, 9, 1) ist zwischen den heutigen Ruinen von Er-Tell und dem Ort Ed-Dikki, am Ostufer des Jordan zu suchen, 4 km nördlich vom Jordan-Einfluss in den See Genezareth (F 4). «Die schöne, neue, heidnisch gebaute Stadt hat hohe Ufer an der Wasserseite. Es werden dort viele Zelte und große grobe Decken hergestellt. Zur Zeit des Herrn wurde noch viel dort gebaut. Auch besaß die Stadt eine Art Universität. Eine Stunde nördlich führt eine dicke gemauerte Brücke über den Jordan.» (24. Nov. 32; 12.-22. März; 16. April; 30. Juni 33.)

Bethsop = Ysopshaus, zwischen Wadi Ibten-Razali und Wadi es-Sidr, 2 km östlich vom Jordan, an der Landstraße, die sich am Ostufer des Jordan von Norden nach Süden erstreckt (F 9). «Die Einwohner stehen in schlechtem Ruf und wohnen in Häusern, die mit Binsen bedeckt sind.» (Vom Herrn, ohne Aufenthalt, am frühen Morgen des 17. Okt. 31 passiert.)

Bethulia (Ri 6,7; 7,1; 8,3 etc.). Eine Bergfestung, deren Lage umstritten ist. Manche vermuten sie in dem auf einem runden Berge gelegenen Dorfe Sanur gleich westlich vom Merdsch el-Rarak; andere vermuten sie bei Jezrael (Hezel); im heutigen Lubije (Grotemeyer); auf dem Karn Hattin (Schwägler); auf dem Dschebl Turan (Ries); im Orte Misilieh (Baedeker). In den Karten des vorliegenden Buches ist es nach den ungefähren Beschreibungen der Anna Katharina Emmerick in der Gegend des heutigen Ortes Lubije eingezeichnet, 9 km westlich von Tiberias (F 5). «Bethulia liegt auf einer Anhöhe einsam und wild und so steil, als wollte es herunterfallen. Es hat zur Zeit Christi noch sehr breite Ruinen von Mauern. In der Stadt steht ein Schloss. Der Ort ist brunnenreich. Am See von Bethulia liegt ein zur Zeit Christi stark besuchter Badeort mit vielen Bädern, Hotels, Villen und Gärten reicher Leute. Der dortige Brunnen wird auch Brunnen Kapharnaum genannt. » (3. Juni; 24.-26. Aug. 31; 8. Jan.; 20.-21. Feb.; 25.-27. Aug. 32; 29. Jan.; 24. März 33.)

Bethzur, Bethsur = Felsenheim (Jos 15,58; 1 Makk 4,61; 14,33). Heute allgemein mit den Ruinen Bet Sur, 7 km nördlich von El-Chalil (Hebron) identifiziert; jedoch nach der Beschreibung der Anna Katharina Emmerick bei dem heutigen Bet Dschala zu suchen, 6 km südlich von Jerusalem und 3 km östlich von Bethlehem, und deshalb auf der Karte des vorliegenden Buches dort eingezeichnet (D 11). «Bethzur ist eine Festung mit Türmen, Wällen und Gräben, nicht so verfallen wie die von Bethulia. Die Stadt ist ungefähr so groß wie Ober-Bethoron. Zwischen ihr und

Jerusalem liegt ein schönes Tal, und man kann von den hohen Punkten des einen den anderen Ort sehen. Hier stand auch einmal die Bundeslade öffentlich. Hier warf auch Saul mit dem Spieß nach dem jungen David. Die Stadt ist von den Feinden der Makkabäer öfters belagert worden, und Judas Makkabäus hat bei einer dieser Belagerungen einen großen Sieg erfochten. Die Heiligen Drei Könige zogen bei diesem Orte vorüber auf ihrem Umweg von Jerusalem nach Bethlehem.» (21.-22. Jan. 33.)

Bezech, Bezek (1 Kön 11,18), heute mit der Ruine Ibzik, am Südostfuß des Ras Ibzik identifiziert; jedoch von Anna Katharina Emmerick der Lage nach 12 km weiter östlich beschrieben (F 7). «Bezech ist mehr zwei Dörfer als eine Stadt zu nennen. Die Einwohner leben einsam und ohne vielen Verkehr; sie sind meist Ackersleute und ebnen ihr zerrissenes und hügeliges Bauland mit sehr viel Mühe. Außerdem verfertigen sie Ackergeräte für den Verkauf und machen grobe Teppiche und Zeltdecken.» (5.-8. Sept. 32.)

Bosra, entstanden aus Beestra = Haus der Astarte (Jos 21,27), Astaroth (l. Par. 6, 71). Das heutige Bosra eski Scham im westlichen Teil des Hauran. «Bosra ist eine Levitenstadt. Abgesondert wohnen viele Heiden dort und haben mehrere Tempel. Auch ist die Stadt eine Freistätte für Totschläger.» (7. Juli 33.)

Caesarea-Philippi (Mt 16,13), vordem Paneas genannt, an die in der Nähe liegende Grotte des heidnischen Hirtengottes Pan erinnernd. Von Philippus, dem Sohn des Herodes d. Großen, zu Ehren des Kaisers Tiberius Caesarea genannt. Das heutige Dorf Banijas am Nahr Banijas, 10 km nordöstlich vor dessen Einfluss in den Jordan, 5 km nordwestlich vom Phiala-See (G 3). «Die Stadt liegt ungemein schön zwischen fünf Hügeln und schaut nach der einen Seite ins Gebirge. Sie ist mit Gärten und Alleen umgeben und meist auf heidnische Art mit vielen Säulen und Bogen gebaut. Es befinden sich in ihr ungefähr sieben Paläste und viele Heidentempel; doch wohnen die Heiden von den Juden getrennt. In der Heidenstadt liegt ein sehr tiefer Brunnen mit einem schönen

Gebäude darüber, welcher wohl von Quellen gespeist wird, die vom Phiala-See herkommen. Vor der Stadt sieht man Bogen und Gewölbe, wo das Wasser wie in Kellern und auf Brücken fließt. Auch liegt vor der Stadt etwas tiefer ein schöner großer Teich, in dessen Mitte ein Häuschen steht, welches man herumdrehen kann. Es quillt Wasser daraus hervor in den Teich und von dort in den Jordan.» (9.-12. März 33.)

Chabul, Cabul = Grenzgebiet, ein Landstrich (3 Kön 9,13) mit 20 Städten, von Jos. Flav. (Ant. VIII, 5, 3) Chabalon genannt, östlich zwischen Akko und Tyrus, dem Mittelmeer und Jordan im Stammgebiet Aser (E 3). «Chabul trennt das Tyrus-Gebiet von Galiläa und ist jenes Land, welches Salomon dem König Hiram für seine Hilfeleistungen schenken wollte, welches diesem aber nicht gefiel.» (Ende Mai u. 6.-7. Juli 32.)

Chim, sonst nicht weiter bekannt, in der Gegend südlich vom Kison-Fluss, 25 km südöstlich von Haipha (Hepha) und 23 km östlich von Dor zu suchen (D 6). «Ein Aussätzigen-Ort, an einem kleinen Bach gelegen, der Wasser aus dem Kison in einem Teich führt, an welchem sich die Aussätzigen zu reinigen pflegen.» (20. Sept. 31.)

Chorazin (Mt 11,21; Lk 10,13), Corozaim = Amphibien?, in dem heutigen Ruinenplatz Kerazie vermutet, also dort, wo Anna Katharina Emmerick Kapharnaum liegen sieht, 8 km südöstlich von Saphet. Außerdem schaut sie zwei verschiedene Orte Chorazin: 1. Groß-Chorazin am Wadi ed-Dalije, 10 km nordöstlich vom Jordan-Einfluss in den See Genezareth (Eusebius setzt es noch zwei Stunden weiter östlich). (G 4)

«Groß-Chorazin liegt etwa drei Stunden östlich vom See Genezareth und vier Stunden südlich von Regaba; es wohnen hier Heiden und Juden, und es gibt viele Eisenarbeiter in der Stadt.» (16.-17. März; 13.-14. Okt. 33; in der Nähe 20. bis 21. Okt. 31; 27. Nov. 32). 2. Klein-Chorazin liegt im Winkel nordöstlich gegen den See Genezareth zu, etwa eine halbe Stunde vom Einfluss des Jordan in den See (F 4).

Die Gegend Chorazin umfasst den Bezirk von Klein- und Groß-Chorazin, ähnlich wie westlich des Sees die Gegend von Kapharnaum bis Gischala (F 5) Genezareth genannt wird. Adricomius (gest. 1585, Vita Christi et theatrum terrae sanctae) und Hieronymus setzen Klein-Chorazin zwei römische Meilen von Kapharnaum entfernt.

Cydessa, Cydassa, Cedesa am östlichen Ende der Ebene Beth-Nethopha zwischen Ras Kruman und Dschebel Turan (E 5). «Von vielen Heiden tyrischer Abkunft und auch von Juden bewohnt.» (11. Feb. 33.)

Dabrath, Dabereth, Dabaritta (Jos 19,12; 21,28; 1 Chr 6,72). Auf der Grenze von Zabulon und Issachar am Nordwest-Fuß des Tabor, das heutige große Dorf Deburije (E 6). «Die Stadt Dabrath liegt am östlichen Fuße einer Bucht der ersten Terrasse des Tabor, schön gebaut, und ist eine Levitenstadt mit Synagoge, römischer Besatzung und Steuereinnahme. Die Pharisäer und Sadduzäer haben hier eine Art Consistorium. Hinter der Stadt führen von einem Vorhügel Schlangenpfade auf den Tabor, dessen Spitze man in zwei Stunden erreicht.» (6. bis 9. Nov. 32.)

Dalmanutha. Markus sagt (8,10): «Jesus kam in die Gegend von Dalmanutha», Matthäus sagt an gleicher Stelle (15,39): «Jesus kam in das Gebiet von Magdala»; Anna Katharina Emmerick sagt: «Die Landung geschah zwischen den beiden Grenzorten, in der Gegend zwischen Magdala und Dalmanutha.» (20. März 33.) Sie schaut aber ein Magdalum (Wohnort der Magdalena) am Westufer des Sees Genezareth (das heutige El-Medschel) und ein Magdalum am Ostufer (bei der heutigen Ruine Duwerban). Da nun manche heute Magdalum mit Magdala identifizieren, so vermuten sie Dalmanutha bei Magdalum am Westufer in der heutigen Ruine Minie, während es nach den deutlichen Beschreibungen der Anna Katharina Emmerick am Ostufer, südlich von Magdala, östlich bei dem heutigen Ort Es-Samra zu suchen ist (F 5). «Wenn es bei Markus 8,10 heißt ‹die Gegend von Dalmanutha›, so ist damit ein kleiner Uferort, zugleich ein Überfahrts- und Zollörtchen gemeint, bei welchem gleich östlich landeinwärts auf einem Hügel die Stadt Dalmanutha liegt. In dem Zollort hat man viel zu tun mit Eisen aus der Eisenstadt Ephron am Nordfuß des Adschlun-Gebirges.» (4. Feb. 33.)

Damna, Dimnah (Jos 21, 35). Stadt am Wadi el-Hamam (Taubental), 3 km westlich von El Medschdel (Magdalum) (F 5). «Vor dieser Levitenstadt befindet sich ein schöner Lehrhügel und eine Herberge der Jünger des Herrn.» (l. Jan.; 30. Jan.; 16. Juni 33.)

Dan = Richter (Jos 19,27; 2 Kön 24,2), vorher Lais, Lesem genannt. Auf einem Hügel gelegen, der heute el-Kadi heißt, 3 km westlich von Banijas (Caesarea-Philippi) (F 3). «Dan liegt am Anfang eines hohen Gebirges. Es fließt ein Flüsschen nebenher, welches sie durchgeleitet haben. Es liegt sehr zerstreut, von vielen Hügeln, Terrassen und Spalierwänden unterbrochen. Es besteht wie aus vielen einzelnen Edelhöfen, deren jeder seine Leute um sich her wohnen hat, so dass die Gärten und Wohnungen aneinander stoßen. Alles beschäftigt sich hier mit Gartenbau. Sie ziehen Früchte und Gewürze aller Art, auch Kalmus, Myrrhen, Balsam, Baumwolle und viele wohlriechende Kräuter. Sie handeln damit nach Tyrus und Sidon und verpacken es in Körbe von Matten, Binsen, Splint und Rohr, die von Menschen, Eseln und Kamelen fortgeschickt werden. Die Heiden wohnen hier durch Einrichtung der Stadt mehr vermischt als an anderen Orten. So angenehm und fruchtbar die Gegend ist, so werden doch viele durch die Nebel vom Gebirge her krank.» (1.-18. Feb. 33.)

Datheman, Dathema verderbt aus Alemuth (1 Makk 5, 9). Das heutige Ataman am Wadi ed Deheb, 7 km nördlich von Der'a (Edrai) im Nordosten von Galaaditis (H 1, 6). «Bergstadt, welche im Makkabäerkriege eine Festung gewesen, in deren unmittelbarer östlicher Nähe jener Berg liegt, den sich die Tochter Jephtes mit ihren zwölf Gespielinnen zum Trauern ausgewählt hatte. Auch wohnten einst Balaam eine kurze Zeit und später Einsiedler auf demselben Berge. Man sieht noch zerstörte Anlagen von Gärten und Wohnungen dort.» (13. Juli 33.)

Davidstraße, vermutlich ein Teil derselben im heutigen Wadi Sa'tar, 5 km südlich von Bosra. «Eine Art Hohlweg, in welchem zuweilen Wasser läuft, und der sich einsam zwischen den Bergen hinabzieht und an der einen Seite einen Kamelweg besitzt.» (11. Juli 33.)

Dibon, weder zu verwechseln mit der Moabiterstadt Dibon (jetzt Diban, gleich nördlich vom Arnon-Fluss), noch mit Dibon oder Dimona bei Edom in Judäa; sondern Dibon im Stammgebiet Gad am Wadi Nimrin bei den heutigen Ruinen von Tell Nimrin, auch Bethnemra = Pardelhausen genannt, 8 km östlich vom Jordan (F 10). «Eine quellen- und wiesenreiche Stadt mit vielen Gärten und Terrassen, in dessen obstreichem Tal zum Jordan hin anderthalb Kilometer weiter westlich die Vorstadt Dibon liegt. Zwischen dieser und der Hauptstadt steht eine Synagoge.» (15.-16. Okt.; 12.-13. Dez. 31.)

Dion, Dium, Dia, Dekapolis-Stadt in Nordperäa (Jos. Flav., Ant. XIII, 15, 3; XIV, 3, 3), 7 km nördlich von Pella, 3 km östlich vom Jordan am Wadi Siklob (F 7). Manche nehmen die frühere Lage dieser Stadt auch 14 km südlich von Pella an, beim heutigen El Chirbe, wo aber Anna Katharina Emmerick Jogbeha liegen sieht. «Dion liegt ein paar Stunden östlich von Scythopolis, jenseits des Jordans, an einem Bergabhang. Vom Judenquartier getrennt, liegt das größere Heidenquartier, sehr schön gebaut, im Busen eines Bergabhanges hinauf, mit mehreren Tempeln.» (30. Sept. bis 2. Okt. 32.)

Dothaim = Zweibrunnen, nicht zu verwechseln mit Dothan (15 km nördlich von Sebastije Samaria), sondern zwischen dem heutigen Turan und Esch Schedschara zu suchen, am Südost-Fuß des Turan-Berges, 10 km östlich von Sephoris und 12 km westlich von Tiberias (E 5). Auch die Bibel kennt zwei Dothan: Jenes, in dessen Gegend die Assyrer ihr Lager bei der Belagerung von Bethulia hatten (Jdt 4,5) und jenes in Kanaan, wo sich Elisäus befand, als ihn der König gefangen nehmen wollte (2 Chr 6,13 ff.). «Das galiläische Dothaim ist ein kleiner, wenig bewohnter Ort mit einem

Irrenhaus. Die Bewohner leben meist von den durchziehenden Kaufleuten. Dothaim liegt auf einer ebenen Höhe von zwei Hügeln umgeben. Es wächst Öl und Wein hier.» (20. Juni; 5. Sept. 31; 7. März; 29.-30. Dez. 32; 9.-10. April 33.)

Dothan, in Samaria (2 Chr 6,13), auf dem heutigen Tell Dotan, 15 km nördlich von Sebastije (Samaria), südlich vom Wadi es-Salhab (E 7).

«Eine größere Stadt, welche in das östliche Tal der Ebene Jezrael niederschaut. Hier sollte Elisäus von Jeroboams Soldaten gefangen werden, die aber blind wurden. In der Umgegend im Gebirge gibt es viel Holz, und daher wird in der Stadt mit Holz gehandelt und dasselbe in der Nähe bearbeitet. Tiefe Stellen sind mit Zelten überspannt, wo Balken zu allerlei Schiffteilen bearbeitet, und auch dünne lange Stöcke für Flechtwände bereitet werden. Vor den Toren an den Landstraßen, die sich in Dothan kreuzen, liegen mehrere Herbergen. In der Stadt werden auch Teppiche und rohe Seide eingeführt, abgeladen und wieder versendet. Dothan ist eine alte, kräftige Stadt; es gibt in ihr sehr gute, aber auch sehr schlechte Leute.» (1.-3. Nov. 32.)

Edrai = meine Stärke, mein Arm, Edrei, Adraa (Num 21,33; Jos 13,31), die Hauptstadt des alten Reiches Basan, das heutige Der'a oder Dera'at am Wadi Zedi, 50 km östlich vom Jordan-Ausfluss aus dem See Genezareth, in gerader Linie mit Bosra, 40 km weiter östlich (I 6). «Eine schöne Stadt, in welcher die Heiden von den Juden abgesondert wohnen, und in der einst der König Og von Basan gewohnt hat und von Moses geschlagen wurde. Die Stadt existierte schon zur Zeit Abrahams. Josue gab Edrai an den Stamm Halb-Manasse.» (4.-5. Juli 33.)

Eleale, El'aleh = Gottessteige (Num 32,3,37; Jos 15,4). Die hochgelegene Ruinenstätte El-Al, 4 km nördlich von Hesban (Hesbon), in Galaad (H 10).

«Die Einwohner nähren sich meist von Obstbau und tragen die Früchte weit fort. Außerdem verfertigen sie Decken und grobe Stickereien in Menge.» (14.-15. Dez 31.)

Elkasa, nicht zu verwechseln mit Elkese (bei Kafr Birim), sondern ein kleiner Ort zwischen Saphet und Jordan, 3 km nordöstlich von Kapharnaum (F 4). «Der Ort liegt eine Viertelstunde vom Westufer des Jordan entfernt, Bethsaida-Julias gegenüber und wird von einem Flüsschen in zwei Teile geteilt, welches um den Berg von Saphet herum und von hier zum Jordan fließt. Der eine Teil liegt höher, der andere niedriger gegen den Jordan hin. Es wohnen dort Juden und Heiden. Eine Viertelstunde nördlich führt die hohe Steinbrücke über den Jordan.» (14. Feb. 33.)

Elkese, Elkoschi Elkos (Nah 1,1), in der Gegend zwischen dem heutigen Kafr Bir'im und Ed-Dschisch, also zwischen der Ebene Hadira und dem Berg Dschermak zu suchen, südlich vom Wadi Fara, ungefähr 8 km nordwestlich von Saphet (F 4). «Elkese ist die Geburtsstadt des Propheten Nahum, der hier auch eine kurze Zeit lehrte. In der Nähe liegt ein Brunnenteich mit einem Haus für Aussätzige und westlich davon Kamelweiden mit hohem Gras und Höhlen an einem Berg, in denen Heiden wohnen.» (19. Dez. 32.)

Endor, Ain-dor = Quelle von Dor oder ewig sprudelnde Quelle (Jos 17,11; 1 Kön 28,7; Ps 82,11), das heutige Dorf Endur am Nordabhang des Tell el-Adschul, der östlich neben dem Dschebl Nebi-Dahi liegt, also westlich vom Wadi esch-Scharrar (E 6). «Endor liegt zerstreut, voll von Trümmern mit dicken Mauern den Berg hinan und mit vielen Gärten durchbaut. An einer Seite stehen große Prachtgebäude, wie Paläste, an anderen Stellen liegt die Stadt, wüst durch Krieg zerstört. Es wohnen hier keine rechte Juden, sondern von einem Krieg zurückgelassene Leute, die Tribut von den Früchten geben müssen, die sie gewinnen, und die auch wie Sklaven zu Bauarbeiten gebraucht werden. Es gibt daher hier keine Synagoge, aber in der Nähe ein Heilbad mit Teich. In einer Vorstadt von Endor wohnen die Juden und haben dort auch ihre Synagoge. Nicht weit davon liegt ein berühmter Brunnen.» (13.-15. Sept. 31; 4. Nov. 32.)

Engannim = Gartenquelle (Jos 19,21; 21,29) wird heute allgemein mit dem alten Ginäa und heutigem Dorfe Dschenin identifiziert; ist jedoch nach den Beschreibungen der Anna Katharina Emmerick von Ginäa unterschieden, und östlich daneben liegend, am Wadi en Nusf, geschildert (E 7). «Engannim ist eine Levitenstadt, liegt am Abfall eines Tales (Wen Nusf), welches nach Jezrael zuläuft, auf einer Klaue des östlich langen Seiten-Gebirges (wohl Dsch. Fukuo'a = Gilboa-Gebirge) quer hinüber. Die Einwohner treiben Tuchweberei und Spinnerei für Priesterkleider und arbeiten auch Quasten, seidene Fransen und Knöpfe. Essener haben hier eine Art Hospital, in welchem sie Kranke pflegen, auch verkommene Menschen aus allen Sekten aufnehmen, belehren und bessern.» (5.-6. Aug. 32.)

Ensemes, Ain-Semes = Sonnenquell (Jos 18,17; 15,7). Von manchen im heutigen Ain el-Hod gleich östlich von Bethanien angenommen; von Anna Katharina Emmerick aber in seiner Lage so geschildert, dass man es zwischen den beiden Klöstern Der-Dosi und Mar-Saba, südlich vom Wadi en-Nar, dem unteren Teil des Kidronbaches, annehmen müsste, also mehr südöstlich von Bethanien (E 11). «Bei Ensemes fließt der Bach Kidron, wo sich das Gebirge bis zum Berge Amma hinzieht.» (1. Okt. 31, und vermutlich auch 1. Feb. 34.)

Ephron oder Ephraim = Fruchtbarkeit? (Joh 11,54). Das heutige Et-Taijibe, 20 km nördlich von Jerusalem und 23 km westlich vom Jordan (E 10). Das heutige Er-Taijibe bedeckt den Gipfel eines kegelförmigen Hügels, überragt von den Ruinen eines viereckigen Turmes. Dieser Ort deckt sich mit dem biblischen Orte Ophra, im Stammgebiet Benjamin (Jos 18,23), in welchem sich das Ephraim (Job 11,54) vermuten lässt. «Westlich von Ephron erstreckt sich die sogenannte Wüste Ephraim gen Süden zur Wüste Gibea, zwischen welchen beiden Wildnissen das vom Herrn und den Seinen so oft besuchte Hirtenhaus liegt.» (15.-16. Jan.; 11. Feb. 34 und vermutlich auch 22. Aug. 33.)

Ephron (1 Makk 5,46; 2 Makk 12,27). Von manchen im heutigen Ort Fara am Nordwest-Fuß des Adschlun-Gebirges vermutet, aber doch wohl etwas weiter östlich, direkt nördlich an diesem

Gebirge und südlich am Wadi el-Jabis gelegen (G 7). «Levitenstadt an der südlichen Anhöhe eines engen Passes, in welchem ein oft versiegender Bach zum Jordan hinfließt, zu dem man in der Schlucht weit hinabsieht. Gegenüber liegt ein schmaler höherer Berg, auf welchem die Tochter Jephtes mit ihren Mägdlein auf ein Siegeszeichen ihres Vaters geharrt hat, das durch aufsteigenden Rauch gegeben ward, worauf sie nach Ramoth zurückgeeilt und mit großer Pracht ihrem Vater entgegengezogen ist. Die Leviten in Ephron entstammen einer alten Sekte der Rechabiten. An dem Berg bei Ephron befinden sich mehrere Gießereien und Metallschmieden, in denen Töpfe, Rinnen und Röhren für Wasserleitungen hergestellt werden. Etwas weiter nördlich (jenseits des Wadi el-Jabis) liegt ein großes Erzbergwerk.» (18.-19. Sept. 32.)

Gabaa, einer der Orte, die der Herr am 30. Juli 32 kurz berührt, und der nicht mit El-Dschib (Gibeon) verwechselt werden darf, sondern nordöstlich vom heutigen Dschifna (Gophna) vermutet werden muss (E 9). Bekanntere Orte gleichen Namens gibt es noch an zehn andere.

Gabara, nicht zu verwechseln mit dem Gabaroth, dem heutigen Arabet el-Battof, westlich vom Ras Kruman; sondern die heutige Ruine Madin, südlich des Dorfes Hattin, am Westfuß des Karn Hattin (F 5), in welchem einige den Berg der sog. Bergpredigt der Seligkeiten und der Speisung der Fünftausend vermutet haben, was sich aber mit dem Bericht der Evangelien nicht vereinbaren lässt. Diese seit Ende des 13. Jahrhunderts auftauchende Legende hat ihren wahren Grund in der Tatsache, dass der Karn Hattin offenbar einer der Berge ist, auf welchem der Herr (Nov. 32 u. April 33) eine große Predigt gehalten hat. «Die ziemlich bedeutende Stadt Gabara liegt am westlichen Fuß eines Berges, der wie eine steile Mauer hinter der Stadt hinansteigt, und den man auf gehauenen Stufen besteigen kann. Die Einwohner des Ortes arbeiten in Baumwolle, die wie Seide ist; sie verfertigen Zeuge und auch eine Art von Matratzen für vornehme Leute, von gelber und blauer Baumwolle. Auch salzen sie Fische ein und versenden sie.» (11.-14. Nov. 32; und auf dem Lehrberg bei Gabara auch 23.-25. April; 26. Juni 33.)

Gadara, Gadar (Jos. Flav., Bell. IV, 7, 3), das heutige Mukes, 10 km südöstlich vom Jordan-Ausfluss aus dem See Genezareth (G 6), also nicht mit dem alten Gadara oder Ramoth Galaad weiter südlich, dem heutigen Es-Salt, zu verwechseln. «Gadara ist eine Festung; die Heidenstadt ist ziemlich groß, sie liegt etwas unter der höchsten Höhe des Berges, an dessen nördlichem Fuße warme Bäder mit schönen Gebäuden stehen. Vor dem Eingang der Heidenstadt sitzt unter einem großen Baum eine Baalfigur aus Metall mit spitzem Kopf und Blätterkrone und mit sieben Löchern im Leib, in einer Art von Kessel sitzend, in welchem man Feuer unter der Figur machen kann. An seinen Festen wird der Gott bekleidet. Die Figur wird bei bestimmten Gelegenheiten mittels einer Maschinerie aus der Versenkung emporgehoben. Auch ihre Arme, die wie zum Empfangen gehalten werden, lassen sich durch Hebelwerk an den Körper ziehen. Früher opferte man diesem Gotte Kinder, welche kurz vor ihrer Verbrennung durch jene Arme erdrückt wurden; zur Zeit Christi ist dies verboten, und man opfert Tiere, als vornehmstes die syrische Kamelziege. Auch lässt man Zuckerwerk zum Gotte herab. Das Judenquartier von Gadara ist der kleinere Teil der Stadt, hat aber hier eine Art Synedrium mit Pharisäern; auch Sadduzäer wohnen hier.» (26.-29. Sept. 32.)

Galaad, nicht zu verwechseln mit den Orten gleichen Namens, die südlich vom Jabbok-Fluss liegen, sondern ein Ort am Westufer des Nahr er-Rukkad, 4 km vor seinem Einfluss in den Hieromax, 12 km östlich vom See Genezareth (G 5). «Der Ort liegt südlich von Gamala, ist von Juden und Heiden schlechter Gesinnung bewohnt und hat in der Nähe eine Zöllnerherberge.» (19. Aug. 32.)

Galgala = Kreis, nicht das aus 2 Chr 2,1 oder Dtn 11,30 bekannte, sondern eine Pharisäerstadt in Galiläa, in der Gegend des heutigen Ortes Sa'sa, am Nordfuß des Dschebl Dschermak, 10 km nordwestlich von Saphet (E 4). «Ein schöner, großer Ort, an beiden Seiten der Handelsstraße Saphet-Tyrus liegend.» (19. Dez. 32.)

Garisima, vielleicht identisch mit dem von Jos. Flav. (Bell. V, 11, 5) genannten Garis oder Garsis, 3 km nördlich von Saffurije

(Sephoris), am Südrand der Ebene von Beth-Netopha (E 5). «Der Ort liegt hoch, ist mit Weinbergen durchstreut und hat die Morgen- und etwas Mittagssonne, von Abend und Norden aber Schatten.» (25.-27. April 33.)

Gath-Hepher, Gethepher (Geth = Kelter, Presse), (Jos 19, 13). Gat ha-Hefer = gegrabene Kelter, Presse (2 Chr 14,25), das heutige El-Mesched, einige Kilometer westlich von Saffurije (E 5). «Geburtsstadt des Propheten Jonas.» (23. Juli 32; 2. Jan. 33.)

Gaulon, Golan = Auswanderung (Dtn 4,43; Jos 20,8), das arabische Dscholan = Staub und Sand. Von einigen in den heutigen Orten Sahem ed-Dscholan oder Dschillin, der eine 10 und der andere 15 km nordöstlich vom Eintritt des Wadi el-Ehrer in das Jarmuk-Tal vermutet; jedoch nach den Beschreibungen der Anna Katharina Emmerick viel weiter nordwestlich, in der Gegend der heutigen Ruinen von Summaka, zwischen Ard el-Hule und dem Tell Abu-Neda zu suchen, also ungefähr 10 km nordöstlich vom Einfluss des Jordan in den Merom-See (9 3). «In Gaulon wohnen Juden und Heiden.» (5. März 33.)

Gennabris, Ginnabris (Jos. Flav., Bell. IV, 8, 2; auch Sennabris: III, 9, 7); aber nicht mit Tarichäa zu identifizieren, sondern etwas weiter westlich von den heutigen Ruinen Sinn en-Nabra gelegen, also 5 km westlich vom Ausfluss des Jordan aus dem See Genezareth (F 6). «Gennabris ist eine schöne Stadt, auf einer Anhöhe gelegen, und an dessen Abhang hinab, in dessen Busen die Gärten, Bäder und Lustorte der Stadt liegen. Die Stadt besitzt außer Gesetzesschule und Synagoge auch eine Redeschule. Es herrscht viel Handel dort. In der Vorstadt hat Nathanael Chased sein Haus.» (30. Dez. 31; 19. Feb.; 30. Aug. bis 1. Sept. 32.)

Gerasa, nicht zu verwechseln mit dem Geras (Jos. Flav., Bell. Ill, 3, 3), im Osten von Peräa; sondern ein sonst nicht genanntes Gerasa, südwestlich von Groß-Chorazin, am Wadi ed-Dalije, 8 km östlich vom Jordan-Einfluss in den See Genezareth (G 4). «Gerasa liegt am Abhang eines Tales, das vom nördlichen Ende des Sees etwa zwei und vom See selbst etwa anderthalb Stunden liegt. Es ist größer und auch reinlicher als Kapharnaum, jedoch, wie fast alle Städte dieser Gegend, heidnisch gemischt. Die Heiden haben ihre eigenen Tempel in der Stadt. Die Juden sind der unterdrückte Teil, haben aber doch eine Gesetzesschule und Lehrer. Es ist viel Handel und Gewerbe im Ort, denn es kommen die Karawanen von Syrien und Asien nach Ägypten durch die Stadt. Auch wird aus Argob, wo gelber Ockergrund ist, Eisen nach Gerasa eingeführt, welches vor dem Stadttor zu langen eisernen Stangen und auch zu Röhren geschmiedet und gelötet wird. Man arbeitet dabei nicht mit Holzfeuer, sondern brennt schwarze Klumpen, die man aus der Erde gräbt.» (19. Okt. 31; 21. Aug. 32.)

Gergesa, zuerst einmal ein Landstrich (Mt 8,28; Mk 5,1; Lk 8,26), welcher außer den Städten Gergesa und Gerasa zehn Dörfer umfasst und vom Ostufer des Sees Genezareth hinter Magdala und Dalmanutha bis zu dem langen Bergrücken reicht, an dessen Südende die Festung Gamala liegt. Dieser Distrikt ist aber nicht mit der sogenannten Dekapolis zu verwechseln. Die Stadt Gergesa liegt 8 km östlich vom See und 5 km nördlich von Jarmuk oder Hieromax-Fluss, also ungefähr bei dem heutigen Ort El-Al (G 5).

«Die Stadt hat heidnische Vorsteher und einen jüdischen Synagogenvorsteher. Der Schauplatz der Heilung der Besessenen von Gergesa und die Flucht der Schweineherde erstreckt sich von dem Sumpf in der Gegend des heutigen El-Jakusa am Wadi el-Mas'ud bis zu einer Schlucht am Ostufer des Sees, südlich von Magdala.» (11. Dez. 32.)

Gessur, nebst der Bezeichnung einer Landschaft südlich und östlich vom Hermon-Gebirge (Dtn 3,14; Jos 13,11) auch eine Stadt, vermutlich das heutige Mezra'at am Nahr ed-Dschennani, in Verbindung mit dem danebenliegenden Bet Dschenn, 20-21 km nordöstlich von Banijas (Caesarea-Philippi), (H 2). «Gessur ist eine große, schöne Stadt mit römischer Garnison. Die vielen Heiden und Juden wohnen hier in getrennten Teilen der Stadt, sind aber im Umgang doch sehr vertraut und vermischt, weshalb die hiesigen Juden von den anderen sehr verachtet werden. Vor der Stadt wohnen die Zöllner in einem größeren Quartier an den Handelsstraßen von Caesarea-Philippi und Argob-Regaba, die sich hier zur Straße nach Damaskus vereinigen.» (25. Feb. bis 1. März 33.)

Giah, Gibea, Gibeath = Hügel, Anhöhe, nicht zu verwechseln mit Gibeon, dem heutigen El-Dschib, noch mit dem Gibea Sauls, sondern das heutige Dscheba Gibea auf dem Berge Amma am Ostrande der Wüste Gibea, zwischen Rama und Michmas, 10 km nördlich von Jerusalem (E 10). «Diese Stadt Giah besteht aus einer wohl halbstundenlangen Straße über den Berg Amma, auf welchem einst Joab und Abisai in der Verfolgung Abners nachließen, da dieser sie anredete, und an dessen Fuße die Wüste Gibea beginnt und sich der Wüste Ephraim entgegenzieht.» (26. Sept. 31.)

Gilgal = Kreis, Bezirk, nicht die alte Hügelstadt Gilgal, das heutige Dschuledschil an der Südgrenze der Ebene El-Machna oder El-Askar, auch nicht das weiter südlich im heutigen Dschildschelije vermutete Golgal, sondern das Gilgal gleich südöstlich von Jericho, dessen Überreste el-Etele auf dem niedrigen Hügel Tell Dscheldschul vermutet werden, am nördlichen Ufer des Wadi el-Kelt, 4,5 km westlich von den Ruinen Kasr el-Jehud (F 10).

«Der Ort Gilgal heißt auch das ganze über dem tieferen Talbett des Jordan höher liegende Feld, das von Bächen, die zum Jordan fließen, in einem Umkreis von fünf Stunden umfangen ist. Die Stadt Gilgal aber zieht sich, zerstreut und von vielen Gärten unterbrochen, wohl eine Stunde lang gegen die Aufenthaltsgegend des Täufers zu und besitzt an der Ostseite eine große Synagoge mit drei Schulen in drei Stockwerken übereinander. Vor der Stadt liegt ein ummauerter heiliger, historischer Platz, wo Josue dem Volke die sechs Segen und Flüche verkündete, die ihm und Elieser von Moses vor dessen Tode mitgeteilt worden waren. Der Platz besitzt auch eine Bade- und Reinigungsstelle am terrassenförmig abgestuften Flussufer nebst Lustplätzen. In der Nähe liegt auch der mit eigenen Mauern eingefasste Beschneidungshügel der Israeliten.» (12.-13. Okt. 31.)

Ginäa soll früher bei den Israeliten Ain-Gannim = Gartenquell genannt worden sein und erst in der hellenistischen Zeit Ginäa (Jos. Flav., Ant. XX, 6, 1; Bell. III, 3, 4). Es ist das heutige Dorf Dschenin, südlich von Wadi Schemnie und Wadi en-Nusf, 27 km nördlich von Nabulus (Sichem) und ebenso weit südlich von Nazaret entfernt (E 7). Trotzdem ist es nicht mit dem oben beschriebenen Engannim identisch, welches 4 km östlich liegt. «Die Stadt Ginäa oder Ginnim liegt auf der Grenze von Samaria und Galiläa in einer schönen Gegend, der Ostseite ausgesetzt, und ist sehr fruchtbar an Getreide, Wein und besonders Obst. Die Einwohner treiben meist Landbau und tragen die Früchte zum Verkaufe fort. Die Stadt ist ehedem groß und schön gewesen. Es hatten Könige hier gewohnt; das Schloss ist aber abgebrannt, und die Stadt einst im Kriege zerstört worden. In der Nähe liegt ein Landgut, welches Lazarus von seinem Vater geerbt hat, und in dessen Landhaus einst der König Omri so lange gewohnt hat, bis Samaria erbaut war, wo er dann hingezogen. Die Stadt Ginäa schloss früher dieses Landgut in ihre Grenzen mit ein. Die Bewohner von Ginäa halten sich als strenge Juden bewusst von den Samaritanern zurück.» (19.-21. März; 2.-3. Aug. 32; 29. Sept.; 1. bis 2. Okt. 33.)

Gischala (Jos. Flav., Vita 10; Bell. IV, 2, 1), wohl dasselbe wie Gis-Halab und im heutigen Ed-Dschisch (8 km nordwestlich von Saphet) vermutet, aber seiner Lage nach von Anna Katharina Emmerick 5 km westlich von Tiberias beschrieben (F 5). «Gischala liegt auf einer Anhöhe und ist eine Festung voller römischer Soldaten, die Herodes besolden muss. Die Juden wohnen in einem kleinen Städtchen eine halbe Viertelstunde davor. Gischala ist nicht wie andere Städte gebaut, sondern besteht nur aus einigen Plätzen und Gebäuden, welche allerlei Staketen umgeben, wie um Pferde anzubinden; und rund umher stehen einzelne Türme mit Stockwerken und von Mauern umgeben, worin sich eine Truppe verteidigen kann. An einem dieser Türme liegen Gebäude, an den vier Seiten mit Säulen angebaut, innerhalb welcher der heidnische Tempel steht. Die Juden in dem Städtchen davor arbeiten allerlei Lederzeug für Kavallerie und Infanterie und sind teils Besitzer, teils Aufseher und Verwalter der wunderbar fruchtbaren Gegend hier (Feld Gischala), denn von hier an bis Kapharnaum zieht sich die herrliche Gegend Genezareth entlang. Zur Festung Gischala führen gemauerte, abgesetzte Wege hinauf. Das Judenstädtchen ist der Geburtsort des Antigonus (Stifters der Sadduzäer), des Aufrührers Johannes von Gischala und des Saulus (späteren Apostels Paulus).» (10.-11. Nov.; 10. Feb. 33.)

Gophna (Jos. Flav., Bell. III, 3, 5), das heutige Dorf Dschifna, 20 km nördlich von Jerusalem, südlich vom Wadi Abbas (D 10). «Die Stadt liegt am Gebirge Ephraim, auf sehr zerrissenem Grunde, teils hoch, teils niedrig im Talgrunde, und zwischen ihren Häusern liegen viele Gärten und Anlagen. Der Ort ist bedeutend, da in ihm die Bezirksregierung ihren Sitz hat.» (23.- 24. Sept. 31.)

Gur, sonst nicht weiter bekannt und nicht zu verwechseln mit Ma'aleh Gur oder Gaver (2 Chr 9,27), sondern «der Bergort Gur dicht bei Jezrael, wo ein Bruder des hl. Joseph einst gewohnt hatte, der nachher nach Zabulon gezogen und viel Umgang mit der Heiligen Familie gehabt hatte.» (E 7), (21.-22. Sept. 31.)

Hadad-Rimmon, Adaremmon, vermutlich soviel wie Gewittergott der Syrer (Sach 12,11), griechischer Name: Maximianopolis. In der Gegend des heutigen El-Mudschedil, 8 km südwestlich von Nazaret (DE 6). «Eine ganz bedeutende, belebte Stadt; denn es geht eine Heer- und Handelsstraße von Tiberias nach der Meeresküste hier hindurch.» (6.-7. April 33.)

Hanathon = Gnadenort (Jos 19,14). Von manchen im heutigen Kafr'Anan, 17 km westlich vom Jordan-Einfluss in den See Genezareth vermutet; aber nach der Beschreibung der Anna Katharina Emmerick am Nordost-Fuß jenes Berges gelegen, an dessen westlichem Abhang Saphet liegt, mithin 7 km nördlich von Kapharnaum (F 4). «Hanathon, Bethanat und Nejel liegen um den Lehrberg Jesu bei Saphet herum und machen den Eindruck, als seien sie einmal eine sehr große Stadt im Zusammenhang gewesen. In Hanathon pflegt der Herr zu übernachten, wenn Er tags zuvor auf dem Berge gelehrt hat.» (9.-10. Jan.; 15. Dez. 32.)

Hareth, ein Wald (1 Kön 22,5), wo David eine Zuflucht vor Saul suchte. Von manchen im Stammgebiet Juda, 3 km östlich vom heutigen Qilah oder Zeila gesucht; von Anna Katharina Emmerick aber seiner Lage nach gleich östlich von der Ebene El-Machna beschrieben, 4 km östlich von Nablus (Sichem). Die Quelle Hareth (Ri 7,1), die in der Geschichte Gideons erwähnt wird, deutet ganz deutlich darauf hin, dass der Wald Hareth im Stammgebiet Manasse lag (E 8). «In diesem Walde mit hohen, starken Bäumen und vielen schönen Höhlen zog Holofernes mit seinem Heer zuerst ein, als er von Osten her den Jordan überschritten hatte. Der Wald Hareth erstreckt sich über einen Bergrücken von Süden nach Norden und gibt westlich von Salem dem Felde vor Sichem die östliche Grenze.» (16. Okt. 32.)

Hay = Steinhaufen, ha-'Ai (Gen 12,8; Jos 7 und 8). Die heutigen Ruinen Haijan bei Der-Diwan, 3 km südöstlich von Bethel (E 10). «Hay war einst vor Jesu Zeiten ganz zerstört worden und ist nachher wieder aufgebaut worden, aber viel kleiner. Der Ort liegt ziemlich versteckt.» (17. Jan. 32.)

Hazezon-Thamar, Asasonthamar = Palmenreihe? (Gen 14,7; 2. Par 20,2), der frühere Name von Engaddi. Das heutige Ain Dschidi = Ziegenquelle, am Westufer des Toten Meeres, ungefähr 25 km östlich von Hebron (E 12). «Hazezon-Thamar ist mit Sodom und Gomorrha zugrunde gegangen. Zur Zeit Jesu sah man hier in einer dunklen, durch schwarze und zerrissene Felsen und große Höhlen wüsten Gegend, sich ungefähr eine halbe Stunde vom Toten Meer ins Land heraus erstreckend, allerlei zerbrochene Mauern und halbe Türme von einer halben Stadt. Wo jetzt das Tote Meer liegt, floss vor dem Untergang jener gottlosen Städte nur der Jordan, eine Viertelstunde breit, und es gab hier viele Springquellen. Die Leute, die zur Zeit mehr landeinwärts in Höhlen und Ruinen angesiedelt sind, sind keine rechte Juden, sondern Sklaven aus früheren hier durchziehenden Völkern stammend, welche diesen Feldarbeit leisten müssen und welche Jesu Besuch bei ihnen als eine unbegreifliche Gnade hochschätzen und ihn sehr liebevoll aufnehmen.» (22. Jan. 32.)

Hebron (Gen 13,18; 23,2 und 19). Das heutige El-Chalil = Der Freund (Gottes, nämlich Abraham), 28 km südlich von Jerusalem (D 12). Die in der Umgebung von Hebron historischen Orte: Machpelah, Mambre und Juta, siehe im alphabetischen Verzeichnis weiter unten. (6. und 8. Juni 31; 4.-5. April 32; 16.-17. Jan. 33.)

Hepha, der Hafen von Hepha, dem heutigen Haifa, 35 km nördlich von Caesarea am Meer (D 5). «Der Hafen von Hepha liegt an der Südseite des Meerbusens, östlich bei der Stadt. Die Schiffe landen an Treppen und Steinmauern, und oben liegen gemauerte Plätze und Alleen.» (5. Juni 33.)

Hippos, Hippene, Dekapolis-Stadt (Jos. Flav., Bell. III, 3, 1; Ant. XIV, 4, 4), das heutige Susitha am Ostufer des Sees Genezareth gegenüber von Tiberias (G 5). (14. Jan. 32.)

Hukok, Hucuca, Huqqoq (Jos 19,34), in der Gegend des heutigen Jakuk, zwischen Wadi Sellame und Wadi er-Rabadije, 10 km westlich von Kapharnaum (E 5). «Hukok liegt auf einem Hügel, aber unter vielem Gebüsch und vielen Bäumen doch verborgen, mit einer etwa eine Viertelstunde entfernt liegenden Vorstadt. Hukok muss einmal eine starke Festung gewesen sein; es ist von Gräben umgeben, und eine Brücke führt in die Stadt. Durch das Tor sieht man weit in die Stadt hinein, bis auf die schöne Synagoge, die rings von Säulen umgeben ist, so dass man sie bei großem Andrang öffnen und erweitern kann. Die ganze Stadt ist reinlich gebaut und ist ebenso wie die Vorstadt nur von Juden bewohnt. Man verarbeitet hier feine Seidenstoffe zu schmalen Tüchern, Quasten und Fransen und strickt Sandalen, die zwischen zwei Absätzen in der Mitte biegsam sind und durch bestimmte Löcher den Staub gut herausfallen lassen.» (16.-18. Dez. 32.)

Ischariot = Mann aus Kerijot, Karioth (Jos 15,25; Joh 6,72). Von manchen in Quarijut nahe bei Selun (Siloh) vermutet; aber von Anna Katharina Emmerick der Lage nach als Iscariot östlich von Meroz bei dem Sumpfgebiet beschrieben, welches heute Merdsch el-Rarak heißt (E 8). «Iscariot ist ein Örtchen von etwa zwanzig Häusern, welches, zu der Stadt Meroz gehörend, nicht weit gen Osten davon entfernt liegt. Die Häuser liegen tief in einer Schlucht hinab auf sumpfigem Boden in einer Reihe, neben einem schwarzen, schilfigen Wasser, das, hier und da gestaut, Pfützen zum Gerben bildet. Oft haben sie nicht Wasser genug und müssen dann andere Quellen einlassen. Das Schlachtvieh von Meroz geht auch hier in der Gegend zur Weide, und was sie dort brauchen, schlachten sie gleich hier und ziehen es ab und gerben die Häute.» (l. Nov. 32.)

Jakobsbrunnen (Joh 6,4), heute Bir es-Samerije = Brunnen der Samariterin genannt, anderthalb Kilometer östlich von Nabulus (Sichem) entfernt (E 8). «Der Jakobsbrunnen liegt im Erbfelde Josephs auf einem kleinen Hügel, vor welchem etwa eine Viertelstunde westlich Sichem in einem kleinen Tale liegt. Mehrere tief eingeschnittene Wege winden sich von verschiedenen Seiten den kleinen Hügel hinauf zu dem von Bäumen und Rasensitzen umgebenen achteckigen Gebäude, welches den Brunnen Jakobs umschließt. Das Brunnenhaus ist rings mit einer offenen Bogenstellung umgeben, unter welcher etwa zwanzig Menschen rings stehen können. Gerade dem Wege von Sichem gegenüber führt unter dieser offenen Halle eine gewöhnlich verschlossene Tür in das innere Brunnenhaus, dessen Dach oben eine Öffnung hat, die zuweilen mit einer Kuppe überdeckt ist.

Das Innere des Brunnenhauses hat soviel Raum, dass man zwischen dem sitzhohen Steinrand des Brunnens und den Wänden bequem herumgehen kann. Außer Walze, Kurbel und Schöpfeimer am Brunnen selbst, befindet sich der Tür gegenüber eine Pumpe, durch die man Wasser auf die Höhe der Mauer des Brunnenhauses pumpen kann, welches an der Ost-, Süd- und Westseite des Hauses nach außen unter der umgebenden Halle in drei dort im Boden angebrachte kleine Becken fließt, teils zum Fußwaschen und Reinigen der Reisenden, teils zum Tränken der Tiere.» (4. Aug. 31; 31. Juli 32; 9. Jan. 34.)

Jericho, Ieriho (Jos 18,20; Jos. Flav., Bell. IV, 8, 2 und 3). Das heutige Dorf Er-Riha, aber wohl eine halbe Stunde östlich vom alten Jericho entfernt gelegen (F 10). «Nahe an der Stadt liegen Gärten, Lustplätze und Häuser durcheinander. Mitten in Jericho liegt auf einem freien Platz ein von Gebäuden umgebener Badeteich mit für Männer und Frauen getrennten Räumen, zu welchem Stufen hinabführen und auf welchen kleine schwimmende Badekästen angebracht sind.» (10.-21. Aug. 33; 16.-17. Jan. 34.)

Jerusalem, in ältester Zeit Salem = Friede, heute türkisch El-Kuds = die Heilige (Stadt) genannt (E 11). «Charakteristisch für die Stadt sind die vielen tief liegenden und steil aufsteigenden Straßen, die hinter den Stadtmauern herumführen. Die hochliegenden Häuser hinter den Stadtmauern sind nach der anderen Seite zugekehrt; denn es sind mehrere Stadtteile nacheinander erbaut und immer wieder ein neuer Bergrücken hinzugezogen worden, während die alten Mauern stehen blieben. Oftmals sind die tiefen Talwege mit hohen festen Steingewölben überbaut. Die Häuser haben ihre Höfe und Zimmer nach innen; gegen die Straße zu haben sie nur Türen, auch wohl Terrassen oben auf den Mauer. Oft sieht man hohe Gebäude, in denen das Wasser hin- und hergeleitet wird, auch Türme, in denen es hinaufgepumpt wird, zumal am Tempel, wo sich große Pumpwerke befinden. Der Tempelberg weist an einzelnen Seiten, wo er sanfter abfällt, mehrere Straßen auf, die über Terrassen hinter dicken Mauern laufen, wo teils Priester, teils Tempeldiener und Tagelöhner wohnen. An der Nordseite fällt der Tempelberg sehr steil ab. Um den Berg zieht sich oben ein grüner Rand herum, wo die Priester allerlei Gärtchen besitzen. Zu Christi Zeiten wurde noch immer an einzelnen Orten am Tempel gebaut. Im Tempelberg selbst gibt es viel Erz, welches man beim Bauen herausholt und oben verwendet; auch liegen viele Schmelzereien und Gewölbe darunter.» (5. Juni; 5. Dez. 31; 25. März bis 14. April 32; 24.-25. Jan.; 30. März bis 2. April; 8. Okt. 33; 15. Feb. bis 29. März 34.)

Jezrael = Gott sät (Jos 17,16; 19,18), später auch Esdrelon, Esdraela genannt (Ri 7,4). Das heutige, auf einem nordwestlichen Ausläufer des Dschebal Fukuo'a (Gilboa-Gebirge) liegende Dörfchen Zerin, 18 km südlich von Nazaret (E 6). «Ein durch Gärten, alte Gebäude und Türme unterbrochener und in einzelnen Gruppen liegender Ort, welchen eine Heerstraße, genannt Königstraße durchquert, und welcher an der Ostseite, der Ebene Jezrael liegt. Die ziemlich große Stadt besitzt allerlei geistliche und weltliche Schulen und Ordenshäuser der Nasiräer.» (1.- 2. Sept. 31; 14. und 25. Feb. 32.)

Jogbeha = Hochplatz (Num 32,35; Ri 8,11). Von manchen im heutigen Djubehat oder El-Adschbehat, östlich von Es-Salt vermutet, welches auf einer Anhöhe einen Gewölbebau und in der Umgebung viele Grabhöhlen aufweist. Nach der Beschreibung von Anna Katharina Emmerick aber ist das vom Herrn besuchte Jogbeha weiter nördlich zwischen dem Wadi el-Jabis und Wadi Kafrindschi zu suchen, ungefähr 4 km östlich vom Jordan, unweit des Südwestfußes des Adschlun-Gebirges (F 7). «Der auf einem Hügel liegende Ort ist klein und vergessen. Er ist durch einen Propheten und Kundschafter des Moses und Jethro entstanden, dessen Name wie Malachai klingt. Ein früher hier liegender Sumpf wurde durch einen abgetragenen Berg verschüttet, der sich allmählich begraste. Es entstand eine Quelle und um diese der Ort Jogbeha. Übermooste Mauerreste lassen eine frühere Zeitstadt mit gemauerten Fundamenten vermuten. Malachai lehrte die Leute hier auch mit schwarzem Erdpech mauern. Zur Zeit Christi ist der Ort von Karaiten bewohnt, die aus den hier herum wachsenden Weiden Körbe flechten, auch Decken und hölzerne Gefäße anfertigen und Bienenzucht treiben.» (2.-3. Okt. 32.)

Jotopata, Jotapata (Jos. Flav., Bell. III, 7, 7). Von manchen in dem heutigen Tell Dschefat vermutet, welches durch seinen Namen an die alte Bezeichnung des Tales Jephthah-El = Weite Gottes (Jos 19,14 und 27) erinnert. Auf diesem Hügel Dschefat lag die von Josephus verteidigte Festung Jotopata. Nach der Beschreibung der Anna Katharina Emmerick ist aber der vom Herrn besuchte Herodianer-Ort Jotopata zwischen Gabara und dem See Genezareth zu suchen (F 5). «Gabara liegt am westlichen Fuß des Berges, an dessen Südostseite das Herodianernest Jotopata versteckt liegt. Es ist von Gabara aus in einer Stunde zu erreichen, wenn man um den Berg herumgeht. Dieser Berg, auf welchen eingehauene Stufen hinaufführen, erhebt sich wie eine steile Wand hinter Gabara. Jotopata liegt vor diesem Berge wie in einer großen Höhle, in einen Bergbusen hineingebaut. Vor sich hat es noch einen Hügel, von dem man wieder etwas abwärts in der mittleren Höhe des Berges in die Stadt über tiefe, wilde Gräben geht. Nördlich von diesem Berge, nicht ganz zwei Stunden entfernt, liegt Magdalum am Rande einer Schlucht. Die Herodianer haben in einer Mauer der Festung ein geheimes Versammlungshaus.» (27. Aug. 32.)

Juta (Jos 15,55; 21,16) auch Jeta genannt; aber nicht zu verwechseln mit dem heutigen Dorf Juta, 9 km südlich von Hebron, welches auf der Karte des vorliegenden Buches angegeben ist; sondern die Priesterstadt Juta, die auf unserer Karte gleich südöstlich neben Hebron, nur durch einen Fluss von Hebron getrennt, abgebildet ist (D 12).

«Ich habe nun gesehen, dass Juta und Hebron zuusammenhängen. Juta ist eine Art von Vorstadt, es liegt meist zerstreut, hängt aber durch eine Reihe Häuser mit Hebron zusammen. Ehemals müssen sie wohl getrennt gewesen sein, denn es ziehen sich zerstörte Mauern mit Türmen zwischen beiden Orten hindurch, und es ist eine kleine Vertiefung zwischen ihnen. Das Haus des Zacharias enthält die Synagoge oder Schule von Juta und liegt eine Viertelstunde von der Stadt ab auf einem Hügel, hat sehr schöne Gärten und Weinberge und auch noch einen entfernteren schönen Weingarten mit einem Häuschen. Die Schule stößt auf der einen Seite an die Stube, in der Johannes der Täufer geboren worden ist.» (13.-14. und 18. Jan. 33.)

Kades-Nephthali (Jos 20,7; 21,32; Ri 4,6; 1 Par 6,76), Kedes = Geweihtes, Heiliges. Die alte Levitenstadt und Freistadt für Totschläger, Kades, hat sich mit dem alten Namen Kedes als schwach bevölkertes Dorf in fruchtbarer Gegend, 8 km nordwestlich vom Bareth el-Chet (Merom-See), erhalten (F 3). «Die Leviten- und Freistadt Kades, in der einst der Richter Barak, der den Sisara erschlug, geboren wurde, ist eine Festung mit doppelten Mauern und Türmen von schwarzen, glitzernden Steinen. In der Nähe liegen

Eisenbergwerke. Die Stadt sieht auf einen Fluss hinab (Wadi Arus), der in den Jordan oder in den See Merom fließt. » (16. Feb. 33.)

Kamon (Ri 10,5), von einigen in dem heutigen Kamm, 13 km südlich von Mukes (Gadara), 14 km östlich vom Jordan vermutet; aber nach der Beschreibung der Anna Katharina Emmerick am Südufer des Jabbokflusses, ungefähr 7 km östlich vom Jordan beschrieben (FG 8). «Kamon liegt etwa eine Stunde östlich von Sukkoth an der Südseite des Jabbokflusses.» (10. Sept. 32.)

Kana = Rohr, Schilfrohrplatz, auch Nest oder Wohnung? Das heutige Kefr Kenna, 5 km östlich von Saffurije (Sephoris), südlich unterhalb des Dschehel Turan am Wadi Turan (E 5), und nicht, wie manche wollen, in dem 8 km weiter nordwestlich gelegenen Kanet el-Dschelil am Nordrand der Ebene von Beth-Netopha zu suchen. «Kana liegt an der Westseite eines Hügels und ist ein angenehmer und reinlicher Ort, nicht so groß wie Nazaret, aber lebhafter. Der Wohlstand des Ortes ist unter dem mit der Heiligen Familie bekannten Spediteur Israel und ein paar anderen geteilt, während die übrigen Einwohner meist in Arbeit jener leben. In der Nähe der Synagoge, in der drei Priester beschäftigt sind, liegt das öffentliche Festhaus, in welchem die aus dem Evangelium bekannte Hochzeit stattfand. Mitten in Kana liegt ein Hügel, welcher der Spediteur Israel mit einem Weingarten umgeben hat, und auf welchem ein schöner Lehrstuhl steht, auf dem der Herr am 25. Juni 33 lehrte.» (5. Juli 31; 30. Dez. 31 bis 5. Jan. 32; 8. Aug. 32; 9. Feb.; 24. und 25. Juni 33.)

Kapharnaum, Kafr Nahum = Dorf Nahums (Mt 4,13), in den heutigen Trümmern des Ortes Tell Hum vermutet (F 4). Dem steht nichts entgegen, dass Anna Katharina Emmerick Kapharnaum 4 km vom Seeufer entfernt liegen sieht, da sie bei den Erdbeben zur Zeit des Todes Jesu unter anderem berichtet: «Der ganze Felsenvorsprung von des Hauptmannes schönen Gärten bei Kapharnaum riss hinweg; der See drang in das Tal und kam nahe gegen Kapharnaum, das früher wohl eine halbe Stunde davon lag. Petri Haus und die Wohnung der heiligen Jungfrau vor

Kapharnaum gegen den See zu blieben stehen. Der galiläische See war in großer Bewegung, seine Ufer stürzten hie und da ein und traten anderwärts aus; er veränderte seine Gestalt bedeutend, näherte sich seiner heutigen Form und ist überhaupt in seinen näheren Umgebungen nicht mehr gut zu erkennen.» (Das bittere Leiden unseres Herrn Jesus Christus, nach den Visionen der Anna Katharina Emmerick.)

Die zu Tell Hum ausgegrabene Synagoge stammt übrigens nicht aus der Zeit Jesu Christi, sondern weist ihrer Struktur und ihrem Stil nach auf die Zeit um 200 n. Chr. hin. (3. und 25. Juni; 9., 12.-13. Aug.; 27.-29. Dez. 31; 6., 7., 11. und 12. Jan.; 15.-18. Feb.; 5.-6. März; Mitte Juni; 23.-24. Juli; 9.-12., 14.-16. Aug.; 14.-16.; 22.-24., 29. Nov. bis 15. Dez. 32; 31. Jan. bis 22. Feb.; 10.-18. April; 19.-22. und 27. Juni 33; 22. Jan. 34.)

Kapharot, sonst nicht weiter bekannt, nördlich in der Nähe des heutigen Tell Ma'un zu suchen, zwischen Gabara und Jotopata (F 5). «Ein kleiner Ort bei Jotopata, rechts von der Herberge Jesu bei Gabara. Die Straße von Kapharnaum nach Jerusalem führt hier hindurch, und ich habe Jesum und die Seinen schon öfters hier gesehen. Hier in der Gegend war auch Saul kurz vor dem Besuch bei der Hexe von Endor und der unglücklichen Schlacht herumgestreift.» (25. April 33.)

Kibzaim = Versammlung? oder zwei Haufen? (Jos 21,22), sonst unbekannte Levitenstadt im Stammgebiet Ephraim, 1 Chr 6,68, Jakmeam genannt. Von manchen im heutigen Der Ibzi, 3 km nördlich von Bethoron vermutet; aber von Anna Katharina Emmerick seiner Lage nach weiter nördlich davon und südlich vom Wadi Jasuf, zwischen Aruma und Lebonah zu suchen (E 9). «Kibzaim liegt im Tal zwischen Ästen des Gebirges versteckt, welches sich durchs Land in der Mitte hinzieht und hier gleichsam eine Wolfsklaue bildet. Die Einwohner leben vom Obstbau und verfertigen Zelte, Teppiche und Sandalen.» (21.-22. Dez. 31; 29. Juli 32.)

Kimki, sonst nicht weiter bekannter Hirten-Ort, westlich bei Naim (E 6). «Der Ort liegt zerstreut, nur um die Synagoge drängen sich einige Häuser. Man kann von hier aus den Berg bei Nazaret sehen. In der Nähe liegt auch ein Feld namens Kimki oder Chimki, auf welchem Anna, die Mutter der heiligen Jungfrau, ein Weidefeld besaß, und wo dem hl. Josef der Engel erschien.» (7.-9. Sept. 31.)

Kirjathaim, nicht zu verwechseln mit Kiriath-Jearim, nordwestlich von Jerusalem, sondern die Levitenstadt im Stammgebiet Nephthali (1 Chr 6,76, wofür bei Jos 21,32 Karthan steht) beim heutigen Kafr Anan, 12 km westlich von Kapharnaum (E 4).

«Kirjathaim ist eine Levitenstadt, sie liegt auf einem Hügel und schaut in ein Tal hinab. Die Einwohner haben hier Durchzug von Waren und verarbeiten Seide, die von auswärts kommt, zu Priesterzeug. Auf der anderen Seite besitzen sie eine Zuckerplantage in der Nähe von Naasson.» (22.-24. Dez. 32.)

Kision (Jos 21,28) oder Kiseon (Jos 19,20), wird auch Kedes (1 Chr 6,72) genannt. Am Südfuß des Tabor-Berges (E 6). «Eine von vielen anderen Ortschaften umgebene Levitenstadt, in deren Mitte ein Lehrhügel liegt.» (30. Aug. 31.)

Kisloth-Tabor (Jos 19,12), offenbar identisch mit Chesulloth (Jos 19,18) und vermutlich das heutige Iksal, westlich vom Tabor-Berge (E 6). «Handelsort mit Färbereien von roher Seide, zugleich eine Levitenstadt, von Zabulon an die Leviten vom Stamme Merari abgetreten. Sie besitzt die vornehmste Synagoge der ganzen Gegend.» (30. Juli; 5.-6. Sept. 31; 21.-24. Feb. 32; 2.-3. Jan.; 8. April 33.)

Korä, sonst nicht weiter bekannter Ort zwischen Edrai und Bosra in der Gegend des heutigen Umm el-Mejadin, 60 km östlich vom Ausfluss des Jordan aus dem See Genezareth (J 6).

«Der Zwischenort zwischen Edrai und Bosra, wo Jesus lehrte und heilte, war ein schöner Lehrhügel mit Bäumen und Umzäunungen, etwa eine kleine Stunde von einem etwas zerstreut in der Länge liegenden Ort, den jenes Geschlecht von Kore, Dathan, Abiron (Num 16,1) meist bewohnte, und welcher Korä heißt.» (6. Juli 33.)

Koreä (Jos. Flav., Ant. XIV, 3, 4; Bell. I, 6, 5; IV, 8, 1), von manchen in dem heutigen Orte Kawara am Wadi Far'a vermutet, was mit der Beschreibung der Anna Katharina Emmerick übereinstimmt, wenn sie sagt: «Wenngleich Koreä ein wenig westlicher liegt als Akrabis, so ist es doch näher am Jordan; denn er wendet sich hier herüber.»

Auf jeden Fall muss der Leser den auf der Karte im vorliegenden Buche eingezeichneten Ort Koreä (E 9) in nordöstlicher Richtung bis zum Wadi Far'a hin verlegen. «Ein Teil der Stadt Koreä liegt oben auf einer Bergterrasse, der andere liegt mit diesem durch eine schmale Häuserreihe verbunden in einer östlicher liegenden Bergschlucht. Der Ort ist nicht sehr groß, und die Einwohner sind nicht reich. Sie machen geringe Flechtarbeiten, Bienenkörbe, große Bahnen von Strohmatten, feiner und gröber; das Stroh oder Schilf wird ausgesucht und gebleicht. Auch verfertigen sie von Strohmatten ganze Wände, um Schlafräume abzusondern. Die Berge hier in der Gegend sind steil und zerrissen. In einem abgesonderten Teil der Stadt wohnen mehrere miteinander verwandte Essener-Familien. Sie haben schöne Äcker am Abhang abgesondert und bauen nur Weizen und Gerste an, keinen Roggen. Sie behalten nur den dritten Teil des Ertrages, einen Teil bekommen die Armen und einen die Gemeinde in Mizpah.» (11.-13. Okt. 32; 27. März 33.)

Lebona, am Südfuß des Berges Garizim, und nicht mit dem folgenden Lebonah, 15 km weiter südlich, zu verwechseln (E 8). «Lebona liegt an der Südseite, wo der Berg Garizim aufsteigt. Von diesem Ort führt ein Weg zwischen Gebäuden und alten Mauern aufsteigend zu einer auf einem Vorsprung des Berges allein liegenden Burg, und auf diesem Wege befindet sich eine frühere Werkstätte des hl. Josef, in der er in seiner Jugend gearbeitet hatte, und wo später eine Levitenfamilie wohnte.» (26. Jan. 33.)

Lebonah (Ri 21,19), das heutige El-Lubban am Wadi Selun, 16 km südlich von Nabulus (Sichem), (E 9). «Jesus ist am Mittwochabend in Lebona, nicht auf der Burg, sondern in der Stadt angekommen.» Diese Bemerkung der Anna Katharina Emmerick lässt nicht genau erkennen, ob es sich hier um dieses Lebonah oder um das oben erwähnte Lebona am Berge Garizim handelt. (26.-27. März 33.)

Leccum (Jos 19,33), vielleicht das heutige Kafr Kama (F 4). «Leccum ist ein kleiner, aber nahrhafter Ort; er liegt etwa eine halbe Stunde vom Jordan und ein paar Stunden von dessen Einfluss in den See. Die Einwohner sind alle Juden; nur an den äußersten Enden wohnen wenige arme Heiden in Hütten, solche, welche manchmal von den Karawanen zurückbleiben. Alles ist hier sehr emsig mit der Baumwollzucht beschäftigt; sie bereiten sie auch aus dem Rohen zum Gespinst und weben und verfertigen auch Decken und einige Zeuge; bis auf die Kinder arbeiten sie dergleichen.» (14.-15. April 33.)

Libnath, Libna, Lebna (Jos 10,29), Labana (Jos 15,42), Lobna (Jos 21,13; 2 Chr 8,22; Jes 37,8), in der Gegend des heutigen Bet-Dschibrin (Eleutheropolis), 28 km westlich von Hebron (C 11-12). «Libna liegt in einem Tale (Wadi Medschma) nicht weit von einem Flüsschen (Nahr Sukrer), welches in das Meer fließt. Die Gegend ist hoch und voll von Getreidefeldern. Man kann die Berge von Jerusalem von hier aus sehen. Libna ist eine Levitenstadt.» (21. Jan. 33.)

Luz, nicht zu verwechseln mit der Jakobs-Stadt Bethel, dem heutigen Betin, welches früher auch den Namen Luz führte, sondern der Ort Luz zwischen Bethanien und Bethagla, am Wadi Mukelik, 14 km westlich vom Einfluss des Jordan ins Tote Meer (E 10- 11), (30. Sept. 31).

Machpelah = Doppelte (Höhle), (Gen 23,9 und 17; 25,9; 49,29-30; 50,9), (Jos. Flav., Ant. I, 14; Bell. IV, 9, 7). Im heutigen El-Chalil unter der Moschee Haram = Heiligtum gezeigt, nördlich vor der alten Stadt Hebron gelegen (D 12). «Die große Höhle Machpelah, in welcher Abraham, Sarah, Jakob, Isaak und andere Altväter begraben sind, ist zweifach wie zwei Keller; die Grablager sind teils vorspringende, teils in die Wand eingehauene Steinbänke. Vor der Höhle liegen ein Baumgarten und ein Lehrplatz. Der Felsen ist ganz mit Weinreben bekleidet, und oben wächst Getreide.» (15. Jan. 33.)

Madian, Midian, nicht zu verwechseln mit dem Madian an der Küste des Roten Meeres, sondern die im heutigen Muhattat zu vermutende Moabiterstadt am Ufer des Arnon-Flusses, 19 km östlich vom Toten Meer (G 12). «Madian ist eine größere Stadt, in welcher Madianiter wohnen. In der Vorstadt wohnen Juden.» Dass auch in diesem Madian am Arnon-Fluss Madianiter wohnen, ist sehr wohl möglich, denn «Madian als ein nomadisierender Stamm hatte in der frühesten Zeit kein streng begrenztes Gebiet. Schon damals, zur Zeit des Moses, scheint sich ein Teil von seiner ursprünglichen Heimat losgerissen zu haben und nach Norden, dem östlichen Ufer des Toten Meeres entgegen, gerückt zu sein» (Wetzer & Welte's Kirchenlexikon, Artikel Madian). (1. Aug. 33.)

Magdala = Turm, nicht zu verwechseln mit dem heutigen Dörfchen Medschdel am Westufer des Sees Genezareth, sondern eine Stadt am Ostufer des Sees, südlich von Hippos in der Gegend des heutigen Duwerban, gegenüber von Tiberias (G 5). «Der kleine Ort Magdala liegt vorn an einem Aussprung in den See, hinten ist er von der Anhöhe umgeben; er liegt so, dass nur die Mittag- und Abendsonne hineinscheint. Es ist feucht und neblig in der Umgegend, besonders in der weiter südlich gelegenen finsteren Schlucht, in welche sich das Wasser aus dem höher liegenden Sumpf bei Gergesa ergießt. Man kann von Magdala aus nicht gut zu dieser Schlucht gelangen, weil sich die eine Bergwand derselben weit hervor an den See zieht und unwegsam ist. Die Einwohner von Magdala leben meist von Hippos, welches viel Verkehr und Gewerbe hat. ‹In den Grenzen von Magdala› oder ‹Magadan› (Mt 15,39) heißt auch ‹in der Gegend von Dalmanutha› (Mk 8,10), welches ein paar Stunden davon südlich jenseits der Schlucht liegt. ‹Das Land der Gadarener› (Mt 8,28) oder ‹der Gerasener› (Mk 5,1) oder ‹der Gergesener› (Lk 8,26) ist der Landstrich, in welchem sich von jenem Sumpf, etwa Dreiviertelstunden südlich von Gergesa bis zu der erwähnten Schlucht, die von den Synoptikern berichtete Heilung der Besessenen und die dämonische Flucht der Schweineherde vollzog. Am Ausgang jener Schlucht bildet ein kesselartiger Abgrund das Wasser des Baches zu einem Wirbel, der einen Einfluss von dem See durch eine Strandbank, aber keinen Ausfluss in den See hat; und in diesem Kessel ersoffen jene Schweine.» (9.-12. Dez. 32.)

Magdalum, heute allgemein Magdala genannt, das heutige Dörfchen El-Medschdel am Westufer des Sees Genezareth, gleich südlich vom Wadi el-Hamam (Taubental), (F 5). «Magdalum liegt in einem Busen der Südhöhe eines Tales, welches sich von West nach Ost gegen den See Genezareth hinzieht. Es ist von der Höhe hinab gebaut, an deren Südseite die Stadt Jotopata liegt. Magdalum liegt am Rande einer Schlucht, und seine Umgebung von Alleen, Gärten und allerlei Türmen erstreckt sich bis zur Mitte dieser Schlucht. Magdalum ist ein befestigter Ort, der aus mehreren Schlössern, öffentlichen Gebäuden, großen Plätzen mit Alleen und Gärten besteht. Eines der Schlösser gehört dem Herodes. Auch liegen Soldaten des Herodes in Magdalum. Offiziere dieser Garnison verkehrten im Schloss der Magdalena, welches prächtiger und größer als die übrigen Schlösser war. Durch die wilde Talschlucht, an deren Anfang Magdalum auf der Höhe liegt, fließt ein Flüsschen nach dem See, und es hielt sich vieles Wild darin auf. Herodes pflegte hier zu jagen; auch besaß er bei seinem Schlosse einen Tiergarten.» (15. Aug. 31.)

Mahanaim = Doppellager (Gen 32,2; Jos 13,26; 2 Kön 2,8; 17,24). Diese historische Levitenstadt ist nicht zu verwechseln mit dem heutigen Mahne östlich von Pella, sondern sie ist am Nordufer des Jabbok-Flusses, 10 km östlich vom Jordan zu suchen (G 8). «Mahanaim ist eine reinliche Stadt, in zwei Teilen liegend. Eine Stunde weiter östlich am Nordufer des Jabbok, wo das Tal eine Bucht macht, befindet sich die Stelle, wo einst Jakob und Esau zusammentrafen (Gen 33,1-17).» (10. Sept. 32.)

Mambre, Hain, Elone, Mam(b)re = Terebinthen-Hain des Mambre, eines amorrhäischen Fürsten (Gen 13,18; 23,19; 35,27). In der heutigen heiligen Abrahams-Eiche (Balutat Sibte), eine halbe Stunde nordwestlich von El-Chalil,(Hebron) vermutet (D 12). «Der Hain Mambre ist ein Tal nördlich von Hebron, voller weit voneinander stehender Eichen, Buchen und Nussbäumen. Dieses Tal öffnet sich in ein anderes Tal, und es liegen dicht vor dem Hain Mambre allerlei Höhlen, auch die große Höhle Machpelah.» (15. Jan. 33.)

Matthäi Zollstätte. Wenn manche diese Zollstätte des Levi, des späteren Apostels Matthäus, am See-Ufer bei Kapharna-um annehmen, weil die Evangelien den Besuch des Herrn unmittelbar nach seinem Aufenthalt in Kapharnaum berichten, so vergessen sie, dass die biblischen Ereignisse nicht immer so rasch aufeinander folgen, wie sie im Evangelium erzählt werden. «Von Kapharnaum begibt sich der Herr an das Seeufer, lehrt dort und fährt dann über den See und landet mit den Jüngern zwischen dem Tal von Gerasa und Bethsaida-Julias. Erst steigt man noch über eine Anhöhe, und dann liegen die Wohnungen der Zöllner hintereinander. Es führt ein Weg gleich vom Ufer nach den Häusern der Zöllner. Der Herr aber geht einen Weg am Seeufer rechts ab, und von diesem Weg lenkt ein anderer Weg nach der Zollstätte des Matthäus.» Also ist die Zollstätte Matthäi beim heutigen Mes'adije (G 5) zu suchen. (24.-26. Nov. 32; 3. Juli 33.)

Megiddo, Mageddo (Jos 12,21; 1 Chr 4,12; Sach 12,11). Die frühere Lage von Megiddo aufzufinden, ist bis heute noch nicht einwandfrei gelungen. Man kann es in der Gegend des heutigen Tell el-Mutesellim vermuten, 27 km südöstlich von Haifa (Hepha) und 20 km nordwestlich von Dschenin (Ginäa) auf der geraden Linie zwischen diesen beiden Orten am Südwestrand der Ebene Jezrael (D 6). «Megiddo liegt auf einer Höhe und ist etwas wüst und verkommen. In der Mitte der Stadt steht eine teils verschüttete, teils mit Rasen überwachsene Ruine; hier und da sieht man noch halbe Bogen. Ein neu belebter Teil von Megiddo ist die Vorstadt, in welcher Zöllner wohnen, und die aus einer langen Reihe von Gebäuden am Fuße einer Anhöhe besteht, über welche sich eine Handelsstraße nach Ptolomais (Akko) hinzieht, weshalb sich in dieser Vorstadt auch viele Herbergen befinden. Am Eingang vor der Stadt liegt ein großer runder Rasenplatz, mit Mauern und Hallen umgeben, die etwas verfallen sind. Nicht sehr weit von der Stadt liegt ein Feld gleichen Namens, betreffs dessen ich früher wohl gesehen, als würde auf diesem Felde gegen das Ende der Welt eine Schlacht mit dem Antichrist geschlagen werden.» (19.-20. Nov. 32.)

Meroz = Zuflucht (Ri 5,23), von einigen in der heutigen Ruine Marus südwestlich vom Serom-See, von anderen als wahrscheinlicher im Kafr Masr, 1,5 Stunden südlich von Tabor vermutet; jedoch nach der Beschreibung von Anna Katharina Emmerick auch weiter südlich in der Gegend vom heutigen Dscheba‘ gleich südwestlich vom Merdsch el-Rarak zu suchen, also ungefähr 6 km nordöstlich von Sebastije (Samaria), (E 8). «Meroz liegt an der Südseite eines Berges (heute 722 m hoch), an dessen Nordseite Atharot (Attara) liegt. Der Ort ist von einem trockenen Graben umgeben, in welchem sich zuweilen einiges Bergwasser ansammelt. Die Einwohner beschäftigen sich hauptsächlich mit Bereitung von Fellen, verfertigen Leder und Pelzwerk, nähen Kleider daraus, machen lederne Sandalen, Riemen, Gürtel, Schilder und Soldaten-Wämser. Sie holen die Häute weit umher auf Eseln und bereiten sie teils in einer Zisterne, in welche Wasser aus ihrem schön eingerichteten Stadtbrunnen fließt, der seinerseits das Wasser durch eine Röhrenleitung vom nahen Berge im Norden der Stadt erhält. In der Nähe des Ortes befindet sich ein Haus der Aussätzigen und weiter westlich liegt ein Lehrberg.» (28.-31. Okt. 32.)

Misael = Wer ist wie Gott, auch Miseal (Jos 19,26), Masal (Jos 21,30; 1 Chr 6,74) genannt, in der Gegend der heutigen Medschdel Kerum, 16 km östlich von Akka (Acco) zu suchen (E 5). «Die Levitenstadt Misael ist mit Mauern und Türmen umgeben und sehr alt. Das Levitenhaus ist ein Gebäude mit abgestumpften Ecken. Durch die Wendung einer Anhöhe von Misael getrennt, liegt westlich die Vorstadt mit ihrer Aussicht gegen Westen auf das Meer und gegen Süden auf das schöne grüne Tal und den

Karmel im Hintergrund. Die Vorstadt besteht nur aus einem Hotel und einer Straße, welche sich über die Höhe hinzieht. Nördlich von ihr liegt am Abhang auch mit der Aussicht gen Westen ein schöner Lustgarten mit Schattenbäumen, Hallen und Lauben. Er ist öffentlich, hat aber auch verschlossene Teile, die einzelnen Leuten zum Privatgebrauch und zur Gebetsversammlung gehören. Ganz oben hat man Aussicht auf das Meer und den Sumpf Cendevia.» (6.-9. Juni 33.)

Mizpah = Warte, Ausschau, auch Maspha genannt (Jos 18,26; 1 Makk 3,46), das heutige En-Nebi-Samwil, so genannt, weil es Geburtsstätte, Wohnsitz und Begräbnisplatz Samuels sein soll, 7 km nordwestlich von Jerusalem (D 10). «Die kleine Stadt Mizpah mit ihren Mauern und Türmen kann man von weit her sehen, da sie auf einem die Umgebung weit überragenden Gipfel liegt (835 m). Im Orte selbst gibt es viele Herbergen, da mehrere Landstraßen sich hier kreuzen.» (10. Okt. 31.)

Moreb, Hain, Elon Moreh = Eiche oder Terebinthe des Moreh (Gen 12,6), ungefähr 4 km nordöstlich vom alten Sichem zu suchen (E 8). «Östlich vom Berg Ebal, der mitten in der Ebene von Sichem liegt, befindet sich jener Teil eines Tales, welcher der Hain Moreh heißt. Es steht dort ein großer Baum, nicht so rauh wie eine Eiche, welcher männliche und weibliche getrennte Blüten und Früchte zugleich trägt, und von dessen Nüssen die Einwohner die Knöpfe an den Pilgerstäben verfertigen. Bei diesem Baum erschien der Herr dem Abraham, und Jakob hat hier auch bei seinem Wegziehen von Sichem die Götzenbilder begraben. An diesem Baum erhörte auch Gott das Gebet Mariens auf ihrer Adventsreise.» (22. März; 20. und 23. Okt. 32.)

Naasson = große Schlange (Tob 1,1), in der Gegend des heutigen El-Murar, gleich östlich vom Wadi Sellame, ungefähr 20 km westlich vom Jordan-Einfluss in den See Genezareth zu suchen (4-5). «Auf der südlichen Höhe neben dem Tale (Wadi Sellame) liegt ein Ort Naasson und daneben eine Zuckerrohr-Plantage, also zwischen Kirjathaim und Abram.» (24. Dez. 32.)

Naim = schön, auch Nain (Lk 7,11) genannt, das heutige Dorf Nein am Nordfuß des Dschebl Nebi-Dahi, 10 km südöstlich von Nazaret (E 6). «Naim ist ein schöner Ort mit festen Häusern und liegt auf einem angenehmen Hügel. Vor der Stadt liegt ein Brunnen, und um sie herum ziehen sich viele schöne Wege und Lustplätze mit Terrassen, woran sich die Leute auf ihren Sabbatwegen im Schatten niederlassen. Die Straße von Samaria her läuft durch Naim und mündet weiter nördlich in die große Landstraße. An der Nordgrenze der Stadt liegt der schöne Lustgarten der Witwe Maroni, welche in der Stadt eine große Wohnung besitzt.» (7. Aug.; 18.-19. Nov. 32; 12. bis 14. Juni 33.)

Nazara, sonst nicht weiter bekannte Samariterstadt, am Nordwestende des Merdsch Ibn-Amir (Ebene Jezrael) am Nordufer des Nahr el-Mukatta (Kison-Fluss), 20 km südöstlich von Haifa (Hepha) zu suchen (D 6). «Ein kleiner Ort nicht weit von Legio, in welchem eine verachtete Menschenart, wie Sklaven, wohnt, keine rechten Juden. Sie haben etwas Heidnisches in ihrer Religion und halten ihre Anbetung in dem Tempel auf dem Berge Garizim, wohin sie einige Meilen auf einem schwierigen Gebirgsweg zu gehen haben. Sie sind durch manche schwere Lasten bedrückt und müssen wie Sklaven im Frondienst am Tempel in Jerusalem und an anderen öffentlichen Bauten arbeiten. Hier kehrte auch die Heilige Familie auf ihrem Fluchtweg nach Ägypten ein.» (18. März 32.)

Nazaret, das heutige En-Nasira, südlich vom Dschebl-el-Sich (E 5-6). «Nazaret hat fünf Tore. Am Nordtor wohnen in Gewölben von altem, zerbrochenem Mauerwerk Essener, getrennt und unverheiratet, Männer und einige Frauen, die mit der Heiligen Familie befreundet sind. Das Haus Mariä und Josephs liegt ebenfalls vor dem Nordtor, und Joseph hatte seine Werkstätte vor der Nordmauer unweit vom Wohnhaus. Das Haus Mariä liegt an einem Hügel, so dass Teile des Hauses wie Gewölbe in den Hügel führen. Der Berg, an dessen Fuß die Essener wohnen, ist die höchste Spitze des Bergrückens, an dem Nazaret in die Höhe gebaut ist, aber es liegt doch noch ein Tal zwischen Stadt und Bergrücken. Jenseits hat dieser Berg einen steilen Absturz mit Grün und Wein bewachsen. Unten an diesem Absturz liegen allerlei Schutt, Auswurf und Knochen.» (3. und 22. Juni; 5.-7. Aug.; 10.-12. und 16.-19. Sept. 31; 10.-17. März; 16.-17. Aug. 32; 23. Jan. 34.)

Nebo oder Nabo (Num 32,3 u. 38), in der Gegend des heutigen En-Neba beim Berg Nebo, in der heutigen Ruine El-Muchaijet in der Nähe des Nordendes des Gebirges Abram vermutet, also 14 km östlich vom Nordende des Toten Meeres (F 11). «Nebo liegt am Fuße des mehrere Stunden aufsteigenden Berges Nebo. In dem ziemlich großen Ort, der auf hügeligem Grund und durch ein Tal vom Berg Nebo getrennt liegt, wohnen Ägypter, Moabiter und auch Juden, die sich früher mit Götzendienst befleckt haben. Der einzige Heidentempel in der Stadt ist verschlossen und umbaut. Die Einwohner handeln mit Obst. Das Trinkwasser ist nicht gut, sondern trübe und salzig und sammelt sich in Felsen. Außerhalb der Stadt liegt ein Hospital für Aussätzige.» (3.-4. Feb. 32; 30. Juli 33.)

Nephthali = Mein Kampf (Tob 1,2), auf griechisch Thisbe, dessen Lage umstritten ist, von einigen im heutigen Tetaba, von anderen in der Ruine Sirin vermutet, also jedenfalls nicht weit von Saphet; aber von Anna Katharina Emmerick als westlich von Kapharnaum und südlich von Saphet liegend beschrieben, zwischen Wadi Lemun und Wadi el Tawahin (F 4). (13. Feb. 33.)

Nobah, in der Gegend zwischen dem heutigen Ofani und Dscheba und zwischen dem Dschebel el-Arab und dem Wadi er-Rukkad, 12 km südöstlich vom Phiala-See und 22 km nordöstlich vom Merom-See (H 3). «Nobah liegt etwa drei Stunden südlich vom Phiala-See und ist eine Stadt der Dekapolis, von Heiden und Juden bewohnt, auf zwei getrennte Stadtteile verteilt. Alle Städte hier herum sind von einem schwarzen glimmernden Steine gebaut.» (2.-4. März 33.)

Nobah, im Hauran, in der Gegend des heutigen Ortes Behem, 13 km nordöstlich von Salchad (Salcha), im Gebiete des Dschebl Drus. «In Nobah wohnen außer dem heidnischen Teile der Stadt lauter Rechabiten, welche den Ort bei ihrer Rückkehr aus der babylonischen Gefangenschaft von Heiden besetzt fanden, ihn eroberten und sich dort zusammenzogen.» (8. Juli 33.)

Ono, nicht zu verwechseln mit dem heutigen Kefr ʻAna, 9 km nordwestlich von Ludd (Lod, Lydda), sondern in der Gegend der heutigen Ruine eines Johannesklosters namens Kasr el-Jehud = Judenburg, 2 km nördlich vom Jordanbad der Griechen und 5 km südöstlich von Eriha (Jericho), (F 10).

«Der kleine Ort Ono liegt etwa eine Stunde nordwestlich von der dritten Taufstelle entfernt. Seine Einwohner leben teils von der Überfuhr, teils von Holzarbeit; sie verfertigen auch Balkenroste zur Überfuhr. Dieses Ono existierte schon, als die Israeliten Jericho einnahmen; zur Zeit Jesu war wenig davon übrig und später gar nichts mehr; weshalb es sehr unbekannt ist. Zwischen Ono und der Taufstelle liegt die Jüngerherberge Jesu und ebenso weit entfernt an anderen Stellen liegen die Äcker eines reichen Bauern mit einem alten, aus den Zeiten der Propheten stammenden und zur Zeit Jesu wieder sehr schön hergestellten steinernen Lehrstuhl.» (18.-19. Jan.; 8.11. Feb. 32.)

Ophra, Ophera = Staub? oder Hindin oder Gehöft? (Jos 18,23; 1 Kön 13,17), in der Gegend des heutigen Mezraʻa, zwischen El-Lubban (Lebonah) und El-Taijibe (Ephron), 25 km nördlich von Jerusalem (E 9). «Eine Stunde von Koreä, zwischen Mittag und Abend, liegt, in einer Bergtiefe versteckt, der Ort Ophra; von Siloh ist er südlich etwa eine Stunde entfernt. Durch Ophra gehen drei Straßen, und von Hebron her ziehen viele Karawanen hier hindurch. Der ganze Ort besteht fast aus Wirtshäusern und Handelshäusern. Die Einwohner sind etwas roh und geldgierig.» (13.-14. Okt. 32.)

Ophra, 2 km südlich von Jericho (F 10). «Eine in einem Gebirgstal sehr versteckt liegende Stadt ohne viel Sonne, deren Einwohner einen gewissen Krämer-, Zöllner- oder Schmugglerwohlstand haben, da sie von den durchziehenden Karawanen tüchtigen Nutzen zu ziehen verstehen.» (10. Dez. 31.)

Ornithopolis = Vogelstadt, in der Nähe der Mittelmeerküste, zwischen Sarafand (Sarepta) und Sur (Tyrus), in den beim heutigen Adlun liegenden Hypogäen (Felsengräbern) vermutet (E 2). Am ganzen Küstensaume zwischen Sidon und Tyrus stößt man auf eine Menge Fundamente alter Häuser, im Sand vergrabenes Baumaterial und zerbrochene Mühlsteine, insbesondere aber auf Mosaikböden, die vom ehemaligen Bestand prachtvoller Seeschlösser Zeugnis geben. Plinius nennt zwischen Tyrus und Sarepta die Stadt Ornithon (Hist. nat. V, 18). «Ornithopolis liegt wohl noch drei Viertelstunden von der See entfernt. Der Ort selbst ist nicht sehr groß, aber voll schöner Gebäude; er besteht aus zwei Reihen Häuser an beiden Seiten des Weges; östlich der Stadt liegt auf einer Höhe ein schöner Götzentempel. Nördlich der Stadt wohnt eine kleine Judenkolonie; und in der Stadt selbst wohnt die im Evangelium (Mt 15,22) genannte kananäische Frau, eine reiche Fabrikbesitzerin, welcher auch ein in der Nähe, auf einem Vorsprung ins Meer liegender Heidenort gehört. Hier und auch in der Nähe ihrer Stadtvilla liegen ihre Webereien und Färbereien nebst einer Schneckenfarm am Meere zwecks Gewinnung der Farben. Der Hafenort von Ornithopolis liegt etwa 3 km nordwestlich, ist von Heiden bewohnt und erstreckt sich als Gebirgszunge weit wie eine Insel in die See. Die Berge am Meeresufer sind südlich und nördlich wenig zugänglich, rauh und wild durch Felsen, Morast, Bäume und Gestrüpp.» (20.-21. Feb.; 30. April 33.)

Ozensara, Uzzen Se'erah = Sara-Stadt (1 Par 7,24), zwischen dem heutigen Rentis (Ramathajim) und Abud zu suchen, 13 km südöstlich von Antipatris und nordöstlich von Lod entfernt (D 9). «Ozensara ist ein von einem Flüsschen (vielleicht vom Wadi Abud) in zwei Teile getrennter Ort.» (9. Jan. 33; 23. Sept. 31 auf dem Weg von Gut nach Gophna.)

Phasael Jos. Flav., Bell. 1, 21, 9), die heutige Ruine Fasa'il, nahe beim Wadi el Mellaha, 20 km nördlich von Jericho und 7 km westlich vom Jordan entfernt (F 9). «Der Ort ist neu und nicht groß und wegen allerlei dort wohnenden Gesindels nicht geachtet. Herodes hat ein Schloss in der Nähe. Es muss wohl auch hier herum etwas geschehen sein, was auf die Benjaminiten Bezug hat, denn es steht ein ummauerter Baum in der Nähe, dem sich niemand naht. Auch war es hier, wo Abraham und Jakob einmal geopfert hatten; und Esau war hierher gewichen, als er mit Jakob wegen des Segens uneins geworden. Phasael hat weder Schule noch Priester.» (24. Okt. 31; 12. Feb. 32.)

Phiala-See = Schale, Tasse (Jos. Flav., Bell. III, 10, 7), heute Bireket er-Ram genannt, 6 km südöstlich von Banijas (Caesarea-Philippi) entfernt (G 3). «Der See Phiala ist kaum eine Stunde groß, hat sanfte Ufer, klares Wasser und fließt östlich gegen einen Berg, wo er verschwindet. Die Gegend ist rings voll von Getreidefeldern und schönen Wiesen, worauf viele Esel, Kamele und anderes Vieh weiden; auch sind Kastanienwälder in der Gegend. Hier und da an der anderen Seite des Sees liegen jüdische Fischerdörfer, von denen jedes eine Schule besitzt. Johannes der Täufer hat sich hier in der Gegend auch einmal aufgehalten.» (1.-2. März 33.)

Quarantania-Gebirge, heute Dschebal Karantal genannt, der allerdings nur 98 m über dem Meeresspiegel liegt, aber doch die Jericho-Ebene um 420 m überragt, da dieselbe 325 m unter dem Meeresspiegel liegt. Der Bergrücken liegt zwischen dem Wadi er-Rumamane und Wadi el-Kelt, 12 km westlich vom Jordan und ebenso weit nordöstlich von Jerusalem entfernt (E 10). «Dieser Berg hat auf seiner Spitze eine sehr weite Aussicht (Mt 4,8), ist teils mit Gesträuch bewachsen, teils einsam und kahl. Er liegt eigentlich nicht so hoch wie Jerusalem selbst, aber auf tieferem Grunde und auf diesem mehr einsam erhoben. Auf seinem Rücken liegen drei Höhlen, in deren oberster der Herr sein Fasten begann. Hinter ihr sieht man den steilen, dunklen Abgrund hinunter. Der ganze Berg ist voll schrecklicher, gefährlicher Spalten. Auch Elias hat hier einmal längere Zeit gewohnt und die eine Höhle erweitert.» (26. Okt.; 5. Dez., 31.)

Rama = Höhe (Jos 18,23; Ri 4,5; 19,13; 1 Chr 15,17; Jos. Flav., Ant. VIII, 12, 3), das heutige Er-Ram (792 m), 7 km nördl. von Jerusalem (E 10). (2. April 33.)

Ramoth-Galaad = Höhe in Galaad, auch Hag Gilead (Dtn 4,23; Jos 20,8; 1 Chr 4,13) und Ramath-Mizpa (Jos 13,26) genannt. Auf jeden Fall handelt es sich hier um jenen Ort, den man in der heutigen Stadt Es-Salt vermutet, südlich vom Dschebl Nebi-Oscha und nördlich vom Dschebl Nebi-Dschadur, 18 km östlich vom Jordan (G 9). Manche nehmen seine Lage auch nordöstlich vom Nebi Oscha an. «Auf einem Bergrücken über dem Tale (Es-Salt) liegt Ramoth-Galaad, eine schöne, regelmäßig und reinlich erbaute Stadt, bei welcher auch Heiden einige Straßen und einen Tempel innehaben. Leviten versehen in dieser Stadt den Gottesdienst. Die Straßen sind, wie überhaupt hier in der Gegend, sternförmig, nach einem Mittelpunkt laufend, gebaut; die Ecken sind rund, und die Stadtmauern laufen im Zickzack. Die Einwohner verfertigen Decken und sticken allerlei Blumen und Tiere hinein, teils zum Handel, teils Gewebe für den Tempel. Vor der Ostseite der Stadt steht auf einem schönen Platz der Hügel mit dem Altar, auf welchem einst die Tochter Jephtes geopfert worden war. Darüber ist ein rundes Tempelchen mit offenen Säulen erbaut.» (10.-12. Sept. 32.)

Rechob, Rehob (Num 13,22) oder auch Rohob?, in der Gegend südlich des heutigen Rascheijat, gleich östlich vom Nahr Hasbani im Unteren Wadi et-Teim, ungefähr 22 km nördlich vom Merom-See (F 2). «Rechob liegt südwestlich am Fuße des Hermon, etwa eine Stunde unterhalb von Baal-Hermon (1 Par 5,23), welches sehr groß ist und mit seinen vielen Götzentempeln auf Rechob herabsieht.» (24. Feb. 33.)

Regaba, in der Bibel nicht genannt, nach der Beschreibung der Anna Katharina Emmerick in der Gegend des heutigen El-Chuschnije, ungefähr 16 km südöstlich vom Merom-See entfernt, zu suchen (G 4). «Regaba liegt sehr hoch und hat herrliche Aussicht bis über den See Genezareth zum Tabor hin. Höher als die nicht sehr große Stadt liegt auf einem Felsen ein viereckiges Gebäude mit großen, steilen Seitenwänden, wie aus Felsen gehauen, mit sehr vielen Gewölben und Kammern, in welchen Soldaten wohnen. Oben ist es ganz platt, und es stehen Bäume darauf. Es muss eine Festung sein. Über den hohen Berg zieht sich eine Karawanenstraße über Gessur nach Damaskus hin. Gegen Nordost hin ist die Umgegend ganz kahl, wild und steinig, während nach Süden hin wilde Weiden mit kurzem Gras und Kräutern großen Herden von Eseln, Kühen und Kamelen dienen. Dort, wo Bäume wie Buchen stehen, sah ich sehr viele Schweine gehen. Auch kastanienähnliche Bäume sowie viele Beeren und edle Sträucher gibt es hier.» (5.-9., 14.-15. März 33.)

Rimon, ein in seiner Lage und Geschichtlichkeit schwer festzustellender Ort, am Wadi esch-Scharrar, gleich südöstlich vom Tabor zu suchen (E 6). «Von Naim führt ein Weg, nordöstlich, von etwa einer Stunde nach einem Örtchen, dessen Name wie Rimon klingt. Dieser Ort liegt in einer langen Reihe am Berg hin, hat keine Synagoge, aber eine Schule, die von Leviten besorgt wird, welche hier die Schulen von einem anderen Orte aus visitieren. Es wohnen meistens Gärtner und Winzer hier, die ihre Früchte nach Naim liefern und auch in naimischen Gärten arbeiten. Jesus ging von hier an der Ostseite des Tabor hinauf, und die Leviten begleiteten ihn noch ein Stück Weges; sie waren in Rimon mit Zehnt-Einsammeln beschäftigt gewesen.» (15. Juni 33.)

Salcha, Selcha (Dtn 3,10; Jjob 12,4; 13,11), das heutige Saichad im Hauran, 24 km östlich von Bosra, 118 km östlich vom Jordan, 20 km unterhalb des Sees Genezareth. «Salcha ist in die Länge gebaut und besitzt zwei Straßen. Die Heiden sind hier mit den Juden ziemlich vertraut und haben Tempel. Die Leute in dieser Gegend halten viel auf den Täufer. Ungefähr 12 km westlich der Stadt biegt mit dem Wadi Satar der Hohlweg nach Südwesten ein, in welchem man die sogenannte Davidstraße vermuten kann.» (10. Juli 33.)

Salem = Friede (Gen 14,18), einstige Lage umstritten, von manchen in dem heutigen Dorf Salim, 5 km östlich von Nabulus (Sichem), von anderen 12 km südlich von Besan (Scythopolis) vermutet; jedoch von Anna Katharina Emmerick ungefähr 40 km südlich von Scythopolis beschrieben (F 9). «Salem liegt etwas unter der Mitte des westlichen Ausbugs des Jordan, auf der Westseite desselben, gegenüber von Ainon, so dass man es von hier, zwischen Süd und West über den Jordan hinüberschauend, noch liegen sieht. Salems Lage ist sehr angenehm. Die Stadt ist nicht sehr groß, aber reinlicher und regelmäßiger als viele andere Ortschaften hier herum und sternförmig um einen in der Mitte gelegenen Brunnen gebaut. Alle Straßen laufen auf den Brunnen zu; und die Alleen, die schon nebst Gärten vor der Stadt beginnen, ziehen sich durch die Straßen derselben; doch ist alles ein wenig in Verfall. Über dem Brunnen, den einst Elisäus durch Salz, wie den bei Jericho, gereinigt hatte, ist ein schönes Brunnenhaus gebaut. Im Zentrum der Stadt liegt bei dem Brunnen ein hohes wüstes Schloss mit sehr großen leeren Fenstern. Daneben steht ein hoher, dicker, runder Turm, oben platt mit einer Galerie und einer Fahnenstange. An diesem Turm hängen auf vier Seiten, in etwa zwei Dritteln seiner Höhe, an hervorstehenden Balken große glänzende Kugeln zu den Fenstern heraus, die in der Sonne blinken und einen hinweisenden Bezug auf entfernter liegende Städte haben. Im Süden vor der Stadt, in dem Winkel zwischen Jordan und dem Flüsschen, das von Nordwesten herfließt (Wadi Far'a), liegt ein Lustort mit drei Fischteichen und Bädern, welche gewärmt werden können. In Salem sieht man zu Jesu Zeiten noch die vier Ecken der steinernen Grundlagen eines uralten Zeltschlosses, welches einst Melchisedech hier erbaut hat, bevor er die Grundlagen zu dem anderen Salem (später Jerusalem) legte.» (16.-17. Okt. 32.)

Saphet, Sephet = Hochwarte? (Tob 1,1?), wohl identisch mit der Stadt Zephat, die im Talmud erwähnt wird; das heutige Safed, am Westabhang des sich am Ostrand des Wadi et-Tawahin erhebenden Berges, 13 km nordwestlich vom Jordan-Einfluss in den See Genezareth (F 4). «Saphet ist an der Westseite des Lehrberges von Hanathon so steil den Berg hinan gebaut, dass zu den Füßen eines Hauses das Dach des anderen steht. Die Wege liegen tiefer als die Häuser, zu denen man am Felsen auf eingehauenen Treppen hinaufsteigt. Man hat wohl eine halbe Stunde bis auf die Höhe zur Synagoge zu gehen, wo der Berg eine größere Fläche gewinnt und nicht so steil gegen Nordost abfällt. In Saphet wohnen viele

Pharisäer, Sadduzäer und Schriftgelehrte, auch einfache Leviten. Es ist eine Art Geserzesschule hier, in der viele junge Leute in allen jüdischen freien Künsten und in ihrer Theologie unterrichtet werden. Die Synagoge zeichnet sich durch ihre Größe aus; und neben ihr befindet sich ein Springbrunnen. Der Berg von Saphet ist schön grün, mit vielen Bäumen, Gärten und großen viereckigen Häusern, auch Grundlagen, um Zelthäuser darauf zu bauen. Auf dem Bergrücken liegen noch drei Hügel, unter denen der Lehrhügel, von zerstörten Mauern umgeben, als Gipfel hervorragt und eine schöne Aussicht auf den See und bis gen Nazaret hin bietet.» (20.-22. Dez. 32; Lehrberg: 9.-10. Jan. 31; 15. Dez. 32; 29. Juni 33.)

Sarepta, Sarephat, Zarphat = Schmelze? (1 Chr 17,9), das heutige Sarafand, über 1 km vom Meer entfernt, auf der Anhöhe ansteigend, jedoch nach Anna Katharina Emmerick lag das alte Sarepta noch weiter vom Meer ab, so dass vielleicht das heutige Sarafand ein oberer Teil des alten Hafenortes ist (E 2). «Sarepta liegt ungefähr zwei und eine halbe Stunde von Ornithopolis nordöstlich und wohl Dreiviertelstunden vom Meer am Aufsteigen der Berge. Die Stadt hat dicke Mauern, ist auf der einen Seite ganz von Wald umgeben, und es liegen Weinberge umher.

Nach der Zeit des Elias ließen Heiden wie Juden in den Mauern um die Stadt immer fromme Witwen wohnen und meinten, sie seien dann gänzlich von allen Gefahren bewahrt und könnten auch in der Stadt alle Untugend sicher treiben. Zur Zeit Jesu wohnen in den Mauern alte fromme Juden nach Art von Einsiedlern.» (14. u. 27. Juli 31; 22.-23. Feb. 33.)

Seleucia (Jos. Flav., Ant. XIII, 15, 3; Bell. IV, 1, 1), in den heutigen Ruinen von Selukije, 13 km südöstlich vom Jordan-Ausfluss aus dem Merom-See vermutet, aber nach Anna Katharina Emmerick bedeutend näher dem See liegend beschrieben (G 4). «Adama und Seleucia liegen einander am Südende des Merom-Sees gegenüber. Seleucia, eine mittlere Stadt, ist eine Festung; sie hat eine Mauer, dann einen Wall und wieder eine Mauer. Besonders an der Nordseite ist sie ganz unzugänglich steil. Sie ist ganz von heidnischen Soldaten bewohnt. Ich sah die Weiber in einem abgesonderten Teil der Stadt in langen Häusern wohnen. Die wenigen Juden leben hier sehr zurückgesetzt und in elenden Mauerlöchern. Sie haben auch schwere niedrige Arbeit in Gräben und Sumpf zu verrichten.

Eine Synagoge sah ich hier nicht, wohl aber einen runden Tempel, auf einem Säulenkreis stehend, mit großen tragenden Figuren. In der Mitte dieses Unterkreises steht eine dicke Säule, in welcher die Treppen zum Tempel hinaufführen. Unten in der Erde befinden sich Kellergewölbe, in denen Aschenkrüge der Verstorbenen stehen. In dem Tempel sieht man Schlangengestalten mit Menschengesichtern, Menschenfiguren mit Hundsköpfen, auch eine Figur mit dem Mond und einem Fisch. In der Umgegend herrscht wenig Fruchtbarkeit, aber die Leute sind arbeitsam und verfertigen allerlei Strickwerk für Pferderüstung, auch gibt es Waffenschmiede, alles für das Militär.» (Mitte Juni; 16. Juli 32.)

Sephoris, Saphorim Josephi Vita 65), die heutigen Ruinen auf einem Hügel oberhalb des Dorfes Saffurije, 5 km nördlich von Nazaret (E 5). «Sephoris ist eine große Stadt mit drei Gemeinden, der Pharisäer, Sadduzäer und Essener, die je eine Synagoge besitzen. Die Stadt liegt auf einem Berg, ist von mehreren Bergen umgeben und von vielen einzelnen Gehöften, die zu ihr gehören. Weiter nordöstlich liegt Nieder- oder Klein-Sephoris. Die ganze Gegend beider Städte ist schön wie ein Lustgarten, von vielen kleinen Dörfern und zerstreuten Gütern mit Gärten, Brunnen und Alleen dazwischen. Auch Groß-Sephoris liegt ausgedehnt und hat mehrere Schlösser. Zwischen beiden Orten liegt das elterliche Haus der hl. Anna, welche in Groß-Sephoris ihr großes Haus besitzt, während Verwandte von ihr auch in Klein-Sephoris wohnen.» (19. bis 23. Aug. 31; 7.-9. März 32; Klein-Sephoris: 13. bis 15. Aug. 32.)

Serobabel, Schloss, Landgut und Dorf des im Evangelium erwähnten königlichen Beamten (Serobabel), gleich südwestlich bei Kapharnaum (F 5). «Von Magdalum aus führt ein Weg auf einer Höhe über dem Seeufer zu einem Hügel hinauf, auf welchem das

Schloss, Landgut und Dorf Serobabels liegt, welch letzteres etwa fünfzig Wohnungen umfasst. Diese Wohnungen sind als einzelne Hütten und kleine Kellerwohnungen in die untermauerten Gartenhügelwände hineingebaut und von den Gärtnern, Dienstleuten, Sklaven und Pächtern des Hauptmanns Serobabel bewohnt, dem diese Feldmark gehört, und zu der aus dem südlichen Ende des Tales von Kapharnaum eine angenehm angelegte wilde Schlucht, eine Art Tiergarten, führt.» (25. Aug.; 14., 16., 22. Nov. 32; 31. Jan.; 5. Feb.; 19. April; 17., 21. Juni 33.)

Sichem, Schekem = Rücken (Gen 12,6; 33,18; 34,2), bei dem heutigen Dorf Balata, am westlichen Eingang des Tales, in dessen Spalte gleich westlich die heutige Stadt Nabulus liegt (E 8). «Sichem liegt in einem kleinen Tale, welches sich wohl noch eine Stunde längs der Stadt westlich hinzieht. Der Ort ist nicht groß, hat aber breite Straßen und große Plätze. Das samaritische Bethaus ist geschmückter und reicher gebaut von außen als die Synagoge an kleinen jüdischen Orten. Die Frauen leben nicht so zurückgezogen wie die Jüdinnen. Eine Viertelstunde östlich von Sichem liegt auf einem kleinen Hügel der Jakobsbrunnen im Erbe Josephs, und weiter östlich liegen zwanzig Hirtenhäuser, in dessen größtem sich eine Jüngerherberge befindet.» (22. Dez. 31; 31. Juli bis 1. Aug. 32; 12.-13. Jan. 34.)

Sidon, Zidon = Burg (Gen 10,19; Jos 19,28), das heutige Saida am Mittelländischen Meer, 33 km oberhalb von Sur (Tyrus), (E 1). «Die Ebene, in der die Stadt zwischen dem Berg und dem Meer liegt, ist nicht sehr breit. Wenn man von der Höhe auf sie hinabschaut, ist es, als blicke man auf eine unzählige Menge von Schiffen; denn auf all den vielen platten Dächern steht ein Wald von hohen Stangen und Gerüsten mit langen Fahnen von rotem und anderem farbigem und ungefärbtem Tuch bespannt und behängt, und dazwischen sieht man ein Gewimmel von arbeitenden Menschen. Es leben Heiden und Juden in Sidon, die Handel miteinander treiben. Es herrscht viel Abgötterei hier. Die Umgegend ist voll kleiner, sehr fruchtbarer Orte; alles hängt voller Früchte.» (13. Juli 31.)

Siloh, Schilo = Ruhe, Ruheort (Jos 18,1; Ri 21,19), das heutige auf einem aus dem Tal (Wadi Nakur) aufragenden Hügel liegende Dorf Selun mit den Ruinen am südlichen Abhang, 28 km nördlich von Jerusalem (E 9). «Siloh liegt auf der Höhe eines sanft aufsteigenden Gebirges und ist eine etwas verwüstete Stadt, an deren Toren sich große zerbrochene Türen befinden. Die Synagoge liegt ganz hoch auf dem Gipfel der Stadt und gewährt eine weite Aussicht. Die Pharisäer und Sadduzäer haben hier eine Art Seminar nicht weit von der höchsten Höhe des Hügels, wo ehemals die Stiftshütte und Bundeslade gestanden. Der große Raum, mit einer teils zerstörten Mauer umgeben, zeigt allerlei zerbrochene Fundamente eines ehemaligen über die Stiftshütte erbauten steinernen Gebäudes. Über dem früheren Platz der Bundeslade steht eine verzierte, achteckige Säule unter einem auf offenem Bogen ruhenden Dach. Unweit hiervon liegt ein Opferplatz mit verdeckter Grube für Abfall des Opferfleisches.» (19.-20. Dez. 31; 9.-10. Okt. 32.)

Sion, hier nicht der Berg in Jerusalem, sondern ein sonst unbekannter Ort gleich südwestlich vom Tabor (E 6). «Ein alter, hässlicher Ort, der aus einer Art Burg mit dicken Mauern und umliegenden Häusern besteht und etwas hoch liegt. Weiter unten, tief hinter Wällen mit Bäumen, stehen noch eine Anzahl Häuser in einem dunklen Nest zusammen. Oben bei der Synagoge wohnen mehrere Pharisäer; unten leben Kranke aus der weiteren Umgegend, welche die Pharisäer hierher zu schicken pflegen, obschon das Klima hier unten ungesund ist.» (11.-12. Juni 33.)

Sogane, nicht zu verwechseln mit Siknin (Jos. Flav., Vita 265), dem heutigen Sachnin, 13 km nördlich von Saffurije (Sephoris); sondern das Sogane in Gaulanitis (Jos. Flav., Bell. IV, 1; Vita 187), ungefähr 6 km südlich von Banijas (Caesarea-Philippi), westlich vom Tell el-Ahmar (G 3). «Etwa anderthalb Stunden südlich von Caesarea-Philippi liegt der Flecken Sogane; und etwa eine Stunde südöstlicher liegt eine Höhe, die oben mehrere Tiefen und Hügel bildet, und wo der Herr dem Petrus das Primat verlieh.» (23.-24. März 33.)

Sukkoth = Hütten (Gen 33,17; Jos 13,27; Ri 8,5; 2 Par 4,17), ungefähr 2 km südwestlich vom heutigen Der-Alla, zwischen Jordan und Nahr ez-Zerka JabbokFluss), 44 km nördlich vom Toten Meer (F 8). «Sukkoth, eine schöne Stadt mit schöner Synagoge, liegt am nördlichen Ufer des Jabbok-Flusses, unweit des Jordan-Ostufers. Die Synagoge hat acht Säulen und ist hoch; an beiden Seiten des Gebäudes laufen Gänge hin, die zu langen Gebäuden führen, in denen sich Wohnungen der Leviten und Schulen befinden. Westlich liegt ein Brunnen in einem Felsengewölbe, vor welchem auf einem zierlich mit Bäumchen, Gewürzstauden und Rasen angelegten Erquickungsplatz ein alter Denkstein liegt, der sich auf eine Erscheinung Melchisedechs bei Abraham bezieht. Auf diesem Denkstein ließ Jesus aus einem Becken taufen.» (17.-18. Okt. 31; 6.-7. Okt. 32.)

Sunem (Jos 19,18; 1 Kön 28, 4; 1 Chr 1,3; 2 Chr 4,8), das heutige Dorf Solem am Südwestfuß des Dschebel Nebi-Dahi, 5 km nördlich von Zerin (Jezrael) entfernt (E 6). «Sunem liegt zerstreut um eine Anhöhe herum und hat keine Mauern. Auf dem Gipfel der Anhöhe befindet sich ein freier Platz mit einem Lehrstuhl, den ein auf Pfählen ausgespanntes Zeltdach gegen Sonnenstrahlen schützt. Die Einwohner von Sunem ernähren sich meist mit Weberei.» (27.-28. Feb. 32; 5.6. Jan. 33.)

Tarichäa (Jos. Flav., Vita 32), die heutigen Ruinen von El-Kerak am Jordan-Ausfluss aus dem See Genezareth (F 6). «Tarichäa liegt am Südende des Sees Genezareth, nicht weit vom Ausfluss des Jordan auf einer Landzunge. Von der Landzunge bis zum Jordan-Ausfluss ist das Ufer von einer festen, schwarzen Mauer eingefasst, auf der ein Weg entlangführt. Diesen Damm durchschneidend, fließt unterhalb der Stadt ein Arm aus dem See nach dem Jordan hin und macht den Damm zu einer Insel. Anfangs ist der Arm schmal und eingeschlossen von gemauerten Ufern, nach einer Viertelstunde bindet ihn eine Brücke und dann bildet er eine schilfige Lache und fließt in den Jordan. Auf dem Steindamm liegt eine Vorstadt von Tarichäa, nahe bei der Brücke. Tarichäa selbst ist sehr schön neugebaut auf heidnische Art mit Säulengängen vor den Häusern; es ist jedoch nicht groß und hat einen sehr schönen bedeckten Brunnen mit Säulen auf dem Marktplatz. Es werden hier sehr viele Fische gesalzen und getrocknet; und man sieht viele hölzerne Gerüste zu diesem Zwecke vor der Stadt. Auch Petrus hatte hier, etwas weiter nördlich, eine Fischsalzerei gepachtet. An der südlichen Außenmauer der Stadt stehen eine Reihe von Aussätzigenhütten. Die Umgegend von Tarichäa nach Nordwesten hin ist ungemein fruchtbar und trägt den Namen Land Genezareth.» (25.-26. Dez. 31; 18. Aug. 32; 4. Feb.; 21. April 33.)

Thaanach = Sandboden (Jos 17,11; 12,21; Ri 1,27; 5,19), das heutige Dorf Ta'anak, 8 km südöstlich von El-Leddschun (Legio) entfernt (E 7). «Thaanach ist eine alte kananitische Königsstadt, später eine Levitenstadt. Hier arbeitete der hl. Joseph nach seiner Flucht aus dem Elternhause zu Bethlehem; in diesem Zimmermannshof wohnen später Nachkommen des ehemaligen Meisters, die sich mit Holzhandel beschäftigen.» (10. Juni 33.)

Thänath-Silo (Jos 16,6), die heutige Ruinenstätte Ta'na, oberhalb des Wadi el-Ifdschim, 10 km östlich von Sichem (E 8). «Thänath-Silo liegt in dem Tal westlich von Samaria, wo sich Abraham zuerst niedergelassen hatte. Ehemals war der Ort stark befestigt, doch nach der Eroberung und Bestrafung durch Judas Makkabäus nicht mehr. Pharisäer wohnen hier nicht. Die Einwohner sind mit ihrem Ackerbau und Handel ungemein erwerbstüchtig und wuchern mit dem Zehnten, den sie in der Gegend einzusammeln haben. Die alten Leute ziehen mit Holzarbeiten umher und schnitzen auch hölzerne Absätze für Sandalen; der nahe große Wald liefert ihnen das Material hierzu.» (21.-23. Okt. 32; 7.-8. Jan., 3. April 33; 25. Jan. 34.)

Thantia, Thainata, an der Römerstraße Bosra-Rabbath Ammon (Philadelphia), von Robinson Lees in der heutigen Ruine El-Chab vermutet, demnach 35 km südlich von Bostra (Bosra), 53 km nordöstlich von Philadelphia und 74 km östlich vom Jordan entfernt. «Thantia scheint alt und ein ehemaliger Kriegsplatz zu sein; es stehen zur Zeit Jesu noch alte Türme und einzelne Bogen. Der Ort ist weitläufig und wenig bewohnt, hat aber eine Synagoge. Die hier lebenden Juden sind fromm und pflegen zur sog. Davidstraße mit Fasten und Beten zu wallfahren und nach dem Messias zu flehen. Die Einwohner leben meistens vom Verkehr mit den Karawanen, dem Umpacken und Senden von Waren nach anderen Richtungen; denn es geht hier die Heerstraße nach Bosra, Damaskus und nach Salcha hin, von Jerusalem und Moabitis herkommend, hindurch. Früher hatte Thantia einen anderen Namen.» (11.-12. Juli 33.)

Thebez (Ri 9,50; 2 Kön 11,21), das heutige von Olivenhainen umgebene Dorf Tubas, 16 km nordöstlich von Nabulus (Sichem), (E 8). «Thebez liegt recht wunderbar auf der Anhöhe eines Tales; und man kann in einiger Entfernung die Gebirgsstraße durchziehen sehen. Die Stadt lebt vom Handel, besonders mit roher Seide.» (23. Dez. 31.)

Thirza = die Liebenswürdige, die Anmut (Jos 12,24; 1 Chr 14,17; Hld 6,3). Allgemein vermutet man in dem Hügeldorf Talluza, 7 km nordöstlich von Nabulus (Sichem), das alte Thirza; doch fügen gewissenhafte Geographen hinzu, dass die Lage nicht ganz sicher sei. Anna Katharina Emmerick schildert die Lage des alten Thirza sehr klar und eingehend zwischen Tubas (Thebez) und dem Jordan, also ungefähr 25 km nordöstlich von Sichem (F 8). «In einer ungemein reizenden Gegend liegt, etwa eine Stunde westlich vom Jordan und zwei Stunden südlich von Abel-Mehola entfernt, die alte Königsstadt Thirza auf einer mäßigen und breiten Anhöhe mit unbeschreiblich schöner Aussicht über den Jordan hin, auf das nordöstlich im Walde versteckt liegende Jogbeha und gen Süden durch das Jordantal über den Spiegel des Toten Meeres, bis weit unter Machärus. Der Ort liegt infolge seiner früheren Zerstörung sehr zerstreut, so dass sein östlicher Ausläufer bis eine halbe Stunde hin zum Jordan reicht. Dieser Ostteil ist über ein Tal so hoch hinweggebaut, dass er auf Pfeilern ruht und die Heer- und Handelsstraße längs des Jordans unter ihm, wie unter einer Brücke hindurch läuft. Das Tal, wie die Umgegend überhaupt, ist voll von Obstbäumen und Fruchtgärten; und längs Terrassen sieht man an Spalieren gezogene Balsamstauden. Hier stehen auch jene Bäume, an denen die Paradiesäpfel (Esrogim) wachsen (die Josephus Flavius, Ant. III, 10, 4) Äpfel der Persea nennt, und welche zum Laubhüttenfest verwendet werden. Außerdem bauen die Einwohner Zuckerrohr, seidenartigen gelben Flachs, Baumwolle und eine Getreideart, die in dicken Stengeln ein Mark enthält. Im Zentrum der Stadt, nämlich in ihrem ehemaligen Umfang, liegt jetzt (zur Zeit Jesu) auf einem großen öden Platz, etwas hoch, ein ausgedehntes Gebäude mit dicken Mauern, mehreren Höfen und großen runden, turmartigen Gebäuden, in denen sich inwendig ebenfalls Höfe befinden. Es ist das alte zerstörte Schloss der Könige von Israel (1 Chr 16,18), teils wüst liegend, teils zu einem Krankenhaus und Gefängnis eingerichtet. Auf dem Platz vor dem Gebäude liegt ein Brunnen, dessen Wasser durch ein Rad gehoben wird, welches ein Esel bewegt. Das Wasser leert sich in ein großes Becken, von dem es durch Rinnen in etwas entfernt stehende Tröge fließt, so dass jeder Teil des Ortes seinen eigenen Wassertrog hat. Das Gefängnis wird von römischen Soldaten bewacht; doch sind alle Gefangenen Juden, darunter viele aus politischen Gründen hierher Konzentrierte auf Anstiften seitens der Herodianer. In Thirza wohnen viele Pharisäer und Sadduzäer, und unter ihnen auch verkappte Herodianer.» (28. Jan. 33.)

Tyrus, Zor = Fels (Jos 19,29; 1 Makk 5,15; Mt 11,22; 15,21), die heutigen Ruinen des Städtchens Sur auf einer Halbinsel, die ehemals eine Insel gewesen, 34 km südlich von Saida (Sidon) am Mittelländischen Meer (DE 2-3). «Tyrus ist eine große Stadt, und wenn man von oben herunter kommt, so hängt die Stadt teils, als wenn sie vom Berg herabrutschen wollte (offenbar Palätyros, vgl. Strabo, Geogr. XVI, 758). Der andere Teil von Tyrus (Neotyros) liegt auf einer Insel, die man auf einem sehr breiten Damm über das Meer erreicht. Dieser Damm ruht auf Pfählen und gemauerten Bogen, und auf seinen beiden Seiten stehen Alleen von Bäumen mit gelben Früchten. Es führen zwei solche Dämme zur Inselstadt, in welcher mehr Gewerbe herrscht, obschon sie kleiner ist als die Altstadt, die sehr verwüstet aussieht. An der Landseite von Alt-Tyrus liegt in der dicken Stadtmauer am Tor das Hotel, in welchem Jesus Quartier nahm. Auf der Inselstadt befindet sich das jüdische Gemeindehaus mit Badegarten, wo sich der Herr mit den Aposteln traf.» (25.-30. Juni 32.)

Ulama, sonst unbekannter, nur von Eusebius genannter Name einer Stadt, die Anna Katharina Emmerick genau dort schaut, wo heute das Dorf Ullama liegt, nämlich 9 km südwestlich vom Jordan-Ausfluss aus dem See Genezareth (F 6). «Östlich vom Tabor und südlich von Arbela (bei Gennabris) liegt auf einem Berg, von Bergen umgeben, und in einer unwegsamen Gegend, die Stadt Ulama; doch sind die Berge bis zum Gipfel mit Wein bepflanzt, darunter auch baumhohe, sehr verwickelte Gewächse mit wohl armdicken Ästen mit birnförmigen, kürbisähnlichen Früchten, aus denen man auch Flaschen macht. Die Stadt scheint nicht so alt wie andere zu sein, ja sie hat etwas, als sei sie nicht recht fertig gebaut worden. Sie birgt drei Schulen in sich, eine von Rechtsgelehrten, eine Jugendschule und die Synagoge. Eine Viertelstunde vor der Stadt liegt an einem Berg eine Art Lust- oder Badeort. Der Platz ist rings von Hallen und Gebäuden umgeben und hat einen schönen Brunnen und einen Lehrstuhl.» (28. Feb. bis 4. März 32.)

Zabulon-Tal mit dem Villenort kann nach den Beschreibungen der Anna Katharina Emmerick nur jenes Tal sein, welches sich von Nazaret gen Sephoris nach Norden hinzieht, und an dessen östlicher Anhöhe der heutige Weg von El-Nasira nach Seffurije und 'Akka entlang führt (E 5). Den Anfang dieses Tales von Nazaret aus zeigt deutlich die Fliegeraufnahme Nummer 523 (9k-13m-17k) in dem Werk: «Hundert deutsche Fliegerbilder aus Palästina», von G. Dalman, Gütersloh, 1925 (S. 59).

«Der Villen-Ort zwischen Sephoris und Nazaret liegt, durch eine Feld-Markung von dem ehemaligen Haus Annas getrennt, eine Stunde von Nazaret entfernt und besteht nur aus einigen Häusern und einer Landsynagoge, die von Priestern bedient wird, die ab und zu von Sephoris hierherkommen. Das Haus der Anna ist ein alter Landsitz ihrer Eltern, wohin sich diese in der schönen Jahreszeit mit ihrer Familie zu begeben pflegten.» (17., 29. Aug. 31; 15.-16. Aug. 32.)

Zedad, nicht das Zedadah = Bergseite (Num 34,8; Ez 47,15), das heutige Sada in Syrien, 49 km südöstlich von Homs; sondern eine Stadt in Nordgaliläa in der Gegend des heutigen Jarun am Nordrand der Ebene Hadira, 20 km westlich vom Merom-See (E 3). (21.-22. Juli 32.)

Das alphabetische Verzeichnis wurde zusammengestellt von Helmut Fahsel

ANMERKUNGEN

1 Matthäus 13,34; vgl. Markus 4,33 f – Vgl. G.-K. Kaltenbrunner (Hrsg.): Bilderflut und Bildverlust. Für eine Kultur des Schauens. Herder, Freiburg i. Br. – München 1982 (INITIATIVE, Band 46)

2 Vgl. G.-K. Kaltenbrunner: Die Seherin von Dülmen und ihr Dichter-Chronist. Theresia-Verlag, CH-6442 Gersau 1992, S. 68f

3 Kolosser 1,15; 2 Korinther 4,4

4 Genesis 14,18-20

5 Vgl. Athanasius Sendlinger: Traktat über Melchisedech. Engelszell-Yverdon 1988

6 Vgl. G.-K. Kaltenbrunner: Die Seherin von Dülmen, S. 7ff, 63ff

7 Psalm 90,4; 2 Petrus 3,8

8 Vgl. Der letzte Symboliker. Eine durch die symbolischen Werke Doctor J. A. Möhlers und Doctor F. C. Baurs veranlasste Schrift, in Briefen, von Anton Günther, Weltpriester. Wien 1834, S. 116f

9 Augustinus: Retractationes I, 12

10 Joseph von Görres: Die christliche Mystik. 2. Aufl. – Verlag G. J. Manz, München-Regensburg 1879, Band 2, S. 348. – Zu Görres vgl. G.-K. Kaltenbrunner: Vom Geist Europas, Bd. 2: Mutterland Abendland. MUT-Verlag, Asendorf 1989, S. 262-286, bes. 282ff

11 Vgl. Leon Bloy: Die heilsame Verfolgung. Glock & Lutz Verlag, Nürnberg 1958, S. 269. Vgl. auch Diana Wyssdom: Weisheit, die spielt. Hesperia Edition, Vaduz 1971

12 Vgl. Richard von Kralik: Heiliges Österreich. Wien 1922, S. 15ff; ders.: Der heilige Gral in Wien. In: Das neue Reich, Jg. 1923/24, Nr. 19, S. 387; Arpad Weixlgärtner: Geschichte im Widerschein der Reichskleinodien. Baden bei Wien – Leipzig 1938, S. 96ff; Rudolf Egger: Die Achatschale in der Wiener Hofburg. In: Trierer Zeitschrift, Jg. 22 (1954), S. 217f; ders.: Kostbares Zaubergerät. In: Festschrift für Alphons A. Barb. (Wissenschaftliche Arbeiten aus dem Burgenland, H. 35), 1966, S. 66ff; Rudolf Noll: Zur Achatschale «Hl. Gral» in der Wiener Schatzkammer. Verlag der Österreichischen Akademie der Wissenschaften, Wien 1981 (Sonderabdruck aus dem Anzeiger der phil.-hist. Klasse, Jg. 118, So. 9)

13 Vgl. dazu auch insbesondere die Beiträge von Wolfgang Frühwald und Elmar Salmann OSB in dem Sammelband: Emmerick und Brentano. Dokumentation eines Symposiums der Bischöflichen Kommission Münster 1982. Laumann-Verlag, Dülmen 1983, S. 13ff, 35ff, 145ff, 151ff

14 Paulus an Titus 3,4; vgl. 2,11

15 Clemens Brentano: Werke, Bd. 1: Gedichte. Hrsg. von Wolfgang Frühwald, Bernhard Gajek und Friedhelm Kemp. Hanser Verlag, München 1978, S. 493

16 Nach Gen 3,1ff wird die Schlange als das listigste Tier von allen Tieren des Feldes beschrieben. Sie gilt aber hier nicht als Tier, sondern als dämonisches Wesen, das den Sündenfall der Stammeltern listig herbeiführt... Die Schlange spricht gegen Gott, indem sie ihn der Lüge bezichtigt, und ist gleichzeitig Menschenfeindlich, weil sie durch ihre Rede Eva und Adam gegen den Willen Gottes aufwiegelt.

17 Siehe Anmerkung Nr. 40

18 Elisäus (Gott hat geholfen), war der Sohn des Saphat aus Abel-Mechola. Er lebte als Nachfolger des Propheten Elias um 850-800 vor Christus. Er soll viele Wunder gewirkt haben. Giezi oder Gechasi war sein Diener (siehe 2 Kön 4,29-37).

19 Das Sinnbild der heidnischen Götterfabeln und des Greueldienstes

20 Gen 4,25-26; 5,6-8

21 Gen 4,1-6

22 Gen 5,18-24

23 Siehe Anmerkung Nr. 35

24 Noe, der Sohn des Lamech, wird als der zehnte der biblischen Urväter bezeichnet. Die Noe-Geschichte ist ausführlich in der Genesis im 6.-10. Kapitel beschrieben. Noe gilt als der Erfinder des Weinbaues.

25 Hom ist eine legendäre Person, die erst durch die Herausgabe der Schrift des Frhr. von Ow: «Hom, der falsche Prophet aus noachitischer Zeit» (1906) näher zu erklären ist. Danach ist Hom nach Christus der bedeutendste Religionsstifter auf Erden gewesen. Er wird als der Vater des Heidentums bezeichnet. Seine Verehrung und der damit verbundene Kult der Pflanze Hom (Haoma) wurde bei den alten Persern geübt. So erscheint Hom als der bisher unbekannte Stifter des Brahmanismus. Seine Lehre ist Homotheismus, Menschenvergötterung, die in ihrem Widerstreit gegen den Monotheismus bis in die graueste Vorzeit zurückreicht. (Siehe Dr. J. Niessen, Anna Katharina Emmericks Charismen und Gesichte (1918) S. 220-225.)

26 In den Höhlen und in dem gemauertem Unterbau der Zeltwohnun-gen waren eingemauerte Vertiefungen, worin die Bastwiegen standen; auch die Schlafstellen der Erwachsenen waren reihenweise wie die Grablager der Juden in den Mauern angebracht.

27 Gen 8,4

28 Gen 9,18-27

29 Siehe Anmerkung Nr. 25

30 Führer der Indoperser

31 Feueranbetung

32 Nimrod (hebräisch nemrod), legendäre Gestalt. In Gen 10,8-12 als erster Gewaltherrscher und großer Jäger genannt. Gründer von Ninive, Rehobot-Jr, Kelach

33 Ninive (hebräisch nineweh, assyrisch ninos), eine der Hauptstädte des assyrischen. Reiches, am Ostufer des Tigris gelegen. Hauptsitz des Kultes der Göttin Istar. Hauptglanzzeit unter Sanherib (705 bis 681). Im Jahr 612 v. Chr. von den Medern und Babyloniern erobert und zerstört. Mitte des 19. Jahrhunderts Wiederentdeckung und Ausgrabungen

34 Derketo (Atargatis), syrische Göttin. Sie wurde besonders in Askalon und Mabbug (Hierapolis) verehrt. Ursprünglich eine Nymphe, soll sie in einen Fisch verwandelt worden sein. In Urfa (Edessa) erinnern zwei Teiche mit heiligen Fischen an ihren Kult.

35 Semiramis (armenisch Schamiram), sagenhafte Königin von Assyrien, Tochter der Göttin Derketo, Gemahlin des Königs Ninos. Nach seinem Tod führte sie für ihren Sohn Ninyas die Regierung. Bekannt sind die «hängenden Gärten der Semiramis» in Assur.

36 Nilpferd (hebräisch behemot). In Jjob 40,15-24 wird das Tier als «Meisterwerk der Schöpfung» bezeichnet.

37 Apis (ägyptisch hap) war der von den Ägyptern in Memphis verehrte heilige Stier, die «lebende Wiederholung» des Ptah, auch als Inkarnation des Osiris geltend.

38 Isis (ägyptisch Eser), altägyptische Göttin, Schwester und Gemahlin des Osiris, war eine der volkstümlichen Gottheiten des heidnischen Altertums. Ihr berühmtestes Heiligtum stand auf der Insel Philä. Auch im heidnischen Rom breitete sich der Isiskult stark aus, bis das Christentum ihn verdrängte.

39 Osiris, Sohn des ägyptischen Erdgottes Geb und der Himmelsgöttin Nut, Gemahl seiner Schwester Isis, Vater des Horus. Er wurde zum Sonnengott und zum Herrscher des Totenreiches. Sein Bruder Seth tötete ihn und zerstückelte seine Leiche in 14 Teile.

40 Melchisedech (hebräisch malki-sedek) war König von Salem (Jerusalem) und Priester des allerhöchsten Gottes. Im neuen Testament verweist der Apostel Paulus in Hebr 5,6,10; 7,1ff auf Melchisedech als Vorherbild Jesu.

41 Abraham ist der erste der drei Erzväter (Patriarchen). Sein ursprünglicher Name war Abram = erhabener Vater oder Vater vieler Völker. Er lebte zwischen 1900 und 1700 v. Chr.

42 Sara = Fürstin. Halbschwester und Frau Abrahams (Gen 12,11ff; 20,2ff). Sie gilt als Stammutter Israels u. liegt in der Höhle von Makpela begraben.

43 Vgl. das 7. Kapitel des Hebräerbriefes

44 Jakob, Patriarch, Sohn des Isaak, Vater der 12 Söhne (Stämme) und Ahnherr des Volkes Israel

45 Bethel (hebräisch betel = Haus Gottes) antiker Name der berühmten Kultstätte auf der Straße von Jerusalem nach Sichem

46 Laban (hebräisch laban = Der Weiße) der «Aramäer», der Sohn des Bethuel, der Sohn der Rebekka, Vater der Lea und der Rachel (Gen 25,20; 28,5; 31,20ff)

47 Phanuel (hebräisch penuel = Angesicht Gottes) an einer Furt des Flusses Jabbok gelegen. Dieser ist ein östlicher Nebenfluss des Jordan.

48 Aseneth war die Tochter des Priesters von Heliopolis Potiphera, die Gemahlin Josephs, die Stammutter Manasses und Ephraims (Gen 41,45,50-52).

49 Dan, Sohn des Jakob und der Bilha (Gen 30,3-6)

50 Gad, Sohn des Jakob und der Zilpa (Gen 30,9-11)

51 Schwiegervater des Moses

52 Tochter des Priesters von Midian (Ex 2,16ff)

53 Brentano hat aus unbekannten Gründen immer «Emmerick» geschrieben.

54 P. Schmöger, Das Leben der Anna Katharina Emmerick I., S. 433

55 Ebenda S. 221

56 Johannes Tauler (Mystiker), Predigten. Tauler war Dominikanermönch in Straßburg und Volksprediger (1300-1361).

57 Diel-Kreiten, Clemens Brentano, Bd. II., S. 150

58 Ebenda S. 158

59 Diel-Kreiten, Clemens Brentano, Bd. II., S. 230

60 Schmöger, A. K. Emmerick, 3. Aufl., S. 19f

61 C. Jansenius d. Jüngere, geb. 1585 in den Niederlanden, gest. 1638 in Ypern, bezweckte eine Reform der nachtridentischen Theologie. Seine Lehre, der Jansenismus, wurde vom Papst verurteilt. Gegner der Jansenisten waren vor allem die Jesuiten.

62 D.i. ihr flehentliches Bitten zog die Früchte zur Erde herab.

63 Bernard Overberg (1754-1826), 1779 zum Priester geweiht, 1809 Regens des Priesterseminares in Münster i. Westf. und Dechant. Er nahm regen Anteil an dem Geschick Anna Katharina Emmericks und Clemens Brentanos.

64 Franz Xaverius und P. Faber gründeten mit Ignatius von Loyola in Paris im Jahre 1534 die Gesellschaft Jesu (S. J.). Franz Xaverius wurde der große Heidenmissionar, während P. Faber bes. in Rom und Parma als Prediger und Exerzitienmeister tätig war. Seit 1541 in Spanien und Portugal, vertrat P. Faber in seinen Berichten nach Rom Milde und Nachsicht gegen Protestanten und betonte die innerkirchliche Reform.

65 Gebet vor dem Bild des hl. Ignatius

66 Clemens Brentano

67 Clemens Brentano

68 Ermelindis (29. Okt.). Aus der Gegend von Löwen (Belgien) stammend. Sie lebte als Einsiedlerin. Sie starb gegen Ende des 6. Jahrhunderts. An ihrem Grab erbaute Pippin d. Ä. ein Nonnenkloster. Angerufen wird die Heilige bei Erkrankung der Glieder.

69 Stiftungsstipendien (missa fundata)

70 Nach dem hl. Bernhardin von Siena hat Maria, die Königin der Barmherzigkeit, im Fegefeuer eine besondere Herrschaft und Gewalt, die Armen Seelen zu trösten: Beata Virgo in regno Purgatorii dominium habet. Serm. 3 de Nom. Mar.

71 2 Kön 4,16-37

72 Mt 16,18

73 Bulle Ineffabilis vom 8. Dezember 1854

74 D.i. jene Zwölf, welche Anna Katharina Emmerick zur Erneuerung kirchlichen Lebens zu ihrer Zeit hauptsächlich beitragen sah.

75 Deutet wohl auf die Entstehung der Erzbruderschaft vom heiligsten und unbefleckten Herzen Mariä als auf den Anfang der Erneuerung des christlichen Lebens. Die geringste Kirche in Paris, Maria vom Siege (Notre-Dame de la Victoire), ist in Wahrheit eine der ersten Kirchen des Erdkreises und das Unterpfand geworden, dass Maria dem Unglauben und der Ketzerei das Haupt zertreten will.

76 Sie tat dies während des Gesichtes durch lautes Gebet.

77 Papst Zephyrinus, 198-217 n. Chr.

78 Ludwig IX., der Heilige (Fest 25. Aug.), König von Frankreich, lebte von 1219-1270.

79 Dr. Wesener, Ortsphysikus von Dülmen, unternahm eine ärztliche Untersuchung der Anna Katharina Emmerick nach Bekanntwerden der Stigmatisation Ende 1812. Er wurde in der Folge ihr Arzt, Freund und Verteidiger und führte ein ausführliches Tagebuch über seine Erlebnisse und Feststellungen.

80 Vom Papst durch Eintauchen in Weihwasser, dem Balsam und Chrisam beigemischt sind, geweihte Wachstäfelchen mit dem Bilde des Lammes Gottes und dem Namen und dem Regierungsjahr des Papstes auf der Vorderseite und einem Heiligenbild auf der Rückseite.

81 Die hl. Walburga, Äbtissin (OSB), starb am 25. Feb. 779 in Heidenheim. Ihre Gebeine ruhen in dem Walburgakloster in Eichstätt.

82 Mt 7,7

83 Joh 16,23-24

84 Deren Seele der gottseligen A. K. Emmerick schon öfter erschienen war.

85 Graf FriedrichLeopold von Stolberg,der berühmte Kirchengeschichtsschreiber, war am 5. Dezember 1819 gestorben.

86 15. Mai

87 Clara Söntgen war eine ihrer früheren Mitschwestern.

88 Rita von Cascia, gest. 22.5. 457, trat mit 33 Jahren in ein Augustinerkloster zu Cascia ein. Sie empfing das Stigma der Dornenwunde und zeichnete sich durch Bußstrenge, tiefe Verehrung des Gekreuzigten und mystische Gebetsgnaden aus.

89 Clara von Montefalco, gest. am 17. Aug. 1308, war vom 6. Lebensjahr an Reklusin mit ihrer Schwester Johanna von Montefalco (gest. 22.11.1291). Sie wurde Äbtissin und durch mystische Gnadengabe, Ekstasen und Wunderkraft ausgezeichnet. Ihr Herz und ihr Leib sind heute noch unverwest erhalten.

90 Die hl. Juliana von Lüttich feiert ihr Fest am 5. April (CSA). Sie wurde um 1192 bei Lüttich geboren und starb 1258 in Fosses bei Namur. Schon mit 5 Jahren kam sie in das Kloster Kornelienberg. Ihre Visionen veranlassten durch Papst Urban IV. die Einführung des Fronleichnamsfestes für die abendländische Kirche (Bulle Transiturus).

91 Schmöger, Leben der gottseligen Anna Katharina Emmerick, Freiburg, 3. Aufl., S. 3ff

92 Anna Katharina Emmerick, Die Geheimnisse des Alten und des Neuen Bundes, Kisslegg 2018